爱课程（中国大学 MOOC）
"经济法基础"课程配套教材

高等职业教育财经商贸类
职业能力与素质养成系列

经济法基础

主编　高洁　朱小英

高等教育出版社·北京

内容简介

　　本书为高等职业教育财经商贸类专业通识课程职业能力与素质养成系列教材之一，也是浙江省精品在线开放课程"经济法基础"配套教材。本书同时还在中国大学MOOC上建有"经济法基础（生活中的经济法）"在线开放课程。本书适宜于高等职业教育财经商贸类专业学生以及社会上的法学爱好者、创业者使用。

　　本书具有以下编写特色：一是导向性。本书注重将思政教育融入经济法教学当中，通过设置"素养目标""法治素养"等栏目，对学生进行价值导向、职业素养等方面的教育。二是新颖性。全书内容紧跟最新立法，特别是将自2021年起实施的《中华人民共和国民法典》和新《中华人民共和国专利法》融入其中，凸显了法律的时效性特点。三是模块化。全书按照财经商贸类专业高素质技能型人才培养对于经济法基础知识的需求，打造了经济法基础知识、市场经济主体法律制度、合同法律制度、劳动合同与社会保险法律制度、市场管理法律制度、宏观调控法律制度、工业产权法律制度与电子商务法律制度8个内容模块，教师可以根据实际教学需要自由组合。四是数字化。全书关联二维码资源，学习者利用智能移动终端设备扫描二维码，即可学习微课；还可通过访问中国大学精品开放课程共享平台（爱课程网，http://www.icourses.cn）上的MOOC"经济法基础（生活中的经济法）"在线学习相关资源。五是案例化。全书选取社会关注度高的典型案例进行教学化改编，作为每个模块的导学资源，同时在拓展资料里提供了大量有趣实用的案例，力求把抽象的法学知识直观化、生动化。

　　本书教学资源具体获取方式请见书后"郑重声明"页的资源服务提示。

图书在版编目（ＣＩＰ）数据

　　经济法基础 / 高洁，朱小英主编. -- 北京 ： 高等教育出版社，2021.5（2025.1重印）
　　ISBN 978-7-04-055996-5

　　Ⅰ．①经… Ⅱ．①高… ②朱… Ⅲ．①经济法-中国-职业教育-教材 Ⅳ．①D922.29

　　中国版本图书馆CIP数据核字（2021）第063739号

经济法基础
JINGJIFA JICHU

策划编辑	梁　木	责任编辑	梁　木	封面设计	赵　阳	版式设计	杜微言
插图绘制	邓　超	责任校对	窦丽娜	责任印制	刁　毅		

出版发行	高等教育出版社	网　　址	http://www.hep.edu.cn
社　　址	北京市西城区德外大街4号		http://www.hep.com.cn
邮政编码	100120	网上订购	http://www.hepmall.com.cn
印　　刷	涿州市京南印刷厂		http://www.hepmall.com
开　　本	787 mm×1092 mm　1/16		http://www.hepmall.cn
印　　张	21.5		
字　　数	420千字	版　　次	2021年5月第1版
购书热线	010-58581118	印　　次	2025年1月第6次印刷
咨询电话	400-810-0598	定　　价	48.60元

本书如有缺页、倒页、脱页等质量问题，请到所购图书销售部门联系调换
版权所有　侵权必究
物料号　55996-00

经济法基础

高 洁

立体化教学资源

🖱 **爱课程网络学习资源**

课程网址：http://www.icourse163.org/course/JHC-1003366038

课程资源：教学视频 演示文稿 习题作业 讨论 测试

🖱 **二维码资源**

本教材边白处配有二维码资源，可使用智能移动终端扫描学习

高洁，女，1981年生，金华职业技术学院教授，浙江省现代职业教育研究中心兼职研究员，主要研究方向：高等职业教育、经济法，多年来一直承担法律教学工作，以第一作者在《科研管理》《浙江社会科学》等核心期刊上发表论文10余篇，其中2篇被中国人民大学复印报刊资料全文转载，出版专著3部。主持完成省部级项目5项，主持完成厅局级课题多项。曾获得浙江省哲学社会科学优秀成果奖二等奖、浙江省科学技术进步奖三等奖、金华市哲学社会科学优秀成果奖二等奖等。

朱小英，女，1979年生，金华职业技术学院讲师，兼职律师，主要研究方向：高校思想政治教育和经济法。从事法学教育和思想政治理论课教学工作16年，公开发表学术论文十余篇，主持和参与完成各级科研项目20余项，其中主持厅局级课题2项。指导学生参加浙江省大学生法律职业能力竞赛辩论比赛获二等奖一项，浙江省大学生法律职业能力竞赛征文比赛三等奖一项。

前　言

经济法基础课程是一门面向高职院校财经商贸类专业学生及社会上的法学爱好者、创业者等开设的法律类课程。本书的编写立足于高等职业教育"三教"改革的需要，根据不同专业、不同岗位对于经济法基础知识的实践需求，结合初级会计考试经济法基础考试大纲，着重介绍经济法律基本知识，帮助学生掌握法律基本原理，把握经济活动中常见的法律规则，从而能初步分析和解决经济活动中的简单法律问题，树立法治思维，提高营商能力。

（一）内容选取上，突出问题导向，优化课程模块，满足学生学习需求

本书根据高职院校财经商贸类专业学生的学情基础，抛弃传统学科体系，以日常经济生活中可能遇到的问题为导向，结合民事、商事领域多部法律法规，将课程内容整合为：经济法基础知识（朱小英编）、市场经济主体法律制度（闫巍、唐慧编）、合同法律制度（庞宁编）、劳动合同与社会保险法律制度（朱小英编）、市场管理法律制度（陈庆编）、宏观调控法律制度（朱小英、施俊波编）、工业产权法律制度（陈庆编）与电子商务法律制度（施俊波编）8个模块。全书强化市场主体法律，做精公司企业法、做新合同与劳动合同相关法律知识，服务创新创业教育需要；深化纠纷调处法律，详细阐述调解、仲裁、诉讼三种纠纷解决途径，引导学生遵纪守法、运用合法手段解决问题，培养学生法治观念；优化市场秩序法律、市场规制法律内容，引导学生树立"合法经营光荣、不劳而获可耻"的劳动价值观，提高学生基本的经济素养和人文素养。

（二）编写体例上，坚持寓教于例，趣化教学内容，调动学生学习共情

本书内容通俗严谨、设计活泼精巧。根据高职学生学习习惯，每个模块都明确了学习目标，并绘制了主要知识点的思维导图，每个小节均由真实事件改编的教学案例导入，正文中穿插了大量的教学资源、教学图表，并设置了法治素养、协作创新等栏目，每节结束都附带有练习题，全方位训练学生能力，提升学生职业素养，调动学生学习共情。

1. 学习目标：根据高职人才培养规格要求和专业教学标准，将学习目标细化为

知识目标、技能目标和素养目标。

2. 思维导图：依据主要知识点之间的逻辑联系绘制，方便使用者精准定位、快速阅读，也能够帮助使用者建立各知识点之间的联系。

3. 案例导入：根据真实案例进行教学化改编，配有案例思考与案例启示，将枯燥的法律条文直观化，便于教师启发学生思考，便于学生产生共情。

4. 教学图表：直观化地帮助使用者对相关知识点进行比较和总结。

5. 法治素养：在知识教学的同时进行法治意识教育，融入"课程思政"，提高学生法治意识。

6. 协作创新：希望通过小组讨论解决案例中提出的问题，既加深了学生对于相关知识点的理解，又培养了学生的团队协作能力与语言表达能力。

7. 知识与技能：配套练习方便使用者检验学习效果，加深知识印象。

（三）使用过程中，依托在线平台，线上线下结合，改善课堂教学生态

本书为浙江省精品在线开放课程"经济法基础"配套的新形态一体化教材，在中国大学MOOC平台（爱课程网，http://www.icourses.cn）同步建设了"经济法基础（生活中的经济法）"在线开放课程，提供了100多个知识点的微课视频，配备有大量的课堂练习，方便使用者通过平台教学资源的学习，完成课前、课后任务，训练学生自主学习的能力，巩固所学知识。

由于时间和经验所限，本书难免存在缺点和不足，欢迎广大教师和学生批评指正。

编者

2021年3月

目　录

第一章

经济法基础知识

学习目标

★ **知识目标**

- 了解经济法的基本概念和调整对象。
- 熟练掌握经济法律关系的含义和构成要件。
- 掌握经济纠纷的解决途径。
- 掌握经济活动过程中产生的不同法律责任。

★ **技能目标**

- 能够正确分析经济法律关系的构成要件。
- 能够正确选择经济纠纷解决方式。
- 能够分析经济活动中各方主体的法律责任。

★ **素养目标**

- 培育并践行社会主义核心价值观。
- 培养社会主义法治理念与职业道德观。
- 维护社会主义市场经济体制。

思维导图

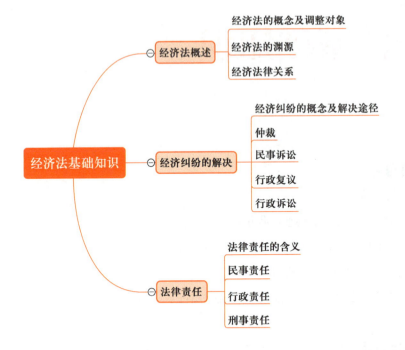

第一节　经济法概述

案例导入

　　2019年，《中华人民共和国电子商务法》正式实施，明确对微商实施主体登记。对各类代购来说，登记制度要是能落实到位，微商的假货、假海淘、关税、售后等相关问题也就能迎刃而解。但在实践中，真正落实微商主体登记却遭遇重重困难。

　　首先，代购的交易平台也即微商平台，是社交平台而非传统电商平台，其本质属于网络服务提供者。以微信、微博和直播为例，平台提供的是网络服务，既没有从用户交易中获利，也没有提供广告等服务，这就与传统电商出现本质区别。

　　其次，按照《中华人民共和国网络安全法》的规定，包括微商在内的网络用户应该实名登记。实践中，落实真实身份认证制度的渠道主要通过手机号码，手机号码的身份与使用人对应关系无法完全契合，这就导致网络实名制被严重虚化。

　　最后，很多微商并非专职从事电商活动，而号称仅做"零星""小额"的交易，按照电商法规定，并非都需要主体登记，这就给非法从业者可乘之机。

　　因此，规范微商的经营行为，必须对微商形态作出特殊性法律规定，从强调微商

从业者主体登记制度、强化社交平台责任等方面进行全面规范。

案例思考： 微商在经济法上属于哪类主体？

案例启示： 根据《中华人民共和国电子商务法》第10条的规定，电子商务经营者应当依法办理市场主体登记。这其中包括个体工商户和微商。这就意味着，包括过去门槛较低的淘宝卖家和当前直播、朋友圈等形式的销售模式，都将被纳入电商监管范畴。一方面，将微商纳入监管范围，有助于规范市场秩序，扫除市场监管盲区；另一方面，对于消费者而言，其维权途径更加便捷和高效。

一、经济法的概念及调整对象

经济法是在资本主义从自由竞争阶段向垄断阶段过渡过程中产生的，用以解决现代市场经济问题的现代法。当前我国建设社会主义市场经济体制，单纯依靠市场的竞争容易出现妨害竞争、外部效应、信息偏差等问题，所以需要借助政府这只"看得见的手"来干预市场。经济法就是政府干预市场的手段之一。

微课：
什么是经济法？

（一）经济法的概念

经济法是调整国家从社会整体利益出发，对市场经济活动实行干预、管理、调控所产生的社会经济关系的法律规范的总称。

（二）经济法的调整对象

我国经济法所调整的经济关系，实质上就是国家与市场之间的经济关系。宏观调控和市场规制是现代国家的两大经济职能，两者的性质、目标和方向等在根本上是一致的。在宏观调控和市场规制过程中形成的两类社会关系，即宏观调控关系和市场规制关系，就成为新兴的经济法的调整对象。具体而言，经济法的调整对象包括：

（1）在国家对市场主体进行组织、管理和监督过程中所发生的经济关系。经济法通过对有关国家主管机关和市场主体的权利与义务的规定，实现对这类经济关系的法律调整。这方面的经济法主要包括各类企业法、公司法、破产法等。

（2）在国家对市场主体的活动进行组织、管理和监督过程中所发生的经济关系。调整这类关系的经济法主要包括合同法律制度、反不正当竞争法、产品质量法、消费者权益保护法、证券法、市场管理法等。

（3）在国家对市场进行宏观调控过程中所发生的经济关系。关于市场经济宏观调控的法律制度主要包括国有资产管理法、财政预算法、投资法、物价法等。

二、经济法的渊源

经济法的渊源，通常是指经济法规范的表现形式。经济法的渊源主要包括以下几类：

（一）宪法

宪法作为国家的根本大法，是经济法的重要渊源，许多宪法规定都与经济法直接相关。例如，《宪法》第15条的规定，对于理解经济法的存在基础、基本体系等都具有总体上的意义。特别是"国家加强经济立法，完善宏观调控"的规定，对于宏观调控法的制度建设尤其具有重要意义。

（二）法律

法律也是经济法的重要渊源。目前，我国在经济法领域里制定的成文法律已有很多，包括财税法领域的《中华人民共和国预算法》《中华人民共和国个人所得税法》《中华人民共和国政府采购法》等，金融法领域的《中华人民共和国中国人民银行法》《中华人民共和国证券法》《中华人民共和国保险法》等，与计划法、产业法等相关的《中华人民共和国价格法》《中华人民共和国中小企业促进法》等，以及市场规制方面的《中华人民共和国反垄断法》《中华人民共和国反不正当竞争法》《中华人民共和国消费者权益保护法》《中华人民共和国产品质量法》《中华人民共和国广告法》等。

（三）行政法规

行政法规是国务院根据宪法和法律，或者根据国家立法机关的授权决定，依法制定的规范性文件。行政法规的名称一般称"条例"，也可以称"规定""办法"等。例如，税收领域的十几个税收暂行条例、《中华人民共和国国库券条例》《中华人民共和国国家金库条例》《中华人民共和国外汇管理条例》《中华人民共和国预算法实施条例》《中华人民共和国企业所得税法实施条例》等。

（四）部门规章

国务院所属的各部、委、行、署以及具有行政管理职能的直属机构，是部门规章的制定主体。经济法领域的大量部门规章，主要来自那些负有宏观调控和市场规制职能的部门。例如，财政部、国家税务总局、中国人民银行、国家发展和改革委员会、国家市场监督管理总局、商务部、相关的各类监督管理委员会（如银保监会、证监会）等部门所制定的大量规章。

（五）地方性法规

省、自治区、直辖市以及设区的市的人民代表大会及其常委会依据本地具体情况和实际需要，可以依法制定地方性法规。作为经济法渊源的地方性法规主要是对相关宏观调控法和市场规制法的具体落实，侧重于解决在统一的经济法制度下的地方差异问题。例如在税收领域的多个暂行条例中，都规定了幅度比例税率，由地方根据当地的实际情况去具体规定实际适用的税率。

上述法律形式是经济法的主要渊源，其制定机关和效力如表1-1所示。

表1-1　不同法律形式的制度机关和效力

种类		制定机关	效力
宪法		全国人民代表大会	根本+最高
法律		全国人大及其常委会	仅次于宪法
法规	行政法规	国务院	仅次于宪法和法律
	地方性法规	地方（省，省会、特区、设区的市）人大及其常委会	次于宪法、法律、行政法规
规章	部门规章	国务院各部委（财政部）、中国人民银行、审计署和其直属机构	次于宪法、法律、行政法规
	地方政府规章	地方（省，省会、特区、设区的市）人民政府	次于宪法、法律、行政法规、同级地方性法规
效力顺序：宪法＞法律＞行政法规＞地方性法规＞地方政府规章			

　协作创新

分小组讨论法律的不同渊源，并各举一例，说明这一法律渊源的制定机关。

三、经济法律关系

（一）经济法律关系的概念和特征

1. 经济法律关系的概念

法律关系是法律规范在调整人们行为过程中所形成的一种特殊的社会关系，即法律上的

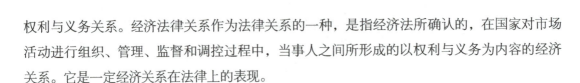

权利与义务关系。经济法律关系作为法律关系的一种，是指经济法所确认的，在国家对市场活动进行组织、管理、监督和调控过程中，当事人之间所形成的以权利与义务为内容的经济关系。它是一定经济关系在法律上的表现。

2. 经济法律关系的特征

经济法律关系与一般的法律关系一样，属于上层建筑范畴，是国家强制力保证实现的一种社会关系。除此之外，它还有自身的一些特征：

第一，经济法律关系发生在国家与市场主体之间。这里的国家主要是指国家经济管理机关，市场主体则是指自然人、法人和其他组织。部分经济法律关系还发生在作为经济组织的市场主体内部的各组成部分之间，如企业与职工之间等。

第二，经济法律关系发生在国家对市场主体进行组织、管理和监督的过程中。这里所说的组织、管理和监督过程，是指国家经济管理机关对各类具有法人资格或不具有法人资格的企业、其他经济组织的设立、存续、内部结构、运作体制等进行组织、管理和监督的过程。

第三，经济法律关系发生在国家对市场主体的活动进行组织、管理和监督的过程中。市场主体的活动主要是指生产经营活动。

第四，经济法律关系发生在国家对市场关系进行宏观调控的过程中。这一过程主要是指国家运用财政信贷、价格、利率等手段，以及利用各种经济参数来调控市场关系的过程。

第五，经济法律关系是经济法对一定经济关系调整的结果。国家与市场之间的经济关系多种多样，有些经济关系为其他法律规范所调整而成为其他法律关系，有些经济关系无须法律规范的调整，仅由道德伦理、风俗习惯规范即可。

（二）经济法律关系的分类

根据经济法律关系的概念和我国经济法的构成，可以对经济法律关系进行基本的分类，包括经济组织法律关系、经济活动法律关系、经济监督法律关系、市场管理法律关系和宏观调控法律关系等。

（三）经济法律关系的构成要素

任何一种法律关系都包括三个基本的构成要素：主体、客体和内容。经济法律关系和其他法律关系一样，也是由这三个基本要素构成的。

1. 经济法律关系的主体

（1）经济法律关系主体的概念。经济法律关系的主体是指参与经济法律关系，依法享有权利和承担义务的当事人。经济法律关系的主体具有以下两大特征：

第一，经济法律关系的主体主要是指参与经济活动的组织，包括国家经济管理机关和市场主体两大类。单纯的公民（自然人）个人只是在少数情况下参与经济法律关系，成为经济法律关系的主体。

第二，不同类别的经济法律关系主体的活动宗旨具有质的区别，作为经济法律关系主体的国家经济管理机关的活动宗旨是实现对市场经济的管理和调控，而市场主体的活动则以营利为目的。

（2）经济法律关系主体的分类。根据活动宗旨不同，我们可以把经济法律关系主体分为国家经济管理机关和市场主体两大类。

① 国家经济管理机关是国家机关的重要组成部分，是运用国家权力组织和管理国民经济的专门机关。它们因分工和职能不同可以分为以下几种：

综合经济管理机关。这是经国家授权从国民经济整体角度进行综合性管理的国家经济管理机关，国务院等当属此类，而典型的综合经济管理机关主要包括发展和改革委员会、国有资产监督管理委员会等。

部门经济管理机关。这是指依照部门管理职权实施经济管理的经济管理机关，如工业和信息化部、交通运输部、住房和城乡建设部、商务部等。

职能经济管理机关。这是指按照经济管理职权实施经济管理的经济管理机关，如财政部、国家海关总署、国家市场监督管理总局等。

经济监督机关。这是指根据国家授权，对经济活动实施监督的机关，如国家审计署等。

经国家特别授权的政企合一的组织。这类主体是经国家的特别授权才成为一定经济法律关系中的国家经济管理机关的。例如，中国烟草总公司与国家烟草专卖局为同一机构，兼具经济组织与经济管理职能。

② 市场主体是指以营利为目的，从事商品生产和经营活动的经济组织或个人。单纯的市场关系主要由民法来调整，在市场领域从事营利活动的组织或个人的法律地位也由民法的民事主体制度来确立。也就是说，它们只有具备民事主体资格，作为特定的民事主体，才能从事市场领域的营利活动。另外，包括国家机关在内的各种非营利机关单位，为了自身日常活动的需要，也要参与民事活动，此时，它们也就处于民事主体的法律地位。

我国民法的民事主体制度把市场主体及其他参与民事活动的机关、单位等区分为法人和公民（自然人）两大类。

法人是相对于公民的一种重要的民事主体。《中华人民共和国民法典》（以下简称《民法典》）第57条规定："法人是具有民事权利能力和民事行为能力，依法独立享有民事权利和承担民事义务的组织。"合格的法人应当具备以下条件：第一，依法成立，这是指法人的成立必须符合法律规定，包括法人的成立必须符合法律规定的条件，以及法人必须按照法定程序设立。第二，有必要的财产和经费。第三，有自己的名称、组织机构和场所。第四，能够独立承担民事责任。法人是独立的民事主体，具有组织和财产上的独立性，能够独立享有民事权利，因此也必须能够以自己的名义独立地承担民事责任。

公民（自然人）是民事法律关系最广泛的主体，但是在经济法律关系中并不是常见的主体，只在个人所得税等少数经济法律关系中才成为主体。我国公民是指具有中华人民共和国国籍的自然人以及在我国领域内的外国人和无国籍人。

在经济法律关系主体的微观单位中，不具备法人资格，而与公民（自然人）处于同等法律地位的主体主要包括以下几种：一是个体工商户，自然人从事工商业经营，经依法登记成为个体工商户；二是农村承包经营户，是指农村集体经济组织的成员，依法取得农村土地承包经营权，从事家庭承包经营的主体；三是个人合伙，指两个以上公民按照协议，各自提供资金、实物、技术等，合伙经营共同劳动；四是个人独资企业，是指依法在中国境内设立，由一个自然人投资财产，投资者以其个人财产对企业债务承担无限责任的经营实体；五是合伙企业，是指依法在中国境内设立的由两个以上合伙人订立合伙协议，共同出资、合伙经营、共享收益、共担风险，并对合伙企业债务承担无限连带责任的营利性组织。

协作创新

　　分小组讨论经济法律关系主体的分类，并从现实生活中找寻出具体的经济法律关系的主体，明确其属于哪种主体。

2. 经济法律关系的客体

经济法律关系的客体是指经济法律关系主体享有的权利和承担的义务所指向的对象，即经济法上的权利与义务所指向的对象。作为经济法律关系的构成要素之一，经济法律关系的客体从经济法律关系产生、变更到终止，始终都是作为经济法上权利与义务的共同载体而存在的。

经济法律关系的客体主要包括以下几类：

（1）物。物是能够满足人们需要的，可以为人所控制的，具有一定经济价值的物质实体。它可以是天然物，也可以是人类劳动的创造物。物从不同的角度可以进行以下分类：

① 动产与不动产。动产是指可以移动位置而不改变其性质、形状和效用的物，如机器、汽车等。不动产是指不能够移动位置，或移动后会引起其性质、形状或效用改变的物，如土地、建筑物等。这种分类的法律意义在于：动产转移所有权时只需交付就可实现，而不动产所有权的转移必须到一定的国家机关进行登记。

② 特定物与种类物。特定物是指具有特有属性的物，这种物具有不可替代性，如一幢建筑物、一艘定制的轮船、一件文物等。种类物是一类具有共同特征的物，这种物能够用度量

衡计算，可以用同种类的物相互替代，如同种类、型号的钢材、水泥、机器等。物的这种分类的法律意义在于：合同法律关系如果以特定物为客体，当特定物灭失时，该合同可以不实际履行；如果以种类物为客体，当种类物灭失时，该合同仍可以实际履行。

③ 主物与从物。主物是指可以独立存在但须与同属一个主体所有的其他物合并使用而起主要效用的物。从物是指可以独立存在但须与同属一个主体所有的其他物合并使用而起辅助效用的物。例如，一台机床，既可用人工直接操纵，也可用遥控器操纵。机床与遥控器之间，机床是主物，遥控器则是从物。一般情况下，从物的归属依主物的归属而定。在财产流转过程中，从物也随主物同时转移。

④ 流通物与限制流通物。流通物是指法律允许在不同主体之间自由流通的物。限制流通物是指在市场流通过程中受到法律不同程度限制的物。在我国，限制流通物主要包括：国家专有财产和集体专有财产，如土地、矿藏、水流、滩涂等，其所有权不能转移，只能在一定条件下转移其使用权；有关武器弹药、爆炸物、剧毒物、毒品以及受管制的无线电器材等，必须依照法定程序调拨使用，或经有关主管部门批准购买，不得在市场上流通。

（2）货币与有价证券。我国的货币是指中国人民银行发行的标明金额的各种人民币。在经济法律关系中，货币作为买卖、租赁、承揽、借贷、运输、保险等经济合同的法定支付标的，也作为损害赔偿以及许多其他经济法律关系最后结算的法定补偿标的。有价证券是设定并证明某种财产权利的凭证。它分为记名式和不记名式两种。前者是指在证券上写明权利享有者的姓名或字号的证券，如记名的支票、汇票和公司债券等；后者是指在证券上没有具体写明权利享有者，谁持有谁就享有财产权利的证券，如国库券、无记名股票和无记名公司债券等。

（3）智力成果以及由此而产生的权利。智力成果主要指能为人们带来经济价值的脑力劳动成果，包括专利、专有技术和商标等。

（4）管理对象。管理对象是指国家经济管理机关在行使经济管理权时所针对的具体事物。管理对象作为经济法律关系的客体，主要出现在经济管理法律关系中。例如，在计划管理法律关系中，管理对象是计划指标；在价格管理法律关系中，管理对象是价格；在质量管理法律关系中，管理对象是质量；等等。

（5）行为。这里的行为是指经济法律关系主体在市场经营过程中为达到一定的目的所进行的活动，包括完成一定的工作和提供一定的劳务。

3. 经济法律关系的内容

经济法律关系的内容，是指经济法律关系主体所享有的权利和承担的义务。在经济法律关系的三要素中，主体与客体之间就是由经济法律关系的内容联结起来的。作为经济法律关系内容的权利与义务，由于其享有者或承担者具有不同的性质，因此不同主体享有或承担的权利与义务也不一样。一般来说，在国家经济管理机关与市场主体之间，前者只享有权利，后者只承担义务。至于市场主体，它们一方面都有义务接受国家经济管理机关的管理和监督，另一方面，它们相互之间既是权利的享有者，又是义务的承担者。

经济法上的权利是指经济法律关系的主体根据法律或者合同的规定，实现其意志或者利益的可能性。经济法上最重要的权利是经济管理权，这是由经济法直接规定的专属于国家经济管理机关所享有的权利。另外，由于享有民事权利是市场主体从事经济活动的前提和基础，这些权利经过经济法的进一步确认也成为经济法上的权利。民事权利包括人身权和财产权两大类。其中，人身权包括人格权和身份权；财产权主要包括物权、债权和知识产权。

经济法上的义务是指经济法律关系主体根据法律或者合同的规定，为实现特定权利主体的权利而进行相应的行为（包括作为与不作为）的必要性。其具体含义如下：第一，承担义务的经济法律关系主体必须依据法律或者合同的规定进行一定的行为（包括作为与不作为），以实现特定权利主体的权利。第二，经济法律关系主体的义务仅以法律或者合同规定的范围为限。第三，经济法上的义务是一种法律约束，义务人必须自觉履行，若不履行或履行不当，要受到法律的制裁。

（四）经济法律关系的产生、变更和终止

经济关系由于经济法的调整而上升为经济法律关系。经济法律关系与其他任何社会现象一样，经常处于发展变化之中。但是，单纯有经济法律规范的存在并不能直接导致经济法律关系的产生、变更或终止，还必须与经济生活中发生的某种现象或某种具体事实联系在一起。

1. 法律事实

法律事实是指能够引起经济法律关系产生、变更和终止的客观情况。依据是否以人的意志为转移，法律事实可分为行为与事件两大类。

（1）行为。行为是指能够引起经济法律关系产生、变更和终止的当事人的意志活动。行为是经济法中最重要的法律事实。根据其是否合法，可以分为合法行为与违法行为两类。合法行为在经济法中又可分为市场经营行为、经济管理行为、经济仲裁和司法行为、经济违法行为等。

市场经营行为是指市场主体进行各种经营活动的合法行为。由于单纯的市场关系主要由

民法来调整，在经济法对市场主体的活动进行调整时，会与民法调整发生部分交叉，一些有关的民事法律制度可在经济法中通用。市场经营行为的有效条件必须完全包括民事法律行为的有效条件。

经济管理行为是指国家经济管理机关为设立、变更和终止特定的经济管理关系而实施的职权行为。经济管理行为的有效条件包括：经济管理行为必须是享有经济管理权的国家经济管理机关在其职权范围内实施的；经济管理行为必须符合经济管理法律规范。

经济仲裁和司法行为是指仲裁机关和国家审判机关对当事人之间的经济纠纷进行处理，做出具有法律效力的裁决和裁判的行为。这类行为能引起经济法律关系的产生、变更和终止。但是，实施经济仲裁和司法行为的仲裁机关、审判机关并不是经济法律关系的当事人，这点是与市场经营行为和经济管理行为不同的。

经济违法行为是指在经济领域内违反法律、法规，侵犯国家、社会和他人权利的行为。经济违法行为不仅可在违法者与受害者之间引起一定经济法律关系的产生（如损害赔偿关系等），还可在他们与有关的国家机关之间引起一定经济法律关系的产生（如经济诉讼法律关系等）。经济违法行为也可引起经济法律关系的变更和终止。例如，合同关系当事人一方违反合同时，另一方可依法请求变更或解除合同等。

（2）事件。事件是指不以当事人的意志为转移的，能够引起经济法律关系产生、变更和终止的客观事实。它包括自然现象和社会现象两类。前者包括自然灾害；后者包括战争、内乱、国际经济关系的重大变化等。事件也是引起经济法律关系产生、变更和终止的法律事实。例如，当洪水冲毁铁路时，就会引起有关铁路运输合同的变更或解除等。

2. 法律事实的后果

法律事实一经出现，即产生相应的法律后果。主要包括：

（1）发生经济法律关系。这是指在特定主体之间形成一定的权利义务关系。

（2）变更经济法律关系。这是指发生经济法律关系的主体、客体或内容的变更。主体的变更可以是主体数目的增加或减少，也可以是主体一方的改变；客体的变更可以是客体种类的变更，也可以是客体范围及性质的变更；内容的变更则主要是指权利、义务的增加或减少等。

经济法律关系的变更不能是主体、内容和客体的同时变化，否则就成为现存经济法律关系的终止和新的经济法律关系的产生。另外，经济法律关系的变更受到国家经济管理机关的经济管理权的制约。

（3）终止经济法律关系。它是指特定主体之间经济权利与经济义务关系的消灭，例如合同因履行完毕而终止等。

知识与技能

一、单选题

1. 能够引起经济法律关系产生、变更和终止的客观情况称为（　　）。

   A. 行为　　　　　　　　　　　B. 事件

   C. 法律事实　　　　　　　　　D. 法律情况

2. 以下不属于事件的是（　　）。

   A. 战争　　　　　　　　　　　B. 台风

   C. 社会暴乱　　　　　　　　　D. 违法行为

二、多选题

1. 经济法律关系的要素包括（　　　　）。

   A. 主体　　　　　　　　　　　B. 内容

   C. 结果　　　　　　　　　　　D. 客体

2. 以下属于经济法律关系的主体的是（　　　　）。

   A. 国有独资公司　　　　　　　B. 税务部门

   C. 公民个人　　　　　　　　　D. 外国企业

3. 经济法的渊源包括（　　　　）。

   A. 宪法　　　　　　　　　　　B. 地方性法规

   C. 法律　　　　　　　　　　　D. 法院的判决

三、案例分析题

李老汉是某村农民。他的儿子已经长大成人，便以李老汉的名义向村里申请一处宅基地。村委会研究后，决定将村后的一处空地作为宅基地划拨给李老汉使用。经过乡镇人民政府审核后，县国土管理部门批准了李老汉的申请，并向李老汉发放了宅基地的使用证书。试分析：

（1）李老汉和本县国土管理部门、政府之间是否形成经济法律关系？

（2）如果形成，是哪一类经济法律关系？

（3）以上案例中涉及的经济法律关系的主体有哪几个？

第二节　经济纠纷的解决

 **案例导入**

　　原告李某于2019年6月10日向某市中级人民法院递交起诉状称：原告与被告宋某在2017年11月合伙开办一家美容店（个人合伙），现原告想退出，但与被告关于合伙财产分割（财产合计20万元）产生矛盾，原告起诉要求强制分割。中级人民法院告知原告本院对该案无管辖权，没有受理原告的起诉，让其到区人民法院起诉。李某想不通，认为中级人民法院的审判员水平高，更能公正审理案件，区人民法院的审判员水平不高，不愿去区人民法院起诉。

　　案例思考： 中级人民法院为什么不受理原告李某的起诉？《中华人民共和国民事诉讼法》（以下简称《民事诉讼法》）对级别管辖是如何划分的？

　　案例启示： 根据《中华人民共和国人民法院组织法》的规定，我国人民法院的设置分为四级，即基层人民法院、中级人民法院、高级人民法院和最高人民法院。根据《民事诉讼法》的规定，第一审民事案件原则上由基层人民法院管辖。中级人民法院管辖下列第一审民事案件：①重大涉外案件；②在本辖区有重大影响的案件；③最高人民法院确定由中级人民法院管辖的案件。本案是一个比较简单的民事案件，不必由中级人民法院管辖。当事人的担心是不必要的，对区人民法院的审判结果如果不服，还可以上诉至中级人民法院。所以本案应由区人民法院管辖。

一、经济纠纷的概念及解决途径

（一）经济纠纷的概念

　　经济纠纷是指市场经济主体之间以经济权利和经济义务为内容引起的权益争议。在市场经济日益发展的当下，各主体之间的经济活动频繁，不可避免发生各种权益冲突，进而产生纠纷。经济纠纷根据发生的主体不同可以分为：横向经济纠纷，即平等主体之间涉及经济内容的纠纷，如买卖合同纠纷、借贷纠纷等；纵向经济纠纷，即发生在公民、法人或者其他组织作为行政相对人与行政机关之间因行政管理所发生的涉及经济内容的纠纷，如纳税人与纳税机关就纳税事务发生的纠纷。

（二）经济纠纷的解决途径

经济纠纷的解决途径比较多元。对于横向经济纠纷，当事人可以通过协商和解，也可以通过第三方调解的方式解决纠纷，但这两种解决方式不具有强制力；也可以通过仲裁、民事诉讼这两种具有强制力的纠纷解决方式解决。行政复议和行政诉讼适用于解决纵向经济纠纷。具有强制力的经济纠纷解决方式的关系见图1-1。

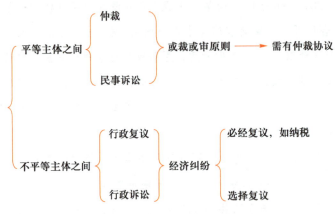

图1-1　具有强制力的经济纠纷解决方式关系图

二、仲裁

（一）仲裁的概念和特征

微课：
仲裁包治百病吗？

仲裁是指由经济纠纷的双方当事人在纠纷发生之前或者发生之后达成协议，自愿将纠纷共同提交选定的仲裁机构依法定程序作出具有约束力的裁决争议解决制度与方式。

仲裁具有三个特点：第一，仲裁是双方当事人以自愿协商为基础；第二，仲裁由双方当事人共同选择的中立第三方（仲裁机构）进行裁判；第三，仲裁裁决对双方当事人具有法律约束力。

（二）仲裁的适用范围

《中华人民共和国仲裁法》第2条规定："平等主体的公民、法人和其他组织之间发生的合同纠纷和其他财产权益纠纷，可以仲裁。"由此可见，仲裁仅解决民事经济纠纷而不适用于其他类型的纠纷。《中华人民共和国仲裁法》规定的"其他财产权益纠纷"，是指因财产侵权而引起的非合同纠纷，如因海上事故侵权赔偿纠纷、知识产权侵权纠纷、产品质量侵权纠纷等。下列争议事项不允许仲裁：

（1）涉及身份关系的案件，如婚姻、收养、监护、扶养、继承纠纷；

（2）依法应当由行政机关处理的行政争议。

此外，劳动争议和农业集体经济组织内部的农业承包合同纠纷也不属于《中华人民共和国仲裁法》所规定的仲裁范围，而由其他仲裁法规调整。

（三）仲裁的基本原则

1. 自愿原则

自愿原则贯穿仲裁程序的始终，是仲裁制度的根本原则。当事人自愿原则体现在：对于是否提交仲裁、对哪些争议进行仲裁以及由谁进行仲裁，当事人享有充分的自主权，争议双方可以通过仲裁协议进行约定。仲裁机构对争议的管辖权来自当事人的授权，没有当事人的授权，仲裁机构无权管辖和启动仲裁程序。

2. 或审或裁原则

当事人达成仲裁协议后，如果一方向法院起诉的，法院不予受理，仲裁协议无效的除外。也就是说，当事人对于纠纷解决方式的选择要么选择仲裁，要么选择诉讼，两者只能择一。

3. 一裁终局原则

仲裁裁决做出后，当事人就同一纠纷不得再申请仲裁或向法院起诉；当事人一方不履行裁决的，另一方可向法院申请强制执行。与两审终审的诉讼制度不同，仲裁实行一裁终局，这有利于及时解决民商事争议，保证仲裁裁决的权威性。

4. 独立仲裁原则

独立仲裁原则有两层含义：一是仲裁机构在设置上独立，仲裁机构与行政机关之间、各仲裁机构之间都是相互独立的，不存在隶属关系；二是仲裁庭在审理案件时独立，不受仲裁委员会以及行政机关、社会团体和其他个人的干涉。

5. 公正及时原则

仲裁以事实为根据，以法律为准绳，公平合理、及时迅速地解决财产争议。仲裁在不违反法律的前提下，可以按照当事人的意愿，灵活地解决双方的争端。

6. 不公开原则

仲裁原则上不公开开庭，如果当事人协议公开的，可以公开进行，但涉及国家秘密的除外。仲裁解决的是私权纠纷，不涉及国家和社会共同利益，因此，仲裁程序无须向公众公开。民商事争议多涉及商业信誉，当事人往往不愿公之于众，仲裁的保密性是当事人选择仲裁的重要原因之一。

（四）仲裁机构

在我国，仲裁委员会是常设的仲裁机构。仲裁委员会可以在省、自治区和直辖市人民政府所在地的市设立，也可根据需要在其他设区的市设立。设立仲裁委员会，应当经省、自治区、直辖市的司法行政部门登记。仲裁委员会不按照行政区划层层设立，彼此不具有行政隶属关系。

（五）仲裁协议

仲裁协议是指双方当事人自愿将他们之间可能发生或者已经发生的经济纠纷提交某仲裁机构裁决的书面约定。仲裁协议必须采用书面形式。书面形式不仅包括合同中的仲裁条款，也包括双方当事人独立签署的专门书面协议，还包括通过信函、数据电文等形式表现的特定纠纷提交仲裁的意思表示。

一份有效的仲裁协议应当包含以下内容：

（1）请求仲裁的意思表示。

（2）仲裁事项，也即当事人提交仲裁的纠纷范围，例如将"合同的解释""违约责任"等明确规定为仲裁事项，但在实践中，当事人往往概括仲裁事项为"与合同有关的争议"。根据司法解释的规定，基于合同成立、效力、变更、转让、履行、违约责任、解释、解除等产生的纠纷都可以认定为仲裁事项。

（3）选定的仲裁委员会。对于仲裁事项或者仲裁委员会没有约定或者约定不明确的，当事人可以补充协议；达不成补充协议的，仲裁协议无效。

仲裁协议一经依法成立，即具有法律约束力。仲裁协议具有独立性，不受主合同是否有效的影响。当事人对仲裁协议的效力发生争议的，可以通过图1–2的程序来确定。如果一方请求仲裁委员会作出决定，另一方请求法院作出裁定的，由人民法院裁定。

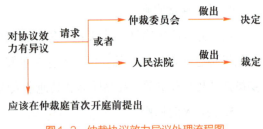

图1–2　仲裁协议效力异议处理流程图

当事人达成仲裁协议，一方向人民法院起诉未声明有仲裁协议，人民法院受理后，另一方在首次开庭前提出仲裁协议的，人民法院应当驳回起诉，但仲裁协议无效的除外；另一方在首次开庭前未对人民法院受理该案提出异议的，视为放弃仲裁协议，人民法院应当继续审理。

（六）仲裁程序

仲裁程序是在仲裁审理过程中，仲裁机构、各方当事人以及其他参与人从事仲裁活动必须遵守的程序。主要包括：

1. 申请和受理

订有仲裁协议的当事人一旦发生纠纷且不能通过协商解决时，任何一方都可以依据仲裁协议向仲裁委员会提出仲裁申请。当事人在申请仲裁时，应当向仲裁机构递交仲裁协议、仲裁申请书及其副本。

仲裁委员会在收到仲裁申请书之后的5日内经初步审定，分别作出以下决定：①认为符合受理条件的，予以受理，并书面或口头通知当事人；②如发现仲裁申请书有欠缺或认为仲裁协议需要补充的，通知当事人补正或协议补充；③自重新递交之日起5日内受理；④认为不符合受理条件的，不予受理，书面或口头通知当事人并说明理由。

仲裁委员会受理仲裁申请后，应当在仲裁规则规定的期限内将仲裁员名册送达申请人，并将仲裁申请书副本和仲裁规则、仲裁员名册送达被申请人。被申请人应当在仲裁规则规定的期限内向仲裁委员会提交答辩状，并由仲裁委员会将答辩状副本送达申请人。

2. 组成仲裁庭

仲裁庭可以由三名仲裁员组成，也可以由一名仲裁员担任独任仲裁员。当事人可以自行约定仲裁庭的组成形式。三名仲裁员组成的仲裁庭又称合议仲裁庭，其中一名为首席仲裁员。约定合议仲裁庭的，当事人各自选定或者委托仲裁委员会主任选定一名仲裁员，第三名仲裁员由当事人共同选定或者共同委托仲裁委员会主任指定，第三名仲裁员为首席仲裁员。一名仲裁员组成的仲裁庭又称独任仲裁庭。约定独任仲裁庭的，应当由当事人共同选定或者共同委托仲裁委员会主任指定仲裁员。

仲裁员有下列情形之一的，必须回避，当事人也有权提出仲裁员回避申请：①是本案当事人或者当事人、代理人的近亲属；②与本案有利害关系；③与本案当事人、代理人有其他关系，可能影响公正仲裁的；④私自会见当事人、代理人，或者接受当事人、代理人的请客送礼的。

3. 仲裁审理

仲裁的审理过程包括开庭、调查收集证据、辩论调解及作出裁决等几个步骤。仲裁应当开庭进行，当事人协议不开庭的，仲裁庭可以根据仲裁申请书、答辩书以及其他材料作出裁决。仲裁不公开进行，不允许群众旁听，也不允许新闻记者采访和报道。

当事人申请仲裁后，可以自行和解。达成和解协议的，可以请求仲裁庭根据和解协议作出裁决书，也可以撤回仲裁申请。当事人达成和解协议，撤回仲裁申请后反悔的，可以根据仲裁协议再次申请仲裁。

仲裁庭在作出裁决前，可以先行调解。当事人自愿调解的，仲裁庭应当调解。调解不成的，应当及时作出裁决。调解达成协议的，仲裁庭应当制作调解书或者根据协议的结果制作裁决书。调解书与裁决书具有同等法律效力。调解书经双方当事人签收后，即发生法律效力。在调解书签收前当事人反悔的，仲裁庭应当及时作出裁决。

裁决应当按照多数仲裁员的意见作出，少数仲裁员的不同意见可以记入笔录。仲裁庭不能形成多数意见时，裁决应当按照首席仲裁员的意见作出。裁决书自作出之日起发生法律效力。当事人应当履行裁决。一方当事人不履行的，另一方当事人可以依法向人民法院申请执行。

三、民事诉讼

微课：
我该打官司
吗？

民事诉讼是指人民法院在双方当事人和其他诉讼参与人的参加下，审理和解决民事案件的活动，以及由这些活动所产生的诉讼法律关系的总和。《民事诉讼法》是进行民事诉讼活动的主要法律依据。

（一）民事诉讼的适用范围

公民之间、法人之间、其他组织之间以及他们相互之间因财产关系和人身关系发生纠纷，可以提起民事诉讼。适用于《民事诉讼法》的案件主要见表1–2。

表1–2　民事诉讼的受案范围

具体范围	举例
1. 因《中华人民共和国民法典》调整的平等主体之间的财产关系和人身关系发生的民事案件	合同纠纷、房产纠纷、侵害名誉权纠纷等案件
2. 因《中华人民共和国劳动法》或其他经济法律规定调整的社会关系发生的争议，法律规定适用民事诉讼程序审理的案件	企业破产案件、劳动合同纠纷案件
3. 适用特别程序审理的选民资格案件和宣告公民失踪、死亡等非讼案件	
4. 按照督促程序解决的债务案件	
5. 按照公示催告程序解决的宣告票据和有关事项无效的案件	

（二）民事诉讼的基本制度

1. 合议制度

合议制度是指由3名以上审判人员共同组成审判组织对案件进行审理并作出裁判的制度。合议制度是相对于独任制度而言的，后者是指由一名审判员独立地对案件进行审理和裁判的制度。法院审理第一审民事案件，由审判员、人民陪审员共同组成合议庭或者由审判员组成合议庭进行审理；适用简易程序、特别程序、督促程序、公示催告程序审理的民事案件可以独任审理。法院审理第二审民事案件全部由审判员组成合议庭。合议庭的成员人数应当是3人以上的单数。

2. 回避制度

回避制度是指参与某案件民事诉讼活动的审判人员、书记员、翻译人员、鉴定人、勘验人有下列情形的，应当退出案件审理活动：①是案件的当事人或者当事人、诉讼代理人的近亲属；②与案件有利害关系；③与案件当事人、诉讼代理人有其他关系，可能影响对案件公正审理的；④接受当事人、诉讼代理人请客送礼，或者违反规定会见当事人、诉讼代理人的。应当回避的人员应自行回避，当事人也有权用口头或者书面方式申请他们回避。

3. 公开审判制度

公开审判制度是指法院的审判活动依法向群众公开、向社会公开的制度。法律规定，法院审理民事或行政案件，除涉及国家秘密、个人隐私或者法律另有规定的以外，应当公开进行。离婚案件、涉及商业秘密的案件，当事人申请不公开审理的，可以不公开审理。公开审理案件，应当在开庭前公告当事人姓名、案由和开庭的时间、地点，以便群众旁听。公开审判包括审判过程公开和审判结果公开。不论案件是否公开审理，宣告判决一律公开。

4. 两审终审制度

两审终审制度是指一个诉讼案件经过两级法院审判后即告终结的制度。我国法院分为最高人民法院、高级人民法院、中级人民法院、基层人民法院四级，除最高人民法院外，其他各级法院都有自己的上一级法院。按照两审终审制，一个案件经第一审法院审判后，当事人如果不服，有权在法定期限内向上级法院提起上诉，由该上级法院进行第二审。二审法院的判决、裁定是终审的判决、裁定。但是以下案件实行一审终审：①适用特别程序、督促程序、公示催告程序审理的案件；②按照小额诉讼程序审理的案件；③最高人民法院所做出的一审判决、裁定。对于终审的判决和裁定，当事人不得再次提起上诉，如确有证据证明原判决裁定有误的，可以通过审判监督程序予以纠正。

（三）民事诉讼管辖

管辖是指人民法院受理第一审民事案件的具体分工和权限范围。根据《民事诉讼法》的规定，一个案件的管辖法院需要明确级别管辖和地域管辖才可以确定。

1. 级别管辖

级别管辖是指确定上下级法院之间审理第一审民事案件的分工和权限。依据《民事诉讼法》和司法解释的规定，级别管辖权划分如下：

微课：
诉讼法院如何选择？

最高人民法院管辖下列第一审民事案件：①在全国范围内有重大影响的案件；②认为应当由本院审理的案件。最高人民法院设立巡回法庭，受理巡回区内的相关案件。

高级人民法院管辖在本辖区内有重大影响的案件。

中级人民法院管辖下列第一审民事案件：①重大涉外案件；②本辖区内有重大影响的案件；③最高人民法院确定由中级人民法院管辖的案件。

基层人民法院管辖以上各级人民法院管辖以外的民事案件。也就是说，第一审案件一般由基层人民法院审理；法律有特殊规定的，由法律规定的法院作为一审法院。

2. 地域管辖

地域管辖是指按照法院的辖区和民事案件的隶属关系，确定同级法院之间受理第一审民事案件的分工和权限。地域管辖又分为一般地域管辖、特殊地域管辖、专属管辖、协议管辖、共同管辖和选择管辖等。

（1）一般地域管辖。一般地域管辖是以当事人与人民法院管辖区域之间的关系作为划分标准。民事诉讼一般地域管辖的一般原则是原告就被告，即民事案件应由被告住所地人民法院受理。当事人是法人或组织的，由法人机关或组织所在地人民法院管辖；被告的住所地与经常居住地不一致的，由经常居住地人民法院管辖。除依特别地域管辖和专属管辖确定管辖法院的案件外，其余民事案件都适用此原则来确定管辖法院。特殊情况下允许变通适用被告就原告原则。《民事诉讼法》规定了下列四种特殊情况可由原告住所地人民法院管辖：①对不在中国领域内居住的人提起的有关身份关系的诉讼；②对下落不明或宣告失踪的人提起的有关身份关系的诉讼；③对被采取强制性教育措施的人提起的诉讼；④对被监禁的人提起的诉讼。原告的住所地与经常居住地不一致的，由居住地人民法院管辖。

（2）特殊地域管辖。特殊地域管辖是以诉讼标的所在地、法律事实所在地为标准确定管辖法院，也称特别管辖。《民事诉讼法》规定了10种属于特殊地域管辖的诉讼（见表1-3）。

表1-3　特殊地域管辖法院

案件类型	管辖法院
合同纠纷	被告住所地或者合同履行地
保险合同纠纷	被告住所地或者合同履行地
票据纠纷	票据支付地或者被告住所地
公司设立、确认股东资格、分配利润、解散等纠纷	公司住所地
铁路、公路、水上、航空运输和联合运输合同纠纷	运输始发地、目的地或者被告住所地
侵权纠纷	侵权行为地（包括侵权行为实施地、侵权结果发生地）或者被告住所地
因铁路、公路、水上和航空事故请求损害赔偿纠纷	事故发生地或者车辆及船舶最先到达地、航空器最先降落地或者被告住所地

续表

案件类型	管辖法院
船舶碰撞或者其他海事损害事故请求损害赔偿纠纷	碰撞发生地、碰撞船舶最先到达地、加害船舶被扣留地或者被告住所地
海难救助纠纷	救助地或者被救助船舶最先到达地
共同海损纠纷	船舶最先到达地、共同海损理算地或者航程终止地

（3）专属管辖。专属管辖是指法律强制规定某类案件必须由特定的人民法院管辖，其他人民法院无权管辖，当事人也不得协议变更的管辖。专属管辖的案件主要有三类：因不动产纠纷提起的诉讼，由不动产所在地人民法院管辖；因港口作业中发生纠纷提起的诉讼，由港口所在地人民法院管辖；因继承遗产纠纷提起的诉讼，由被继承人死亡时住所地或者主要遗产所在地人民法院管辖。

（4）协议管辖。协议管辖又称合意管辖或者约定管辖，是指双方当事人在合同纠纷或者其他财产权益纠纷发生之前或发生之后，以协议的方式选择解决他们之间纠纷的管辖人民法院。合同或者其他财产权益纠纷的当事人可以书面协议选择被告住所地、合同履行地、原告住所地、标的物所在地等与争议有实际联系的地点的人民法院管辖，但不得违反《民事诉讼法》对级别管辖和专属管辖的规定。

（5）共同管辖和选择管辖。当两个以上人民法院对案件都有管辖权时，原告可以向其中任何一个人民法院起诉；原告向两个以上有管辖权的人民法院起诉的，由最先立案的人民法院管辖。

确定案件的地域管辖法院的顺序可以用图1-3来表述。

图1-3 确定案件的地域管辖法院顺序图

（四）审判程序

根据案件的性质、特征和审判的需要，我国《民事诉讼法》规定了不同种类的审判程序。审判程序可以分为以解决当事人之间的纠纷为目的的诉讼程序和以确定某种法律事实或权利为目的的非讼程序。诉讼程序包括第一审程序、第二审程序和审判监督程序；非讼程序包括特别程序、督促程序、公示催告程序、调解协议司法确认程序、实现担保物权程序。

1. 第一审程序

第一审程序，是指人民法院审理第一审民事案件、经济案件所适用的程序。其主要包括起诉与受理、审理前准备、调解、开庭审理等几个步骤。

（1）起诉与受理。起诉是审判程序发生的根据。原告起诉应当符合以下四个法定条件：①原告是与本案有直接利害关系的公民、法人和其他组织；②有明确的被告；③有具体的诉讼请求和事实、理由；④属于人民法院的主管范围和受诉人民法院管辖。

我国当前实行立案登记制。人民法院对依法应当受理的原告起诉，应予以登记。但是对下列起诉不予立案登记：违法起诉或者不符合法律规定的，涉及危害国家主权和领土完整的，危害国家安全的，破坏国家统一和民族团结的破坏国家宗教政策的，所属事项不属于人民法院主管的。

（2）审理前准备。在开庭审理前，承办案件的审判人员要做好必要的准备工作，包括：法院应当在立案之日起5日内将起诉状副本送达被告，被告在收到起诉状副本之日起15日内提出答辩状；依法组成合议庭；审判人员审阅案卷，制定调查提纲；查清案件的来龙去脉，核实证据，提出处理案件的初步方案。

（3）调解。调解原则贯穿民事案件审理的始终，无论是第一审程序、第二审程序还是审判监督程序都可以适用调解。人民法院在调解时，必须坚持合法和自愿原则，不得以任何形式施加任何压力，迫使当事人接受调解。达成的调解协议也不得违背法律的精神。对于调解未达成协议或调解书送达时一方拒收的，人民法院应当及时判决。实践中，人民法院一般在开庭审理前要对当事人进行一次调解，在开庭审理过程中作出判决之前还要进行一次调解。调解书一经双方当事人签收后，即发生法律效力，当事人不服也不得再次起诉或者上诉。

（4）开庭审理。开庭审理是指审判人员在当事人和其他诉讼参与人的参加下，在法庭上对案件进行审理直至做出裁判的全过程。开庭审理的程序包括开庭审理的准备工作、法庭调查、法庭辩论、判决与裁定。人民法院在审理过程中要按照《民事诉讼法》规定的步骤有秩序地进行，同时要充分保障当事人诉讼权利的实现。人民法院在查明案件事实的基础上，结合法律的规定作出判决。当事人不服地方人民法院的一审裁判的，可以在文书送达之后的法定期限内向上一级人民法院提起上诉。

2. 第二审程序

第二审程序，是指当事人不服第一审裁判，在上诉期内提出上诉，出上一级人民法院对案件进行审理的程序。

上诉应当符合以下法定条件：一是必须是符合条件的上诉人对符合条件的被上诉人提起上诉。二是必须在法定的上诉期限内提出，对判决提起上诉的期限为15日，对裁定提起上诉的期限为10日，逾期不提起上诉，一审法院的判决、裁定便发生法律效力，当事人不得再上诉，案件即告终结。三是必须提交书面的上诉状，上诉状除正本外，还应提交与被上诉人数相同的副本，以便人民法院通知被上诉人答辩。

第二审人民法院审理上诉案件，首先应由审判员组成合议庭，根据案件的具体情况决定是否进行开庭审理，也可以进行调解或判决。第二审人民法院应当对上诉请求的有关事实和适用法律进行审查。在第二审人民法院审理上诉案件期间、宣判之前，上诉人可以申请撤回上诉，由人民法院裁定。如果裁定准予撤回上诉，上诉人不得再就此案上诉，案件即告终结。

第二审法院对受理的上诉案件经过审理，根据不同案情应做出不同的处理结果。具体见表1–4。

表1–4 二审审理结果

认定的案件情形	审理结果
认定事实清楚、适用法律正确	判决驳回上诉，维持原判
认定事实清楚，但适用法律错误	依法改判
认定事实不清、证据不足或违反法定程序可能影响案件的正确判决的	依法改判或者裁定撤销原判，发回原审法院重审

第二审法院的判决、裁定是终审的判决、裁定，一经送达即发生法律效力。

3. 审判监督程序

审判监督程序，是指人民法院发现已经发生法律效力的判决或裁定确有错误，对案件依法重新审理并做出裁判的程序。审判监督程序是对已经发生法律效力的错误判决、裁定的再次审理，是为了保证人民法院裁判的正确性与合法性，保护当事人的合法权益，体现实事求是的精神和有错必纠的原则而设立的一种补救制度。它不是民事诉讼的必经程序。

根据提起审判监督程序的主体不同，可以分为：人民法院提起再审、当事人申请再审和人民检察院抗诉进行再审三种。

人民法院提起再审又分为三种情形：①各级人民法院的院长对本院已经发生法律效力的判决、裁定或调解协议，认为确有错误需要再审的，提交审判委员会讨论决定；②上级人民法院对下级人民法院的生效判决、裁定或调解协议，认为有错误，有权提审或者指令下级人民法院再审；③最高人民法院对地方各级人民法院已经发生法律效力的判决、裁定或调解协议，发现确有错误的，有权提审或者指令地方各级人民法院再审。

当事人申请再审是指当事人及与案件有利害关系的人对已经发生法律效力的判决、裁定、调解协议，认为确有错误的向原审人民法院或者上级人民法院申请再行审理的行为。

人民检察院发现人民法院已经发生法律效力的民事判决、裁定或调解协议确有错误，依法可以提起抗诉，从而引起审判监督程序。人民检察院提起抗诉的，不论理由是否充分，一经提出，人民法院均应当依法进行审理并做出裁定，中止原判决的执行。

再审案件原来是第一审法院审结的，适用第一审程序审判；再审案件原来是第二审法院审结的，适用第二审程序审判。

诉讼程序的具体流程可以用图1-4来表示。

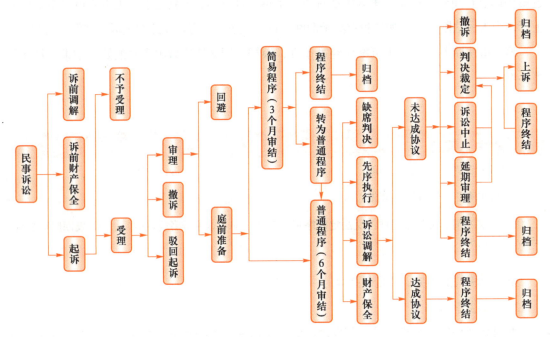

图1-4　民事诉讼流程图

　法治素养

　　2010—2013年，范某传因资金周转需要，从9名出借人处借款479万元。后因无力偿还个人借款，范某传利用工作便利，向9名出借人出具私自加盖甲公司四分公司公章及该公司负责人私章的新借据，将个人借款转嫁到公司名下。事后，范某传指使该9名出借人向法院提起诉讼，诉请法院判令该四分公司、甲公司偿还借款本息。二审法院支持了除范某升外8名原告的诉讼请求。

　　2018年9月，合肥市人民检察院向法院提出再审检察建议。2018年12月，法院再审撤销了原民事判决。后范某传也因犯虚假诉讼罪，被法院判处有期徒刑4年，并处罚金50 000元。

　　启示： 在当下法治社会，无论是公民还是其他主体都应该合法行使诉讼权利，虚假诉讼必将受到法律的严惩。

（五）诉讼时效

1. 诉讼时效的含义

诉讼时效是指权利人在法定期间内不行使权利而失去诉讼保护的制度。诉讼时效期间是指权利人请求法院或仲裁机关保护其民事权利的法定期间。诉讼时效期间届满，权利人丧失的是胜诉权，即丧失依诉讼程序强制义务人履行义务的权利。诉讼时效期间届满的，义务人可以提出不履行义务的抗辩。诉讼时效期间届满后，义务人同意履行的，不得以诉讼时效期间届满为由抗辩；义务人已自愿履行的，不得请求返还。人民法院不得主动适用诉讼时效的规定。诉讼时效的期间、计算方法以及中止、中断的事由由法律规定，当事人约定无效。

微课：
诉讼时效

2. 诉讼时效期间

（1）普通诉讼时效期间。根据《民法典》的规定，向人民法院请求保护民事权利的诉讼时效期间为3年。法律另有规定的，依照其规定。

（2）最长诉讼时效期间。诉讼时效期间自权利人知道或者应当知道权利受到损害以及义务人之日起算。法律另有规定的，依照其规定。但是自权利受到损害之日起超过20年的，人民法院不予保护；有特殊情况的，人民法院可以根据权利人的申请决定延长。

3. 诉讼时效的中止

在诉讼时效期间的最后6个月内，因法定事由而使权利人不能行使请求权的，诉讼时效中止，待法定事由消除之日起满6个月诉讼时效期间才届满。这些法定事由包括：

（1）不可抗力（不可抗力是指当事人不能预见、不能避免且不能克服的客观现象，例如台风、洪水、地震或战争等）；

（2）无民事行为能力人或者限制民事行为能力人没有法定代理人，或者法定代理人死亡、丧失民事行为能力、丧失代理权；

（3）继承开始后未确定继承人或者遗产管理人；

（4）权利人被义务人或者其他人控制；

（5）其他导致权利人不能行使请求权的障碍。

4. 诉讼时效的中断

诉讼时效的中断是指在诉讼时效期间，因发生一定的法定事由，致使已经经过的时效期间归于无效，待时效中断的事由消除后，诉讼时效期间重新起算的制度。这些法定事由包括：权利人向义务人提出履行请求、义务人同意履行义务的；权利人提起诉讼或者申请仲裁的；与提起诉讼或者申请仲裁具有同等效力的其他情形。

5. 不适用诉讼时效的情形

不适用诉讼时效是指没有诉讼时效的限制，不会因为过了一定时间而对主张权利产生影响。下列请求权不适用诉讼时效的规定：请求停止侵害、排除妨碍、消除危险；不动产物权和登记的动产物权的权利人请求返还财产；请求支付抚养费、赡养费或者扶养费；依法不适用诉讼时效的其他请求权。

 协作创新

王丽于2018年将一套房屋租给项山居住，双方约定租期一年，房租预付，半年一次。2018年6月30日项山没有支付房租，王丽碍于情面亦未催要。2019年1月1日，项山在未支付其余租金的情况下搬出住房，不知去向。在王丽的多次寻找与催讨下，项山在2021年6月1日写下还款计划书，保证于2021年12月31日以前将房租付清，但到期后仍未支付。

试分析：王丽请求项山支付租金的诉讼时效期间如何计算？

四、行政复议

（一）行政复议的含义

微课：
行政复议
（上）

行政复议是指国家行政机关在依照法律、法规的规定履行对社会的行政管理职责过程中，作为行政管理主体的行政机关一方与作为行政管理相对人的公民、法人或者其他组织方，对于法律规定范围内的具体行政行为发生争议，由行政管理相对人向作出具体行政行为的行政机关的上一级行政机关或者法律规定的其他行政机关提出申请，由该行政机关对引起争议的具体行政行为进行审查并作出相应决定的一种行政监督活动。《中华人民共和国行政复议法》是行政复议活动进行的基本法律依据。

（二）行政复议范围

公民、法人或者其他组织可以针对表1-5中的情形申请行政复议。

公民、法人或者其他组织认为行政机关的具体行政行为所依据的下列规定不合法，在对具体行政行为申请行政复议时，可以一并向行政复议机关提出对该规定的审查申请：①国务院部门的规定；②县级以上地方各级人民政府及其工作部门的规定；③乡、镇人民政府的规定。前款所列规定不含国务院部、委员会规章和地方人民政府规章。

下列事项不能申请行政复议：①不服行政机关作出的行政处分或者其他人事处理决定，可依照有关法律、行政法规的规定提出申诉。②不服行政机关对民事纠纷作出的调解或者其他处理，可依法申请仲裁或者向法院提起民事诉讼。

表1-5 可以申请行政复议的具体情形

行为类型	具体表现
对行政行为不服的	警告、罚款、没收违法所得、没收非法财物、责令停产停业、暂扣或者吊销许可证、暂扣或者吊销执照、行政拘留等行政处罚决定
	限制人身自由或者查封、扣押、冻结财产等行政强制措施决定
	有关许可证、执照、资质证、资格证等证书变更、中止、撤销的决定
	关于确认土地、矿藏、水流、森林、山岭、草原、荒地、滩涂、海域等自然资源的所有权或者使用权的决定
认为行政机关侵犯其合法权益的	认为行政机关侵犯其合法的经营自主权的
	认为行政机关变更或者废止农业承包合同,侵犯其合法权益的
	认为行政机关违法集资、征收财物、摊派费用或者违法要求履行其他义务的
	认为行政机关的其他具体行政行为侵犯其合法权益的
行政机关不作出相应行为的	认为符合法定条件,申请行政机关颁发许可证执照、资质证、资格证等证书,或者申请行政机关审批、登记有关事项,行政机关没有依法办理的
	申请行政机关履行保护人身权利、财产权利、受教育权利的法定职责,行政机关没有依法履行的
	申请行政机关依法发放抚恤金、社会保险金或者最低生活保障费,行政机关没有依法发放的

（三）行政复议程序

行政复议先由行政相对人提出复议申请,然后行政机关进行审查,符合条件的予以受理,最后结合事实和法律作出行政复议决定。具体流程可以用图1-5表示。

1. 申请和受理

公民、法人或者其他组织认为具体行政行为侵犯其合法权益的,可以自知道该具体行政行为之日起60日内提出行政复议申请。但是法律规定的申请期限超过60日的除外。因不可抗力或者其他正当理由耽误法定申请期限的,申请期限自障碍消除之日起继续计算。申请人申请行政复议,可以书面申请,也可以口头申请。口头申请的,行政复议机关应当当场记录

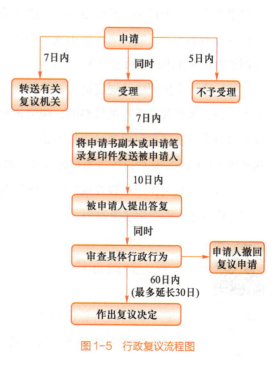

图1-5 行政复议流程图

申请人的基本情况、行政复议请求、申请行政复议的主要事实、理由和时间。公民、法人或者其他组织向人民法院提起行政诉讼，人民法院已经依法受理的，不得申请行政复议。

行政复议机关受理行政复议申请，不得向申请人收取任何费用。

2. 行政复议决定

行政复议原则上采取书面审查的方法，但是申请人提出要求或者行政复议机关负责法制工作的机构认为有必要时，可以向有关组织和人员调查情况，听取申请人、被申请人和第三人的意见。行政复议的举证责任，由被申请人也就是作出具体行政行为的行政机关来承担。

行政复议机关应当自受理申请之日起60日内作出行政复议决定。但是法律规定的行政复议期限少于60日的除外。情况复杂，不能在规定期限内作出行政复议决定的，经行政复议机关的负责人批准，可以适当延长，并告知申请人和被申请人，但延长期限最多不得超过30日。

行政复议机关应当对被申请人作出的具体行政行为进行审查，提出意见，经行政复议机关的负责人同意或者集体讨论通过后，按照下列规定作出行政复议决定：

（1）具体行政行为认定事实清楚，证据确凿，适用依据正确，程序合法，内容适当的，决定维持。

（2）被申请人不履行法定职责的，决定其在一定期限内履行。

（3）具体行政行为有下列情形之一的，决定撤销、变更或者确认该具体行政行为违法：主要事实不清、证据不足的；适用依据错误的；违反法定程序的；超越或者滥用职权的；具体行政行为明显不当的。决定撤销或者确认该具体行政行为违法的，可以责令被申请人在一定期限内重新作出具体行政行为。

被申请人不按照法律规定提出书面答复，或者不按照法律规定提交当初作出具体行政行为的证据、依据和其他有关材料的，视为该具体行政行为没有证据、依据，可决定撤销该具体行政行为。行政复议机关责令被申请人重新作出具体行政行为的，被申请人不得以同一事实和理由作出与原具体行政行为相同或者基本相同的具体行政行为。

行政复议机关作出行政复议决定，应当制作行政复议决定书，并加盖印章。行政复议决定书一经送达，即发生法律效力。

五、行政诉讼

（一）行政诉讼的概念

行政诉讼是指公民、法人或者其他组织认为行政机关或法律、法规授权的组织的行政行为侵犯其合法权益，依法向人民法院请求司法保护，人民法院通过对被诉行政行为的合法性进行审查，在双方当事人和其他诉讼参与人的参加下，对该行政争议进行审理和裁判的司法活动。《中华人民共和国行政诉讼法》是行政诉讼的法律依据。在我国，行政诉讼与刑事诉讼、民事诉讼并称为三大诉讼，是国家诉讼制度的基本形式之一。行政诉讼也是行政法制监督的一种特殊形式。

（二）行政诉讼的适用范围

1. 行政诉讼的受案范围

法院受理公民、法人和其他组织提起的下列行政诉讼：

（1）对行政拘留、暂扣或吊销许可证和执照、责令停产停业、没收违法所得、没收非法财物、罚款、警告等行政处罚不服的；

（2）对限制人身自由或者对财产的查封、扣押、冻结等行政强制措施和行政强制执行不服的；

（3）申请行政许可，行政机关拒绝或者在法定期限内不予答复，或者对行政机关作出的有关行政许可的其他决定不服的；

（4）对行政机关作出的关于确认土地、矿藏、水流、森林、山岭、草原、荒地、滩涂、海域等自然资源的所有权或者使用权的决定不服的；

（5）对征收、征用决定及其补偿决定不服的；

（6）申请行政机关履行保护人身权、财产权等合法权益的法定职责，行政机关拒绝履行或者不予答复的；

（7）认为行政机关侵犯其经营自主权或者农村土地承包经营权、农村土地经营权的；

（8）认为行政机关滥用行政权力排除或者限制竞争的；

（9）认为行政机关违法集资、摊派费用或者违法要求履行其他义务的；

（10）认为行政机关没有依法支付抚恤金、最低生活保障待遇或者社会保险待遇的；

（11）认为行政机关不依法履行、未按照约定履行或者违法变更、解除政府特许经营协议、土地房屋征收补偿协议等协议的；

（12）认为行政机关侵犯其他人身权、财产权等合法权益的。

除上述规定外，法院受理法律、法规规定可以提起诉讼的其他行政案件。

2. 行政诉讼的排除事项

行政诉讼的排除事项包括：国防、外交等国家行为；行政法规、规章或者行政机关制定、发布的具有普遍约束力的决定、命令；行政机关对行政机关工作人员的奖惩、任免等决定；法律规定由行政机关最终裁决的具体行政行为；等等。

（三）行政诉讼管辖

1. 级别管辖

微课：
行政诉讼
（下）

基层人民法院管辖第一审行政案件。中级人民法院管辖下列第一审行政案件：对国务院部门或者县级以上地方人民政府所作的行政行为提起诉讼的案件；海关处理的案件；本辖区内重大、复杂的案件；其他法律规定由中级人民法院管辖的案件。高级人民法院管辖本辖区内重大、复杂的第一审行政案件。最高人民法院管辖全国范围内重大、复杂的第一审行政案件。

2. 地域管辖

行政案件由最初作出行政行为的行政机关所在地人民法院管辖。经复议的案件，也可以由复议机关所在地人民法院管辖。经最高人民法院批准，高级人民法院可以根据审判工作的实际情况，确定若干人民法院跨行政区域管辖行政案件。对限制人身自由的行政强制措施不服提起的诉讼，由被告所在地或者原告所在地人民法院管辖。因不动产提起的行政诉讼，由不动产所在地人民法院管辖。

（四）行政诉讼程序

行政诉讼程序与民事诉讼程序相类似，也由起诉与受理、审理和判决几个步骤组成。

1. 起诉与受理

对属于人民法院受案范围的行政案件，公民、法人或者其他组织可以先向行政机关申请复议，对复议决定不服的，再向人民法院提起诉讼，也可以直接向人民法院提起诉讼。公民、法人或者其他组织申请行政复议，行政复议机关已经依法受理的，或者法律、法规规定应当先向行政复议机关申请行政复议，对行政复议决定不服再向人民法院提起行政诉讼的，在法定行政复议期限内不得向人民法院提起行政诉讼。

法律、法规规定应当先向行政复议机关申请行政复议，对行政复议决定不服再向人民法院提起行政诉讼的，行政复议机关决定不予受理或者受理后超过行政复议期限不作答复的，公民、法人或者其他组织可以自收到不予受理决定书之日起或者行政复议期满之日起15日内，依法向人民法院提起行政诉讼。

公民、法人或者其他组织直接向人民法院提起诉讼的，应当自知道或者应当知道作出行政行为之日起6个月内提出。法律另有规定的除外。因不动产提起诉讼的案件自行政行为作出之日起超过20年，其他案件自行政行为作出之日起超过5年提起诉讼的，人民法院不予受理。

起诉应当向人民法院递交起诉状，并按照被告人数提出副本。书写起诉状确有困难的，可以口头起诉，由人民法院记入笔录，出具注明日期的书面凭证，并告知对方当事人。人民法院在接到起诉状时对符合法律规定的起诉条件的，应当登记立案。对当场不能判定是否符合法律规定的起诉条件的，应当接收起诉状，出具注明收到日期的书面凭证，并在7日内决定是否立案。不符合起诉条件的，作出不予立案的裁定。裁定书应当载明不予立案的理由。原告对裁定不服的，可以提起上诉。

公民、法人或者其他组织认为行政行为所依据的国务院部门和地方人民政府及其部门制定的规范性文件不合法，在对行政行为提起诉讼时，可以一并请求对该规范性文件进行审查。

2. 审理和判决

人民法院应当公开审理行政案件，但涉及国家秘密、个人隐私和法律另有规定的除外。涉及商业秘密的案件，当事人申请不公开审理的，可以不公开审理。

当事人认为审判人员、书记员、翻译人员、鉴定人、勘验人与本案有利害关系或者有其他关系可能影响公正审判，有权申请上述人员回避。上述人员认为自己与本案有利害关系或者有其他关系的，应当自行申请回避。

人民法院审理行政案件，不适用调解。但是，行政赔偿、补偿以及行政机关行使法律、法规规定的自由裁量权的案件可以调解。

人民法院审理行政案件，以法律和行政法规、地方性法规为依据。地方性法规适用于本行政区域内发生的行政案件。人民法院审理民族自治地方的行政案件，还要以该民族自治地方的自治条例和单行条例为依据。人民法院审理行政案件，参照规章。

当事人不服人民法院第一审判决的，有权在判决书送达之日起15日内向上一级人民法院提起上诉。当事人不服人民法院第一审裁定的，有权在裁定书送达之日起10日内向上一级人民法院提起上诉。逾期不提起上诉的，人民法院的第一审判决或者裁定发生法律效力。

 知识与技能

一、单选题

1. 下列各项中，属于仲裁法律制度适用范围的是（　　）。

　　A. 融资租赁合同纠纷

　　B. 农业集体经济组织内部的农业承包合同纠纷

　　C. 离婚纠纷

　　D. 行政争议

2. 甲、乙因合同纠纷达成仲裁协议，甲选定A仲裁员，乙选定B仲裁员，另由仲裁委员会主任指定1名首席仲裁员，3人组成仲裁庭。仲裁庭在作出裁决时产生了三种不同意见。根据《中华人民共和国仲裁法》的规定，仲裁庭应当采取的做法是（　　）。

　　A. 提请仲裁委员会主任作出裁决　　　　B. 按首席仲裁员的意见作出裁决

　　C. 提请仲裁委员会作出裁决　　　　　　D. 按多数仲裁员的意见作出裁决

3. 根据民事法律制度的规定，在一定期间内，债权人因不可抗力不能行使请求权的，诉讼时效中止，该期间为（　　　）。

  A. 诉讼时效期间的最后6个月 B. 诉讼时效期间的最后9个月

  C. 诉讼时效期间届满后6个月 D. 诉讼时效期间届满后9个月

4. 行政机关审理行政复议案件，不能作为审理依据的是（　　　）。

  A. 上级行政机关对案件的处理意见 B. 行政法规

  C. 地方性法规 D. 地方政府规章

5. 当事人不服人民法院作出的行政判决，可以在（　　　）内向上一级人民法院提起上诉。

  A. 7日   B. 10日   C. 15日   D. 30日

二、多选题

1. 因票据纠纷提起的诉讼，应由特定地域的人民法院管辖。对该类纠纷享有管辖权的法院有（　　　）。

  A. 原告住所地法院 B. 被告住所地法院

  C. 票据出票地法院 D. 票据支付地法院

2. 根据《中华人民共和国民事诉讼法》的规定，提起民事诉讼必须符合的法定条件有（　　　）。

  A. 有书面起诉状 B. 有明确的被告

  C. 有具体的诉讼请求和事实、理由 D. 原告与本案有直接利害关系

3. 《中华人民共和国行政诉讼法》规定，公民、法人或者其他组织不能提起行政诉讼的情形包括（　　　）。

  A. 认为行政机关没有依法发给抚恤金的

  B. 认为行政机关侵犯法律规定的经营自主权的

  C. 认为行政机关对机关工作人员的奖惩、任免不合理的

  D. 认为国防、外交等国家行为侵犯其合法权益的

三、案例分析题

2019年8月，孙某、许某、冯某三人合伙做生意，共同向李某借款300 000元，言明年底（2019年12月31日）前还清，并写了借条，由孙某、许某、冯某三人共同签名（借款人）。2020年元旦过后，孙某、许某、冯某三人未按约定还钱，李某向他们索要，三人互相推诿，仍不还钱，李某准备向法院起诉。现知李某住北京海淀区，孙某住北京朝阳区，许某住北京东城区，冯某住北京丰台区。

试分析：李某如果到法院去起诉，案件应由哪个法院管辖？

第三节　法律责任

案例导入

　　2008年，我国多地食用A集团生产的婴幼儿奶粉的婴儿被发现患有肾结石，随后在其奶粉中发现化工原料三聚氰胺。9月13日，国务院启动国家安全事故Ⅰ级响应机制（Ⅰ级为最高级，指特别重大食品安全事故）处置该奶粉污染事件。事后，A集团前董事长田某被判处无期徒刑，A集团高层管理人员王某、杭某、吴某分别被判有期徒刑15年、8年及5年。A集团作为单位被告，犯了生产、销售伪劣产品罪，被判处罚金人民币4 937余万元。2010年10月该公司营业执照被有关部门依法吊销。

　　案例思考：本案中涉及哪些法律责任？

　　案例启示：食品安全关乎国计民生。A集团在追逐企业利润最大化的过程中，超越了企业道德底线和法律准则，以野蛮的逐利行为严重侵害了消费者的身心健康，并且严重危害了社会经济秩序。对于A集团的违法行为，必须严肃追究其刑事责任和行政责任。

一、法律责任的含义

　　法律责任是指法律关系主体由于违反法定的义务而应承受的不利的法律后果。法律责任是一个综合性的范畴，是由不同性质、多种责任形式构成的统一体。根据我国法律的规定，可将法律责任分为民事责任、行政责任和刑事责任三种。行为人承担法律责任一般应符合以下四个条件：

　　（1）行为人客观上实施了违反法律规范的行为。经济法主体违反法律规范是承担法律责任的基本前提，没有违法行为也就不存在法律责任。经济法主体的违法行为既包括违反法定义务的行为，如生产伪劣产品、抗税等，也包括不正确行使权利的行为，如滥用职权进行行政垄断、私自更改注册商标的文字及图形等。

　　（2）客观上造成了一定的损害事实。损害事实是指对国家社会或其他经济法主体造成财产损害和非财产损害的客观情况。财产损害又包括直接损害和间接损害两种。直接损害是指导致受害人现有财产的减少或丧失，而间接损害是指导致受害人正常的预期收入的减少或丧失。非财产损害，包括对其他经营者商业信誉的损毁、经济秩序的破坏等。一般而言，追究经济法律责任必须有一定的损害事实的发生，但有时出于保护社会公共利益的需要，即使行为没有造成实际损害，但存在损害的危险，也会追究行为人的责任，如不正当竞争行为。

（3）违法行为与损害事实之间有因果关系，是指经济法主体的违法行为与受害人的损害事实之间的一种内在的必然的联系。也就是说，经济法主体所实施的行为对于受害人的损害结果的发生，起着直接的或者决定性的作用。

（4）行为人主观上有过错。在一般情况下，经济法主体只对在错误的思想支配下的违法行为承担法律责任，无过错则不承担责任，比如因不可抗力不能履行义务、或因紧急避险的行为造成他人财产损害的，当事人可以免除责任。过错是行为人在实施违法行为时的主观心理状态，在法律上可分为故意和过失。故意是指行为人明知自己的违法行为会造成危害的结果，追求或者放任这种结果发生的心理状态。过失是指行为人应当预见到自己的行为会发生危害的结果，由于疏忽大意而未能预见或已经预见但轻信能够避免，导致危害结果发生的一种心理状态。经济法主体无论故意还是过失，对自己的违法行为，都应承担经济法律责任。

 **法治素养**

在十八届四中全会上通过的《中共中央关于全面推进依法治国若干重大问题的决定》中明确指出：牢固树立有权力就有责任、有权利就有义务观念。加强社会诚信建设，健全公民和组织守法信用记录，完善守法诚信褒奖机制和违法失信行为惩戒机制，使遵法守法成为全体人民的共同追求和自觉行动。

启示： 加强公民道德建设，弘扬中华优秀传统文化，增强法治的道德底蕴，强化规则意识，倡导契约精神，弘扬公序良俗，发挥法治在解决道德领域突出问题中的作用，引导人们自觉履行法定义务、社会责任、家庭责任。大学生应树立正确的责、权、利观念，在正确行使权利的同时，自觉遵守法律，如实履行义务。

 协作创新

分小组讨论，列举出在日常生活中出现的违法行为，并分析违法行为人主观上是故意还是过失。

二、民事责任

民事责任是指民事主体违反了约定或法定的义务所应承担的不利民事法律后果。根据《民法典》的规定，承担民事责任的方式主要有以下11种：

（1）停止侵害。适用于侵权行为正在进行或仍在延续中，受害人可依法要求侵害人立即停止其侵害行为。

（2）排除妨碍。行为人实施的侵害行为使受害人无法行使或不能正常行使自己的财产权利、人身权利的，受害人有权请求排除妨碍。

（3）消除危险。行为人的行为对他人人身和财产安全造成威胁，或存在着侵害他人人身或者财产的可能，他人有权要求行为人采取有效措施消除危险。

（4）返还财产。行为人非法占有财产，权利人有权要求其返还。

（5）恢复原状，是指恢复权利被侵害前的原有状态。

（6）修理、重作、更换，是指将被损害的财产通过修理、重新制作或者更换损坏的部分，使财产恢复到原有正常状态。

（7）继续履行。行为人不履行或不当履行合同义务，另一方合同当事人有权要求违反合同义务的行为人承担继续履行合同义务的责任。

（8）赔偿损失。行为人因违反合同或者侵权行为而给他人造成损害，应以其财产赔偿受害人所受的损失。

（9）支付违约金。行为人因违反合同规定的义务，而应按照合同的约定，向权利人支付一定数额的货币作为违约的补偿或惩罚。

（10）消除影响、恢复名誉。即行为人因其侵害了公民或者法人的人格、名誉而应承担的，在影响所及的范围内消除不良后果、将受害人的名誉恢复到未受侵害时的状态。

（11）赔礼道歉。即违法行为人向受害人公开认错、表示歉意的责任形式。既可由加害人向受害人口头表示，也可以由加害人以写道歉书的形式进行。

以上承担民事责任的方式，可以分为违约责任和侵权责任（见图1-6），这些可以单

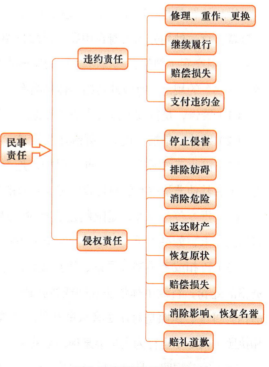

图1-6　民事责任种类图

独适用，也可以合并适用。

协作创新

分组讨论，在下列几种违法行为中，采用哪种民事责任承担方式比较合适。

1. 小王在微博中散布关于小李的谣言。

2. 小张和小伟签了一份合同，但是小张无故不履行合同。

3. 小夏家在装修房子时，由于施工不当地板漏水，造成楼下住户家具损毁。

4. 小马在商场买到了一双假耐克球鞋。

三、行政责任

行政责任是指违反法律法规规定的单位和个人所应承受的由国家行政机关或国家授权单位对其依行政程序所给予的制裁。行政责任根据受处罚对象不同，可以分为对行政相对人的行政处罚和对国家机关工作人员的行政处分。

（一）行政处罚

行政处罚是指行政主体对行政相对人违反行政法律规范尚未构成犯罪的行为所给予的法律制裁。行政处罚分为人身自由罚（行政拘留）、行为罚（责令停产停业、吊销暂扣许可证和执照）、财产罚（罚款、没收财物）和声誉罚（警告）等多种形式。根据《中华人民共和国行政处罚法》的规定，行政处罚的具体种类有：

（1）警告，是行政主体对违法者实施的一种书面形式的谴责和告诫。

（2）罚款，是指行政主体强制违法相对方承担金钱给付义务的处罚形式。

（3）没收违法所得、没收非法财物，是由行政主体实施的将行政违法行为人的违法收入、物品或者其他非法占有的财物收归国家所有的处罚方式。

（4）责令停产停业，是限制违法相对方从事生产、经营活动的处罚形式。一般附有限期整顿的要求，如果受罚人在限期内纠正了违法行为，则可恢复生产、营业。

（5）暂扣或者吊销许可证、暂扣或者吊销执照，是禁止违法相对方从事某种特许权利或资格的处罚，行政主体依法收回或暂扣违法者已获得的从事某种活动的权利或资格的证书。吊销许可证、执照是对违法者从事某种活动或者其享有的某种资格的彻底取消；暂扣许可证和执照，则是中止行为人从事某项活动的资格，待行为人改正以后或经过一定期限再发还。

（6）行政拘留，是对违反治安管理的人，依法在短期内限制其人身自由的处罚。

（7）法律、行政法规规定的其他行政处罚。

（二）行政处分

行政处分是指对违反法律规定的国家机关工作人员或被授权、委托的执法人员所实施的内部制裁措施。根据《中华人民共和国公务员法》，对因违法违纪应当承担纪律责任的公务员给予的行政处分种类有警告、记过、记大过、降级、撤职、开除六类。

四、刑事责任

刑事责任是指触犯刑法的犯罪人因实施犯罪行为所应承受的由国家审判机关（法院）依照刑事法律给予的制裁后果，是法律责任中最严厉的责任形式。刑事责任主要通过刑罚实现，刑罚分为主刑和附加刑两类，具体种类见图1-7。

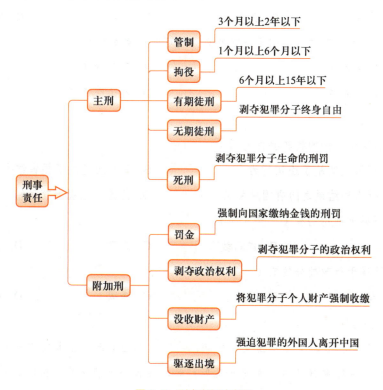

图1-7　刑事责任种类图

死刑只适用于罪行极其严重的犯罪分子。对于应当判处死刑的犯罪分子，如果不是必须立即执行的，可以判处死刑同时宣告缓期2年执行。附加刑是补充、辅助主刑适用的刑罚方法，它可以附加于主刑之后作为主刑的补充，同主刑一起适用，也可以独立适用。附加刑中剥夺的政治权利包括：选举权和被选举权；言论、出版、集会、结社、游行、示威自由的权利；担任国家机关职务的权利；担任国有公司、企业事业单位和人民团体领导职务的权利。

一人犯数罪的，除判处死刑和无期徒刑以外，应当在总和刑期以下、数刑中最高刑期以上，酌情决定执行的刑罚。但是管制最高不能超过3年；拘役最高不能超过1年；有期徒刑总和刑期不满35年的，最高不能超过20年；总和刑期在35年以上的，最高不能超过25年。数罪中有判处附加刑的，附加刑仍须执行，其中附加刑种类相同的合并执行，种类不同的分别执行。

 知识与技能

一、单选题

1. 下列各项中，属于经济法主体违反经济法可能承担的民事责任形式有（　　）。

　　A. 停止侵害　　　　B. 拘役　　　　　C. 罚款　　　　　D. 没收财产

2. 以下不属于刑罚的有（　　）。

　　A. 拘役　　　　　　B. 罚金　　　　　C. 罚款　　　　　D. 驱逐出境

3. 小张同学在淘宝上买到了假冒产品，他可以追究卖家的（　　）。

　　A. 民事责任　　　　　　　　　　　B. 刑事责任

　　C. 行政责任　　　　　　　　　　　D. 不追究责任

二、多选题

1. 承担法律责任的构成要件包括（　　　　）。

　　A. 行为人实施了违法行为　　　　　B. 客观上造成了损害结果

　　C. 行为和结果之间有因果关系　　　D. 行为人主观上有过错

2. 以下属于刑罚的有（　　　　）。

　　A. 死刑　　　　B. 强制教育　　　　C. 罚款　　　　D. 没收财产

3. 以下属于行政处分的有（　　　　）。

　　A. 警告　　　　B. 开除　　　　　　C. 降级　　　　D. 记过

三、案例分析题

甲企业与乙企业订立了一份买卖合同，约定由乙企业向甲企业提供一套设备，甲企业应于收货后付款20万元。后甲企业原厂长因经营不善被撤换，新厂长上任后改变了企业的生产计划，原定的设备不再需要。因此，在乙企业按合同交货时，甲企业的新任厂长指令拒收，并提出这是原厂长订的合同，现要对以前的合同进行清理，原定的买卖合同无效。

试分析：甲企业拒收乙企业提供的设备是否合法？如果不合法，甲企业要承担什么责任？

第二章

市场经济主体法律制度

学习目标

★ **知识目标**

⊙ 了解公司、合伙企业、个人独资企业的概念、特征与分类。

⊙ 掌握公司的设立条件及程序。

⊙ 掌握公司的组织机构、股东与股权、公司的财务会计制度、公司的解散与清算的相关规定。

⊙ 掌握合伙企业的设立、事务执行、合伙人财产份额的转让、盈亏分配、入伙及退伙等合伙企业运行规则。

⊙ 理解并掌握个人独资企业的设立、财产、事务管理、责任形式、解散与清算、法律责任等。

⊙ 了解我国外商投资法的立法状况并掌握其基本的法律制度。

★ **技能目标**

⊙ 能够根据投资人的需要,协助设立不同的企业(有限责任公司、合伙企业、个人独资企业),并撰写设立过程中所需的法律文件。

⊙ 能够运用公司法、合伙企业法、个人独资企业法、外商投资企业法的相关规定解决企业的各类法律纠纷。

⊙ 能够根据外商投资法的规定,为外国投资者提供简单的法律咨询。

★ **素养目标**

⊙ 树立守法经营、规范管理的企业经营理念。

⊙ 引导树立"大众创业、万众创新"的市场意识。

⊙ 培育并践行社会主义核心价值观。

⊙ 培养社会主义法治理念与职业道德观。

思维导图

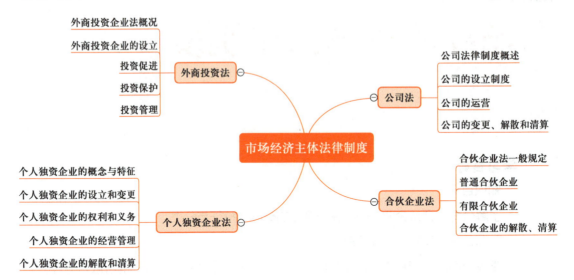

外商投资企业法概况
外商投资企业的设立
投资促进
投资保护
投资管理
外商投资法

公司法律制度概述
公司的设立制度
公司的运营
公司的变更、解散和清算
公司法

市场经济主体法律制度

合伙企业法一般规定
普通合伙企业
有限合伙企业
合伙企业的解散、清算
合伙企业法

个人独资企业的概念与特征
个人独资企业的设立和变更
个人独资企业的权利和义务
个人独资企业的经营管理
个人独资企业的解散和清算
个人独资企业法

第一节 公 司 法

 案例导入

　　3名自然人共同发起设立飞腾公司，并为飞腾公司依法办理了设立登记手续。公司成立后，设立了股东会，任命张某为执行董事，但未设立董事会、监事会。公司运营期间与一纺织企业订立服装面料的购销合同，约定货到付款，但因飞腾公司经营不善无力付款，纺织企业多次催要未果，于是直接向3名自然人股东逐一讨付，因3名股东拒绝，纺织企业遂将飞腾公司及3名股东一并起诉到法院，要求4名被告共同承担货款的清偿责任。

案例思考：

（1）飞腾公司是一家什么性质的公司？

（2）投资人能否通过设立公司的形式降低投资风险？

案例启示： 本案例涉及了公司设立、运营、责任承担等一系列法律问题，值得同学们思索。我国公司法规定的公司类型有两种：一种是有限责任公司，另一种是股份有限公司。飞腾公司采用的是有限责任公司的形式。两类公司都是独立的法人企业，公司以其自身的全部财产对公司债务独立地承担责任，一般情况下股东不对公司的债务直接承担责任，因此投资人通过设立公司的形式可以有效降低投资风险。

一、公司法律制度概述

公司制度起源并形成于西方，它的诞生与经济的发展、贸易的兴旺及分散风险的要求紧密相连。与个人独资企业、合伙企业相比，现代公司制度一个明显的不同在于股东仅以出资为限承担投资风险，这既可满足投资者谋求利益的需求，又使其承担的风险限定在一个合理的范围内。现代公司制度的出现，对于促进经济的发展具有划时代的意义。

（一）公司的概念及特点

公司是指资本由股东出资构成，股东以其认缴的出资额或者认缴的股份为限对公司承担责任，公司以其全部资产对公司债务承担责任，并依公司法设立的企业法人。

公司具有以下特点：

（1）具有独立法人资格。公司具有独立法人资格，这是公司的核心特征。与合伙企业相比，公司在法律上是独立的"人"，即在法律上赋予公司拟制的人格，将其作为独立的"人"来对待，从而使公司具有独立的权利能力、行为能力，拥有独立的法人财产并可独立地承担责任。公司的法人性引申出了公司股东责任的有限性，既然公司作为法人具有独立的人格，可以独立地承担责任，那么股东除了承担出资责任外，无须对公司正常的经营行为承担责任。

（2）以营利为目的。公司是以营利为目的而设立的法人企业，股东出资设立公司、公司维系经营均是以获取利润为目的，公司的营利性主要表现在公司在存续期间以营利为目的而进行持续性的生产经营活动。以营利为目的是公司与机关、事业单位和社会团体法人的主要区别所在。

（3）公司应依法设立。首先，公司应依据公司法及相关的法律法规而设立，设立时确定的公司章程、资本架构、组织机构、活动原则等必须合法，具备设立公司的各项实质条件。其次，公司设立必须经过法定程序，履行规定的申请和审批登记手续，否则公司无法取得法人资格，不能开展经营活动。

（二）公司的分类

公司的分类就是按照不同的标准对公司进行的划分。

（1）以公司股东的责任范围为标准分类，公司可划分为无限责任公司、两合公司、股份两合公司、股份有限公司和有限责任公司。无限责任公司，指全体股东对公司债务负无限连带责任的公司。两合公司中部分股东对公司债务承担无限责任，部分股东仅承担有限责任。股份两合公司是指由一人以上无限责任股东和若干有限责任股东所组成的公司。《中华人民共和国公司法》（以下简称《公司法》）规定的公司仅为有限责任公司和股份有限公司，这两类公司的股东均对公司承担有限责任，区别在于有限责任公司以认缴的出资额为限对公司承担责任，股份有限公司则将全部资本划分为等额股份，股东以其所持股份为限对公司债务承担责任。

（2）以公司的信用基础为标准分类，公司可分为人合公司、资合公司、人合兼资合公司。人合公司的设立基础是股东的个人信用和彼此信任关系，其不以自身资本为信用基础，无限责任公司是最典型的人合公司。资合公司的信用基础是资本的总额，资合公司以公司自身资本对外承担债务，股份有限公司是典型的资合公司。人合兼资合公司是指兼具股东信用和资本信用两种因素的公司，有限责任公司就是人合兼资合公司。

（3）以公司之间的关系为标准分类。按照公司之间控制与被控制的关系，可将公司分为母公司和子公司，母公司持有子公司的股权，是子公司的控股股东，但母公司与子公司均具有独立法人资格，依法各自独立承担民事责任。根据公司间管辖与被管辖的关系，可将公司分为总公司和分公司，总公司具有独立的法人资格，能够以自己的名义直接从事各种业务活动，分公司则是总公司的分支机构，不具有独立法人资格，分公司行为的法律后果由总公司承担。

（4）以公司的国籍为标准，公司可划分为本国公司、外国公司。本国公司是指依照本国法律在本国设立的公司，具有本国国籍；外国公司则是指依照外国法律在本国境外设立的公司。区分本国公司及外国公司主要看公司的国籍，而不是设立公司的股东国籍，也就是说外国投资主体在我国境内依我国法律设立的外资公司，同样属于我国的本国公司。

⚖ 法治素养

我国《公司法》规定了公司独立法人的性质及股东的有限责任，这使得一般情况下公司的债务只以公司自身的财产对外承担责任，股东只承担有限责任，即股东只在出资的份额内承担责任。个别投资人恶意利用上述法律规定，以公司的名义借贷之后，再通过转移隐匿财产、串通变卖资产等方式将公司做空，使得公司成为空壳，无财产可供执行，名正言顺地逃避债务。

对于个别投资人恶意逃废债的问题，我国《公司法》第20条规定了"公司股东滥用公司法人独立地位和股东有限责任，逃避债务，严重损害公司债权人利益的，应当对公司债务承担连带责任"。刑法修正案（六）规定"公司、企业通过隐匿财产、承担虚构的债务或者以其他方法转移、处分财产，实施虚假破产，严重损害债权人或者其他人利益的，对直接负责的主管人员和其他直接责任人员，处五年以下有期徒刑或者拘役，并处或者单处二万元以上二十万元以下罚金"。可见如果经营者滥用股东有限责任恶意逃废债的，不仅在民事上要对公司债务承担连带责任，甚至可能要承担刑事责任。

启示： 通过对以上话题的讨论，引导学生树立守法经营、规范管理的企业经营观念。

协作创新

分小组收集并列举出在现实生活中所了解到的母子公司、总分公司的实际例子，并讨论这两种不同公司形态的优缺点。

二、公司的设立制度

（一）公司设立的一般规定

对于公司设立是采取较严格的法律调控还是较宽松的立法态度，各国法律制度存在差异。

1. 公司设立的含义及原则

公司设立是一系列法律行为的总称，是指设立人依法在公司成立前进行的，目的在于取得公司主体资格的一系列活动。公司设立成功后领取营业执照，代表公司取得法人资格，公司正式成立。

微课：
你想做老板吗——如何成立一家公司？

根据我国《公司法》规定，公司的设立既要满足法定条件，又需经过行政机关的审核办理，相对比较严格。但从近些年《公司法》的几次修订来看，立法已倾向于放宽公司设立的限制，减少了许多限制性规定，如允许公司股东分期缴纳出资且不再限定最低的出资期限，取消了公司法定最低注册资本限额等。各地也探索实施了如"网上审核办理""最多跑一次"等多种便民措施方便各类企业登记事项的办理。

2. 公司设立的方式

（1）发起设立。指由发起人自己认购公司章程规定的全部出资额或股份，并由发起人缴纳全部出资款项设立公司的方式。

（2）募集设立。指由发起人认购公司发行股份的一部分，其余部分向社会公开募集设立公司的方式。

有限责任公司因不能向社会发行股份，故只能采用发起设立的方式，即有限责任公司在设立时，发起人应将公司章程规定的注册资本所对应的出资全部认缴后方能成立。而股份有限公司既可以采用发起设立的方式，也可以采用募集设立的方式成立。

3. 公司的设立登记管理

公司的设立登记对于公司具有重要法律意义。只有经公司登记机关依法核准登记，领取企业法人营业执照，公司方取得企业法人资格，公司才能合法开展经营行为。

（1）公司的登记机关。我国的公司登记机关是各级市场监督管理部门（原工商部门职能已经整合进各级市场监督管理部门），公司登记机关实行国家、省（自治区、直辖市）、市（县）三级管辖制度。国家市场监督管理总局主要负责国务院国有资产监督管理机构履行出资人职责的公司和该公司投资设立并持有50%以上股份的公司，以及外商投资公司的登记。省、自治区、直辖市的市场监督管理局主要负责同级国有资产监督管理机构履行出资人职责的公司和该公司投资设立并持有50%以上股份公司的登记。除法律、行政法规和国务院另有决定外，其他公司一般在市（县）级市场监督局登记，其中股份有限公司应由设区的市（地区）的市场监督管理局负责登记。

（2）公司的登记事项。根据《中华人民共和国公司登记管理条例》的规定，公司的登记事项主要包括公司名称、公司住所地、法定代表人、注册资本、公司类型、经营范围、营业期限、有限责任公司股东或者股份有限公司发起人的姓名或者名称、认缴和实缴的出资额、出资时间、出资方式等。现将其中几项具体介绍如下：

公司名称。公司必须有自己的名称，并在公司章程中予以记载。公司名称应当符合国家有关规定，并只能使用一个名称。公司名称一般由四部分组成，分别是行政区划、字号、行业、组织形式，如杭州（行政区划）+天安（字号）+药业（行业）+有限公司或股份公司（组织形式）。

公司住所地。《公司法》规定"公司以其主要办事机构所在地为住所"，当公司只有一个办事机构时，即以该机构所在地为住所，若公司有位于不同地方的两个以上的办事机构，则应确定其中之一为主要办事机构。

法定代表人。公司的法定代表人依照公司章程的规定确定，可以由董事长、执行董事或者经理担任。

经营范围。一般情况下，公司的经营范围由公司自行申报，但如果属于法律、行政法规规定须经批准的项目，则应当依法经过批准后方可登记并从事相关经营。

注册资本。注册资本是指公司成立时注册登记的资本总额，我国《公司法》要求在公司章程中明确注册资本的金额和出资期限。根据注册资本所对应的股东出资是否已经到位，又分为实缴出资和待缴出资。实缴出资是指股东已经向公司缴纳的资本，待缴出资是指股东已认购但尚未缴纳的资本。

出资方式。股东可以以货币或非货币财产进行出资，非货币财产出资主要指以实物、知识产权、土地使用权、股权、债权等财产方式出资，但股东不得以劳务、信用、自然人姓名、商誉、特许经营权或者设定担保的财产等作价出资。以货币方式出资的，股东在章程规定的出资期限内将款项足额转入公司账户，以非货币财产出资的，该财产的实际交付之日为出资之日，房屋、机动车等应当办理过户手续的非货币财产出资，应当在出资期限内完成过户手续。

（3）"五证合一、一照一码"的登记制度。2015年10月1日之前，公司等企业的设立登记需要办理企业营业执照、组织机构代码证、税务登记证、社会保险登记证、统计登记证五本证照，企业设立程序烦琐，办理周期长。为进一步深化行政审批制度改革，提高市场准入便利化程度，2016年7月4日，国务院办公厅发布《国务院办公厅关于加快推进"五证合一、一照一码"登记制度改革的通知》，继全面实行"三证合一"后，再度整合社会保险登记证和统计登记证，自2016年10月1日起全面实施"五证合一、一照一码"，企业申请设立登记只需办理加载"统一社会信用代码"的营业执照即可。实行"五证合一"制度大幅压缩了企业设立登记过程中的办事环节，节约了企业设立人的时间、精力以及行政机关的行政成本，对于促进经济社会发展有着积极的意义。

　　国务院办公厅实施的"五证合一、一照一码"的登记制度改革，为企业节省了大量的时间和精力，此后企业无须单独再办理税务登记、社会保险登记等登记手续，只需办理加载"统一社会信用代码"的营业执照即可，减少企业往返各部门奔波之苦。而且由于加载"统一社会信用代码"营业执照具有唯一性、兼容性、稳定性、全覆盖性的特征，企业到相关部门办事只带营业执照即可，再也不需带一摞证照办事，企业办事更简单、便利。

　　启示： 通过对以上话题的讨论，引导学生感受执法为民的社会主义法治理念，帮助学生积极树立"大众创业、万众创新"的市场意识。

（二）有限责任公司的设立制度

1. 有限责任公司的界定及特点

　　有限责任公司是指股东以其出资额为限对公司承担责任，公司以其全部财产对公司债务承担责任的依公司法设立的企业法人。有限责任公司有如下特点：

　　（1）股东有最高人数的限制，股东最多不能超过50人。

　　（2）股东以出资额为限对公司承担有限责任。

　　（3）公司设立手续和组织机构相对简易化。有限责任公司只能采用发起设立的方式，其设立程序相对简便，此外股东人数少、规模小的有限责任公司可以不设立董事会和监事会，只设一名执行董事和一到二名监事。

　　（4）公司具有一定的封闭性。首先股东对外转让出资受到严格限制，有限责任公司的股东向股东之外的人转让公司股权，除非公司章程另有约定，否则须经其他股东过半数同意才能转让。其次，有限责任公司的封闭性还表现在其无须向社会公布其财务会计资料及经营状况等制度上。

（5）法律上赋予有限责任公司股东更多的意思自治权。相对于股份有限公司，有限责任公司的股东在股权的行使上受到的限制较少，比如公司法规定有限责任公司的股东会会议由股东按照出资比例行使表决权，但公司章程另有规定的除外，可见有限责任公司股东的表决权行使方式可由章程来约定，这与股份有限公司股东在行使表决权时必须"同股同权"的强制性要求明显不同。

2. 有限责任公司的设立条件

（1）股东符合法定人数。《公司法》第24条规定"有限责任公司由五十个以下股东出资设立"，也就是说有限责任公司的股东应在1到50人之间，股东既可以是自然人，也可以是公司或非法人企业。

微课：
如何设立一家有限责任公司？

（2）有符合公司章程规定的全体股东认缴的出资额。有限责任公司的注册资本为在公司登记机关登记的全体股东认缴的出资额。股东应当按期足额完成出资，股东未按章程规定缴纳出资的，除应当向公司足额缴纳外，还应当向已按期足额缴纳出资的股东承担违约责任。

（3）股东共同制定公司章程。公司章程是记载公司组织、活动基本准则的公开性法律文件，公司章程对公司、股东、董事、监事、高级管理人员均具有约束力，有限责任公司章程由股东全体股东共同制定。

（4）有公司名称，建立符合有限责任公司要求的组织机构。公司的名称应当符合法律、法规的规定，并经公司登记管理机关核准后登记，对公司组织机构的具体要求在"公司的运营"部分中介绍。

（5）有公司住所。公司以其主要办事机构所在地为住所，公司的实际生产经营地可能有很多，但公司登记的住所只能有一个。

3. 有限责任公司设立的程序

有限责任公司只能采用发起设立的方式。其设立程序一般如下：

（1）完成设立前的筹备工作。在正式申请设立公司之前，公司发起人应先完成公司设立所必需的准备工作，比如为未来的公司找好注册地址及经营场所，明确公司的经营范围、注册资本、股东及出资方式等，并拟订好公司章程等设立所需材料。

（2）进行公司名称预登记。设立人应将拟使用的公司名称先行进行名称预登记，办理完毕"企业名称预先核准登记"手续后可获得"企业名称预先核准通知书"，预先核准的公司名称保留期为6个月，预先核准的公司名称在保留期内不得用于从事经营活动，不得转让。

（3）进行公司设立申报。目前我国各地基本都支持公司登记的网上申报，设立人可进入企业登记主管机关网站，根据"企业名称预先核准通知书"上的编号登录网站后进入申报界面，选择企业设立登记，按要求录入公司各项基本情况等设立信息，并提交如公司章程等设立材料后等待预审核的结果，预审核通过的可将设立登记材料原件提交到市场监管部门综合服务窗口。市场监管部门收到设立登记材料后进行审核，审查通过的则将申请资料通过信息平台发送给税务、统计、人力社保等部门进行审查，市场监管部门在收到各相关部门核准信息后，在"五证合一"系统平台上打印出加载有统一社会信用代码的营业执照。

（4）领取营业执照。公司设立申请人凭有效证件到市场监管部门综合窗口领取"五证合一"的营业执照，公司营业执照签发日期为公司成立日期，自此公司取得企业法人资格，可以依法开始经营活动。

（5）向股东签发出资证明书。出资证明书是证明股东已缴纳出资额的文件，由公司在登记注册后签发，出资证明书必须由公司盖章。根据《公司法》的规定，出资证明书应当载明下列事项：公司名称、公司登记日期、公司注册资本、股东的姓名或者名称、缴纳的出资额和出资日期、出资证明书的编号和核发日期。

协作创新

　　小王与同寝室的五位同学即将毕业，为响应大学生创业的号召，几个人准备成立一家有限责任公司，计划经营各类创意礼品。请同学们根据公司法关于有限责任公司设立的相关规定，以小组为单位为小王等人提供一份公司设立方案，告知他们应如何设立该有限责任公司，准备哪些材料，其中有哪些问题需要注意。

（三）股份有限公司的设立制度

1. 股份有限公司的界定及特点

　　股份有限公司是指由一定数额的股东组成，其注册资本由等额股份构成并通过发行股票筹集资本，股东以其所持股份为限对公司承担责任，公司以其全部资产对公司债务承担责任的企业法人。股份有限公司有如下特点：

（1）全部股份等额。股份有限公司将全部资本分为等额股份，股份采用股票的形式。这是股份有限公司与有限责任公司明显的区别。

（2）股份有限公司的股东有最低人数的限制，而没有最高人数的限制。股份有限公司的股东要在2人以上。

（3）股份可以自由转让。股份有限公司除了对发起人、董事、监事、高管的股权转让有一定限制之外，其他情况下股东均可以自由地转让股份。

（4）设立及运营管理严格。因为股份有限公司可能向社会公开募集股份，为了防止损害到社会上不特定投资人的利益，对股份公司的设立及运营有着严格的要求。

2. 股份有限公司的设立条件

（1）发起人符合法定人数。股份有限公司的发起人是指承担公司筹办事务的公司股东，设立股份有限公司，应当有2人以上200人以下的发起人，其中须有半数以上的发起人在中国境内有住所。

（2）有符合公司章程规定的全体发起人认购的股本总额或者募集的实收股本总额。以发起设立方式设立股份有限公司的，发起人应当书面认足公司章程规定其认购的股份，并按照公司章程规定缴纳出资。以募集设立方式设立股份有限公司的，发起人认购的股份不得少于公司股份总数的35%。但是法律、行政法规另有规定的，从其规定。

（3）股份发行、筹办事项符合法律规定。发起人为设立股份有限公司发行股份，以及在进行其他的筹办事项时，都必须符合法律规定的条件和程序。

（4）发起人制定公司章程，并经创立大会通过。设立公司必须依法制定章程，以发起设立方式设立的股份有限公司，由全体发起人共同制定公司章程。以募集设立方式设立的股份有限公司，发起人制定的公司章程，应当由创立大会表决，并经出席会议的认股人所持表决权的过半数通过，方为有效。

（5）有公司名称，建立符合股份有限公司要求的组织机构。设立股份有限公司，必须在公司名称中标明"股份有限公司"字样，并依法建立股东会、董事会、监事会等组织机构。

（6）有公司的住所。

3. 股份有限公司的设立方式及程序

股份有限公司的设立，可以采取发起设立或者募集设立的方式。

微课：
如何设立一
家股份有限
公司？

发起设立指由发起人认购公司应发行的全部股份而设立公司。发起设立的程序相对比较简单。主要流程如下：首先发起人应认购公司发行的全部股份，按章程缴纳自己所认购股份的股款，接下来选举公司的董事会或监事会，最后由董事会向公司登记机关报送公司章程等申请材料，申请公司设立登记。公司登记机关自接到申请之日起30日内作出是否予以登记的决定，对符合《公司法》规定条件的发给公司营业执照，公司营业执照签发日期为公司成立日期，公司成立后，应当进行公告。

募集设立是指发起人认购应发行股份的一部分，其余部分向社会公开募集而成立公司。募集设立的程序主要如下：

（1）发起人认购股份。发起人认购的股份不得少于公司股份总数的35%，但是法律、行政法规另有规定的除外。

（2）向社会公开募集股份。发起人向社会公开募集股份，必须公告招股说明书，并制作认股书。认股书由认股人填写认购股数、金额、住所，并签名盖章。认股人应按照所认购股数缴纳股款。认股人延期缴纳股款给公司造成损失的，应该承担赔偿责任。

（3）签订承销协议和代收股款协议。发起人向社会公开募集股份，应当同依法设立的证券经营机构签订承销协议，由证券公司承销其股份。并同银行签订代收股款协议，代收股款的银行应当按照协议代收和保存股款，向缴纳股款的认股人出具收款单据，并负有向有关部门出具收款证明的义务。

（4）召开创立大会。发行股份的股款缴足后，必须经依法设立的验资机构验资并出具证明，认股人缴清股款并验资完毕后，发起人应在30日内主持召开公司创立大会，创立大会由发起人、认股人组成。发起人应当在创立大会召开15日前将会议日期通知各认股人或者公告，会议应有代表股份总数1/2以上的发起人、认股人出席，方可举行。创立大会对各项事项作出决议，必须经出席会议的认股人所持表决权的半数以上通过。

（5）申请设立登记。董事会应于创立大会结束后30日内申请设立登记，公司登记机关对符合《公司法》规定条件的，发给公司营业执照。公司营业执照签发之日，便是公司成立之日。公司成立后，应当进行公告，并将募集股份情况报国务院证券管理部门备案。

三、公司的运营

（一）有限责任公司的组织机构

公司组织机构主要是指负责公司经营活动的决策、执行和监督的公司内部机构，是引导、维系公司正常运营的核心组织。有限责任公司的组织机构主要包括股东会、董事会（或执行董事）、监事会（或监事）、经理。

1. 股东会

（1）股东会的地位及职权。有限责任公司股东会是公司的权力机构，是公司的最高决策机构，对公司的重大问题进行决策。有限责任公司股东会行使下列职权：决定公司的经营方针和投资计划；选举和更换非由职工代表担任的董事、监事，决定有关董事、监事的报酬事项；审议批准董事会的报告；审议批准监事会或者监事的报告；审议批准公司的年度财务预算方案、决算方案；审议批准公司的利润分配方案和弥补亏损方案；对公司增加或者减少注册资本作出决议；对发行公司债券作出决议；对公司合并、分立、解散、清算或者变更公司形式作出决议；修改公司章程；公司章程规定的其他职权。

对前款所列事项股东以书面形式一致表示同意的，可以不召开股东会会议，直接作出决定，并由全体股东在决定文件上签名、盖章。

（2）股东会的会议形式。股东会会议分为定期会议和临时会议。定期会议应当按照公司章程的规定按时召开，临时会议则在发生以下情形之一的时候召开：代表1/10以上表决权的股东提议时；代表1/3以上的董事提议时；监事会或者不设监事会的公司的监事提议时。

（3）股东会的召集和主持。召开股东会会议，应当于会议召开15日以前通知全体股东，但章程另有规定的除外。有限责任公司设立董事会的，股东会会议由董事会召集，董事长主持。有限责任公司不设董事会的，股东会会议由执行董事召集和主持。董事会或者执行董事不能履行或者不履行召集股东会会议职责的，由监事会或者不设监事会的公司的监事召集和主持。监事会或者监事不召集和主持的，代表1/10以上表决权的股东可以自行召集和主持。

（4）股东会的议事规则。在股东表决权的行使上，公司法赋予有限责任公司股东更多的自由。按公司法的规定，有限责任公司的股东会会议一般由股东按照出资比例行使表决权，但公司章程另有规定的除外。也就是说，公司法允许公司章程对表决权的行使进行约定，股东可以通过章程来约定不同的表决权行使规则，比如约定占20%出资比例的某个小股东行使60%的表决权。

但公司法要求以下事项表决必须由代表公司2/3以上表决权的股东通过，分别是：修改公司章程，增加或者减少注册资本，公司合并、分立、解散或者变更公司形式。

2. 董事会

（1）董事会的性质和组成。董事会是公司经营决策机构，是股东会的执行机构。有限责任公司的董事会由3~13名董事组成。两个以上的国有企业或者两个以上的其他国有投资主体投资设立的有限责任公司，其董事会成员中应当有公司职工代表，其他有限责任公司董事会成员中可以有职工代表。董事会中的职工代表由公司职工通过职代会、职工大会或者其他形式民主选举产生。

董事会设董事长1人，董事长为公司的法定代表人，可以设副董事长1~2人。董事长、副董事长的产生办法由公司章程规定。董事任期由公司章程规定，但每届任期不得超过3年。董事任期届满，连选可以连任。董事在任期届满前，股东会不得无故解除其职务。

（2）董事会的职权。董事会对股东会负责，行使下列职权：①负责召集股东会，并向股东会报告工作；②执行股东会的决议；③决定公司的经营计划和投资方案；④制定公司的年度财务预算方案、决算方案；⑤制定公司的利润分配方案和弥补亏损方案；⑥制定公司增加或减少注册资本的方案；⑦制定公司合并、分立、变更公司形式、解散的方案；⑧决定公司内部管理机构的设置；⑨决定聘任或者解聘公司经理及其报酬事项，并根据经理的提名决定聘任或者解聘公司副经理、财务负责人及其报酬事项；⑩制定公司的基本管理制度；⑪公司章程规定的其他职权。

（3）董事会的召开及议事规则。董事会会议由董事长召集和主持，董事长不能履行职务或者不履行职务的，由副董事长召集和主持，副董事长不能履行职务或者不履行职务的，由半数以上董事共同推举1名董事召集和主持。董事会应当将所议事项的决定作成会议记录，出席会议的董事应当在会议记录上签名。董事会决议的表决，实行一人一票。

（4）执行董事。有限责任公司股东人数较少或者规模较小的，可以设 1 名执行董事，不设董事会，执行董事可以兼任公司经理，执行董事的职权由公司章程规定。

3. 监事会

（1）监事会性质及组成。有限责任公司的监事会是公司内部的监督机构，监事会成员不得少于 3 人。股东人数较少或者规模较小的有限责任公司，可以设 1~2 名监事，不设监事会。监事会应当包括股东代表和适当比例的公司职工代表，其中职工代表的比例不得低于 1/3，具体比例由公司章程规定。监事会中的职工代表由公司职工通过职工代表大会、职工大会或者其他形式民主选举产生。

监事会设主席 1 人，由全体监事过半数选举产生。监事会主席负责召集和主持监事会会议。监事会主席不能履行职务或者不履行职务的，由半数以上监事共同推举 1 名监事召集和主持监事会会议。董事、高级管理人员不得兼任监事。

监事的任期每届为三年。监事任期届满，连选可以连任。

（2）监事会的职权及决议。监事会主要负责对公司运营、公司董事及高管的行为履行监督职责。监事会每年度至少召开一次会议，监事可以提议召开临时监事会会议。监事会决议应当经半数以上监事通过。监事会应当将所议事项的决定作成会议记录，出席会议的监事应当在会议记录上签名。

4. 经理

有限责任公司可以设经理，由其负责日常的经营管理事务。经理由董事会聘任或者解聘，并由董事会决定其报酬。经理对董事会负责，执行董事可以兼任公司经理。经理主要负责主持公司的生产经营管理，组织实施董事会决议等工作。

 协作创新

某有限责任公司（非国有控股或参股公司）股东会议议程包括以下事项：

1. 选举更换全部董事，任命新的董事长兼任公司监事长；

2. 选举更换全部监事；

3. 更换公司总经理；

4. 就发行公司债券作出决议；

5. 就公司与另一房地产公司合并作出决议。

在股东会上，上述事项由全体股东所持表决权的半数通过。请各小组分组讨论上述股东会决议是否有不符合规定之处。

（二）股份有限公司的组织机构

股份有限公司的组织机构与有限责任公司基本一致，以股东大会、董事会、监事会为机构核心，但在一些具体规定上有所不同。相对而言，对股份有限公司的要求更为严格一些。

1. 股东大会

（1）股东大会的性质和职权。股份有限公司由于股东人数一般较多，所以将股东表达意愿、行使权利的公司权力机构称为股东大会。股东大会由全体股东组成。股东大会作为公司的权力机构，依法行使公司法赋予的各项职权。其职权的规定与有限责任公司股东会职权的规定基本相同。

（2）股东大会的形式。股东大会分为股东年会和临时股东大会两种。股东大会应当每年召开一次年会。有下列情形之一的，应当在2个月内召开临时股东大会：①董事人数不足公司法规定人数或者公司章程所定人数的2/3时；②公司未弥补的亏损达到实收股本总额1/3时；③单独或者合计持有公司10%以上股份的股东请求时；④董事会认为必要时；⑤监事会提议召开时；⑥公司章程规定的其他情形。

股东大会会议由董事会召集，董事长主持；董事长不能履行职务或者不履行职务的，由副董事长主持；副董事长不能履行职务或者不履行职务的，由半数以上的董事共同推举一名董事召集和主持。

（3）股东大会的决议。股东出席股东大会会议，所持每一股份有一表决权，但公司持有的本公司股份没有表决权。股东大会作出决议，必须经出席会议的股东所持表决权过半数通过。但是股东大会作出修改公司章程、增加或者减少注册资本，以及公司合并、分立、解散或者变更公司形式的决议，必须经出席会议的股东所持表决权的2/3以上通过。

2. 董事会及经理

（1）董事会的性质和组成。股份有限公司的董事会是股东大会的执行机构，对股东大会负责。股份有限公司设董事会，其成员为5~19人，董事会成员中可以有公司职工代表。董事任期由公司章程规定，但每届任期不得超过3年。董事任期届满，连选可以连任。

（2）董事会的职权。股份有限公司董事会行使法律规定的各项职权。其职权的规定与有限责任公司董事会职权的规定相同。

（3）董事会的召开。董事会设董事长一人，可以设副董事长，由董事长召集和主持董事会会议。董事会每年度至少召开2次会议，每次会议应当于会议召开10日前通知全体董事和监事。代表1/10以上表决权的股东、1/3以上董事或者监事可以提议召开董事会临时会议，董事长应当自接到提议后10日内召集和主持董事会会议。

（4）董事会的决议。董事会会议必须有过半数的董事出席方可举行。董事会做出决议，必须经全体董事的过半数通过。董事会决议的表决，实行一人一票。董事会的决议违反法律、行政法规或者公司章程、股东大会决议，致使公司遭受严重损失的，参与决议的董事对公司负赔偿责任。但经证明在表决时曾表明异议并记载于会议记录的，该董事可以免除责任。

（5）经理。股份有限公司设经理，由董事会决定聘任或者解聘。经理行使法律规定的各项职权。公司董事会可以决定由董事会成员兼任经理。

3. 监事会

（1）监事会的性质及组成。监事会是公司的监督机构。股份有限公司必须设监事会，其成员不得少于3人。成员中应当包括股东代表和适当比例的公司职工代表，其中职工代表的比例不得低于1/3，具体比例由公司章程规定。监事会中的职工代表由公司职工通过职工代表大会、职工大会或者其他形式民主选举产生。董事、高级管理人员不得兼任监事。监事的任期每届为3年。监事任期届满，连选可以连任。

（2）监事会的职权。股份有限公司监事会行使法律规定的各项职权。其职权的规定与有限责任公司监事会职权的规定基本相同。

（3）监事会的召开。监事会每6个月至少召开一次会议。监事可以提议召开临时监事会会议，监事会决议应当经半数以上监事通过。监事会的议事方式和表决程序，除公司法另有规定的外，由公司章程规定。

 协作创新

　　万事达有限责任公司与另外两家公司共同作为发起人，计划设立一家股份有限公司，拟建的股份有限公司的注册资本定为6 000万元。万事达有限责任公司认购公司的股份为1 000万元，其他两家公司认购公司的股份合计为600万元，拟向社会公开募集的股份数额为4 400万元。公司创立大会通过了这三家发起人制定的公司章程草案。该草案规定公司董事会由三家公司各出一名代表作董事。公司设监事会，由两名监事组成，其中一个监事由该股份有限公司的董事兼任，一个监事由万事达有限责任公司派员出任并作为执行监事，负责日常监事事务。公司如期募集股份成功，在准备进行公司登记前，万事达有限责任公司前来咨询上述公司设立期间的各项事宜是否有不符合规定之处。

　　请同学们以组为单位进行讨论，分析该股份有限公司的设立过程及组织机构的组建是否有不合法之处。

（三）公司的董事、监事和高级管理人员

1. 公司董事、监事和高级管理人员的任职资格

公司的董事、监事、高级管理人员是公司的核心团队，在很大程度上决定着一个公司的发展前途，因此对上述人员的任职资格有必要加以规范。根据公司法的规定，有下列情形之一的，不得担任公司的董事、监事、高级管理人员：

（1）无民事行为能力或者限制民事行为能力。

（2）因犯有贪污、贿赂、侵占财产、挪用财产罪或者破坏社会经济秩序罪，被判处刑罚，执行期满未逾五年，或者因犯罪被剥夺政治权利，执行期满未逾五年。

（3）担任因经营不善破产清算的公司、企业的董事或者厂长、经理，并对该公司、企业的破产负有个人责任的，自该公司、企业破产清算完结之日起未逾三年的。

（4）担任因违法被吊销营业执照的公司、企业的法定代表人，并负有个人责任的，自该公司、企业被吊销营业执照之日起未逾三年的。

（5）个人所负数额较大的债务到期未清偿的。

公司违反前款规定选举、委派董事、监事或者聘任经理的，该选举、委派或者聘任无效。

2. 公司董事、监事和高级管理人员的义务及职责

公司董事、监事、高级管理人员应当遵守法律、行政法规和公司章程，对公司负有忠实义务和勤勉义务。严禁公司董事、监事、高级管理人员有下列行为：

（1）挪用公司资金。

（2）将公司资金以其个人名义或者以其他个人名义开立账户存储。

（3）违反公司章程的规定，未经股东会、股东大会或者董事会同意，将公司资金借贷给他人或者以公司财产为他人提供担保。

（4）违反公司章程的规定或者未经股东会、股东大会同意，与本公司订立合同或者进行交易。

（5）未经股东会或者股东大会同意，利用职务便利为自己或者他人谋取属于公司的商业机会，自营或者为他人经营与所任职公司同类的业务。

（6）接受他人与公司交易的佣金归己有。

（7）擅自披露公司秘密。

（8）违反对公司忠实义务的其他行为。

董事、监事、高级管理人员执行公司职务时违反法律、行政法规或者公司章程的规定，给公司造成损失的，应当承担赔偿责任，所得的收入应当归公司所有。

（四）公司的股东及股权

1. 股东及股权的概述

公司股东是公司的出资人，股东可以是自然人、法人或合伙企业等非法人组织，但有些自然人，比如国家公务员一般不能成为非上市公司的股东。股权是指股东对公司享有的人身和财产权益的一种综合性权利，是股东基于其股东资格而享有的，从公司获得经济利益并参与公司经营管理的权利。

2. 股权的内容

以股东权行使的目的是为股东个人利益还是涉及全体股东共同利益为标准，可以将股权分为自益权和共益权。

自益权是股东为了自己的利益而行使的权利，主要有获得股息红利的权利、公司解散时分配财产的权利、不同意其他股东转让出资额时的优先受让权等。其中最主要的是分红权。公司法对有限责任公司股东的分红权给予了更多的意思自治，并不强制要求一定按照股东出资比例分配，只要章程另有约定或股东在分红时能够协商一致，即可按章程约定或股东形成的分配方案分配。而股份有限公司则强调"同股同权"，即同种类的每一股份应当具有同等权利，在分配公司红利时同样如此。

共益权是指股东依法参加公司事务的决策和经营管理的权利。它是股东基于公司利益同时兼为自己的利益而行使的权利，主要包括股东会召集请求权、参加权、提案权、质询权、表决权、知情权等。其中大部分权利内容在学习公司组织机构的时候已经介绍，因此本处不再赘述。

法治素养

　　法治是最好的营商环境，良好的营商环境离不开司法的保障。保护投资者权益是我国公司法重要立法目的之一。为深入贯彻习近平总书记新发展理念，落实党中央关于优化营商环境的决策部署，充分发挥法院司法职能，平等保护各方主体权益，最高人民法院于2019年颁布了《公司法》司法解释五，对中小投资者权益保护等相关制度进行完善，从而可以更加有效地维护社会关系稳定和生产生活秩序，增强市场交易的可预见性，对打造法治化、国际化、便利化的营商环境具有重大意义。

　　启示： 通过对以上话题的讨论，引导学生培育并践行公正、法治等社会主义核心价值观，树立依法治国、执法为民、公平正义的社会主义法治理念。

3. 股权或股份的转让

（1）有限责任公司股东的股权转让。我国公司法对有限责任公司股东之间转让股权、股东向股东以外的人转让股权和人民法院强制转让股东股权几种情形进行了规定。

有限责任公司的股东之间可以相互转让其全部或者部分股权，只需通知其他股东即可。

有限责任公司股东向股东以外的人转让股权，应当经其他股东过半数同意。其他股东半数以上不同意转让的，不同意的股东应当购买该转让的股权，不购买的视为同意转让。经股东同意转让的股权，在同等条件下其他股东有优先购买权。两个以上股东主张行使优先购买权的，协商确定各自的购买比例，协商不成的，按照转让时各自的出资比例行使优先购买权。公司章程对股权转让另有规定的，从其规定。

人民法院依照法律规定的强制执行程序转让股东的股权时，应当通知公司及全体股东，其他股东在同等条件下有优先购买权。其他股东自法院通知之日起满20日不行使优先购买权的，视为放弃优先购买权。

（2）股份有限公司股东的股份转让。股份有限公司的资本划分为等额的股份，每一股的金额相等。公司的股份采取股票的形式。股票是公司签发的证明股东所持股份的凭证，其性质相当于有限责任公司股东的出资证明书。股票发行价格可以按票面金额，也可以超过票面金额，但不得低于票面金额。

股份有限公司股东持有的股份可以依法转让，但应当在依法设立的证券交易场所进行或者按照国务院规定的其他方式进行。上市公司的股票依照有关法律、行政法规及证券交易所交易规则上市交易。

我国公司法对股份有限公司的股份转让限制较少，仅规定了特定持有人的转让限制。具体如下：发起人持有的本公司股份，自公司成立之日起一年内不得转让；公司公开发行股份前已发行的股份，自公司股票在证券交易所上市交易之日起一年内不得转让；公司董事、监事、高级管理人员应当向公司申报所持有的本公司的股份及其变动情况，在任职期间每年转让的股份不得超过其所持有本公司股份总数的25%。所持本公司股份自公司股票上市交易之日起一年内不得转让。上述人员离职后半年内，不得转让其所持有的本公司股份。公司章程可以对公司董事、监事、高级管理人员转让其所持有的本公司股份作出其他限制性规定。

4. 股份或股权的回购

股东完成出资后，其所出资财产即成为公司的财产，股东失去了所出资财产的所有权，获得了公司的相应股权。在此情况下，股东请求公司回购其持有的股权或股份，必然导致股东出资额及相应公司资产的减少，因此一般情况下，公司是不能向股东收购股权或股份的。但是考虑到实际情况中，在一些特殊情形下公司回购股权对公司的长远发展或股东利益保护更为有利，因此公司法规定了特殊情况下股东的退出机制。

（1）有限责任公司股权的回购。

根据公司法及相关司法解释的规定，有下列情形之一的，对股东会该项决议投反对票的股东可以请求公司按照合理的价格收购其股权：公司连续五年不向股东分配利润，而公司该五年连续盈利，并且符合本法规定的分配利润条件的；公司合并、分立、转让主要财产的；公司章程规定的营业期限届满或者章程规定的其他解散事由出现，股东会会议通过决议修改章程使公司存续的。自股东会会议决议通过之日起60日内，股东与公司不能达成股权收购协议的，股东可以自股东会会议决议通过之日起90日内向人民法院提起诉讼。

（2）股份有限公司股份的回购。根据《公司法》第142条的规定，股份有限公司不得收购本公司股份，但是有下列情形之一的除外：减少公司注册资本；与持有本公司股份的其他公司合并；将股份用于员工持股计划或者股权激励；股东因对股东大会作出的公司合并、分立决议持异议，要求公司收购其股份；将股份用于转换上市公司发行的可转换为股票的公司债券；上市公司为维护公司价值及股东权益所必需。

（五）公司的财务制度

1. 公司财务、会计的基本要求

根据公司法的规定，公司应当依照法律、行政法规和国务院财政部门的规定建立本公司的财务、会计制度。公司应当在每一会计年度终了时编制财务会计报告，并依法经会计师事务所审计。有限责任公司应当按照公司章程规定的期限将财务会计报告送交各股东。股份有限公司的财务会计报告应当在召开股东大会年会的20日前置备于本公司供股东查阅，公开发行股票的股份有限公司必须公告其财务会计报告。公司除法定的会计账簿外，不得另立会计账簿。对公司资产，不得以任何个人名义开立账户存储。

2. 公司利润分配

公司利润是指公司在一定时期内生产经营的财务成果。公司在某个会计年度有利润的，在缴纳完所得税后的税后利润按以下顺序进行分配。

微课：
公司的收益
如何分配？

（1）弥补以往年度的亏损。

（2）提取法定公积金。公积金是公司为了扩大经营规模、弥补亏损和增加资本而在注册资本之外保留一定数量的资产，所以又称储备金。公积金可分为盈余公积金和资本公积金。盈余公积金又分为法定公积金和任意公积金。法定公积金按照公司税后利润的10%提取，当法定公积金累计额为公司注册资本的50%以上时可以不再提取。任意公积金是否提取以及提取的比例根据股东会或股东大会决议。资本公积金是指由于资本原因形成的公积金，主要来自股票溢价发行的溢价款、公司资产重估的增值部分、接受捐献和赠与、处置公司资产所提的收入等。

公司于税后利润提取的盈余公积金（包括法定公积金和任意公积金）可用于弥补公司亏损，但资本公积金不得用于弥补公司亏损。法定公积金用于转增公司注册资本的，转增后法定公积金留存额不得少于转增前公司注册资本的**25%**。

（3）提取任意公积金。公司从税后利润中提取法定公积金后，经股东会或者股东大会决议，还可以从税后利润中提取任意公积金。

（4）向股东分配利润。有限责任公司一般按照股东实缴的出资比例分配，但全体股东约定不按照出资比例分配的除外。股份有限公司按照股东持有的股份比例分配，但股份有限公司章程规定不按持股比例分配的除外。

（六）特殊的公司规定

有限责任公司有一人公司、国有独资公司两种相对特殊的公司形式。股份有限公司在满足法定条件后可以申请在证券公开市场上交易其股票，成为上市公司。以上几种特殊的公司形式除了要遵守公司法的各项基本规定外，我国公司法还有一些特别规定分别适用以上几种特殊的公司。

1. 一人公司

一人有限责任公司，是指只有一个自然人股东或者一个法人股东的有限责任公司。公司法对于一人有限责任公司主要有以下特别规定：①一个自然人只能投资设立一个一人有限责任公司，该一人有限责任公司不能投资设立新的一人有限责任公司。②一人有限责任公司应当在公司登记中注明自然人独资或者法人独资，并在公司营业执照中载明。③一人有限责任公司不设股东会，股东做出决定时，应当采用书面形式。④一人有限责任公司应当在每一会计年度终了时编制财务会计报告，并经会计师事务所审计。⑤一人有限责任公司的股东不能证明公司财产独立于股东自己财产的，应当对公司债务承担连带责任。

2. 国有独资公司

国有独资公司是指国家单独出资、由国务院或者地方人民政府委托本级人民政府国有资产监督管理机构履行出资人职责的有限责任公司。公司法对国有独资公司有如下特别规定：

（1）国有独资公司的章程由国有资产监督管理机构制定，或者由董事会制定并报国有资产监督管理机构批准。

（2）国有独资公司不设股东会，由国有资产监督管理机构行使股东会职权。国有资产监督管理机构可以授权公司董事会行使股东会的部分职权，决定公司的重大事项，但公司的合并、分立、解散、增减注册资本和发行公司债券，必须由国有资产监督管理机构决定。

（3）国有独资公司设立董事会，依照法律规定的有限责任公司董事会的职权和国有资产监督管理机构的授权行使职权，董事长、副董事长由国有资产监督管理机构从董事会成员中指定。

（4）国有独资公司的董事长、副董事长、董事、高级管理人员，未经国有资产监督管理机构同意，不得在其他有限责任公司、股份有限公司或者其他经济组织兼职。

（5）国有独资公司设经理，由董事会聘任或者解聘，经国有资产监督管理机构同意，董事会成员可以兼任经理。

（6）国有独资公司的监事会成员不得少于5人，其中职工代表的比例不得低于1/3。

3. 上市公司

上市公司是指其公开发行的股票经过国务院或者国务院授权的证券管理部门批准在证券交易所上市交易的股份有限公司。公司法对上市公司有以下特别规定：

（1）特别事项的通过。上市公司在一年内购买、出售重大资产或者担保金额超过公司资产总额30%的，应当由股东大会作出决议，并经出席会议的股东所持表决权的2/3以上通过。

（2）独立董事。上市公司设独立董事，具体办法由国务院规定。

（3）董事会秘书。上市公司设董事会秘书，负责公司股东大会和董事会会议的筹备、文件保管以及公司股东资料的管理，办理信息披露事务等事宜。董事会秘书属于公司的高级管理人员。

（4）会议决议的关联关系董事不得表决。上市公司董事与董事会会议决议事项所涉及的企业有关联关系的，不得对该项决议行使表决权，也不得代理其他董事行使表决权。该董事会会议由过半数的无关联关系董事出席即可举行，董事会会议所作决议须经无关联关系董事过半数通过。出席董事会的无关联关系董事人数不足三人的，应将该事项提交上市公司股东大会审议。

（5）上市公司的股票交易。上市公司的股票，依照有关法律、行政法规及证券交易所交易规则上市交易。

（6）上市公司的信息公开。上市公司必须依照法律、行政法规的规定，公开其财务状况、经营情况及重大诉讼，在每会计年度内半年公布一次财务会计报告。

四、公司的变更、解散和清算

（一）公司的变更

公司的变更主要是公司在存续期间所发生的合并、分立、增减注册资本等法律事项。公司发生合并、分立、增加或者减少注册资本，导致公司登记事项发生变更的，应当依法向公司登记机关办理变更登记。

1. 公司合并

公司合并是指两个或两个以上的公司订立合并协议，依照公司法的规定，不经过清算程序直接合并为一个公司的行为。公司合并时，合并各方的债权、债务，应当由合并后存续的公司或者新设的公司承继。

（1）公司合并方式。公司合并可以采取吸收合并或者新设合并。一个公司吸收其他公司为吸收合并，被吸收的公司解散。两个以上公司合并设立一个新的公司为新设合并，合并各方解散。

（2）公司合并的程序。公司合并应当由合并各方签订合并协议，并编制资产负债表及财产清单。公司应当自作出合并决议之日起10日内通知债权人，并于30日内在报纸上公告。债权人自接到通知书之日起30日内，未接到通知书的自公告之日起45日内，可以要求公司清偿债务或者提供相应的担保。

2. 公司分立

公司分立是指一个公司通过签订协议，不经过清算程序，分为两个或两个以上的公司的法律行为。公司分立前的债务由分立后的公司承担连带责任，但是公司在分立前与债权人就债务清偿达成的书面协议另有约定的除外。

（1）公司分立的方式。公司分立的方式一般有两种：一是派生分立，即公司以其部分财产和业务另设一个新的公司，原公司存续。二是新设分立，即公司以其全部财产设立两个以上的新公司，原公司解散。

（2）公司分立的程序。公司分立的程序与公司合并的程序基本一样，公司分立应当编制资产负债表及财产清单，公司应当自作出分立决议之日起10日内通知债权人，并于30日内在报纸上公告。

（二）公司的解散及清算

1. 公司的解散

公司因下列原因解散：公司章程规定的营业期限届满或者公司章程规定的其他解散事由出现；股东会或者股东大会决议解散；因公司合并或者分立需要解散；依法被吊销营业执照、责令关闭或者被撤销；人民法院依法解散。

因营业期限届满而解散的，公司可以通过修改公司章程而存续，依照上述规定修改公司章程，有限责任公司须经持有2/3以上表决权的股东通过，股份有限公司须经出席股东大会会议的股东所持表决权的2/3以上通过。

公司经营管理发生严重困难，继续存续会使股东利益受到重大损失，通过其他途径不能解决的，持有公司全部股东表决权10%以上的股东，可以请求人民法院解散公司。根据《公司法》司法解释二的规定，公司经营管理发生严重困难是指存在以下情形之一：公司持续两年以上无法召开股东会或者股东大会，公司经营管理发生严重困难的；股东表决时无法达到法定或者公司章程规定的比例，持续两年以上不能作出有效的股东会或者股东大会决议，公司经营管理发生严重困难的；公司董事长期冲突，且无法通过股东会或者股东大会解决，公司经营管理发生严重困难的；经营管理发生其他严重困难，公司继续存续会使股东利益受到重大损失的情形。股东以知情权、利润分配请求权等权益受到损害，或者公司亏损、财产不足以偿还全部债务，以及公司被吊销企业法人营业执照未进行清算等为由，提起解散公司诉讼的，人民法院不予受理。

2. 公司的清算

公司在解散事由出现后应及时进行清算，清算成功后向公司登记机关申请注销公司登记，公告公司终止。其清算程序如图2-1所示。

图2-1　公司清算程序流程图

（1）成立清算组。公司应当在解散事由出现之日起15日内成立清算组，开始清算。有限责任公司的清算组由股东组成，股份有限公司的清算组由董事或者股东大会确定的人员组成。清算组在清算期间行使下列职权：清理公司财产，分别编制资产负债表和财产清单；通知、公告债权人；处理与清算有关的公司未了结的业务；清缴所欠税款以及清算过程中产生的税款；清理债权、债务；处理公司清偿债务后的剩余财产；代表公司参与民事诉讼活动。

（2）债权的通知及申报。清算组应当自成立之日起10日内通知债权人，并于60日内在报纸上公告。债权人应当自接到通知书之日起30日内，未接到通知书的自公告之日起45日内，向清算组申报其债权。债权人申报债权，应当说明债权的有关事项，并提供证明材料。清算组应当对债权进行登记。在申报债权期间，清算组不得对债权人进行清偿。

（3）制定清算方案。清算组在清理公司财产、编制资产负债表和财产清单后，应当制定清算方案，并报股东会、股东大会或者人民法院确认。

（4）清偿公司债务后分配公司剩余财产。公司财产在分别支付清算费用、职工的工资、社会保险费用和法定补偿金，缴纳所欠税款，清偿公司债务后的剩余财产，有限责任公司按照股东的出资比例分配，股份有限公司按照股东持有的股份比例分配。清算期间，公司存续，但不得开展与清算无关的经营活动。公司财产在未依照上述规定清偿前，不得分配给股东。

（5）公司注销并公告终止。公司清算结束后，清算组应当制作清算报告，报股东会、股东大会或者人民法院确认，并报送公司登记机关，申请注销公司登记，公告公司终止。公司未经清算即办理注销登记，导致公司无法进行清算，债权人有权要求有限责任公司的股东、股份有限公司的董事和控股股东，以及公司的实际控制人对公司债务承担清偿责任。

 **知识与技能**

一、单选题

1. 甲公司欲设立一家子公司，下列说法正确的是（　　　）。

　　A. 子公司财产所有权属于甲公司，但子公司有权独立使用

　　B. 子公司财产不足以清偿债务时，甲公司仅需承担补充清偿责任

　　C. 子公司是独立的法人

　　D. 子公司进行诉讼活动时以甲公司的名义进行

2. 根据公司法律制度的规定，当公司出现特定情形，继续存续会使股东利益受到重大损失，通过其他途径不能解决，持有公司全部股东表决权10%以上的股东提起解散公司诉讼的，人民法院应当受理。下列各项中，属于此类特定情形的是（　　　）。

　　A. 甲公司连续2年严重亏损，已濒临破产

　　B. 乙公司由大股东控制，连续4年不分配利润

　　C. 丙公司股东之间发生矛盾，持续3年无法召开股东会，经营管理发生严重困难

　　D. 丁公司2年来一直拒绝小股东查询公司会计账簿的请求

二、多选题

1. 甲有限责任公司注册资本为120万元，股东人数为9人，董事会成员为5人，监事会成员为5人。股东一次缴清出资，该公司章程对股东表决权行使事项未作特别规定。根据《公司法》的规定，该公司出现的下列情形中，属于应当召开临时股东会的有（　　　）。

　　A. 出资20万元的某股东提议召开

　　B. 公司未弥补的亏损达到40万元

　　C. 2名董事提议召开

　　D. 2名监事提议召开

2. 下列关于有限责任公司董事会的表述不符合公司法规定的有（　　　　）。

　　A. 董事会成员中必须有公司职工代表

　　B. 董事任期由公司章程规定，但每届任期不得超过3年

　　C. 董事长和副董事长依法由公司董事会选举产生

　　D. 董事长和副董事长不召集和主持董事会的，必须由全体董事共同推举一名

董事召集和主持

3. 根据《公司法》的规定，对有限责任公司股东会的有关决议投反对票的股东，可以请求公司按照合理的价格收购其股权。下列各项中，属于该有关决议的有（　　　　）。

A. 公司合并的决议   B. 公司分立的决议

C. 公司转让主要财产的决议   D. 公司增加注册资本的决议

三、案例分析题

甲、乙国有企业与另外9家国有企业拟共同投资设立"光中有限责任公司"（以下简称光中公司）。公司章程的部分内容为：公司股东会除召开定期会议外，还可以召开临时会议，临时会议须经代表1/2以上表决权的股东，1/2以上的董事或1/2以上的监事提议召开。在申请公司设立登记时，市场监督管理机关指出了公司章程中关于召开临时股东会会议的不合法之处。经全体股东协商后，公司予以了纠正。

2020年3月，光中公司依法登记成立并设立了董事会，全部董事均由股东代表担任。

2021年3月，光中公司因业务发展需要，依法成立了海南分公司。海南分公司在生产经营过程中，因违反了合同约定被诉至法院，对方以光中公司是海南分公司的总公司为由，要求光中公司承担违约责任。

根据上述内容，分别回答下列问题：

1. 光中公司设立过程中订立的公司章程里关于召开临时股东会会议的规定有哪些不合法之处？并说明理由。

2. 光中公司全部董事均由股东代表担任的做法是否合法？并说明理由。

3. 光中公司是否应替海南分公司承担违约责任？并说明理由。

第二节　合伙企业法

案例导入

甲、乙、丙拟设立一普通合伙企业，并订立了一份合伙协议，部分内容如下：①甲的出资为现金1万元和劳务作价5万元；②乙的出资为现金5万元，于合伙企业成立后半年内缴付；③丙的出资为作价80万元的办公室一间，但不办理房屋产权过户手续，仅向合伙企业提供房屋使用权。

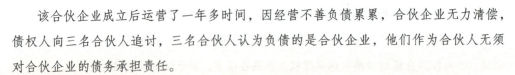

该合伙企业成立后运营了一年多时间，因经营不善负债累累，合伙企业无力清偿，债权人向三名合伙人追讨，三名合伙人认为负债的是合伙企业，他们作为合伙人无须对合伙企业的债务承担责任。

案例思考：

（1）合伙企业的合伙人可以通过何种方式进行出资？

（2）合伙人是否需对合伙企业的债务承担清偿责任？

案例启示： 合伙企业与公司都是常见的市场经济主体。但与公司相比，合伙企业有其自身运行规则，合伙企业的出资方式更为灵活，不仅可以用货币、实物、知识产权、土地使用权或者其他财产权利出资，普通合伙人还可以用劳务出资。但合伙企业的投资风险比公司略高，主要在于普通合伙人要对合伙企业的债务承担连带责任，这也是合伙企业制度实施初期很多投资人不愿意投资的原因之一。我国现行的合伙企业法引入了有限合伙企业的形式，有限合伙人只以投资为限对合伙企业承担有限责任，而且合伙企业的经营所得无须缴纳企业所得税，只需由合伙人分别缴纳个人所得税，与公司相比综合税负较低，从而让合伙企业制度更能适应不同投资人的需求，赋予了该制度更大的吸引力与生命力。

一、合伙企业法一般规定

（一）合伙企业的概念及分类

合伙企业指由两个或两个以上的自然人、法人和其他组织，通过订立合伙协议，共同出资、共同经营、共享利润、共担风险的企业组织形式。

（二）合伙企业的设立条件与程序

1. 合伙企业的设立条件

合伙企业分为普通合伙企业与有限合伙企业。两类合伙企业的设立条件基本相同，但在一些具体规定上有所区别。

微课：
合伙企业怎
么设立？

（1）有两个以上合伙人。普通合伙企业的合伙人不得少于两人，没有最高人数限制。普通合伙企业的合伙人均为普通合伙人，普通合伙人要对合伙企业债务承担无限连带责任。有限合伙企业由2个以上50个以下合伙人设立，其中至少应当有1个普通合伙人，普通合伙人要对合伙企业债务承担无限连带责任，有限合伙人以出资为限承担有限责任。

合伙人可以是自然人，也可以是法人或者其他组织。普通合伙人为自然人的，应当具有完全民事行为能力，无民事行为能力人和限制民事行为能力人不得成为合伙企业的普通合伙人。国有独资公司、国有企业、上市公司以及公益性的事业单位、社会团体不得成为普通合伙人。

（2）有书面合伙协议。合伙协议是合伙企业重要的法律文件，是明确合伙人各自权利义务的协议，依法由全体合伙人协商一致并以书面形式订立。普通合伙企业的合伙协议应当载明下列事项：合伙企业的名称和主要经营场所的地点；合伙目的和合伙经营范围；合伙人的姓名或者名称、住所；合伙人的出资方式、数额和缴付期限；利润分配、亏损分担方式；合伙事务的执行；入伙与退伙；争议解决办法；合伙企业的解散与清算；违约责任。有限合伙企业的合伙协议除应具备上述内容外，还有一些特殊要求，具体在有限合伙企业的章节中介绍。

（3）有合伙人认缴或者实际缴付的出资。合伙人所缴付的出资是合伙企业开展经营活动的财产基础。合伙人可以先行认缴出资额度，并按照合伙协议的约定期限及方式予以缴纳，出资方式可以是货币、实物、土地使用权、知识产权或者其他财产权利。合伙人以实物、知识产权、土地使用权或者其他财产权利出资，需要评估作价的，可以由全体合伙人协商确定，也可以由全体合伙人委托法定评估机构评估。普通合伙人可以用劳务出资，其评估办法由全体合伙人协商确定，并在合伙协议中载明，有限合伙人则不得以劳务出资。

（4）有合伙企业名称和生产经营场所。合伙企业的名称根据合伙企业的不同性质有不同的要求，普通合伙企业名称中应当标明"普通合伙"字样，特殊的普通合伙企业名称中应当标明"特殊普通合伙"字样，有限合伙企业名称中应当标明"有限合伙"字样。

（5）法律、行政法规规定的其他条件。

2. 合伙企业的设立程序

（1）订立合伙协议。全体合伙人在自愿、平等、公平、诚实信用原则的基础上，经过协商一致，以书面形式订立合伙协议。

（2）进行设立登记。申请设立合伙企业，应当向企业登记机关提交登记申请书、合伙协议书、合伙人身份证明等。申请人提交的登记申请材料齐全、符合法定形式，企业登记机关能够当场登记的，应予当场登记，发给营业执照，不予登记的，应当给予书面答复，并说明理由。合伙企业的营业执照签发日期，为合伙企业成立日期。领取营业执照前，合伙人不得以合伙企业名义从事合伙业务。

法治素养

　　在我国的市场经济体系中，合伙企业一般都体量不大，以中小微型企业为主，但却是我国市场经济发展过程中不可或缺的重要一环。2020年年初，由于新冠肺炎疫情的冲击，很多中小企业面临着生死存亡之危机。对于中小企业的困境，习近平同志一直高度关注，并及时做出了一系列细致具体的指示。在习近平同志的关心下，党中央、国务院出台了一系列政策组合拳，加大对重点行业和中小企业的帮扶力度，大部分企业都化危为机，迅速恢复了有序的生产经营。

启示： 通过对以上话题的讨论，感受党和政府对创业者的关爱和扶持，感受"执法为民"的政府法治理念，树立"大众创业、万众创新"的创业意识。

协作创新

陈佳、王艺、郑律三人打算合伙开一家企业，主要为客户提供短视频制作等服务项目。陈佳擅长拍摄及视频编辑，故三人同意陈佳以劳务出资，作价20万元，王艺以现金15万元出资，郑律以两辆机动车出资，作价20万元，三人按出资比例分配利润、承担亏损。请各小组参照上述情况，帮助三人拟订一份合伙协议。背景中未涉及的内容，同学们可以自行拟订。

二、普通合伙企业

（一）普通合伙企业的财产

合伙人的出资以合伙企业名义取得的收益和依法取得的其他财产，均为合伙企业的财产。

1. 合伙企业财产的性质

合伙企业财产依法由全体合伙人共同管理和使用，其性质为全体合伙人共有。由于合伙企业财产的共有性质，合伙人在合伙企业清算前，不得请求分割合伙企业的财产，除非合伙人退伙。合伙企业法还规定合伙人在合伙企业清算前不得私自转移或者处分合伙企业财产，但若合伙人擅自处分的，合伙企业不得以此对抗善意第三人，合伙企业只能向擅自处分财产的合伙人追讨损失。

2. 合伙人财产份额的转让

合伙人财产份额的转让，是指合伙人向他人转让其在合伙企业中的全部或者部分财产份额的行为。根据受让人是否本身即为合伙人，分为以下两种情形。

合伙人之间转让在合伙企业中的全部或者部分财产份额时，因为不会引入新的合伙人，所以合伙企业法规定只需通知其他合伙人即可。

合伙人向合伙人以外的人转让其在合伙企业中的全部或者部分财产份额时，因为会导致合伙企业的合伙人发生变化，为了防止这种变动影响合伙人之间的信任基础，因此转让前须经其他合伙人一致同意，而且同等条件下其他合伙人有优先购买权，除非合伙协议另有约定。

3. 合伙人财产份额的出质

合伙人财产份额的出质，是指合伙人将其在合伙企业中的财产份额作为质押物来担保债权人债权实现的行为。由于合伙人以其财产份额出质可能导致该财产份额依法发生权利转移，合伙企业法规定，合伙人以其在合伙企业中的财产份额出质的，须经其他合伙人一致同意，未经其他合伙人一致同意，其行为无效，由此给善意第三人造成损失的，由行为人依法承担赔偿责任。

（二）普通合伙企业事务的执行

1. 合伙事务的执行方式

合伙事务执行是指由谁来执行合伙企业的日常事务。根据《中华人民共和国合伙企业法》（以下简称《合伙企业法》）的规定，合伙事务执行方式有以下几种：

（1）全体合伙人共同执行合伙事务。这是合伙事务执行的基本形式，也是在合伙企业中经常使用的一种形式。此种情况下，每个合伙人都有权参与经营，处理合伙企业的事务，对外均可代表合伙企业。但在合伙人众多的情况下，此种执行方式可能导致企业管理混乱。

（2）委托一个或者数个合伙人执行合伙事务。按照合伙协议的约定或者经全体合伙人决定，可以委托一个或者数个合伙人对外代表合伙企业，执行合伙事务。此种情况下，其他合伙人不再执行合伙事务，但不执行合伙事务的合伙人有权监督执行事务合伙人执行合伙事务的情况。执行事务合伙人应当定期向其他合伙人报告事务执行情况以及合伙企业的经营和财务状况，其执行合伙事务所产生的收益归合伙企业，所产生的费用和亏损由合伙企业承担。

2. 合伙事务的决议

（1）普通事项的决议。根据《合伙企业法》的规定，合伙人对合伙企业有关事项作出决议，先看合伙协议有没有议事或表决规则方面的约定，如果有，则按照合伙协议约定的表决办法办理。如果合伙协议未约定或者约定不明确的，则实行合伙人一人一票并经全体合伙人过半数通过的表决办法。

（2）特殊事项的决议。对于下列特殊事项，首先遵照合伙协议对下列事项明确约定的表决方法进行表决，如果合伙协议未约定或者约定不明确的，则应当经全体合伙人一致同意：改变合伙企业的名称；改变合伙企业的经营范围、主要经营场所的地点；处分合伙企业的不动产；转让或者处分合伙企业的知识产权和其他财产权利；以合伙企业名义为他人提供担保；聘任合伙人以外的人担任合伙企业的经营管理人员。

3. 普通合伙人的权利义务

（1）普通合伙人的权利。普通合伙人无论其出资多少，都平等享有执行合伙事务的权利。

执行合伙事务的合伙人有权对外代表合伙企业。执行合伙事务的合伙人以合伙企业的名义对外进行法律行为，其执行合伙事务所产生的收益归合伙企业，所产生的费用、亏损及法律责任由合伙企业承担。若合伙企业对合伙人执行合伙事务以及对外代表合伙企业有限制约定的，属于合伙企业的内部事务，不得对抗不知情的善意第三人，执行事务合伙人与善意第三人签订的民事合同仍属有效合同，但合伙企业可以对该合伙人追责。

不执行合伙事务的合伙人有权监督执行事务合伙人执行合伙事务的情况。合伙人为了解合伙企业的经营状况和财务状况，有权查阅合伙企业会计账簿等财务资料。合伙人有提出异议的权利和撤销委托的权利。合伙人分别执行合伙事务的，执行事务合伙人可以对其他合伙人执行的事务提出异议，提出异议时，应当暂停该项事务的执行。如果发生争议，由合伙人根据议事规则作出决定。受委托执行合伙事务的合伙人不按照合伙协议或者全体合伙人的决定执行事务的，其他合伙人可以决定撤销该委托。

（2）普通合伙人的义务。执行事务人的报告义务。合伙事务执行人应按照约定向不参加执行事务的合伙人报告事务执行情况及企业经营状况和财务状况。

合伙人的赔偿义务。合伙人执行合伙事务时利用职务上的便利，将应当归合伙企业的利益据为己有的，或者采取其他手段侵占合伙企业财产的，应当将该利益和财产退还合伙企业。给合伙企业或者其他合伙人造成损失的，依法承担赔偿责任。不具有事务执行权的合伙人擅自执行合伙事务，给合伙企业或者其他合伙人造成损失的，依法承担赔偿责任。

竞业禁止的义务。为了降低商业道德风险，防止合伙人在市场竞争过程中为自身利益损害合伙企业的权益，合伙企业法规定合伙人不得自营或者同他人合作经营与本合伙企业相竞争的业务。

自我交易的回避义务。《合伙企业法》规定，除合伙协议另有约定或者经全体合伙人同意外，合伙人不得同本合伙企业进行交易，合伙人违反规定或者合伙协议的约定，从事与本合伙企业相竞争的业务或者与本合伙企业进行交易的，该收益归合伙企业所有，给合伙企业或者其他合伙人造成损失的，依法承担赔偿责任。

合伙人不得从事损害本合伙企业利益的活动。

（三）合伙企业的盈亏分配及债务清偿

1. 合伙企业的利润分配和亏损分担

合伙企业的利润分配及亏损分担的办法，按照合伙协议的约定办理。合伙协议未约定或者约定不明确的，由合伙人协商决定。协商不成的，由合伙人按照实缴出资比例分配、分担。无法确定出资比例的，由合伙人平均分配、分担。合伙协议不得约定将全部利润分配给部分合伙人或者由部分合伙人承担全部亏损。

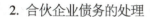

2. 合伙企业债务的处理

合伙企业对其债务，应先以合伙企业的全部财产进行清偿，合伙企业财产不足清偿到期债务的，各合伙人应当承担无限连带清偿责任。合伙人对外清偿数额超过合伙协议约定的亏损分担比例的，有权向其他合伙人追偿。

3. 合伙人的个人债务处理

合伙人个人负债，若其个人自有财产不足以清偿其个人债务的，其个人债务的清偿需记住"两可以，两不得"的原则，即合伙人发生与合伙企业无关的债务，相关债权人不得以其债权抵销其对合伙企业的债务，也不得代位行使合伙人在合伙企业中的权利。合伙人的自有财产不足清偿其与合伙企业无关的债务的，该合伙人可以以其从合伙企业中分取的收益用于清偿，债权人也可以依法请求人民法院强制执行该合伙人在合伙企业中的财产份额用于清偿。

（四）普通合伙人的入伙及退伙

1. 入伙

入伙是指在合伙企业存续期间，合伙人以外的第三人加入合伙企业并取得合伙人资格的行为。新合伙人入伙，除合伙协议另有约定外，应当经全体合伙人一致同意，并依法订立书面入伙协议。订立入伙协议时，原合伙人应当向新合伙人如实告知原合伙企业的经营状况和财务状况。入伙的新合伙人与原合伙人享有同等权利，承担同等责任，入伙协议另有约定的从其约定。新合伙人对入伙前合伙企业的债务承担无限连带责任。

2. 退伙

退伙是指合伙人退出合伙企业，从而丧失合伙人的资格。合伙人的退伙分为两种情况：一是自愿退伙；二是法定退伙。

自愿退伙是指合伙人基于自愿的意思表示而退伙。自愿退伙又可以分为协议退伙和通知退伙。协议退伙是指退伙人与其他合伙人通过协商达成共同的意思表示，从而使退伙人的合伙人资格归于消灭。协议退伙以合伙企业约定了合伙期限为前提。《合伙企业法》规定，合伙协议约定合伙期限的，在合伙企业存续期间，有下列情形之一的，合伙人可以退伙：合伙协议约定的退伙事由出现；经全体合伙人一致同意；发生合伙人难以继续参加合伙的事由；其他合伙人严重违反合伙协议约定的义务。通知退伙，又称声明退伙，是指根据退伙人单方的意思表示终止与其他合伙人之间的合伙关系，使自己的合伙人资格归于消灭。通知退伙以合伙企业未约定合伙期限为前提。《合伙企业法》规定，合伙协议未约定合伙期限的，合伙人在不给合伙企业事务执行造成不利影响的情况下，可以退伙，但应当提前30日通知其他合伙人。擅自退伙的，应当赔偿由此给其他合伙人造成的损失。不论是协议退伙还是通知退伙，合伙人违反合伙企业法的规定擅自退伙的，应当赔偿由此给合伙企业造成的损失。

法定退伙指直接根据法律的规定而退伙，又可分为当然退伙和除名退伙。当然退伙是指发生了某种客观情况而导致的退伙，相关客观情形可简单地概括为"人死财空资格无"。具体而言，合伙人有下列情形之一的，当然退伙：作为合伙人的自然人死亡或者被依法宣告死亡；个人丧失偿债能力；作为合伙人的法人或者其他组织依法被吊销营业执照、责令关闭、撤销，或者被宣告破产；法律规定或者合伙协议约定合伙人必须具有相关资格而丧失该资格；合伙人在合伙企业中的全部财产份额被人民法院强制执行。退伙事由实际发生之日为退伙生效日。需要注意的是，普通合伙人被依法认定为无民事行为能力人或者限制民事行为能力人的，并不一定导致当然退伙的后果，经其他合伙人一致同意，该合伙人可以依法转为有限合伙人，并将普通合伙企业转为有限合伙企业。其他合伙人未能一致同意的，该无民事行为能力或者限制民事行为能力的普通合伙人退伙。除名退伙，也称开除退伙，是指在合伙人出现法定事由的情形下，由其他合伙人决议将该合伙人除名。《合伙企业法》规定，合伙人有下列情形之一的，经其他合伙人一致同意，可以决议将其除名：未履行出资义务；因故意或者重大过失给合伙企业造成损失；执行合伙事务时有不正当行为；发生合伙协议约定的事由。对合伙人的除名决议应当书面通知被除名人。被除名人接到除名通知之日，除名生效，被除名人退伙。被除名人对除名决议有异议的，可以自接到除名通知之日起30日内，向人民法院起诉。

合伙人退伙，其他合伙人应当与该退伙人按照退伙时的合伙企业财产状况进行结算，退还退伙人的财产份额。财产份额的退还办法由合伙协议约定或者全体合伙人决定，可以退还货币，也可以退还实物。退伙人对基于其退伙前的原因发生的合伙企业债务，普通合伙人对外承担无限连带责任，对内按照合伙协议约定的比例分担。

（五）特殊的普通合伙企业

特殊的普通合伙企业是指以专业知识和专门技能为客户提供有偿服务的专业服务机构，如合伙开办的设计师事务所、会计师事务所、律师事务所等。特殊的普通合伙企业名称中应当标明"特殊普通合伙"字样。在特殊的普通合伙企业中，合伙人个人的知识、技能、职业道德、经验等往往起着决定性的作用，与其他普通合伙企业相比，合伙人的个人色彩更加突出。

对于特殊的普通合伙企业，其合伙企业债务的承担有特殊规定。根据合伙企业法，一个合伙人或者数个合伙人在执业活动中因故意或者重大过失造成合伙企业债务的，应当承担无限责任或者无限连带责任，其他合伙人以其在合伙企业中的财产份额为限承担责任。合伙人在执业活动中非因故意或者重大过失造成的合伙企业债务以及合伙企业的其他债务，由全体合伙人承担无限连带责任。

协作创新

　　2020年1月，赵、钱、孙、李四人决定设立一家普通合伙企业，并签订书面协议。内容如下：①赵出资10万元，钱以实物折价出资8万元，经其他人同意孙以劳务出资6万元，李以货币出资4万元。②赵、钱、孙、李四人按2：2：1：1的比例分配利润和承担风险。③由赵执行合伙企业事务，对外代表企业，但签订金额高于1万元的销售合同应经其他人同意。协议未约定经营期限。

　　合伙期间发生以下情况：

　　（1）2020年5月赵擅自以合伙企业名义与红天公司签订合同，红天公司不知道其内部限制。钱获知后，向红天公司表示不承认。

　　（2）2021年1月，李提出退伙，并不给企业造成任何不利影响，2021年3月李经清算退伙。4月新合伙人周出资4万元入伙。2021年5月，合伙企业的债权人绿光公司就合伙人李退伙前的24万元债务要求现合伙人和李共同承担连带责任。李以自己退伙为由，周以自己新入伙为由拒绝承担。

　　请各小组分组讨论，并根据以上事实回答下列问题：

　　（1）赵和红天公司的合同是否有效？为什么？

　　（2）李和周的主张是否成立？为什么？

三、有限合伙企业

（一）有限合伙企业的概念

　　有限合伙企业是指由一个以上的普通合伙人和一个以上的有限合伙人共同设立的合伙企业。对于有限合伙企业的法律规制，若合伙企业法有特殊规定的则适用该规定，没有特殊规定的，则适用有关普通合伙企业及其合伙人的一般规定。

（二）有限合伙企业的特殊规定

1. 有限合伙企业的设立

（1）合伙人数。有限合伙企业由2个以上50个以下合伙人设立，法律另有规定的除外，有限合伙企业至少应当有1个普通合伙人，其余则为有限合伙人。普通合伙人对合伙企业债务承担无限连带责任，有限合伙人以出资为限承担有限责任。

（2）企业名称。有限合伙企业名称中应当标明"有限合伙"字样。

（3）合伙协议。有限合伙企业的合伙协议除应具备普通合伙企业合伙协议的各项内容外，还应当载明下列事项：普通合伙人和有限合伙人的姓名或者名称、住所；执行事务合伙人应具备的条件和选择程序；执行事务合伙人权限与违约处理办法；执行事务合伙人的除名条件和更换程序；有限合伙人入伙、退伙的条件、程序以及相关责任；有限合伙人和普通合伙人相互转变程序。

（4）出资形式。有限合伙人可以用货币、实物、知识产权、土地使用权或者其他财产权利作价出资，但有限合伙人不得以劳务出资。普通合伙人可以以劳务出资，这是在出资方式上与有限合伙人的一个明显不同。

2. 有限合伙企业事务的执行

有限合伙企业的事务由普通合伙人执行，有限合伙人不执行合伙事务，也不得对外代表有限合伙企业。执行事务合伙人可以要求在合伙协议中确定执行事务的报酬及报酬提取方式。

有限合伙人的下列行为，不视为执行合伙事务：参与决定普通合伙人入伙、退伙；对企业的经营管理提出建议；参与选择承办有限合伙企业审计业务的会计师事务所；获取经审计的有限合伙企业财务会计报告；对涉及自身利益的情况，查阅有限合伙企业财务会计账簿等财务资料；在有限合伙企业中的利益受到侵害时，向有责任的合伙人主张权利或者提起诉讼；执行事务合伙人怠于行使权利时，督促其行使权利或者为了本企业的利益以自己的名义提起诉讼；依法为本企业提供担保。

3. 有限合伙企业的利润分配

合伙企业法规定，有限合伙企业不得将全部利润分配给部分合伙人，但是合伙协议另有约定的除外。从该规定来看，有限合伙企业可以在合伙协议中约定将全部利润分配给部分合伙人。而在普通合伙企业中，合伙企业法禁止将全部利润分配给部分合伙人或者由部分合伙人承担全部亏损。

4. 有限合伙人的特殊权利

与普通合伙人相比，有限合伙人在失去对合伙企业经营管理权的同时，合伙企业法也赋予了有限合伙人一些特殊的权利（见表2-1）。

表2-1　有限合伙人所享有的特殊权利

权利	有限合伙人	普通合伙人
自我交易	原则上可以与合伙企业交易，除非合伙协议禁止	原则上不可以与合伙企业交易，除非合伙协议另有约定或者经过全体合伙人同意
出质	可以将其在合伙企业中的财产份额出质	出质必须经其他合伙人一致同意方可

续表

权利	有限合伙人	普通合伙人
合伙份额转让	对外转让合伙财产份额，只需提前30天通知其他合伙人即可	对外转让合伙份额，必须得到其他合伙人一致同意，除非合伙协议另有约定
退伙	丧失民事行为能力的和丧失个人偿债能力的，不需退伙	丧失民事行为能力的，除非经全体合伙人一致同意转为有限合伙人，否则按退伙处理；个人丧失偿债能力的，普通合伙人当然退伙

5. 有限合伙人的入伙和退伙

合伙企业法规定，新入伙的有限合伙人对入伙前有限合伙企业的债务，以其认缴的出资额为限承担责任。有限合伙人当然退伙的情形与普通合伙人的规定基本一致，唯一区别在于若发生合伙人个人丧失偿债能力的，普通合伙人当然退伙，有限合伙人则无此规定。

作为有限合伙人的自然人死亡、被依法宣告死亡或者作为有限合伙人的法人及其他组织终止时，其继承人或者权利承受人可以依法取得该有限合伙人在有限合伙企业中的资格。

有限合伙人退伙后，对基于其退伙前的原因发生的有限合伙企业债务，以退伙时从有限合伙企业中取回的财产承担责任。

6. 有限合伙人与普通合伙人的转变

除合伙协议另有约定外，普通合伙人转变为有限合伙人，或者有限合伙人转变为普通合伙人，应当经全体合伙人一致同意。有限合伙人转变为普通合伙人的，对其作为有限合伙人期间有限合伙企业发生的债务承担无限连带责任。普通合伙人转变为有限合伙人的，对其作为普通合伙人期间合伙企业发生的债务承担无限连带责任。有限合伙企业仅剩有限合伙人的，应当解散。有限合伙企业仅剩普通合伙人的，转为普通合伙企业。

四、合伙企业的解散、清算

（一）合伙企业解散

合伙企业解散，是指因法定原因或约定原因而使得各合伙人解除合伙协议，合伙企业终止活动。合伙企业有下列情形之一的，应当解散：合伙期限届满，合伙人决定不再经营；合伙协议约定的解散事由出现；全体合伙人决定解散；合伙人已不具备法定人数满30天；合伙协议约定的合伙目的已经实现或者无法实现；依法被吊销营业执照、责令关闭或者被撤销；法律、行政法规规定的其他原因。

（二）合伙企业清算

合伙企业解散后应当依法进行清算，对合伙企业的债权债务及资产进行分配及处置。合伙企业法对于合伙企业的清算主要有以下规定。

1. 确定清算人

清算人由全体合伙人担任；经全体合伙人过半数同意，可以自合伙企业解散事由出现后15日内指定一个或者数个合伙人，或者委托第三人担任清算人。自合伙企业解散事由出现之日起15日内未确定清算人的，合伙人或者其他利害关系人可以申请人民法院指定清算人。

2. 清算人的职责和责任承担

清算人在清算期间执行下列事务：清理合伙企业财产，分别编制资产负债表和财产清单；处理与清算有关的合伙企业未了结事务；清缴所欠税款；清理债权、债务；处理清偿债务后的剩余财产；代表合伙企业参加诉讼或者仲裁活动。

3. 通知和公告债权人

清算人自被确定之日起10日内将合伙企业解散事项通知债权人，并于60日内在报纸上公告。债权人应当自接到通知书之日起30日内，未接到通知书的自公告之日起45日内，向清算人申报债权。债权人申报债权，应当说明债权的有关事项，并提供证明材料。清算人应当对债权进行登记。清算期间，合伙企业存续，但不得开展与清算无关的经营活动。

4. 合伙企业财产的清偿与分配

合伙企业财产在支付清算费用和职工工资、社会保险费用、法定补偿金以及缴纳所欠税款、清偿债务后的剩余财产，按照合伙协议的约定办理；合伙协议未约定或者约定不明确的，由合伙人协商决定；协商不成的，由合伙人按照实缴出资比例分配；无法确定出资比例的，由合伙人平均分配。

5. 合伙企业的注销

清算结束，清算人应当编制清算报告，经全体合伙人签名、盖章后，在15日内向企业登记机关报送清算报告，申请办理合伙企业注销登记。清算人未依照本法规定向企业登记机关报送清算报告，或者报送清算报告隐瞒重要事实，或者有重大遗漏的，由企业登记机关责令改正，由此产生的费用和损失，由清算人承担和赔偿。合伙企业注销后，原普通合伙人对合伙企业存续期间的债务仍应承担无限连带责任。

 协作创新

　　请同学们以小组为单位，分析比较公司与合伙企业两种企业形态主要有哪些区别。

 **知识与技能**

一、单选题

1. 甲、乙、丙、丁打算设立一家普通合伙企业。对此，下列表述正确的是（　　）。

A. 各合伙人不得以劳务作为出资

B. 如乙以房屋所有权作为出资，则应办理房屋产权过户登记

C. 该合伙企业名称中不得以任何一个合伙人的名字作为商号或字号

D. 合伙协议经全体合伙人签名、盖章并经登记后生效

2. 甲、乙、丙拟设立一普通合伙企业，出资比例为4∶4∶2。合伙协议约定的利润分配和亏损分担的下列表述中，不符合《合伙企业法》规定的是（　　）。

A. 按4∶4∶2的比例分配损益

B. 在合伙人之间平均分配损益

C. 按3∶3∶4的比例分配损益

D. 利润按3∶3∶4的比例分配，亏损由丙承担

3. 下列关于普通合伙企业的说法中，正确的是（　　）。

A. 普通合伙企业的设立只能由两个以上自然人组成

B. 普通合伙企业的合伙人只能是法人或者其他组织，但国有企业、上市公司均不得成为普通合伙人

C. 设立普通合伙企业，合伙人应签订书面合伙协议

D. 普通合伙企业的合伙人不得以劳务作为出资

二、多选题

1. 贾某是一有限合伙企业的有限合伙人。以下正确的是（　　　）。

A. 若贾某被法院判决认定为无民事行为能力人，其他合伙人可以因此要求其退伙

B. 若贾某死亡，其继承人可以取得贾某在有限合伙企业中的资格

C. 若贾某转为普通合伙人，其必须对其作为有限合伙人期间企业发生的债务承担无限连带责任

D. 如果合伙协议没有限制，贾某可以不经过其他合伙人同意而将其在合伙企业中的财产份额出质

2. 甲、乙、丙、丁欲设立有限合伙企业，以下正确的有（　　　）。

A. 甲仅以出资额为限对企业债务承担责任，同时被推举为合伙事务执行人

B. 丙以其劳务出资，为普通合伙人，其出资份额经各合伙人商定为5万元

C. 合伙企业的利润由甲、乙、丁三人分配，丙仅按营业额提取一定比例的劳

务报酬

D. 经全体合伙人同意，有限合伙人可以全部转为普通合伙人，普通合伙人也可以全部转为有限合伙人

三、案例分析题

2016年，甲、乙、丙三人合伙开办了合伙企业，甲出资5万元，乙出资5万元，丙以劳务出资，合伙协议未约定利润分配和亏损分担比例，只约定三人共同管理企业。2016年10月，甲计划将一部分合伙份额转让给丁，乙同意但丙不同意，因多数合伙人同意，合伙企业将丁吸纳入伙，丙因此不满提出退伙，其他合伙人一致同意后，丙退伙。此时，该合伙企业欠上海公司货款10万元一直未还。2018年10月，甲私自以合伙企业的名义为其朋友的5万元贷款提供保证，银行对甲的私自行为并不知情。2019年4月，由于经营不善，该合伙企业宣告解散，此时企业合计负债30万元（包括上海公司10万元货款和银行向该合伙企业主张的5万元贷款清偿责任）。请回答：

（1）该合伙企业合伙人的入伙及退伙过程是否符合规定？

（2）合伙企业解散时的30万元债务应该怎么承担？

第三节 外商投资法

 案例导入

《中华人民共和国外商投资法》（以下简称《外商投资法》）已由中华人民共和国第十三届全国人民代表大会第二次会议于2019年3月15日通过，自2020年1月1日起施行。《外商投资法》施行后将取代此前的"外资三法"（《中华人民共和国中外合资经营企业法》《中华人民共和国中外合作经营企业法》《中华人民共和国外资企业法》）。

案例思考：外商投资法是一部怎样的法律？为每一个来中国投资的外国投资者带来什么好处？

案例启示：改革开放40余年来，外商投资已经成为推动我国经济社会发展的重要力量。"外资三法"在中国改革开放初期颁布，为扩大国际经济合作和技术交流以及吸引外资奠定了坚实的基础。尽管贡献卓著，也经历过修改，但"外资三法"已逐渐落后于充满活力的市场现实，难以应对外商投资领域的新的机遇与挑战。外商投资法取代了"外资三法"，是中国外商投资领域新的基础性法律。依照"外资三法"设立的

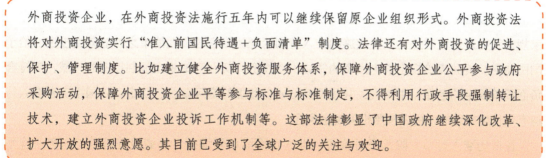

外商投资企业，在外商投资法施行五年内可以继续保留原企业组织形式。外商投资法将对外商投资实行"准入前国民待遇＋负面清单"制度。法律还有对外商投资的促进、保护、管理制度。比如建立健全外商投资服务体系，保障外商投资企业公平参与政府采购活动，保障外商投资企业平等参与标准与标准制定，不得利用行政手段强制转让技术，建立外商投资企业投诉工作机制等。这部法律彰显了中国政府继续深化改革、扩大开放的强烈意愿。其目前已受到了全球广泛的关注与欢迎。

一、外商投资企业法概况

（一）外商投资

外商投资，是指外国的自然人、企业或者其他组织（以下称外国投资者）直接或者间接在中国境内进行的投资活动，包括下列情形：外国投资者单独或者与其他投资者共同在中国境内设立外商投资企业；外国投资者取得中国境内企业的股份、股权、财产份额或者其他类似权益；外国投资者单独或者与其他投资者共同在中国境内投资新建项目；法律、行政法规或者国务院规定的其他方式的投资。

这里所称其他投资者，包括中国的自然人在内。需要注意的是，金融行业具有特殊性，对外国投资者在中国境内投资银行业、证券业、保险业等金融行业，或者在证券市场、外汇市场等金融市场进行投资的管理，国家另有规定的，依照其规定。

（二）外商投资企业及外商投资企业法

外商投资企业，是指全部或者部分由外国投资者投资，依照中国法律在中国境内经登记注册设立的企业。国家依法保护外国投资者在中国境内的投资、收益和其他合法权益。在中国境内进行投资活动的外国投资者、外商投资企业，应当遵守中国法律法规，不得危害中国国家安全、损害社会公共利益。

外商投资企业法是调整有关外商投资企业在经济运行过程中发生的社会关系的法律、法规的总称，其主要包括《中华人民共和国外商投资法》《中华人民共和国外商投资法实施条例》等。

二、外商投资企业的设立

（一）设立的条件

国家对外商投资实行准入前国民待遇加负面清单管理制度。准入前国民待遇，是指在投资准入阶段给予外国投资者及其投资不低于本国投资者及其投资的待遇；负面清单，是指国家规定在特定领域对外商投资实施的准入特别管理。国家对负面清单之外的外商投资，给予国民待遇。负面清单规定禁止投资的领域不得投资；负面清单规定限制投资的领域，应符合负面清单规定的条件。中华人民共和国缔结或者参加的国际条约、协定对外国投资者准入待遇有更优惠规定的，可以按照相关规定执行。

在市场准入环节，除涉及外商投资准入负面清单领域外，外商投资可以与内资一样平等地进入各个行业领域，准入条件、准入程序和适用法律方面实现内外资一致，企业设立的流程和材料准备俱化繁为简，降低了市场准入门槛，极大地促进了外商投资积极性（见图2-2）。

图2-2　新旧法对照图

此外，国家建立外商投资信息报告制度。外商投资企业在申请设立、变更、注销登记时，需要通过企业登记系统向外商投资商务主管部门报送投资信息。

（二）外商投资企业的登记管辖

外商投资企业的登记注册，由国务院市场监督管理部门或者其授权的地方人民政府市场监督管理部门依法办理，即市场监管总局授权的地方市场监管部门是外商投资企业的登记机关，负责本辖区内的外商投资企业登记管理。

法治素养

2020年6月1日，中共中央、国务院印发了《海南自由贸易港建设总体方案》。2020年6月3日，海南自由贸易港11个重点园区同时挂牌，海南省把11个重点园区作为推动海南自由贸易港建设的样板区和试验区，利用制度创新优势，率先实施相关政策和进行压力测试，推动海南自由贸易港建设加快发展、创新发展。根据规划，海南将在城乡融合发展、人才、财税金融、收入分配、国有企业等方面加快机制体制改革；设立国际能源、航运、大宗商品、产权、股权、碳排放权等交易场所；积极发展新一代信息技术产业和数字经济，推动互联网、物联网、大数据、卫星导航、人工智能等同实体经济深度融合。海南自由贸易港的实施范围为海南岛全岛，到2025年将初步建立以贸易自由便利和投资自由便利为重点的自由贸易港政策制度体系，到2035年成为我国开放型经济新高地，到21世纪中叶全面建成具有较强国际影响力的高水平自由贸易港。

无论是《外商投资法》的施行还是海南自由贸易港的规划，中国都将持续优化外商投资环境，推进更高水平对外开放，中国也将实际上成为贸易和投资自由化进程中的佼佼者。

启示： 通过对以上话题的讨论，培养学生依法治国理念的国际视野，更深层次地理解社会主义核心价值观和社会主义法治的实践应用。

三、投资促进

（一）法律与政策

外商投资企业依法平等适用国家支持企业发展的各项政策。政府及其有关部门在政府资金安排、土地供应、税费减免、资质许可、标准制定、项目申报、人力资源政策等方面，应当依法平等对待外商投资企业和内资企业。

制定与外商投资有关的行政法规、规章、规范性文件，或者政府及其有关部门起草与外商投资有关的法律、地方性法规，应当根据实际情况，采取书面征求意见以及召开座谈会、论证会、听证会等多种形式，听取外商投资企业和有关商会、协会等方面的意见和建议；对反映集中或者涉及外商投资企业重大权利义务问题的意见和建议，应当通过适当方式反馈采纳的情况。与外商投资有关的规范性文件、裁判文书等，应当依法及时公布，未经公布的不得作为行政管理依据。与外商投资企业生产经营活动密切相关的规范性文件，应当结合实际，合理确定公布到施行之间的时间。

（二）试验性政策措施

国家根据需要，设立特殊经济区域，或者在部分地区实行外商投资试验性政策措施，促进外商投资。特殊经济区域，是指经国家批准设立、实行更大力度的对外开放政策措施的特定区域。国家在部分地区实行的外商投资试验性政策措施，经实践证明可行的，根据实际情况在其他地区或者全国范围内推广。

（三）投资

国家根据国民经济和社会发展需要，鼓励和引导外国投资者在特定行业、领域、地区投资。外国投资者、外商投资企业可以依照法律、行政法规或者国务院的规定，享受财政、税收、金融、用地等方面的优惠待遇。外国投资者以其在中国境内的投资收益在中国境内扩大投资的，依法享受相应的优惠待遇。

（四）标准化制定

外商投资企业依法和内资企业平等参与国家标准、行业标准、地方标准和团体标准的制定、修订工作。外商投资企业可以根据需要自行制定或者与其他企业联合制定企业标准。外商投资企业可以向标准化行政主管部门和有关行政主管部门提出标准的建议，并按照规定承担标准起草、技术审查的相关工作以及标准的外文翻译工作。

（五）政府采购

政府及其有关部门不得阻挠和限制外商投资企业自由进入本地区和本行业的政府采购市场。

（六）融资

外商投资企业可以依法在中国境内或者境外通过公开发行股票、公司债券等证券，以及公开或者非公开发行其他融资工具、借用外债等方式进行融资。

（七）投资与服务环境

县级以上地方人民政府可以根据法律、行政法规、地方性法规的规定，在法定权限内制定费用减免、用地指标保障、公共服务提供等方面的外商投资促进和便利化政策措施。各级人民政府及其有关部门应当按照便利、高效、透明的原则，简化办事程序，提高办事效率，优化政务服务，进一步提高外商投资服务水平。

四、投资保护

（一）征收

国家对外国投资者的投资不实行征收。在特殊情况下，国家为了公共利益的需要依照法律规定对外国投资者的投资实行征收的，应当依照法定程序以非歧视性的方式进行，并按照被征收投资的市场价值及时给予补偿。外国投资者对征收决定不服的，可以依法申请行政复议或者提起行政诉讼。

（二）收入汇入汇出

外国投资者在中国境内的出资、利润、资本收益、资产处置所得、取得的知识产权许可使用费、依法获得的补偿或者赔偿、清算所得等，可以依法以人民币或者外汇自由汇入、汇出，任何单位和个人不得违法对币种、数额以及汇入、汇出的频次等进行限制。外商投资企业的外籍职工和我国香港、澳门、台湾地区职工的工资收入和其他合法收入，可以依法自由汇出。

（三）知识产权和商业秘密

国家保护外国投资者和外商投资企业的知识产权，保护知识产权权利人和相关权利人的合法权益；对知识产权侵权行为，严格依法追究法律责任。国家鼓励在外商投资过程中基于自愿原则和商业规则开展技术合作。技术合作的条件由投资各方遵循公平原则平等协商确定。行政机关及其工作人员不得利用实施行政许可、行政检查、行政处罚、行政强制以及其他行政手段，强制或者变相强制外国投资者、外商投资企业转让技术。

（四）规范性文件审查

各级人民政府及其有关部门制定涉及外商投资的规范性文件，应当符合法律法规的规定；没有法律、行政法规依据的，不得减损外商投资企业的合法权益或者增加其义务，不得设置市场准入和退出条件，不得干预外商投资企业的正常生产经营活动。

（五）政策承诺

外商投资法所称政策承诺，是指地方各级人民政府及其有关部门在法定权限内，就外国投资者、外商投资企业在本地区投资所适用的支持政策、享受的优惠待遇和便利条件等作出的书面承诺。政策承诺的内容应当符合法律、法规规定。

地方各级人民政府及其有关部门应当履行向外国投资者、外商投资企业依法作出的政策承诺以及依法订立的各类合同，不得以行政区划调整、政府换届、机构或者职能调整以及相关责任人更替等为由违约毁约。因国家利益、社会公共利益需要改变政策承诺、合同约定的，应当依照法定权限和程序进行，并依法对外国投资者、外商投资企业因此受到的损失及时予以公平、合理的补偿。

（六）投诉机制

国家建立外商投资企业投诉工作机制，及时处理外商投资企业或者其投资者反映的问题，协调完善相关政策措施。外商投资企业或者其投资者认为行政机关及其工作人员的行政行为侵犯其合法权益的，除通过外商投资企业投诉工作机制申请协调解决外，还可以依法申请行政复议、提起行政诉讼。

（七）商会与协会

外商投资企业可以依法成立和自愿参加商会、协会。商会、协会依照法律法规和章程的规定开展相关活动，维护会员的合法权益。

五、投资管理

（一）准入许可和审核

负面清单规定禁止投资的领域，外国投资者不得投资。负面清单规定限制投资的领域，外国投资者进行投资应当符合负面清单规定的股权要求、高级管理人员要求等限制性准入特别管理措施。外国投资者在依法需要取得许可的行业、领域进行投资的，除法律、行政法规另有规定外，负责实施许可的有关主管部门应当按照与内资一致的条件和程序，审核外国投资者的许可申请，不得在许可条件、申请材料、审核环节、审核时限等方面对外国投资者设置歧视性要求。

（二）组织形式、组织机构及活动准则

外商投资企业的组织形式、组织机构及其活动准则，适用《中华人民共和国公司法》《中华人民共和国合伙企业法》等法律的规定。外商投资企业开展生产经营活动，应当遵守法律、行政法规有关劳动保护、社会保险的规定，依照法律、行政法规和国家有关规定办理税收、会计、外汇等事宜，并接受相关主管部门依法实施的监督检查。外国投资者并购中国境内企业或者以其他方式参与经营者集中的，应当依照《中华人民共和国反垄断法》的规定接受经营者集中审查。

（三）信息报告制度

国家建立外商投资信息报告制度。外国投资者或者外商投资企业应当通过企业登记系统以及企业信用信息公示系统向商务主管部门报送投资信息。外商投资信息报告的内容和范围按照确有必要的原则确定；通过部门信息共享能够获得的投资信息，不得再行要求

报送。

（四）安全审查制度

国家建立外商投资安全审查制度，对影响或者可能影响国家安全的外商投资进行安全审查。依法作出的安全审查决定为最终决定。

 知识与技能

一、单选题

1.《中华人民共和国外商投资法》施行前依照《中华人民共和国中外合资经营企业法》《中华人民共和国外资企业法》《中华人民共和国中外合作经营企业法》设立的外商投资企业，在新法施行后（　　）年内可以继续保留原企业组织形式。

　　A. 1　　　　　　　　B. 2　　　　　　　　C. 3　　　　　　　　D. 5

2. 国家建立（　　）制度，对影响或者可能影响国家安全的外商投资进行安全审查。

　　A. 外商投资安全审查　　　　　　　　B. 外商投资信息报告

　　C. 外商投资企业投诉　　　　　　　　D. 负面清单审查

二、多选题

1. 外商投资，是指外国的自然人、企业或者其他组织直接或者间接在中国境内进行的投资活动，包括（　　　　）。

　　A. 外国投资者单独或者与其他投资者共同在中国境内设立外商投资企业

　　B. 外国投资者取得中国境内企业的股份、股权、财产份额或者其他类似权益

　　C. 外国投资者单独或者与其他投资者共同在中国境内投资新建项目

　　D. 法律、行政法规或者国务院规定的其他方式的投资

2. 国家对外商投资实行准入前（　　　　）管理制度。

　　A. 国民待遇　　　　B. 最惠国待遇　　　　C. 负面清单　　　　D. 差别待遇

3. 外商投资企业的组织形式、组织机构及其活动准则，适用（　　　　）等法律的规定。

　　A.《中华人民共和国公司法》

　　B.《中华人民共和国外资企业法》

　　C.《中华人民共和国中外合资经营企业法》

　　D.《中华人民共和国合伙企业法》

第四节　个人独资企业法

案例导入

　　绣漪工作室是王女士投资开设的个人独资企业。

　　案例思考：个人独资企业可以申请变更为普通合伙企业吗？

　　案例启示：可以。该问题是考查两种企业之间的形式转换。按照合伙企业和个人独资企业成立的条件，只要满足一定的要求，二者是可以互相转换的。比如，工作室吸收了王女士的好朋友赵女士作为合伙人共同经营，则要申请变更登记为普通合伙企业；设若赵女士多年后将随丈夫移民美国，提出了退伙，在不解散企业的情况下，该企业则要申请变更登记为个人独资企业。

一、个人独资企业的概念与特征

　　个人独资企业，是指依照《个人独资企业法》在中国境内设立，由一个自然人投资，财产为投资人个人所有，投资人以其个人财产对企业债务承担无限责任的经营实体。

　　个人独资企业与其他企业形式相比，具有如下特征：

　　（1）投资主体单一性。有别于其他企业类型，个人独资企业的投资主体为单个自然人，且该单一的投资者只能是具有完全民事行为能力的自然人。

　　（2）所有权与经营权合一。个人独资企业的投资者既是企业的财产所有者，又是企业财产的经营者，企业的所有权和经营权都归投资者掌控，企业内部结构简单、经营灵活。

　　（3）企业不具有法人资格。个人独资企业不具有法人资格，但是具有相对的人格。个人独资企业也是一个经营实体，可以享有自己独立的名称和住所，可以依法申请贷款，可以以自己的名义起诉和应诉，可以设立分支机构等，并享有法律、行政法规规定的其他权利，同时也要履行法定的义务。

　　（4）投资者承担无限责任。投资人对其债务首先应当以其投入个人独资企业的财产清偿，当该企业的财产不足以偿债时，投资者就应当以自己的财产承担无限责任。投资者在申请企业设立登记时明确以其家庭共有财产作为个人出资的，依法以家庭共有财产对企业债务承担无限责任。

　　个人独资企业与一人公司和合伙企业的区别如表2-2所示。

表2-2　个人独资企业与一人公司和合伙企业的区别

特征	个人独资企业	一人公司	合伙企业
法人资格	不具有法人资格	法人	不具有法人资格
出资人	一个自然人	一个自然人或一个法人	二人以上，自然人、法人、其他组织均可
责任承担	投资人无限责任	股东承担有限责任	普通合伙人承担无限连带责任，有限合伙人承担有限责任

二、个人独资企业的设立和变更

（一）个人独资企业的设立条件

（1）投资人为一个自然人。个人独资企业的投资者必须是自然人，法人或者其他组织不得设立个人独资企业。

（2）有合法的企业名称。个人独资企业的名称应当符合名称登记管理有关规定，并与其责任形式及从事的营业相符合。个人独资企业的名称中不得使用"有限""有限责任"或者"公司"字样。个人独资企业的名称应当经工商行政管理机关核准登记。

（3）有投资人申报的出资。个人独资企业投资人以个人财产出资或者以其家庭共有财产作为个人出资的，应当在设立申请书中予以明确。

（4）有固定的生产经营场所和必要的生产经营条件。

（5）有必要的从业人员。

微课：
个人独资企业怎么设立？

（二）个人独资企业的设立程序

1. 提出申请

设立个人独资企业，应当由投资人或者其委托的代理人向个人独资企业所在地登记机关申请设立登记。投资人申请设立登记，应当向登记机关提交下列文件：①投资人签署的个人独资企业设立申请书。申请书应当载明企业的名称和住所，投资人的姓名和居所，投资人的出资额和出资方式，经营范围。②投资人身份证明。③企业住所证明。④国家市场监督管理总局规定提交的其他文件。

如果申请人从事法律、行政法规规定须报经有关部门业务审批的，应当提交有关部门的批准文件。委托代理人申请设立登记的，应当提交投资人的委托书和代理人的身份证明或者资格证明。

2. 审查

登记机关应当在收到全部文件之日起15日内，作出核准登记或者不予登记的决定。予以核准的，发给营业执照；不予核准的，发给企业登记驳回通知书。个人独资企业营业执照的签发日期为个人独资企业成立日期。在领取个人独资企业营业执照前，投资人不得以个人独资企业名义从事经营活动。个人独资企业应当将营业执照正本置放在企业住所的醒目位置。任何单位和个人不得伪造、涂改、出租、转让营业执照。任何单位和个人不得承租、受让营业执照。

（三）个人独资企业的变更

个人独资企业变更企业名称、企业住所、经营范围，应当在作出变更决定之日起15日内向原登记机关申请变更登记。个人独资企业变更投资人姓名和居所、出资额和出资方式，应当在变更事由发生之日起15日内向原登记机关申请变更登记。

近几年来，小规模个人独资企业税种少、税率低、政策好，吸引了众多创业者和投资者。2020年是个特殊的年份，肆虐全球的新冠疫情直接导致了大批企业经营困难甚至倒闭，很多人也因此直接或者间接失业。但是疫情无情，政策有情。在这个特殊的关头，我国政府实施了对企业特别是小规模企业的税赋再降档，允许暂缓或延期申报和缴纳，对员工社保进行减免等政策。国家税务总局要求，要切实落实税收优惠政策，帮助防控疫情，扩大企业恢复生产能力，以利于打赢疫情防控战争，促进经济社会稳定健康发展。

启示： 通过对以上话题的讨论，感受社会主义制度的优越性，培养高尚的职业道德认同以及积极投身祖国经济建设的工作热情。

协作创新

小组讨论：自然人以自己名义对外提供担保的，其投资的个人独资企业是否对此承担无限责任？

三、个人独资企业的权利和义务

（一）个人独资企业的权利

国家依法保护个人独资企业的财产和其他合法权益。个人独资企业依法享有如下权利：

①财产所有权。业主对其个人独资企业的财产依法享有所有权，其有关权利可以依法进行转让，业主死亡或被宣告死亡时，其财产可以依法继承。②名称专用权。③经营自主权。④机构设置和用工权。⑤工资决定权。⑥依法取得土地使用权。⑦工业产权申请权。⑧拒绝摊派权。⑨定价权。⑩依法向商业银行申请贷款权并享有法律、行政法规规定的其他权利。

（二）个人独资企业的义务

个人独资企业从事经营活动必须遵守法律、行政法规，遵守诚实信用原则，不得损害社会公共利益。个人独资企业的义务有：①依法从事经营活动。②依法纳税以及建立健全财务会计制度。③依法用工。④服从国家的监督和管理。

四、个人独资企业的经营管理

个人独资企业的投资人对企业具有绝对的所有权、控制权和决定权，他可以自行管理企业事务，也可以委托或者聘用其他具有民事行为能力的人负责企业的事务管理。投资人委托或者聘用他人管理个人独资企业事务，应当与受托人或者被聘用的人签订书面合同，明确委托的具体内容和授予的权利范围。

五、个人独资企业的解散和清算

个人独资企业有下列情形之一时，应当解散：投资人决定解散；投资人死亡或者被宣告死亡，无继承人或者继承人决定放弃继承；被依法吊销营业执照；法律、行政法规规定的其他情形。

个人独资企业解散，由投资人自行清算或者由债权人申请人民法院指定清算人进行清算。投资人自行清算的，应当在清算前15日内书面通知债权人，无法通知的，应当予以公告。债权人应当在接到通知之日起30日内，未接到通知的应当在公告之日起60日内，向投资人申报其债权。

个人独资企业解散后，原投资人对个人独资企业存续期间的债务仍应承担偿还责任，但债权人在五年内未向债务人提出偿债请求的，该责任消灭。

个人独资企业解散的，财产应当按照图2-3所列顺序清偿。

图2-3　个人独资企业的财产清偿顺序

清算期间，个人独资企业不得开展与清算目的无关的经营活动。在按前条规定清偿债务前，投资人不得转移、隐匿财产。个人独资企业财产不足以清偿债务的，投资人应当以其个人的其他财产予以清偿。

个人独资企业清算结束后，投资人或者人民法院指定的清算人应当编制清算报告，并于15日内到登记机关办理注销登记。

知识与技能

一、多选题

1. 李某刚大学毕业，想投资创业，一时找不到合作伙伴，准备自己单干。律师朋友提出的以下建议中错误的是（　　　　）。

    A. 可选择开办个人独资企业，也可以选择开办一人有限公司

    B. 如果选择开办一人公司，要对一人公司债务承担无限连带责任

    C. 如果选择开办独资企业，必须自己经营管理，不可以委托或者聘用其他具有民事行为能力的人负责事务管理

    D. 可以同时设立一家一人公司和一家个人独资企业

2. 以下说法正确的是（　　　　）。

    A. 个人独资企业不具有法人资格

    B. 任何单一自然人或法人或组织都可以投资设立个人独资企业

    C. 个人独资企业可以由投资人自行清算

    D. 个人独资企业需缴纳个税

二、案例分析题

老朱于2019年2月成立了一家个人独资企业"旺达工作室"，准备大干一场。可是由于经营不善，缺乏务实精神，企业自打成立以来一直处于亏损状态。加之2020年又遭遇新冠疫情的打击，老朱决定解散该企业。债权人王子鸽遂申请人民法院指定清算人进行清算。经查，企业及投资人老朱的资产及债权债务情况如下：①企业银行存款、企业设备等实物折价共计6万元；②企业欠税款6 000元；③欠职工沈大的工资5 000元；④欠债权人王子鸽10万元；⑤老朱的个人财产10万元。

试分析：该企业应如何对王子鸽进行清偿？

第三章
合同法律制度

学习目标

★ **知识目标**

- 了解合同的概念、基本原则和合同订立的程序。
- 领会要约成立的要件、要约的撤回与要约的撤销、承诺的要件。
- 了解合同的主要条款和格式条款。
- 理解合同履行的含义、原则和规则。
- 掌握债权人的代位权、撤销权的构成要件及法律效力。
- 理解合同解除、抵销、提存、免除和混同的概念和特点。
- 理解合同解除的法律效力。

★ **技能目标**

- 正确区分不同类别的合同。
- 运用合同法律制度的基本原则分析简单案件。
- 会根据需要设计合同的条款，会判断合同成立的时间和地点。
- 理解并能运用双务合同中的同时履行抗辩权、先履行抗辩权和不安抗辩权三项制度。
- 会运用合同担保制度维护债权人利益。
- 正确履行合同解除的程序，运用抵销、提存等合同解除行为。
- 运用缔约过失责任和违约责任制度保护自己的合法权益。

★ **素养目标**

- 践行诚信法治的社会主义核心价值观。
- 坚定不移走中国特色社会主义社会治理之路，打造共建、共治、共享的社会治理格局，形成人人有责、人人尽责的社会治理共同体。
- 培育并树立善于运用法治思维和法治方式防范化解重大风险的观念。

思维导图

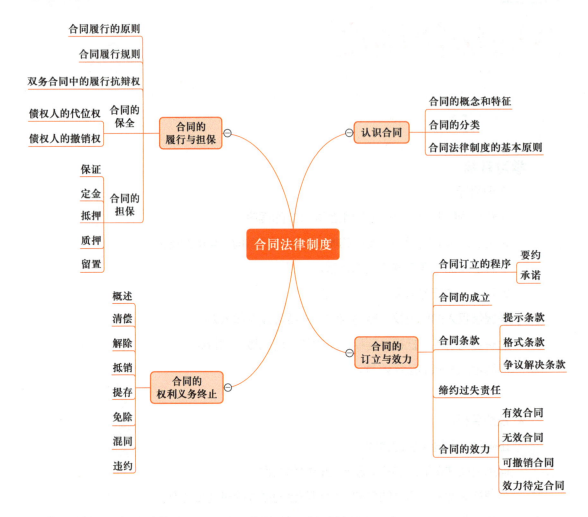

第一节　认　识　合　同

案例导入

经中联地产中介公司介绍，原告常某有意要购买被告黄某所有的某房产。2019年7月26日，中联地产中介公司的经理朱某要求原告带购房定金人民币2万元到被告黄某家，被告给原告出具一份《购买房屋定金收据》，载明："兹有湛江开发区××路××房出售，房屋交易价格为769 000元，为确认双方购买关系，购买人常某向现权属人黄某预交购房定金20 000元，在购房手续办理完成或双方正式签订购房合同后转为购房款。若任意一方擅自解除购买关系，须双倍赔偿对方损失。双方约定最迟于2019年8月15日签订正式购房合同。此据。收款人：黄某，交款人：常某，中介见证人：朱某。"后来双方发生纠纷，原告称在交付定金时，被告仅告知房屋有银行按揭，被告则称已告知原告房屋有抵押，但没有告知具体是什么抵押。原告认为被告违反诚实信用原则，拒绝与被告签订购房合同。2019年8月22日，被告黄某发送一份通知给原告常某、中联地产中介公司，内容为：我与常某在2019年7月份约定以76.9万元买卖我所有的位于湛江开发区××路××房的房屋，现由于常某在2019年8月15日前没有来与我签订房屋买卖协议，故我要求中联地产中介公司为我另行寻找买家。

案例思考：被告能够要求中联地产中介公司重新寻找买家吗？原告交付的2万元定金应如何处理？

案例启示：本案中，根据《最高人民法院关于民事诉讼证据的若干规定》第2条的规定，被告没有证据证明已如实告知原告涉案房屋存有抵押的事实，故被告应承担举证不能的法律后果。原告在交付定金后才了解到涉案房屋存有抵押，出于自身交易安全考量，在双方协商未果的情况下，未能与被告签订房屋买卖合同，原告对此不存在过错。原告以被告不如实告知房产抵押的事实，违背诚实信用原则，诉请被告退还定金2万元，理由充分，于法有据。

一、合同的概念和特征

合同是民事主体之间设立、变更、终止民事法律关系的协议。合同具有以下四个特征：

（1）合同是平等主体之间的协议。合同关系是民法中最具典型意义的平等关系，合同关系的当事人地位一律平等，没有高低、从属之分，当事人之间不属于行政管理关系、劳动隶属关系。

（2）合同是两方或多方当事人意思表示一致的民事法律行为。合同的成立必须有两方或多方当事人，他们相互为意思表示，并且意思表示一致。这是合同区别于单方法律行为的主要标志。自愿协商是订立合同的前提，只有当事人之间达成一致，取得共识，合同才具有法律约束力。

（3）合同具有相对性。合同是发生在当事人之间的一种法律关系，只能对合同当事人产生拘束力，对合同外第三人不发生效力。除法律、合同另有规定以外，只有合同当事人才能享有合同规定的权利，并承担该合同规定的义务，当事人以外的任何第三人不能主张合同上的权利，更不负担合同中规定的义务。只有合同

微课：
合同的概述

当事人一方能够向合同的另一方当事人基于合同提出请求或提起诉讼。

（4）合同以设立、变更、终止民事权利义务关系为目的。当事人订立合同旨在形成某种法律关系，从而具体地享受民事权利、承担民事义务。当事人也可以通过订立合同使原有的合同关系在内容上发生变化甚至消灭原合同关系。

二、合同的分类

基于不同的标准，我们可以将合同划分成不同的类型。

（一）双务合同和单务合同

以双方当事人是否存在对待给付义务为标准可以将合同分为双务合同和单务合同。双务合同，是指当事人双方互负对待给付义务的合同，一方当事人所享有的权利即他方所负担的义务，双方当事人的权利义务是相互对应的，并且是相互依赖的。如买卖、承揽、租赁合同等，合同一方当事人要享受权利则必须要求对方履行义务，要使对方当事人的权利实现，则必须履行自己的义务。单务合同，是指仅有一方负担给付义务的合同，一方当事人负担给付义务，对方当事人虽不负对待给付义务，但承担次要义务，也是单务合同。例如，在附义务的赠与合同中，赠与人负有将赠与物交付受赠人的义务，受赠人依约定承担某种负担的义务，这两项义务并不是相互对应的，故附义务的赠与合同仍为单务合同。

（二）有偿合同和无偿合同

以当事人取得利益是否需要支付相应代价为标准，可以将合同分为有偿合同与无偿合同。有偿合同，是指当事人一方因享有合同规定的权益，须向对方当事人偿付相应代价的合同。在实践中，多数反映交易关系的合同都是有偿的，以买卖、租赁、建设工程等合同为典型。无偿合同，是指当事人一方享有合同规定的权益时，不必向对方当事人偿付相应代价的合同。无偿合同体现的是一方无偿地为另一方履行某种义务，或者给予另一方某种财产利益的合意，是等价有偿原则在适用中的例外现象，以赠与、借用等合同为典型。

（三）诺成性合同和实践性合同

以合同的成立是否须交付标的物或者完成其他给付为标准，合同分为诺成性合同和实践性合同。诺成性合同，是指当事人一方的意思表示一旦经对方同意即能产生法律效果的合同。实践性合同，又称要物合同，是指除当事人双方意思表示一致以外，尚须交付标的物或者完成其他给付才能成立的合同。绝大多数合同是诺成性合同；实践性合同必须有法律特别规定，如保管合同。

（四）要式合同与不要式合同

以合同的成立是否要求一定的形式或者履行一定的程序为标准，可将合同分为要式合同与不要式合同。要式合同，是指依据法律规定或者约定，必须采取一定的形式或者履行一定的程序才能成立的合同，如融资租赁合同、建设工程合同应当采用书面形式。不要式合同，是指当事人订立的合同依法并不需要采取一定的形式，当事人可以采取口头方式，也可以采取书面形式。合同除法律有特别规定以外，均为不要式合同。根据合同自由原则，当事人可自由选择合同形式。

（五）主合同与从合同

根据两个或两个以上合同相互之间的主从关系，可以将合同分为主合同与从合同。主合同，是指不需要其他合同的存在即可独立存在的合同。从合同，也可称为"附属合同"，是以其他合同的存在为前提的合同，它不能独立存在，必须以主合同的存在并生效为前提。主合同、从合同是相对而言的，没有主合同就没有从合同，反之亦然。

（六）确定合同与射幸合同

以合同的效果在缔约时是否确定为标准，可以将合同分为确定合同与射幸合同。确定合同，是指合同的法律效果在缔约时已经确定的合同，绝大多数合同都是确定合同。射幸合同，是指合同的法律效果在缔约时不能确定的合同，以保险合同、有奖销售合同、彩票合同为典型。射幸合同因双方的给付义务严重不对等，法律从公序良俗出发，对其种类、效力加以限制，如购买彩票的合同限于特定的种类，抽奖式有奖销售的奖金金额不得超过5 000元等。

协作创新

以小组为单位，讨论彩票合同中，彩票发行机构、彩票销售点、购买人三者在合同中的法律关系。

（七）预约合同和本合同

以两个合同相互间的手段和目的的关系，可将合同区分为预约合同与本合同。预约合同，是指当事人之间约定将来订立一定合同的合同；将来应当订立的合同，称为本合同。《民法典》第495条规定："当事人约定在将来一定期限内订立合同的认购书、订购书、预订书等，构成预约合同。"

预约合同与本合同的关系主要体现在以下几点：①预约合同具有约束双方当事人签订本合同的效力，本合同签订后预约合同终止。②除非双方当事人协商一致，预约合同中已确定的条款不得随意更改。本合同与预约合同中内容不一致的，应以本合同为准。③当事人已按预约合同中初步约定的条款履行了相当于为本合同而为的主要义务的，即使未实际签订本合同，也应认定本合同已经成立生效。④当事人一方不履行预约合同约定的订立合同义务的，对方可以请求其承担预约合同的违约责任。

（八）束己合同和涉他合同

以合同是否涉及第三人为标准，可将合同分为束己合同和涉他合同。束己合同，是指订约当事人订立合同是为自己设定权利和义务，使自己直接取得和享有某种利益并承受某种负担的合同，第三人既不因合同而享有权利，也不因该合同而承担义务，合同仅在其当事人之间有拘束力。涉他合同，是指合同当事人在合同中为第三人设定了权利或义务的合同，这种合同突破了合同相对性原则，使合同权利或者义务涉及了第三人，它包括"为第三人利益订立的合同"与"由第三人履行的合同"两种基本类型。

三、合同法律制度的基本原则

作为典型的我国民事法律行为，《民法典》将原《合同法》总则中的基本原则并入到了民法典总则部分，具体包括：

（一）平等原则

平等原则，是指订立合同的当事人，其法律地位一律平等，受到法律平等的保护，任何一方不得强加意志于对方。这一原则包括三方面内容：

（1）合同当事人的主体地位平等。在法律上，合同当事人是平等主体，没有领导和被领导的关系，不存在命令者与被命令者、管理者与被管理者。即使行政上有隶属关系的上下级之间，在合同中的法律地位也是平等的。

（2）合同当事人必须就合同条款充分协商，取得一致，合同才能成立。合同当事人在协商一致的基础上才能订立合同，不允许一方凌驾于另一方之上，不允许以胁迫、命令方式订立合同，任何组织和个人不得非法干涉合同订立。

（3）合同权益平等地受法律保护。合同当事人的合法民事权益都平等地受法律保护，任

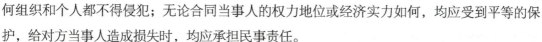

何组织和个人都不得侵犯；无论合同当事人的权力地位或经济实力如何，均应受到平等的保护，给对方当事人造成损失时，均应承担民事责任。

协作创新

请以小组为单位收集体现合同法律制度平等原则的案例并加以阐述。

（二）意思自治原则

意思自治原则，来源于民法典的自愿原则，是指当事人有权根据自己的意愿，自主地订立合同、选择相对人、决定合同内容以及变更和解除合同。意思自治原则是合同法律制度的最基本的原则，包含以下几个方面：当事人有权决定是否与他人订立合同；当事人有权自由决定与何人订立合同；合同的内容由当事人约定，只要合同的内容不违背法律法规的强制性规定和社会的公共利益，法律就承认其有效；除法律另有规定外，当事人有权自主选择合同形式，可以协商决定采用书面方式、口头方式和其他方式；当事人有权通过协商，在合同成立以后变更合同的内容或解除合同；当事人可以自主协商确定违约的补救方法。

（三）诚实信用原则

诚实信用原则要求当事人在从事民事活动时，应秉持诚实，恪守承诺。当事人应以对待自己事务的注意来对待他方的事务，做到不欺不诈，不损人利己，使各方当事人都能得到自己应得的合法利益，当事人不得通过自己的民事活动损害社会利益和他人的合法权益，不得规避法律或合同规定的义务。诚实信用原则是合同法律制度的最高指导原则或"帝王规则"。诚实信用原则在合同法律制度中具体体现在：

（1）在合同订立阶段，当事人应体现其真实意思，不能采用欺诈胁迫等手段促成合同的订立；当事人以善意的心态尽必要的注意义务，保护相对人的利益，履行保护义务、告知义务、保密义务、协助义务等；双方当事人均应保证民事行为的合法性，不得违背法律的禁止性规定，不得损害国家利益和社会公共利益。

（2）在合同的履行阶段，当事人应严格按合同的标的、履行期限、履行地点、履行方式等操作。

（3）合同终止后，当事人仍应承担保密义务、忠诚义务等附随义务。因一方违反这种义务给另一方造成损害的，应负损害赔偿责任。

（4）当法律规定不明确时，法院可依据诚实信用原则行使公平裁量权；当合同约定不明确时，法院或仲裁机关在解释合同时也应依诚信原则，探求当事人的真实意旨，正确地解释合同，正确地解决当事人之间的纠纷。

（四）公平原则

公平就是在配置合同主体的权利义务关系时，以利益的平衡作为价值判断标准。公平原则相较于诚实信用原则更注重从客观角度评判合同当事人的利益是否失衡。公平原则在合同法律制度上主要体现在：合同当事人之间的权利义务一般是对等的，除当事人自愿以外，双方的权利和义务不能相差过于悬殊；对于因一方当事人意思表示有瑕疵而造成的显失公平的合同，当事人一方有权请求人民法院或者仲裁机关撤销；合同关系存续期间，客观情势因不可归责于当事人的事由，发生事先不可预料的异常变化，从而导致原来的合同关系显失公平时，可适用情势变更规则，以消除不公平的后果；合同的免责条款中有因故意或者重大过失给对方造成财产损失的或者造成对方人身伤害的约定的，该免责条款无效；违约责任应当公平合理，如果约定的违约金过分高于或者低于造成的损失的，当事人可以请求人民法院或者仲裁机关予以适当减少或者增加；合同履行过程中出现风险，造成财产损失时，风险损失应按照公平原则要求当事人合理地承担或分担损失。

法治素养

党的十九届四中全会通过的《中共中央关于坚持和完善中国特色社会主义制度——推进国家治理体系和治理能力现代化若干重大问题的决定》（以下简称《决定》），系统地阐述了公平竞争制度逻辑架构，强调"建设高标准市场体系，完善公平竞争制度""强化竞争政策基础地位，落实公平竞争审查制度"等。可见，公平竞争制度是一个包含竞争性政策、公平竞争审查、公平产权保护等一系列制度在内的制度集合，是以竞争政策为前提，以公平为原则的产权保护制度为基础，以公平竞争监管为保障的制度体系。

启示： 认真学习《决定》精神，深刻理解中国特色社会主义制度下的公平竞争制度。

（五）公序良俗原则

公序良俗是由"公共秩序"和"善良风俗"两个概念构成的。公共秩序，是指政治、经济、文化等领域的基本秩序和根本理念，是与国家和社会整体利益相关的基础性原则、价值和秩序。善良风俗，一般多指为社会、国家的存在和发展所必需的一般道德，是特定社会所尊重的起码的伦理要求。设置公序良俗原则的目的在于限制意思自治原则，从这一意义上讲，公序良俗原则要求合同当事人遵守公共秩序，符合善良风俗，不得违反国家的公共秩序和社会的一般道德，凡违反公序良俗的民事法律行为是无效的。

知识与技能

一、判断题

1. 合同是平等主体之间的协议。 （　　）

2. 合同的订立以自愿为基础。 （　　）

3. 合同不具有相对性。 （　　）

4. 合同以设立、变更、终止民事权利义务关系为目的。 （　　）

5. 合同内容应当合法且不违反公序良俗。 （　　）

6. 格式合同，是指合同条款全部由双方当事人在订立合同时协商确定的合同。

（　　）

二、单选题

1. 下列合同属于无偿合同的是（　　）。

　　A. 买卖合同　　　　　　　　　　　B. 租赁合同

　　C. 赠与合同　　　　　　　　　　　D. 运输合同

2. 以下属于以合同成立是否需要实际交付标的物为标准的合同分类是（　　）。

　　A. 有名合同和无名合同　　　　　　B. 双务合同和单务合同

　　C. 有偿合同和无偿合同　　　　　　D. 诺成合同和实践合同

3. 通常被称为合同中的最高指导原则的是（　　）。

　　A. 诚实信用原则　　　　　　　　　B. 合同自由原则

　　C. 合法原则　　　　　　　　　　　D. 鼓励交易原则

4. 下列关于主合同与从合同的论述正确的是（　　）。

　　A. 主合同无效，从合同有效，但可以有例外

　　B. 主合同无效，从合同必然无效

　　C. 主合同的当事人与从合同的当事人可以重合

　　D. 主合同的当事人与从合同的当事人不能重合

第二节 合同的订立与效力

案例导入

　　2018年8月31日，MY集团原股东许某华诉被告陈某荣、第三人MY集团总裁范某铭股权转让纠纷案（以下简称"MY案"）一审宣判，南京市中级人民法院判决：2008年股权出让方许某华在看守所内签署的股权转让协议，系受胁迫签订予以撤销，陈某荣、范某铭于判决生效之日起15日内将MY集团15.51%的股权返还给许某华。该案的传奇色彩引人注目：股权转让协议签订地竟然在看守所，签字第二天被羁押的许某华就被释放。许某华出来后通过仲裁解决协议效力问题，而扬州市仲裁委时隔近7年才作出不予支持的裁决，直到2017年5月，"MY案"才第一次审理，后又在2018年1月19日第二次开庭。到一审判决时，距离在看守所签订转让协议已经10年有余。

　　案例思考： 许某华是否有权撤销该股权转让协议？

　　案例启示： 该判决拓展了我国合同法律中"胁迫"概念涵盖的范围，即合同相对人以外的第三人和公权力，同样可以构成胁迫的主体和胁迫的情由。合同相对人通过关系，运用公权力对当事人形成事实威胁和胁迫，迫使其签订违背自愿意志的合同，这样的合同也是违法无效的，应当予以撤销。

一、合同订立的程序

微课：
合同订立的
程序

　　合同订立就是缔约人达成意思表示一致进而成立合同，由"订"和"立"两个阶段组成，是动态行为与静态协议的统一体。"订"是缔约各方从接触、洽商到最终达成协议前的整个讨价还价过程，涉及要约邀请、要约、反要约等环节，对应先合同义务及缔约过失责任；"立"是缔约的结果，指当事人作出承诺使合同成立，即当事人各方就合同的主要条款和各方的权利义务达成一致协议。

（一）要约

　　《民法典》第472条规定"要约是希望与他人订立合同的意思表示"，发出要约的人称为要约人，接收要约的人称为受要约人、承诺人或相对人。要约是当事人旨在订立合同的意思表示，一经受要约人承诺即产生合同的可能性，所以，要约在发生法律效力以后，对要约人产生一定的拘束力。如果要约人违反了有效的要约，应承担法律责任。

1. 要约成立的四个条件

（1）要约必须是以订立合同为目的的意思表示。要约中必须明确地表明要以订立合同为目的与对方订约，受要约人一旦承诺，要约人即受该意思表示约束。

（2）要约是有订约能力的特定人所作的意思表示。要约发出的目的是与受要约人订立合同，并且唤起受要约人的承诺，所以要约人必须是订立合同一方的当事人，且应当具有订立合同的行为能力。

（3）要约必须向受要约人发出。受要约人是要约人希望与之订立合同的人，意味着要约人对谁有资格作为受要约人作出了选择。

（4）要约的内容具体确定。"具体"，是指要约中应包含有合同的主要条款，否则承诺人难以作出承诺，即使作了承诺，也会因为这种合意不具备合同的主要条款而使合同不能成立。"确定"，是指要约的内容必须明确，不能含糊不清，应当能使受要约人理解要约人的真实意思，让受要约人可以根据要约的内容决定是否同意订约并作出承诺。

2. 要约邀请

要约邀请是一方邀请对方向自己发出要约的意思表示，如寄送价目表、招股说明书、招标公告等。其与要约的主要区别在于：①目的不同。要约邀请是为了邀请对方当事人向自己发出要约，是订立合同的预备行为；要约是向受要约人发出要约，要约以订立合同为目的。②法律效果不同。要约邀请只是一种事实行为，其本身并不发生法律效果，要约邀请人可以随时撤回邀请；要约到达受要约人后，要约人就会受到要约的约束，要约人违反了有效要约，就要承担一定的法律责任。③内容不同。要约的内容具体明确，包括合同的主要条款；要约邀请的内容并不包含合同的主要条款。

3. 要约的生效

《民法典》规定要约到达受要约人时生效。要约送达受要约人所能够控制的地方（如受要约人的信箱等）即为到达。要约作为一种意思表示，可以以对话、信函、电报、电传传真、数据电文等形式作出：口头要约，相对人知道其内容时要约生效；以非对话方式作出的意思表示，要约到达相对人时生效；采用数据电文形式的，相对人指定特定系统接收数据电文的，该数据电文进入该特定系统时生效，未指定特定系统的，相对人知道或者应当知道该数据电文进入其系统时生效，当事人对采用数据电文形式的意思表示的生效时间另有约定的，按照其约定。

4. 要约的撤回与撤销

要约的撤回，是指在要约人发出要约后，于要约生效前，宣告取消要约，使要约不发生法律效力。要约的撤回通知必须在要约到达受要约人之前到达受要约人或者与要约同时到达受要约人，因此在撤回时要约并没有生效，撤回要约也不会影响受要约人的利益。

微课：
要约的撤回
与撤销

要约的撤销，是指要约生效后受要约人承诺前，要约人将该要约取消，从而消灭要约效力的意思表示。只有在符合一定条件时才能撤销要约。撤销要约的意思表示以对话方式作出的，该意思表示的内容应当在受要约人作出承诺之前为受要约人所知道；撤销要约的意思表示以非对话方式作出的，应当在受要约人作出承诺之前到达受要约人。《民法典》规定了两种要约不得撤销的情况：一是要约人以确定承诺期限或者其他形式明示要约不可撤销；二是受要约人有理由认为要约是不可撤销的，并已经为履行合同作了合理准备工作。因撤销要约而给受要约人造成损害的，要约人应负赔偿责任。

5. 要约失效

要约失效，是指要约丧失法律拘束力，要约人不再承担法律责任，受要约人不再具有承诺资格。导致要约失效的原因主要有以下几种：

（1）要约被拒绝，受要约人在接到要约后，对要约的内容及条件不接受，有权拒绝要约，即可以明示表示拒绝。

（2）要约依法被撤销（《民法典》第476条、第477条）。

（3）承诺期限届满，受要约人未作出承诺，若要约人在要约中表明了承诺的期限，则受要约人应当在该期限内作出承诺，超过承诺期限，要约便不再具有法律效力。

（4）受要约人对要约的内容作出实质性变更。实质性变更是对要约的标的、数量、质量、价款或者报酬、履行期限、履行地点和方式、违约责任和解决争议方法等的变更。受要约人对要约的内容作出实质性变更的，要约失效，受要约人所变更的内容可视为新要约。

（二）承诺

承诺是受要约人同意要约的意思表示，承诺的法律效力在于一经承诺并送达要约人，合同便告成立。

1. 承诺成立的四个条件

（1）承诺必须由受要约人向要约人作出。要约和承诺是对相性行为，只有受要约人或其代理人才有权作出承诺，第三人无资格向要约人作出承诺，否则视为发出要约。同时承诺作

为对要约的回复，必须向要约人及其代理人作出才能达到订立的合同的目的。

（2）承诺必须于要约确定的期限内到达要约人。如果要约规定了承诺期限，则应当在规定的承诺期限内到达；在没有规定期限时，要约以对话方式作出的，应当即时作出承诺；要约以非对话方式作出的，承诺应当在合理期限内到达。受要约人超过承诺期限发出承诺，或者在承诺期限内发出承诺，按照通常情形不能及时到达要约人的，为新要约。但是，要约人及时通知受要约人该承诺有效的除外。受要约人在承诺期限内发出承诺，按照通常情形能够及时到达要约人，但是因其他原因承诺到达要约人时超过承诺期限的，除要约人及时通知受要约人因承诺超过期限不接受该承诺外，该承诺有效。

（3）承诺的内容必须与要约的内容一致。承诺的内容与要约的内容一致，是指受要约人必须同意要约的实质内容，不得对要约的内容作出实质性更改。受要约人对要约的内容作出实质性变更的，为新要约。承诺对要约的内容作出非实质性变更的，除要约人及时表示反对或者要约表明承诺不得对要约的内容作出任何变更外，该承诺有效，合同的内容以承诺的内容为准。

（4）承诺应当以通知的方式作出，但根据交易习惯或者要约表明可以通过行为作出承诺的除外。

2. 承诺的生效

以对话方式作出的承诺的，要约人知道其内容时承诺生效。以非对话方式作出的承诺的，承诺到达相对人时生效。以非对话方式作出的采用数据电文形式的承诺，要约人指定特定系统接收数据电文的，该数据电文进入该特定系统时生效；未指定特定系统的，要约人知道或者应当知道该数据电文进入其系统时生效。当事人对采用数据电文形式的承诺生效时间另有约定的，按照其约定。承诺不需要通知的，根据交易习惯或者要约的要求作出承诺的行为时生效，例如自动售货机在要约人选择商品后的承诺即根据交易习惯而不需要通知。《民法典》第483条规定，承诺生效时合同成立，但是法律另有规定或者当事人另有约定的除外。

3. 承诺的撤回

承诺的撤回，是指受要约人在发出承诺通知以后，在承诺正式生效之前撤回其承诺。撤回承诺的通知应当先于承诺通知或者与承诺通知同时到达要约人，才具有撤回效力。若承诺通知已经到达要约人，则承诺生效，合同即告成立，受要约人便不能再撤回承诺。

协作创新

A公司因生产T恤衫向B公司发去传真，要求B公司在一月内为A公司发一批布料。该传真载明了所要布料的品种、型号、价格、数量，以及交货时间、地点和交货方式等内容。传真发出后10天，C公司携带布料样品来到A公司，C公司布料的价格比B公司的低20%。于是A公司与C公司签订了购销合同，购买C公司的布料。正在这时，A公司收到B公司同意供货的传真。为避免重复购货，A公司赶紧给B公司发去传真，声明A公司已经购货，不再向B公司购货。但5天后，B公司将货送至A公司。

请分析判断A公司发出要求B公司提供布料的传真、B公司同意供货的传真以及A公司回复表明不再向B公司购货的传真各自的行为性质及其法律意义。如果按照新的《民法典》，A公司能否以未与B公司签订合同为由拒收货物？

二、合同的成立

合同的成立时间因当事人采用的订立合同的形式不同而有所区别，具体见图3-1。

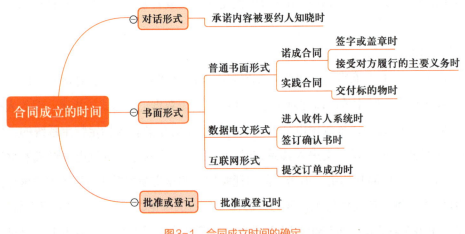

图3-1　合同成立时间的确定

（1）当事人采用对话形式订立合同的，自要约人知晓承诺内容时，合同成立。

（2）当事人采用合同书形式订立合同的，自当事人均签字、盖章或者按指印时合同成立。在签字、盖章或者按指印之前，当事人一方已经履行主要义务，对方接受时，该合同成立。

（3）法律、行政法规规定或者当事人约定合同应当采用书面形式订立，当事人未采用书面形式但是一方已经履行主要义务，对方接受时，该合同成立。

（4）当事人一方通过互联网等信息网络发布的商品或者服务信息符合要约条件的，对方选择该商品或者服务并提交订单成功时合同成立，但是当事人另有约定的除外。

合同成立的地点就是承诺生效的地点，一般为承诺到达的要约人所在地。采用数据电文形式订立合同的，收件人的主营业地为合同成立的地点；没有主营业地的，其住所地为合同成立的地点。当事人另有约定的，按照其约定。

三、合同条款

合同条款也叫合同内容，是双方当事人权利和义务的具体表述，它对于合同的成立和履行具有重要的作用。

（一）提示条款

根据《民法典》第470条的规定，合同的内容由当事人约定。该条列举了八项条款，但这仅起提示当事人的作用，当事人可以自行协商选择其中部分或全部条款。该八项条款分别是：①当事人的姓名或者名称和住所；②标的；③数量；④质量；⑤价款或者报酬；⑥履行期限、地点和方式；⑦违约责任；⑧解决争议的方法。

（二）格式条款

格式条款指一方当事人为了反复使用而预先拟订，并在订立合同时未与对方协商的条款。格式条款存在两种形式：一种是合同中的部分条款为格式条款；另一种是合同中的所有条款都为格式条款，此种合同又称格式合同、标准合同或定式合同。格式合同的一方当事人没有协商权，只能选择接受或拒绝（甚至不能拒绝），如电信、供水、供电、供气、交通运输等公用企业以及银行、保险等依法具有独占地位的经营者给消费者或者其他交易对方所提供的合同。

这种条款的优点在于可以避免讨价还价的烦琐程序，提高交易效率。格式条款提供方一般处于经济上或法律上的优势地位，为维护交易的公平，防止其将格式条款强加于相对人、侵害相对人的利益，《民法典》对格式条款加以一定的规制。

（1）提示说明义务。提供格式条款的一方应当遵循公平原则确定当事人之间的权利和义务，并采取合理的方式提示对方注意免除或者减轻其责任等与对方有重大利害关系的条款，按照对方的要求，对该条款予以说明。提供格式条款的一方未履行提示或者说明义务，致使对方没有注意或者理解与其有重大利害关系的条款的，对方可以主张该条款不成为合同的内容。

（2）格式条款具有下列情况的，该格式条款无效：第一，无效民事法律行为订立的；第二，造成对方人身损害的；第三，因故意或者重大过失造成对方财产损失的；第四，提供格式条款一方不合理地免除或者减轻其责任、加重对方责任、限制对方主要权利的；第五，提供格式条款一方排除对方主要权利的。

（3）解释规则。鉴于格式条款的提供方处于强势地位，因此为保护相对方的合法权益，双方对格式条款的理解发生争议时，应当按照通常理解予以解释。对格式条款有两种以上解释的，应当作出不利于提供格式条款一方的解释。格式条款和非格式条款不一致的，应当采用非格式条款。

（三）争议解决条款

争议解决条款，是指当事人在订立合同时，对将来可能发生的争议约定的解决措施和方法，一般包括：仲裁条款，当事人在合同中事先约定的用仲裁方式解决双方争议的条款；选择检验机构或鉴定机构的条款；法律适用的条款；选择受诉法院的条款，合同当事人可以在书面合同中协议选择被告住所地、合同履行地、合同签订地、原告住所地、标的物所在地人民法院管辖，但不得违反民事诉讼法对级别管辖和专属管辖的规定；协商解决争议的条款。

四、缔约过失责任

（一）概念

缔约过失责任又称先契约责任，是指缔约人故意或过失违反法定附随义务或先合同义务给缔约相对人所造成的损失而应依法承担的民事责任。缔约过失实际上是违反了诚实信用原则，导致对方信赖利益损失而应当承担的民事责任。

（二）缔约过失责任的构成要件

1. 时间条件

缔约过失责任发生在缔约过程中。缔约过失责任发生在合同成立以前，或者合同已经成立但因为不符合法定的合同生效要件而被确认为无效或被撤销的情况下。如果合同已经有效成立，合同的缔结过程就已经结束，不能再适用缔约过失责任。

2. 行为条件

必须有缔约过失行为的存在，即缔约人一方当事人有违反法定附随义务或先合同义务的行为。缔约双方当事人在缔约的过程中，应当遵守法律规定的互相协助、互相照顾、互相告知、互相诚实、互相保密等义务。合同缔约人的一方存在上述行为时，就可能承担因此行为产生的缔约过失责任。

3. 后果条件

缔约过失责任必须有损失的存在，即该违反法定附随义务或先合同义务的行为给对方造成了信赖利益的损失。如果没有损失，就不存在赔偿。

4. 过错条件

缔约过失人在主观上必须存在过错。过错是民事责任的构成要件，过错既包括故意也包括过失。如果另一缔约人的损失非因对方的过错而是由其他原因造成的，其不得向对方主张缔约过失责任。

（三）缔约过失责任的类型

常见的缔约过失责任主要有：①假借订立合同，恶意进行磋商；②故意隐瞒与订立合同有关的重要事实或者提供虚假情况，即在缔约过程中存在欺诈行为；③泄露或不正当地使用商业秘密；④其他违背诚信原则的行为，即除了前三种情形以外的违背先契约义务的行为。

（四）缔约过失责任的赔偿范围

1. 固有利益的损失

固有利益主要指身体、健康、生命丧失等的损害或损失。一般应包括：医疗费、误工费、护理费、交通费、住宿费、住院伙食补助费和必要的营养费等的赔偿；致残的还应包括残疾人生活补偿补助费、残疾用具费损失、被扶养人扶养来源丧失的损失等赔偿；致死的还应包括丧葬费的损失，死者生前扶养的人扶养来源丧失的损失等赔偿。因一方当事人未尽保护义务而致相对方人身权、财产权的损害的，应由加害人承担全额赔偿责任。

如果该项利益的损失与违反信用的行为有不可分的关系的话，则缔约过失责任的损害赔偿范围理应包括固有利益，但是如果该项利益的损失与违反信用的行为没有不可分的关系的话，则由侵权法来处理。

2. 信赖利益的损失

包括直接损失和间接损失。而直接损失主要包括：缔约费用，如为了订约而赴实地考察所支付的合理费用；准备履约和实际履约所支付的费用，如运送标的物至购买方所支付的合理费用；因缔约过失导致合同无效、被变更或被撤销所造成的实际损失；因身体受到伤害所支付的医疗费等合同费用；因支出缔约费用或准备履约和实际履行支出费用所失去的利息等。

间接损失主要包括：因信赖合同有效成立而放弃的获利机会损失；利润损失，即无过错方在现有条件下从事正常经营活动所获得的利润损失；因身体受到伤害而减少的误工收入；其他可得利益损失。

五、合同的效力

合同的效力，是指合同的法律拘束力，即当事人之间的权利义务关系以及法律后果。合同在效力上可分为有效合同、无效合同、可撤销合同和效力待定合同四种（见图3-2）。

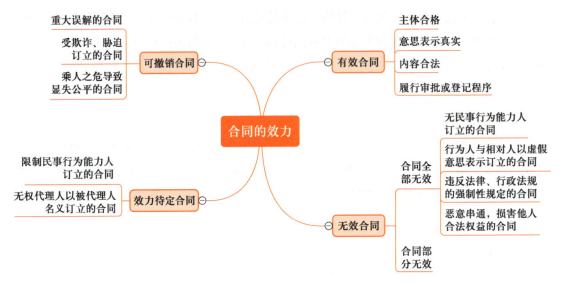

图3-2　合同的效力分类

（一）有效合同

微课：
合同的生效

有效合同是已经成立的合同在当事人之间产生一定的法律约束力，当事人应当按照约定履行自己的义务，不得擅自变更或者解除合同。一般情况下，依法成立的合同，自成立时生效。合同成立是合同生效的前提，但是合同成立并不必然导致合同生效。合同生效需具备下列条件：主体合格，即合同当事人应具有相应的民事行为能力，能够独立订立合同并独立承担合同义务；意思表示真实，是指表意人的表示行为应当真实地反映其内心的效果意思；内容合法，即不违反法律和公序良俗。法定应当履行审批或登记等程序的合同，自程序履行合法时生效；附条件合同，自条件成就时生效；附期限合同，自期限届至时生效。

（二）无效合同

无效合同，是指合同虽已成立，但因缺乏有效条件而不能发生法律效力。合同无效的原因存在于合同全部内容时，合同全部无效；无效的原因存在于合同部分内容且不影响其余部分时，合同部分无效。

1. 合同全部无效的情形

（1）无民事行为能力人订立的合同无效。《民法典》规定对无民事行为能力人所做的任何民事行为都必须由其法定代理人来作出，包括纯获利的民事合同。

（2）行为人与相对人以虚假意思表示订立的合同无效。主要表现为合同一方当事人做出A意思表示，但其真意为发生B法律效果，A行为就是我们所说的虚假意思表示。实践中常出现的阴阳合同就属于这种情况，阳合同体现的是虚假的意思表示，是无效的，阴合同体现的是真实的意思表示，是有效的。

（3）违反法律、行政法规的强制性规定的合同无效，但是该强制性规定不导致该合同无效的除外。违背公序良俗的民事法律行为无效。

（4）恶意串通，损害他人合法权益的合同无效。恶意串通，是指双方当事人出于恶意，互相串通，共同订立某种合同，损害他人利益。恶意是相对于善意而言的，即明知或应知某种行为会造成他人的损害，而故意为之。如果双方当事人或一方当事人不知或不应知道其行为的损害后果，则不构成恶意。恶意串通要求双方事先存在着通谋，即当事人具有共同的恶意，还要求当事人互相配合或共同实施损害他人合法权益的行为。

2. 合同部分无效

合同部分无效需要注意以下两种情况：①免责条款。当事人在合同中约定的免责条款如果违反国家相关规定，该条款无效，合同本身的有效性并不受影响。②争议解决条款。争议解决条款具有特殊独立性，合同无效不影响独立存在的争议解决条款的效力，此时争议解决条款不仅不会因为合同发生争议、变更、解除、终止或者无效而失去效力，反而因此得以实施。因为合同如果正常履行，这部分条款根本不会适用，只有在合同无法正常履行时，这部分条款才有实用意义。

3. 合同无效的法律后果

合同被确定为无效后，会发生如下法律后果：

（1）返还财产。一方当事人依据无效合同从对方当事人处接受了财产，该方当事人向对方当事人返还财产；若双方当事人都从对方接受了给付的财产，则将双方当事人的财产都返还给对方。

（2）折价补偿。折价补偿是在原物不能返还或者没有必要返还时，按照所取得的财产的价值进行折算，以金钱的方式对对方当事人进行补偿的责任形式。

（3）赔偿损失。因合同无效或者被撤销，一方当事人因此受到损失，另一方当事人对此有过错时，应赔偿受害人的损失。双方均有过错时，双方应各自承担相应的责任。这里的"损失"以实际已经发生的损失为限。

（三）可撤销合同

可撤销合同，是指当事人在订立合同时，一方当事人意思表示存在瑕疵，使对方当事人享有撤销权的合同。撤销权人行使撤销权可以使已经生效的合同归于消灭。

1. 可撤销合同与无效合同的区别

（1）可撤销合同产生的原因主要有重大误解、欺诈、胁迫、显失公平；无效合同产生的原因主要有违反法律、行政法规的强制性规定，违背公序良俗，恶意串通损害他人合法利益等。

（2）可撤销合同的效力由当事人决定，法律将是否主张撤销的权利留给撤销权人，由其决定是否撤销合同。无效合同因在内容上具有明显的违法性，对无效合同的效力的确认，不能由当事人选择。即使当事人对无效合同不主张无效，司法机关和仲裁机构也应当主动干预，宣告合同无效。

（3）可撤销合同在未被撤销以前仍然是有效的。而无效合同则当然是无效的，对无效合同也不得要求当事人实际履行。

2. 合同可撤销的情形

（1）重大误解。重大误解，是指一方因自己的过错而对合同的内容等发生误解，订立了合同。误解是由误解方自己的过失造成的，而不是因为受他人的欺骗或不正当影响造成的。误解须是误解方非故意的意思表示错误，若该错误系误解方有意为之，法律无救济之必要。误解只有达到重大的程度，法律才予以撤销。

协作创新

　　据报道，某网店经营者操作失误，将26元4 500克的水果标为26元4 500斤[1]。此后，某视频网站UP主[2]引导其粉丝去该网店花26元买4 500斤脐橙"薅羊毛"，致涉事网店关张。有网友认为，应对恶意引导下单的组织者予以谴责。

　　"薅羊毛"大体可以解释为：由专门收集各类商家优惠信息的人，将优惠信息在网络中广为传播，接收优惠信息的人按照商家的优惠政策下单交易且得到实惠的行为。"薅羊毛"在法律上的表现形式一般为通过网络渠道形成的买卖合同或者有偿服务合同。"薅羊毛"成功下单并支付价款，合同即告成立。

　　请以小组为单位，讨论该起"薅羊毛"合同的法律效力。

（2）欺诈、胁迫。欺诈，是指一方故意告知虚假情况，或者故意隐瞒真实情况，使对方陷入错误认识从而作出错误意思表示的行为。胁迫，是指因一方的威胁和强迫使对方陷入恐惧作出的不真实意思表示的行为。欺诈和胁迫均包括当事人实施和第三人实施两种情况。其

---

[1] "斤"为非法定计量单位，1斤=500克。
[2] "UP主"为网络流行词，指在视频网站、论坛、ftp站点上传视频音频文件的人。

中第三人实施欺诈行为，要求合同相对方知道或者应当知道该欺诈行为的，受欺诈方有权请求法院或仲裁机构撤销；而第三人实施胁迫行为，即使相对人不知情，受胁迫方也有权撤销该行为。

（3）乘人之危导致显失公平。《民法典》第151条规定："一方利用对方处于危困状态、缺乏判断能力等情形，致使民事法律行为成立时显失公平的，受损害方有权请求人民法院或者仲裁机构予以撤销。"该条款前半部分中的"一方利用对方处于危困状态"体现了"乘人之危"的概念，该条款后半部分并入了另一民法概念"显失公平"。这意味着，如果显失公平是由乘人之危引起的，则应予以相对方撤销权的法律救济；如果乘人之危没有引起合同权利义务显失公平，则无须法律救济。

因乘人之危等导致显失公平的合同必须从主观要素与客观要素两方面来综合认定：主观上，一方有利用对方危困或弱势，牟取不正当利益的故意；客观上，一方有利用对方危困或弱势订立合同的行为。

另外，合同成立之时就显失公平，才可以请求撤销，若是合同成立生效之后因情事变更导致双方对待给付显失公平的，则应采用变更或解除合同的处理方式。

3. 撤销权的行使

合同撤销权的主体为法律着重保护的一方当事人，如受欺诈人、受胁迫人、发生误解的当事人等，撤销权必须通过司法诉讼或仲裁行使，不得自行通知对方当事人撤销合同，否则撤销无效。

撤销权是受害人的一项保护性权利，受害人可以行使，也可以放弃。撤销权必须在除斥期间内行使，当事人知道或应当知道撤销事由之日起1年内可行使撤销权；重大误解的当事人自知道或者应当知道撤销事由之日起3个月内可行使撤销权；当事人受胁迫的，自胁迫行为终止之日起1年内可行使撤销权；当事人自民事法律行为发生之日起5年内可行使撤销权。超越上述期限，撤销权消灭。

（四）效力待定合同

1. 效力待定合同的概念

效力待定合同，是指合同已经成立，但因欠缺合同生效的要件效力不确定，须经有权人追认才能生效的合同。效力待定合同可以因为权利人的追认而生效，也可因权利人的拒绝而归于无效。权利人追认使合同有效的，其效力溯及于合同成立之时，一旦权利人拒绝追认，则合同自始无效。

2. 效力待定合同的情形

（1）限制民事行为能力人订立的合同。《民法典》规定，限制民事行为能力人包括8周岁以上的未成年人和不能完全辨认自己行为的成年人。限制民事行为能力人缺乏相应的民事行为能力，其订立的合同除了纯获利益的合同或者与其年龄、智力、精神健康状况相适应的合同有效以外，其他合同必须经法定代理人同意或者追认后才有效。

限制民事行为能力人的法定代理人是追认权利人，其追认的意思表示可以向限制民事行为能力人作出，也可以向合同相对人作出，追认的意思表示到达相对人时发生追认的效力。追认权应当明示行使，但法定代理人已经实际履行该合同或者为该合同的履行做了准备工作的，应推定法定代理人予以追认。法定代理人拒绝追认，给相对人造成损失的，该损失如何承担，我国法律未有规定。但从维护未成年人的利益出发，一般认为由相对人自己承担。

当然，合同相对人也并不是没有任何权利，《民法典》赋予相对人催告权和撤销权。相对人有权催告法定代理人在1个月内予以追认，法定代理人在催告期内未做表示的，视为拒绝追认。若相对人在订立合同时不知道或者不应当知道对方为限制民事行为能力人，则在法定代理人追认之前，善意相对人可以明示撤销合同，相对人行使撤销权后，效力待定合同自始无效。

（2）无权代理人以被代理人名义订立的合同。无权代理，是指代理人没有代理权限，或者代理人享有代理权，但是超越了代理权限，而以被代理人的名义从事民事行为。无权代理主要有根本无权代理、授权行为无效的代理、超越代理权范围进行的代理、代理权消灭以后的代理四种情况。无权代理人以被代理人名义订立的合同是效力待定合同，被代理人追认可使无权代理行为变为有效，从而赋予合同有效的法律。被代理人行使追认权须以明示的方式向相对人作出，若被代理人拒绝追认，无权代理行为自始无效，无权代理人与相对人订立的合同对被代理人不产生法律效力。无权代理人应承担履行合同的法律责任，无权代理人不能履行合同时，应对相对人承担违约责任，同时应对被代理人承担侵权责任。

合同相对人可以行使催告权，即相对人有权要求被代理人在一个月内予以追认。在合同被追认之前，善意相对人有撤销的权利，撤销应当以通知的方式作出。若善意相对人依据一定的事实，有正当理由相信无权代理人有代理权的，则被认为构成表见代理，此时，虽然代理人没有代理权，但基于被代理人的过错，而使相对人认为代理人有代理权而产生代理的效力，因此，其法律后果由被代理人承担。

合同效力待定的情形及结果如图3-3所示。

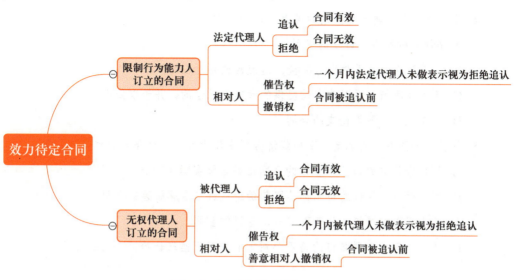

图3-3　合同效力待定的情形及结果

知识与技能

一、判断题

1. 要约必须是以订立合同为目的的意思表示。（　　）

2. 合同成立的地点就是承诺生效的地点，一般为要约人所在地。（　　）

3. 要约邀请人不得随意撤回邀请。（　　）

4. 受要约人作出承诺时，合同成立。（　　）

5. 因故意或者过失造成对方财产损失的格式条款无效。（　　）

二、单选题

1. 以下可以视为要约的是（　　）。

   A. 寄送的价目表
   B. 拍卖公告
   C. 商业广告
   D. 招股说明书

2. 受要约人同意要约的意思表示是（　　）。

   A. 要约邀请　　　B. 要约　　　C. 反要约　　　D. 承诺

3. 以下关于合同成立的地点表述不正确的是（　　）。

   A. 承诺生效的地点为合同成立的地点

   B. 采用书面形式订立合同的，双方当事人签字或盖章的地点为合同成立的地点

   C. 采用数据电文订立合同的，发件人的主营业地为合同成立的地点

   D. 当事人对合同成立的地点有约定的，以当事人的约定为准

4. 下列选项中，属于可撤销的民事法律行为的是（　　）。

　　A. 6周岁的甲自己订立的遗嘱

　　B. 乙以到A的家里放火为要挟，迫使A放弃对乙的债权

　　C. 丙入住宾馆，误以为宾馆提供的咖啡是无偿的，并予以使用

　　D. 丁与戊签订买卖枪支的合同

5. 根据《合同法》的规定，下列经济合同中属于效力待定合同的有（　　）。

　　A. 甲以欺诈方式与乙方签订的合同但并未损害国家利益

　　B. 甲、丙双方签订的将无标签服装伪造成进口名牌服装的合同

　　C. 乙未经丙方授权，代表丙方与丁签订的合同

　　D. 丙、乙双方串通签订的将乙公司国有资产无偿转让给丙个人的合同

第三节　合同的履行与担保

 案例导入

　　2020年4月29日，投资公司、王某、官某为商贸公司向开发公司借款2 500万元提供连带责任保证。同年8月，地产公司的法定代表人官某与开发公司签订抵押合同，约定以地产公司土地使用权为商贸公司前述债务担保，该合同仅官某签字和开发公司盖章，未加盖地产公司与商贸公司公章，地产公司与开发公司亦未办理土地使用权抵押登记。借款到期后，商贸公司未偿还借款本金，投资公司、王某、官某、地产公司未履行担保责任。开发公司诉至法院。

　　案例思考：涉案抵押物未办理抵押登记，地产公司是否应承担责任？

　　案例启示：地产公司与开发公司所签抵押协议，虽未加盖地产公司公章，但当时官某系地产公司法定代表人，其在协议上签字系代表公司的职务行为，协议内容不违反法律法规强制性规定，故抵押协议合法有效。土地使用权抵押合同自成立时生效，但土地使用权抵押应办理抵押登记，抵押权自登记时设立。抵押人与抵押权人签订土地使用权抵押合同后，不办理抵押权登记，抵押权不能设立，抵押权人无法达到以土地使用权担保其债权实现目的。抵押权人因此造成债权无法实现损失的，抵押人与抵押权人应按各自在办理抵押权登记中义务履行情况确定违约责任，根据具体情况确定责任承担方式。合同双方均未履行办理抵押登记义务，土地使用权抵押无法实现债权，

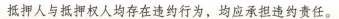

抵押人与抵押权人均存在违约行为，均应承担违约责任。

因此，商贸公司应偿还开发公司借款本息，投资公司承担连带责任，地产公司在其提供的抵押物价值1/2范围内对商贸公司不能清偿部分承担赔偿责任。

一、合同履行的原则

合同履行指当事人双方按照合同约定的内容，全面、适当地完成各自所承担的义务的行为。合同履行要遵守以下原则：

1. 全面履行原则

全面履行原则，又称正确履行原则或适当履行原则，是指当事人按照合同的标的、数量、质量，由适当的主体在适当的履行期限、履行地点，以适当的方式，全面完成合同义务。当事人应当善意履行合同，使履行无任何瑕疵，若只完成合同规定的部分义务，则没有完全履行；若未履行合同规定的任何义务，则属于完全没有履行，当事人均应承担相应的责任。

2. 兼顾附随义务原则

兼顾附随义务原则，是指当事人不仅适当地履行合同约定的义务，而且应根据诚实信用原则，履行由合同性质、目的或交易习惯确定的附属性、补充性义务。附随义务是由诚实信用原则衍生的义务，它要求当事人履行合同时或合同终止后，互相协作、互相帮助，不侵犯对方当事人的合法权益。

3. 环境保护原则

《民法典》第509条第3款规定"当事人在履行合同过程中，应当避免浪费资源、污染环境和破坏生态"，以回应人类面临的共同问题，协调经济发展与环境保护的关系，体现传统民族精神，弘扬社会主义核心价值观。

法治素养

在"绿水青山就是金山银山"理念已经成为全党全社会的共识和行动，成为新发展理念的重要组成部分的今天，我们必须立足当前、着眼长远，加强战略谋划和前瞻布局，坚定走可持续发展之路，在保护好生态的前提下，积极发展多种经营，把生态效益更好地转化为经济效益、社会效益，在党中央的引领下，确保实现决胜全面建成小康社会、决战脱贫攻坚目标任务。

绿色是永续发展的必要条件和人民对美好生活追求的重要体现，绿色发展注重的是解决人与自然和谐共生问题，必须实现经济社会发展和生态环境保护协同共进，为人民群众创造良好的生产生活环境。

　　启示：通过学习"绿水青山就是金山银山"理念，理解倡导尊重自然、爱护自然的生态文明理念，体会新发展理念中的绿色发展理念。

二、合同履行规则

微课：
履行主体

　　合同履行规则，是指当事人履行合同时必须共同遵守的具体准则，当事人应当按照合同约定的内容及方式履行义务。当事人没有约定的事项，按照法律规定履行。法律没有规定的事项，按照双方的补充协议履行。不能达成补充协议的，按照合同性质、合同目的或交易习惯履行。

（一）履行主体

　　合同履行的主体包括债权人和债务人，债务人实施履行债务的行为，债权人实施受领履行的行为。一般情况下，债务应当由债务人本人履行，在有法律规定、当事人约定或者符合合同性质的情况下也可由第三人代为履行或者向第三人履行，但第三人并不具有合同主体的地位。由第三人代为履行的，第三人履行不当应当由债务人承担违约责任，第三人履行所增加的费用，未经双方约定时，应由债务人承担。除只能由债务人履行的以外，债务人不履行债务，第三人对履行该债务具有合法利益的，第三人有权向债权人代为履行；债权人接受第三人履行后，其对债务人的债权转让给第三人，但是债务人和第三人另有约定的除外。由债务人向第三人履行的，债务人履行不当时，应当向债权人承担违约责任，第三人也可以请求债务人承担违约责任；债务人对债权人的抗辩，可以向第三人主张。

（二）履行标的

1. 标的数量

　　合同的标的是当事人订立合同的目的所在，若不按照合同标的履行合同，合同利益就无法实现，因此当事人应当全部履行合同标的。

　　若债务标的有多项而债务人只需选择其中一项履行的，债务人应当在约定期限内或者履行期限届满前作出选择，经催告后在合理期限内仍未选择的，选择权转移至债权人。当事人行使选择权应当及时通知对方，通知到达对方时，标的确定；确定的债务标的除非经对方同意，不得变更。多项可选择的债务标的之中发生不能履行情形的，享有选择权的当事人不得选择不能履行的标的，但是这种不能履行的情形是由对方造成的除外。

2. 标的质量

当事人对标的质量有约定时，按照双方约定标准履行；质量约定不明的，按照通常标准或者符合合同目的的特定标准履行；质量要求不明确的，按照强制性国家标准履行；没有强制性国家标准的，按照推荐性国家标准履行；没有推荐性国家标准的，按照行业标准履行；没有国家标准、行业标准的，按照通常标准或者符合合同目的的特定标准履行。

3. 价款或报酬

当事人对价款或报酬有约定时，按照双方约定履行，价款或报酬约定不明的，按订立合同时履行地的市场价履行；依法应当执行政府定价或者政府指导价的，按照规定履行；政府定价或指导价格调整时，应当按照实际交付时的价格执行。

对于适用政府定价或指导价格的，遇到价格发生变化时，债务人逾期支付标的物（卖方存在过错），价格上涨时按原价格执行，价格下降时按新价格实行；债权人逾期提取标的物或逾期付款（买方存在过错），价格上涨时按新价格执行，价格下降时按原价格执行。

（三）履行地点

合同履行地点关系到履行的费用和时间，也决定着发生纠纷后的法律适用和管辖。当事人对合同履行地点有约定的，按照双方约定履行；约定不明时，按标的物不同，分别确定履行地：给付货币的，在接受货币一方所在地履行；交付不动产的，在不动产所在地履行；其他标的，在履行义务一方所在地履行。

（四）履行期限

履行期限一般在合同中应予以约定，当事人应当按照约定的期限履行合同义务；约定不明的，债务人可以随时履行，债权人也可以随时要求履行，但是应当给对方必要的准备时间；若债务人要求提前履行的，债权人可以拒绝，但是提前履行不损害债权人利益时，债权人应当接受，由此增加的费用由债务人承担。

（五）履行方式

履行方式一般由当事人约定。履行方式约定不明的，按照有利于实现合同目的的方式履行。

（六）履行费用

当事人对履行费用有约定的，按照双方约定承担；约定不明的，由履行义务一方负担；因债权人原因增加的履行费用，由债权人负担。

（七）网络电子合同的履行规则

随着电子商务的普及，网络电子合同已经充斥在社会生活的各个领域，《民法典》对网络电子合同的履行作出了规定。电子合同的履行首先以当事人对交付方式、交付时间的约定为准，没有约定或约定不明的，则按照以下规则确定：以商品为标的并采用快递物流方式交付的，以收货人的签收时间为交付时间；以提供服务为标的的，以生成的电子凭证或实物凭证中载明的时间为交付时间，若凭证上没有载明时间或者载明时间与实际提供服务时间不一致，则以实际提供服务的时间为交付时间；以电子文件或数据等为标的且采用在线传输方式交付的，以标的进入对方当事人指定的特定系统并且能够检索识别的时间为交付时间。

三、双务合同中的履行抗辩权

双务合同中的履行抗辩权，是指合同义务人阻止对方当事人权利主张的一种权利。合同履行抗辩权体现了义务人在一定期限内对合同履行的中止，待抗辩事由消失后继续履行合同义务。行使抗辩权的义务人暂时拒绝履行义务不构成违约，这体现了对义务人的保护。

（一）同时履行抗辩权

微课：
同时履行抗
辩权

同时履行抗辩权，是指在没有先后履行顺序的双务合同中，当事人一方在对方未履行债务或者履行债务不合约定时，享有拒绝其全部或者相应的履行要求的权利。同时履行抗辩权是诚实信用原则的必然要求。合同中并未约定双方履行义务的先后时间，互负义务的合同当事人在未履行自己义务前，无权要求对方先履行义务，否则可能使自己只享受权利不承担义务，有违诚实信用原则。行使同时履行抗辩权需具备以下条件：

（1）双方基于同一个双务合同互负对待给付义务。如买卖合同中，买方负有支付标的价款的债务，卖方负有交付标的物的债务，买方和卖方的债务均由同一个买卖合同产生，且买卖双方的债务互为条件、相互依存，具有对价关系。

（2）双方债务履行无先后顺序且均已到期。合同双方债务履行无先后顺序，意味着双方应同时履行，双方享有的债权应同时实现，因此只有在双方的债务均届履行期时，才能行使同时履行抗辩权。如果其中一方当事人有先履行的义务，而对方所负债务尚未届履行期，则有先履行义务的一方当事人无权主张同时履行抗辩权。

（3）一方有履行的可能但尚未履行或履行不符合约定。在同时履行债务的双务合同中，任何一方当事人在自己具备履行可能的情况下，没有履行或者没有提出履行与对方有对价关系的债务时请求对方履行合同的，对方当事人可因此主张同时履行抗辩权而拒绝履行合同。如果一方当事人履行合同不全面或者不适当，对方当事人对其履行不全面或不适当的部分仍享有同时履行抗辩权。

（二）先履行抗辩权

先履行抗辩权发生在有先后履行顺序的双务合同中，适用于先履行一方违约的场合，在双务合同中应当先履行债务的一方未履行债务或者履行债务不符合约定时，后履行债务的一方享有拒绝其全部或者相应的履行要求的权利。

适用先履行抗辩权的基础条件与同时履行抗辩权相同，即合同双方当事人的债务存在于同一个双务合同中且双方互负相关联的债务，双方的债务均已到期。不同的是，双方在合同中约定了履行的先后顺序，且应当先履行的当事人在有履行的可能的情况下尚未履行或履行不符合约定，但其履行尚有必要和可能时，后履行的当事人可以行使先履行抗辩权，中止履行合同义务，等待对方的履行。先履行抗辩权属于负有后履行义务的一方当事人。先履行抗辩权的成立及行使可使后履行一方一时中止履行自己债务的效力，以对抗先履行一方的履行请求。但这只是暂时阻止对方当事人请求权的行使，并非永久的抗辩权。先履行抗辩权的行使不影响后履行一方主张违约责任。

（三）不安抗辩权

不安抗辩权，是指双务合同成立后，应当先履行债务的一方当事人在对方财产、商业信誉等状况发生重大变化，并导致丧失或者可能丧失履行债务能力时，享有中止履行自己债务的权利。不安抗辩权只发生于双务合同中，双方当事人有先后履行顺序，先履行一方的债务已到清偿期的情况下，其保护的是先履行债务人的利益。但其保护先履行债务人是有条件的，只有在先履行债务人有充足的证据证明后履行债务人有不能为对待给付的现实危险、危及先履行债务人的债权实现时，才能行使不安抗辩权。例如，后履行债务人的经营状况严重恶化，或者转移财产、抽逃资金以逃避债务，或者谎称有履行能力的欺诈行为，以及其他丧失或者可能丧失履行债务能力的情况。如先履行债务人不能举证而擅自行使不安抗辩权，则构成合同违约，应承担责任。

先履行债务人发现后履行债务人存在上述情况，行使不安抗辩权之前，负有通知义务，即通知后履行债务人。后履行债务人接收到中止履行的通知后，在合理的期限内未恢复履行能力或者未提供适当担保的，视为以自己的行为表明不履行合同主要义务，先履行债务人可行使先履行抗辩权，也可以解除合同，并可以请求对方承担违约责任。但后履行债务人接收到中止履行的通知后，在合理的期限内恢复了履行能力或者提供了适当担保的，先履行债务人则应当履行其义务。

不安抗辩并不以解除合同为其主要目的，其目的在于敦促后履行债务人向先履行债务人提供履行担保，从而使合同能够按照约定的期限与顺序继续履行，先履行债务人的通知义务除了能达到敦促的效果以外，还能使双方通过沟通的方式核实与处理不安事由，避免无故中止合同。

协作创新

旭辉公司与康庆公司签订一份钢管购销合同，合同约定买方旭辉公司应在合同生效后 10 日内向卖方康庆公司支付 30% 的预付款，康庆公司收到预付款后 7 日内发货至旭辉公司，旭辉公司收到货物验收后即结清余款。康庆公司在收到旭辉公司 30% 预付款后的 5 日即发货至旭辉公司。旭辉公司收到货物后经验收发现钢管质量不符合合同约定，遂及时通知康庆公司并拒绝支付余款。

请以小组为单位从以下角度分析讨论：

（1）旭辉公司拒绝支付余款是否合法？若合法，法律依据是什么？

（2）旭辉公司行使的是什么权利？行使该权利必须具备什么条件？

四、合同的保全

微课：
合同保全

合同的保全是为防止债务人财产的不当减少致使债权人债权的实现受到危害，而设置的保全债务人财产的法律制度，包括债权人代替债务人之位向相对人行使债务人权利的代位权制度和债权人请求法院撤销债务人行为的撤销权制度。合同保全是合同效力的对外延伸，除当事人之外，可以合法地扩大至相对人，其目的在于保护债权人的利益，促进合同的顺利履行。

（一）债权人的代位权

债权人的代位权，是指因债务人怠于行使其债权以及与该债权有关的从权利，影响债权人的债权实现的，债权人可以向人民法院请求以自己的名义代位行使债务人对相对人的权利。债权人对债务人的债权包含到期债权、未到期债权；在债权范围上既包括纯粹的主债权，也包括与主债权有关的从权利，如抵押权、质押权等；在债权的种类上既包括纯粹的财产权，如合同债权、物权及物上请求权、返还请求权、损害赔偿请求权等，也包括为实现财产利益的权利，如可撤销合同的撤销权，还包括诉讼权利，如代位提起诉讼、申请强制执行等。

1. 债权人代位权的一般情形

债权人代位权一般情况下应在债权到期时行使，此时行使债权人代位权须符合下列条件：①债权人对债务人享有合法的债权，若债权人与债务人之间的合同关系不成立、无效或被撤销，或虽依法成立但已被解除，则债权人不享有债权，从而不得行使代位权。②债务人对相对人享有合法的权利，如果债务人不享有对相对人的债权，债务人就不能向相对人主张权利，债权人也就无法代替债务人行使权利。此处所言的权利是非专属于债务人的权利，专属于债务人的权利主要包括基于扶养关系、抚养关系、赡养关系、继承关系产生的给付请求权和劳动报酬、退休金、养老金、抚恤金、安置费、人寿保险、人身伤害赔偿请求权等权利。③债务人怠于行使其权利。"怠于行使"，是指应当而且能够行使权利却不行使权利，表现为债务人根本不主张权利或迟延主张权利。首先，"应当行使"，是指债务人若不及时行使其权利，该权利就可能消灭或其财产价值就可能减少，如债务人不行使对相对人的债权，该权利可能因时效届满而消灭。其次，"能够行使"，是指债务人完全有能力由自己或通过其代理人去行使其权利，不存在任何行使障碍，一般可理解为该权利已届清偿期。如果债务人对相对人享有债权但未届清偿期，那么债务人就不能够行使，此时债务人不行使不属于怠于行使。如果债务人已向相对人提出请求或已向法院起诉，就不构成怠于行使。相对人不认为债务人有怠于行使权利的情形或者相对人有对抗债务人行使权利的理由的，应当承担举证责任。举证成功的，可以对抗债权人行使债权人代位权。④债权人有保全债权的必要。债权人的债权有可能因债务人的权利未及时实现而不能满足的危险，即债务人未及时行使权利导致其无足够的财产保证债权人实现债权。如果债务人怠于行使权利并不影响其向债权人履行债务，债权人的债权则并未受到损害，债权人不得行使代位权。

2. 债权人代位权的特殊情形

实践中除了债权人债权到期后可行使代位权外，也存在债权未到期，而影响债权人债权实现的情况，具体包括下列两种：①债务人对第三人的权利可能因债务人对外享有的债权或该债权的从权利即将诉讼时效届满或超过保证期间而难以实现的，债权人可代位向债务人的相对人请求履行或做出其他必要的行为。②在相对人进入破产程序的情况下，债务人的权利可能因未及时申报破产债权，未及时行使撤销权、抵销权、别除权等情形而难以实现的，债权人可代位向破产管理人申报或者做出其他必要的行为。在这两种情形下，虽然债务人对第三人的权利尚未到期，但如果对上述债权风险不采取措施，待债权人对债务人的债权到期后，就可能面临无权可代的尴尬，不利于保护债权人利益，因此，债权人可以在债权到期前，采

取必要的债权保全行为，以维持债务人的责任财产不被不当减少。

3. 债权人代位权的行使

代位权行使的主体为债权人，债务人的各债权人在符合法定条件的情况下均可行使代位权。当然，如果某一债权人已就某项债权行使了代位权，其他债权人就不得就该项权利再行使代位权了。债权人可以以自己的名义、以诉讼的方式行使代位权。代位权的行使范围以债权人的债权为限，即债权人代替债务人向相对人主张的财产数额不应超过债权人自身的债权数额。债权人在行使代位权时应履行善良管理人的注意义务，如果违反此项注意义务造成损失，应承担损害赔偿的责任。债权人行使代位权的必要费用，如律师代理费、差旅费等，由债务人负担。

4. 债权人代位权行使的法律后果

代位权一般情况下采用"谁主张，谁受益"原则，由债务人的相对人向提起代位权诉讼的债权人履行义务，债权人接受履行后，债权人与债务人、债务人与相对人之间相应的权利义务终止。我国《民法典》并未将债权人代位权视为全体债权人的共同担保制度，而认为仅是行使代位权的债权人对自己债权的保全，因此，代位权的行使既使债权人自己的债权得以清偿，也使债务人的债权得以清偿。

债务人对相对人的权利如果已经被保全、执行措施时，根据民事诉讼法解释或《破产法》等相关条文的规定，即便债权人行使代位权，也不能当即受偿，而只能等到已经采取查封、执行措施的权利人权利得到满足后，才能申请对于剩余部分进行受偿。当相对人是公民或者其他组织时，债权人发现相对人的财产不能清偿所有债权的，可以向人民法院申请参与分配。当债务人为法人且已经裁定进入破产程序时，债权人行使代位权的所得，作为破产财产由全体债权人按债权比例平均分配。

 协作创新

　　某信托投资公司与A公司于2016年订立一份借款合同，商定该投资公司借款800万元给A公司，借期自合同订立起到2019年10月底。直到2020年5月份，A公司仍旧未归还此笔款项。经查账，A公司账上仅有150万元，不足以清偿借款。又获悉，A公司曾借款700万元给B公司，商定2019年7月还款，迟迟未回，也未见A公司追讨。投资公司于是向法院起诉，请求以自己的名义行使A公司对B公司的债权。法院审理过程中，又有C公司主张自己的权利，提出A公司欠该公司200万元，若投资公司代位获偿，该800万元由投资公司与C公司按比例受偿。

　　根据《民法典》的规定，请分析：本案例中，信托投资公司是否有权诉至法院？信托投资公司是否享有优先受偿权？C公司是否可以从中和信托投资公司按比例受偿？

（二）债权人的撤销权

债权人的撤销权，是指债权人对于债务人所实施的危害债权的行为，可请求法院予以撤销的权利。该债权需在债务人实施民事法律行为之前产生，若债权形成于债务人实施民事法律行为之后，则债权人无权要求撤销。

1. 债务人所实施的危害债权行为

（1）债务人无偿减少责任财产，影响债权人的债权实现的，包括债务人放弃其债权、放弃债权担保、无偿转让财产等方式无偿处分财产权益。该情形以债务人客观上实施无偿减少责任财产的行为，影响债权人的债权实现为条件，而债务人在主观上是否为恶意并不影响债权人行使撤销权。

（2）债务人恶意延长其到期债权的履行期限，影响债权人的债权实现的。

（3）债务人有偿减少责任财产，包括债务人以明显不合理的低价转让财产、以明显不合理的高价受让他人财产，影响债权人的债权实现，债务人的相对人知道或者应当知道债务人的行为有害于债权人的利益的。

（4）债务人有为他人的债务提供担保，增加责任财产风险的行为，影响债权人的债权实现，债务人的相对人知道或者应当知道债务人的行为有害于债权人的利益的。

后两种情形除了要求债务人存在主观恶意以外，还要求相对人也存在恶意。此处的恶意只要求相对人在与债务人交易时知道或应当知道债务人的行为有害于债权即可。

2. 债权人撤销权的行使

债权人以自己的名义通过诉讼行使撤销权。撤销权只能在有效期间内行使，自债权人知道或者应当知道撤销事由之日起1年内请求人民法院撤销债务人的行为。自债务人的行为发生之日起5年内没有行使撤销权的，该撤销权消灭。撤销权的行使范围以债权人的到期债权为限，即债权人撤销债务人处分的财产数额不应超过债权人自身的债权数额，但债务人处分的财产为不可分物的，则可以主张整体撤销。债权人行使撤销权的必要费用由债务人承担。

3. 债权人行使撤销权的法律后果

债权人的撤销权一旦成立，债务人危害债权的行为即自始失去效力，依该行为所做的给付应当返还，无法返还的作价返还，债权人通过执行程序直接受偿。

五、合同的担保

合同的担保是指以特定财产或者第三人的信用担保合同债权实现的制度。合同担保方式有保证、定金、抵押、质押和留置五种。其中，保证为人的担保，定金为金钱担保，抵押、质押、留置为物的担保（见图3-4）。

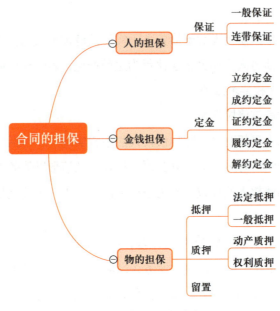

图3-4　合同担保的种类

（一）保证

1. 保证的概念

保证是合同双方当事人以外的第三方向合同关系中的债权方保证合同关系中的债务方全部或部分履行合同债务的担保方式。这里的第三方称为保证人，债权方既是主合同的债权人，也是保证合同的债权人。

2. 保证人的资格

微课：
保证

保证的目的是在债务人不履行其债务时，由保证人承担保证责任以保护债权人的利益。一般情况下，保证人应具有保证能力，包括行为能力和代偿能力两方面。首先，保证人须具备完全民事行为能力，能够以自己的名义对外承担责任、履行义务，这是保证人承担保证责任的前提，不具备行为能力可能导致保证合同无效。企业法人的分支机构和职能部门可以在法人书面授权的范围内提供保证，若未经法人书面授权提供保证的，保证合同无效。保证合同被确认无效后，债务人、保证人、债权人有过错的，应当根据其过错各自承担相应的民事责任。其次，保证人须具备承担保证责任的财产，即具有代偿能力，但是这一要求并非强制性规定，保证人不具备代偿能力并不影响保证合同的效力，保证人仍需承担保证责任。

下列主体在保证人资格方面有着一定的限制：①主债务人不得担任自己的保证人。②国家机关原则上不得担任保证人。但也有例外情况，即经国务院批准为使用外国政府或者国际经济组织贷款进行转贷的，可以由国家机关作为还款的保证人。③以公益为目的的非营利法人、非法人组织不得担任保证人。如医院、学校等事业单位、社会团体，其财产具有非经济利益的特性，若担任保证人，会使其公益财产减损，从而影响公众利益。

3. 保证的方式

保证的方式分为一般保证和连带责任保证。

一般保证，是指当事人在保证合同中约定，债务人不能履行债务时，由保证人承担保证责任的保证方式。在一般保证的情况下，债权人应先就债务人的财产依法强制执行，若债务人的财产仍不能清偿债务，才能够请求保证人承担保证责任，除非债务人下落不明，且无财产可供执行；或者人民法院已经受理了债务人破产案件；或者债权人有证据证明债务人的财产不足以履行全部债务或者丧失履行债务能力；或者保证人书面放弃一般保证的先诉抗辩权。《民法典》规定，当事人对保证方式没有约定或者约定不明确的，按照一般保证承担保证责任。

连带责任保证，是指当事人在保证合同中约定保证人和债务人对债务承担连带责任的保证方式。连带责任保证只有在债权人与保证人明确约定的情况下才能产生。连带责任保证中，保证人与债务人对债务承担连带责任，保证人没有先诉抗辩权，即债务人在主合同规定的履行期届满没有履行债务的，债权人既可以要求债务人履行债务，也可以要求保证人在其保证范围内承担保证责任。

4. 保证合同的内容

（1）被保证的主债权的种类和金额。保证合同中应当明确写明保证人所担保的主债权种类。被保证的主债权可以是将来可能发生的债权，债权人与保证人可以约定在最高债权额限度内就一定期间连续发生的债权提供保证。

（2）债务人的履约期限。债务人的履约期限是确定债务人是否违约的标准，也是保证人承担保证责任的标准，债务人在合同规定的履约期限内不能履行债务时，保证人就要开始承担保证责任。

（3）保证方式。在订立保证合同时，双方应当对保证的方式作出明确规定，保证人承担一般保证还是连带保证。

（4）保证范围。双方有约定的，按照双方约定。双方未约定时，保证责任应当包括主债权及其利息、违约金、损害赔偿金和实现债权的费用。

（5）保证期间。保证期间是保证人承担保证责任的期间。超过保证期间，保证责任消灭。保证期间双方有约定的，按照约定，但是约定的保证期间早于主债务履行期限或者与主债务履行期限同时届满的，视为没有约定；没有约定或者约定不明确的，保证期间为主债务履行期限届满之日起6个月。

5. 保证的追偿

保证人对债权人承担了保证责任以后有权在保证责任范围内向债务人追偿。保证人在承担保证责任上有过错的，保证人丧失求偿权。

（二）定金

定金，是指合同当事人为了保证合同的履行，约定由当事人一方先行支付给对方一定数额的金钱或者其他代替物作为担保。定金不同于预付款、押金和违约金。定金是一种担保方式。定金罚则是定金担保作用的集中体现，具体是指如交付定金一方当事人不履行合同，无权要求返还定金；如收取定金一方当事人不履行合同，必须双倍返还定金。预付款是合同中货币给付义务一方提前履行一部分债务，不具有担保作用。押金虽具有金钱担保的作用，但一般与主合同同时履行或相继履行，且在接受押金一方违约时，没有双倍返还的法律效果。违约金在实际违约后交付，违约金和定金二者只能适用一种条款，不得同时适用。

定金合同必须以书面形式订立，当事人即使不单独订立定金合同，也需要在主合同中明示"定金"字样，其余文字均不具有定金效力。定金合同以交付定金为合同生效的要件。定金合同的标的一般为金钱，少数情况下可以是其他代替物，数额由当事人约定，但不得超过主合同标的额的20%。

（三）抵押

微课：
抵押

抵押，是指债务人或第三人以不转移抵押物的占有而提供担保的一种方式，当债务人不履行债务时，债权人可就该抵押物优先清偿其债权。债权人也称抵押权人，提供抵押物的人称为抵押人。抵押物多数是不动产，也可以是动产和权利。

1. 抵押合同的设立

抵押合同应当采用书面形式。其主要内容包括：被担保的主债权的种类和数额；债务人履行债务的期限；抵押物的名称、数量、质量、状况、所在地、所有权或使用权权属；抵押担保的范围；当事人约定的其他事项。

《民法典》第807条规定："发包人未按照约定支付价款的，承包人可以催告发包人在合理期限内支付价款。发包人逾期不支付的，除根据建设工程的性质不宜折价、拍卖外，承包人可以与发包人协议将该工程折价，也可以请求人民法院将该工程依法拍卖。建设工程的价款就该工程折价或者拍卖的价款优先受偿。"该条为法定抵押权，即无须签订抵押合同，无须办理抵押登记，承包人依据法律规定享有对该建设工程的抵押权。

2. 抵押合同的履行

抵押合同的履行是在债权已届清偿期而没有清偿或者发生当事人约定的履行抵押合同的情形时，抵押权人就抵押物优先受偿的行为。抵押合同履行的方式包括拍卖、变卖、折价。债务人不履行到期债务或者发生当事人约定的实现抵押权的情形，抵押权人可以与抵押人协议以抵押财产折价或者以拍卖、变卖该抵押财产所得的价款优先受偿。抵押权人与抵押人未就抵押权实现方式达成协议的，抵押权人可以请求人民法院拍卖、变卖抵押财产。

抵押财产折价或者变卖的，应当参照市场价格，其价款超过债权数额的部分归抵押人所有，不足部分由债务人清偿。同一财产向两个以上债权人抵押的，拍卖、变卖抵押财产所得的价款的清偿顺序为：①抵押权已登记的，按照登记的时间先后确定清偿顺序；②抵押权已登记的先于未登记的受偿；③抵押权未登记的，按照债权比例清偿。同一财产既设立抵押权又设立质权的，拍卖、变卖该财产所得的价款按照登记、交付的时间先后确定清偿顺序。

（四）质押

质押是债务人或第三人以转移质押财产的占有而提供担保的一种方式，债权人可就该质押财产优先清偿其债权。债权人此时称为质权人，提供质押财产的人称为出质人。质押以转移质押财产的占有为其成立要件。质押的标的只能是动产或财产权利，不动产不能进行质押。

1. 质押合同的设立

质押合同是质权人与出质人签订的担保性质的合同，需要采用书面形式。质押合同的内容一般包括：被担保债权的种类和数额；债务人履行债务的期限；质押财产的名称、数量等情况；担保的范围；质押财产交付的时间、方式。

质押合同自交付质押财产时生效，出质人代替质权人占有质押财产的，质权不成立。质权合同对质押财产约定不明或者约定与实际交付的财产不一致的，以实际交付占有的财产为准。

2. 质押合同的分类

质押可分为动产质押和权利质押。《民法典》规定，可以设定权利质押的权利包括：汇票、本票、支票；债券、存款单；仓单、提单；可以转让的基金份额、股权；可以转让的注册商标专用权、专利权、著作权等知识产权中的财产权；现有的以及将有的应收账款；法律、行政法规规定可以出质的其他财产权利。

3. 质押合同的履行

质权人在质权存续期间，负有妥善保管质押财产的义务，擅自使用、处分质押财产，因保管不善致使质押财产毁损、灭失的，造成出质人损害的，应当承担赔偿责任。因不能归责于质权人的事由可能使质押财产毁损或者价值明显减少，足以危害质权人权利的，质权人有权请求出质人提供相应的担保；出质人不提供的，质权人可以拍卖、变卖质押财产，并与出质人通过协议将拍卖、变卖所得的价款提前清偿债务或者提存。

债务人履行债务或者出质人提前清偿所担保的债权的，质权人应当返还质押财产。债务人不履行到期债务或者发生当事人约定的实现质权的情形，质权人可以与出质人协议以质押财产折价，也可以就拍卖、变卖质押财产所得的价款优先受偿。质押财产折价或者变卖的，应当参照市场价格。质押财产折价或者拍卖、变卖后，其价款超过债权数额的部分归出质人所有，不足部分由债务人清偿。

（五）留置

留置指债务人不履行到期债务，债权人可以留置已经合法占有的债务人的动产，并有权就该动产优先受偿的权利。留置权是一种法定的担保物权，无须当事人签订留置合同，在符合一定的条件时，依据法律规定即可产生。

1. 留置权的取得

首先，债权人已经合法占有了留置物，若债权人因侵权行为等非法占有债务人财物，则不享有留置权。其次，债权已届清偿期，债务人未履行债务。债权人的债权未届清偿期，其交付或返回所占有标的物的义务已届履行期的，不能行使留置权。但是，债权人能够证明债务人无支付能力的除外。再次，债权人留置的财产与债权属同一法律关系。另依我国物权法律制度的规定，企业之间留置不受同一法律关系之限制。最后，法律规定或者当事人约定不得留置的动产，不得留置。

2. 留置权的行使

债务人不履行债务时，债权人可以留置已经合法占有的标的物，标的物为可分物的，留置的财产价值应当相当于债务的金额，标的物为不可分物的，债权人可以整体行使留置权。债权人留置标的物后负有妥善保管留置财产的义务，因保管不善致使留置财产毁损、灭失的，应当承担赔偿责任，债权人因保管留置物所支出的必要费用，有权向债务人请求返还。债权人与债务人应约定留置财产后的债务履行期间；没有约定或者约定不明确的，债权人应当给债务人两个月以上履行债务的期间，但是鲜活易腐等不易保管的动产除外。债务人逾期未履行的，债权人可以与债务人协议以留置财产折价，也可以就拍卖、变卖留置财产所得的价款优先受偿。留置财产折价或者变卖的，应当参照市场价格。留置财

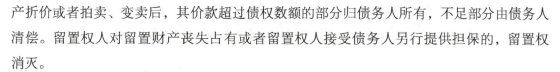

产折价或者拍卖、变卖后，其价款超过债权数额的部分归债务人所有，不足部分由债务人清偿。留置权人对留置财产丧失占有或者留置权人接受债务人另行提供担保的，留置权消灭。

 知识与技能

一、判断题

1. 当事人互负债务，有先后履行顺序的，先履行一方未履行之前，后履行一方有权拒绝其履行请求。　　　　　　　　　　　　　　　　　　　　　　（　　　）

2. 保证的方式有一般保证和连带责任保证。　　　　　　　　　　（　　　）

3. 当事人在保证合同中约定，债务人不能履行债务时，由保证人承担保证责任的，为连带责任保证。　　　　　　　　　　　　　　　　　　　　　（　　　）

二、单选题

1. 甲与乙订立货物买卖合同，约定甲于1月8日交货，乙在交货期后的一周内付款。交货期届满时，甲发现乙有转移资产以逃避债务的行为。对此甲可依法行使（　　　）。

　　A. 先履行抗辩权

　　B. 同时履行抗辩权

　　C. 不安抗辩权

　　D. 撤销权

2. 下列可以作为抵押物的是（　　　）。

　　A. 土地所有权

　　B. 抵押人所有的房屋和其他地上定着物

　　C. 社会公益设施

　　D. 幼儿园的教育设施

3. 下列合同中债务人不履行债务的，债权人不能行使留置权的是（　　　）。

　　A. 保管合同

　　B. 运输合同

　　C. 加工承揽合同

　　D. 劳动合同

第四节 合同的权利义务终止

案例导入

　　2019年4月，甲与中介公司签订一份房屋租赁合同，约定中介公司将其代理的一套房屋出租给甲居住，房屋建筑面积70平方米，租赁期限一年，租金每月3 000元。合同签订后，甲向中介公司支付了约定费用后入住房屋。入住后不久，甲经查询发现房屋面积只有58平方米，遂与中介公司交涉要求减少租金。遭到拒绝后，甲于2019年6月委托律师向中介公司发出律师函，以房屋实际面积小于合同约定面积为由，要求自律师函送达之日起终止双方签订的房屋租赁合同，并按照实际建筑面积重新计算租金，退还多收租金、中介费以及其他相应费用。随后，甲搬离诉争房屋。后双方协商未果，甲向法院起诉，要求确认双方租赁合同自律师函送达之日解除，中介公司退还其房租、中介费、押金等相应费用，赔偿其违约金1万元及搬家费用等实际损失。

　　案例思考：甲能否要求解除合同，并要求中介公司承担损失？

　　案例启示：租赁双方应当在房屋租赁合同中对双方权利义务等事项作出明确约定，以免争议发生。房屋租赁合同中应当明确约定租赁房屋的实际面积、租金的计算方法、提前解除租赁合同的条件及相应责任承担等。出租人应当遵守诚实信用原则，将出租房屋的真实情况向承租人如实告知。承租人也应通过查看租赁房屋所有权证或向权威机构查询等方式，确认房屋性质、房屋面积等基本情况。

一、概述

　　合同的权利义务终止，是指具备法律规定或者当事人约定的某些情形时，合同关系在客观上将不复存在，合同债权和合同债务归于消灭。合同当事人之间的权利义务终止后，债权债务关系消灭，债权的担保及其他从属的权利义务也随之消灭，当事人应当清理一切有关合同关系的手续，并应当遵守合同终止后的附随义务，如根据交易习惯履行通知、协助、保密、旧物回收等义务。合同的权利义务终止的原因包括：清偿、解除、抵销、提存、免除、混同、违约。其中，清偿、抵销、提存、免除和混同为合同的绝对终止，即合同权利义务的消灭。解除为合同的相对终止，即合同履行效力的消灭（见图3-5）。

二、清偿

清偿是指合同债务已按照合同约定得到全面履行，合同的目的得以实现。清偿是最常见的合同权利义务终止的原因。

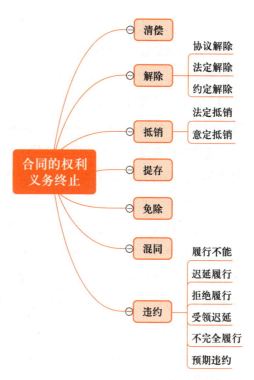

图3-5　合同权利义务终止的原因

（一）清偿主体

清偿主体包括清偿人和清偿受领人。一般情况下，清偿应由合同义务一方向另一方为之，但也不以此为限。

清偿人包括债务人、债务人的代理人和第三人。清偿行为应为民事法律行为或者事实行为，如果以法律行为清偿，且债务人为限制行为能力人时，应取得其法定代理人的同意；当履行行为是法律行为时，除法律规定、当事人约定或性质上须由债务人本人履行的债务外，债务的清偿可由债务人的代理人为之。如第三人的履行能使债权人满足，同时又对债务人没有不利时，原则上第三人的清偿有效。此种情形包括合同成立时约定或法定由第三人清偿和合同成立后第三人的代为清偿。第三人代为清偿须符合四个条件：债务不具有债务人专属性，可以由第三人代为清偿；在第三人清偿之前，债权人与债务人未禁止第三人代为清偿；债权人没有拒绝代为清偿的特别理由；第三人有为债务人清偿的意思。

微课：
清偿

清偿受领人，即受领清偿利益的人。清偿须向有受领权的人作出，并经其受领后，发生清偿的效力，债的关系才能消灭。债权人作为债权的主体，当然地享有清偿受领权。但债权人如进入破产程序，则不能受领清偿，应由破产财产管理人受领清偿。除合同债权人以外的清偿受领人包括：债权人的代理人、破产财产管理人、债据的持有人、行使代位权的债权人、债权人与债务人约定受领清偿的第三人、经债权人认可或受领后取得债权的人。

（二）清偿的标的

要发生清偿的效果，合同债务人就应按照合同之债的具体内容，根据合同确定的标的进行全面清偿，这是合同清偿的基本规则。但也存在着以下例外情形。

代物清偿。通常情况下，合同债务人原则上应以债的标的履行，不得以其他标的替代，否则不发生清偿效果。但在债权人同意的情况下，债务人也可以以其他标的代替原标的履行，即代物清偿。代物清偿以清偿人和清偿受领人就代物清偿达成协议为条件，以受领清偿人现实地受领给付为要件。若代物清偿与原定给付产生差额，清偿人与受领清偿人须就差额的处理作出约定。代物清偿后，合同之债消灭，合同债权的从权利随之消灭。

清偿的抵充是债务人部分履行债务时的规则，是指债务人对同一债权人负担的数个债务种类相同，债务人的给付不足以清偿全部债务时，由债务人指定其履行的债务抵充其中某个或某几个债务的现象。

债务人对同一债权人所负的数个债务中可能有附利息的，也有不附利息的；有附条件的，也有未附条件的；有设定担保的，也有未设定担保的。在债务人的履行不足以消灭所有的债务时，究竟选择消灭哪个债务，对债权人和债务人就有着不同的利害后果。《民法典》从有利于债务人角度将选择权赋予了债务人，但债务人未作指定时，则应当优先抵充已到期的债务；几项债务均到期的，优先履行对债权人缺乏担保或者担保最少的债务；担保数额相同的，优先履行债务负担较重的债务；负担相同的，按照债务到期的先后顺序履行；到期时间相同的，按照债务比例履行。

法治素养

中国共产党十八届四中全会审议通过的《中共中央关于全面推进依法治国若干重大问题的决定》提出："法律的权威源自人民的内心拥护和真诚信仰。人民权益要靠法律保障，法律权威要靠人民维护。必须弘扬社会主义法治精神，建设社会主义法治文化，增强全社会厉行法治的积极性和主动性，形成守法光荣、违法可耻的社会氛围，使全体人民都成为社会主义法治的忠实崇尚者、自觉遵守者、坚定捍卫者。"

启示：通过学习培育学生以人民为中心的法治思想，树立"人民权益要靠法律保障，法律权威要靠人民维护"的法治意识。

三、解除

合同解除，是指合同有效成立后尚未全部履行前，当事人基于协商、法律规定或者合同约定，使合同权利义务归于消灭的一种法律行为。

（一）合同解除的种类

（1）协议解除，是指当事人协商一致而解除合同的行为，通过重新达成一个合意以废弃原合同，以原合同的债权债务归于消灭为内容。

（2）法定解除，是指合同因具备法律规定的条件而得以解除。法定解除的条件包括：因不可抗力致使不能实现合同目的；在履行期限届满之前，当事人一方明确表示或者以自己的行为表明不履行主要债务；当事人一方迟延履行主要债务，经催告后在合理期限内仍未履行；当事人一方迟延履行债务或者有其他违约行为致使不能实现合同目的；法律规定的其他情形。如买卖合同中标的物的质量不符合质量要求，致使合同目的无法实现的，买受人可解除合同；加工承揽合同中，定做人可随时解除合同；委托合同中，委托人或受托人可随时解除合同；等等。另外，以持续履行的债务为内容的不定期合同，当事人在合理期限之前通知对方后可以解除。

（3）约定解除，是指当事人在订立合同时以合同形式约定解约条款，或合同成立后另行订立解约条款，为一方或者双方保留解除权的解除。约定解除的条件包括：当事人对解除权有约定，事先对解除权的发生条件进行约定保留，条件成就时，一方当事人就享有解除权。一方当事人选择行使解除权合同即解除，无须经过对方当事人同意。是否行使解除权由解除权人根据自己的意志和利益决定，这与附解除条件的合同不同，后者的条件一经成就即发生合同解除的效果。

（二）合同解除的程序

当合同具备解除条件时，合同并不当然解除，当事人还须经过一定的程序，才能解除合同。合同的解除程序有两种，即协议解除程序和行使解除权的程序。

（1）协议解除程序，即当事人经过协商一致解除合同。此时相当于当事人达成了一个新的合同，因此解除程序应当包括要约和承诺，要约以解除合同为内容，承诺应是完全同意要约的意思表示。一般情况下，承诺到达解除要约人时，就是合同解除的生效之时。当然，当事人也可以商定解除生效的时间。合同需要有关部门批准的，批准解除的时间为合同解除的时间。

（2）行使解除权的程序。在法定解除和约定解除的情况下，当事人享有合同解除权，可以单方意思表示解除合同，无须对方当事人同意。解除权一般以通知的方式行使，通知到达对方时合同解除，对方对解除合同有异议的，任何一方当事人均可以请求人民法院或者仲裁机构确认解除行为的效力。解除权还可直接以提起诉讼或者申请仲裁的方式行使，人民法院或者仲裁机构确认该主张的，合同自起诉状副本或者仲裁申请书副本送达对方时解除。法律规定或当事人约定解除权行使期限的，解除权人应当在期限内行使，期限届满则解除权消灭。

法律未规定或当事人未约定行使期限的，自解除权人知道或者应当知道解除事由之日起1年内不行使，或者经对方催告后在合理期限内不行使的，解除权消灭。

（三）合同解除的效果

合同解除后，对于尚未履行的部分，债权债务归于消灭，当事人终止履行。对于已经履行的，根据履行情况和合同性质，当事人可以请求恢复原状或者采取其他补救措施，并有权请求赔偿损失。合同因违约解除的，解除权人可以请求违约方承担违约责任。合同解除并不是合同自始无效，解除前，合同是有效的。主合同解除后，不影响担保物权的存续，担保人对债务人应当承担的民事责任仍应当承担担保责任。

四、抵销

抵销，是指当事人互负债务时，各自以其债权充抵债务的清偿，使其债务与对方债务在等额内相互消灭。抵销根据其产生依据，可分为法定抵销和意定抵销。

（一）法定抵销

法定抵销，是指在具备法律所规定的条件时，依当事人一方的意思表示所为的抵销。法定抵销成立的条件主要包括：①当事人互负债权债务，即一方当事人对于对方既负有债务，又享有债权，此时一方当事人才能以自己的债权抵销自己的债务；②互负债务的标的物种类、品质相同，若标的物的种类、品质不同，当事人想进行抵销，须与对方协商，达成一致后才能抵销；③双方的债务均届清偿期，若一方以未到期的债务主张与对方已到期的债务进行抵销，相当于其放弃了自己的期限利益，法律上应当允许；④双方当事人的债务均不属于不能抵销的债务。

不能用于法定抵销的债务主要包括以下几种：第一，依债务的性质不能抵销的，如单纯提供劳务的债务、特定物作为标的的债务、不作为的债务。另外，具有人身性质的债权不得作为被动债权被抵销。第二，法律规定不能抵销的，如标的物被查封、扣押、冻结的债权不得抵销；侵权损害赔偿债权不得作为被动债权被抵销等。第三，当事人约定不得抵销的，这是合同意思自治原则的体现，在该约定不损害第三人利益的情况下，应尊重当事人约定。

法定抵销以主张抵销的一方通知对方为要件，通知自到达对方时生效，无须对方的同意，也无须采取诉讼的方式。抵销不得附条件或者附期限。抵销生效后，双方债务按照抵销数额而消灭。若双方债务数额相同，则双方债务同时消灭，若双方债务数额不同，则数额较小的债务消灭，数额较大的债务在同等数额范围内消灭，其剩余部分的债务仍然存在，但其诉讼

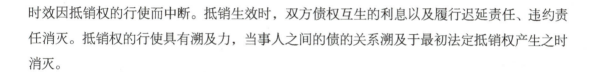

时效因抵销权的行使而中断。抵销生效时，双方债权互生的利息以及履行迟延责任、违约责任消灭。抵销权的行使具有溯及力，当事人之间的债的关系溯及于最初法定抵销权产生之时消灭。

（二）意定抵销

意定抵销，是指当事人以协议的方式来抵销债权，该种抵销重视当事人意思自治，形成的协议为抵销合同。意定抵销是在不符合法定抵销的条件时，当事人不能直接行使抵销权进行抵销，只能通过达成抵销合同进行抵销。

意定抵销的当事人可以通过达成合意来迅速实现债权，可以避免当事人因为负债严重而丧失履行能力的风险。从这个意义上讲，意定抵销也具有一定的债权担保的作用。但若一方已经被宣告破产，则不得适用意定抵销，否则无异于双方通过合意创设了一种优先于担保物权的权利，会损害破产人其他债权人的利益。

协作创新

2018年12月，张某与银行达成一份资产转让的协议，约定由张某支付给银行300万元人民币购买已折抵归银行所有的某橡胶厂，并约定由张某先支付预付款30万元人民币给银行。协议签订后，张某支付了30万元预付款。三日后，张某与银行签订了一份贷款合同，约定由银行贷款30万元给张某，并约定了贷款期限到2020年4月30日。后由于其他原因，银行与张某双方同意终止资产转让协议的继续履行，并约定将30万元预付款返还张某，但因张某尚欠银行贷款30万元，故双方约定2020年2月15日返还30万元。后银行未按时向张某返还30万元，张某也未依贷款合同约定的期限履行归还贷款的合同义务。贷款逾期后，银行向法院提起诉讼，要求张某支付贷款本息。张某在庭审中辩称，因银行欠其30万元，故应当予以抵销。银行承认30万元预付款未返还的事实，但认为二者法律关系不同，应当另案处理。

请以小组为单位分析讨论银行与张某的债权债务能否抵销。

五、提存

提存，是指债务人于债务已届清偿期时，将无法给付的标的物提交给提存部门，以消灭合同债务的行为。因债权人的原因致使债务人难以履行其到期债务的，若因难以履行就免除债务人的给付义务，对债权人明显不公平，因此债务人可以将合同标的物交付给提存部门保管，一旦提存，相当于债务人已履行债务。

（一）提存的条件

1. 提存主体合格

提存的主体又称提存当事人，包括提存人、提存受领人、提存部门。提存人是提存之债的债务人，凡债务的清偿人均可为提存人。提存受领人是提存之债的债权人或者有权受领清偿的第三人。提存部门是法律规定有权接受提存物并为其保管的机关，如法院、银行、公证机关等。

2. 提存的合同之债有效并且已届清偿期

提存是清偿合同之债的方式，只有在合同之债有效并已届清偿期的前提下，债务人才需要为清偿行为。

3. 提存的原因合法

（1）债权人无正当理由拒绝受领，是指债权人按照合同的要求应当受领，但没有正当理由而拒绝受理。拒绝受理的正当理由主要包括债务人履行的标的、时间、地点、方式等不符合债的本质。

（2）债权人下落不明。下落不明并不限于债权人被宣告失踪，只要债权人离开自己的住所不知去向，或者地址不详无法查明地址就可构成。债权人分立、合并，或者变更住所，还没有通知债务人，致使债务人发生履行困难的，也属于债权人下落不明的情况。只有在债权人下落不明导致债务人难以履行的时候，债务人才可以进行提存。如果在债权人下落不明，但尚有其他受理权人的情况下，债务人的履行并不因为债权人下落不明而发生不可能，其不得进行提存。如果债权人下落不明是债务人的原因造成的，那么债务人不得提存。

（3）债权人死亡未确定继承人、遗产管理人或者丧失民事行为能力未确定监护人。此时债务人无法确切知悉谁是债权人，如果轻率履行可能导致非债清偿。

4. 提存标的物适当

提存标的物原则上是债务人应给付的标的物。提存标的物应当是适于提存的物，标的物不适于提存或者提存费用过高的，债务人依法可以拍卖或者变卖标的物，提存所得的价款。标的物不适于提存的主要情形有：易腐、易烂、易燃、易爆物品；标的物体积庞大难以保管；需要特殊设备或者人工照顾的动物等。

（二）提存的效果

提存合同属于为第三人利益的合同，涉及提存人、提存部门以及债权人三方当事人。因此，提存完成后，在这三方当事人相互之间都发生一定的法律效力。

1. 债权人和债务人之间的关系

（1）双方债权债务消灭。在债务人进行提存之后，发生与清偿相同的法律效果，其所负担的债务消灭，债权人不能再向债务人请求履行合同义务。

（2）标的物的风险移转。标的物提存之后，毁损、灭失的风险由债权人承担。

（3）利息义务的免除。债务人的债务因提存而终止，其利息债务作为从义务自然也一并消灭。因此自提存之日。债务人无须再支付利息。

（4）债务人的通知义务。标的物提存后，债务人应当及时通知债权人或者债权人的继承人、遗产管理人、监护人、财产代管人。

2. 提存人和提存部门之间的关系

（1）标的物提存以后，提存部门应当采取适当的方法妥善保管提存物，以防毁损、变质。由于提存涉及一定的提存费用，因此此种保管为有偿保管，提存部门应当尽善良管理人的注意义务。

（2）提存之后，该提存物并不因为提存关系的成立而发生所有权的移转，只有提存债权人受领提存物之后才发生所有权的移转。债权人未及时领取提存物或者放弃领取提存物的权利的，提存人可以凭人民法院生效的判决、裁定或者提存之债已经清偿的公证证明取回提存物。

（3）提存物产生的孳息归债权人所有。提存期间债务人并不因孳息未被收取，而对债权人负损害赔偿责任。债权人在5年内没有行使提存权利，并且提存人不负担提存费用，提存物扣除提存费用后归国库。

3. 债权人和提存部门之间的关系

（1）提存物的交付。提存部门对提存物的保管是为债权人的利益，故债权人有权随时领取提存物。债权人领取提存物的权利，自提存之日起5年内不行使而消灭，提存物扣除提存费用后归国家所有。

（2）债务人提存主要是债权人的原因造成的，故提存费用应当由债权人承担。在债务人取回提存物的情况下，该费用由债务人承担。

（3）提存部门在提存发生之后也负有通知义务。

（4）提存部门对提存物的领取阻止权。债权人和债务人互负对待给付义务的，如果债权人对债务人负有到期债务的，债务人有权要求债权人履行该债务或者提供担保。在债权人未履行债务或者提供担保之前，提存部门应当根据债务人的要求，拒绝债权人行使提存物的领取权。

六、免除

免除，是指债权人免除债务人的债务而使合同权利义务部分或全部终止的意思表示。免除是债权人的单方法律行为，是债权人对其债权以抛弃的意思表示所做的民事法律行为，债权人处分自己的权利，无须征得债务人的同意，否则相当于限制了债权人对自己权利处分。

（一）免除的条件

（1）免除的意思表示应向债务人或其代理人为之，向第三人为免除的意思表示不发生免除的法律效力。免除的意思表示到达债务人或其代理人时生效。免除一经生效便不得撤销。

（2）债权人必须有处分能力。免除是处分债权的行为，作出免除意思表示的债权人必须具有完全民事行为能力，无民事行为能力人或者限制民事行为能力人的免除行为除非有其法定代理人或经法定代理人同意，否则不发生法律效力。对于法律禁止抛弃的债权，债权人免除债务的意思表示无效。

（3）不应损害第三人利益。免除债务会损害第三人利益的，债权人不能免除，否则第三人可能依合同的保全对债权人的免除行为行使撤销权。

（二）免除的效力

债权人免除债务人部分或者全部债务的，债权债务部分或者全部终止，但是债务人在合理期限内拒绝的除外。主债务因免除而消灭的，从债务也随之消灭，但从债务因免除而消灭的，并不影响主债务的存在。

七、混同

微课：
混同

混同，是指债权与债务同归于一人，从而使合同权利义务消灭的事实。混同是一种客观情况，并不需要任何意思表示。混同包括所有权与他物权的混同、主债务与保证债务的混同以及合同债权和债务的混同。

（一）混同发生的原因

混同因债权或债务的承受而产生，具体包括概括承受和特定承受两种。

（1）概括承受是发生混同的主要原因，是指合同关系的一方当事人概括承受他人权利与义务。例如，债权人继承债务人的财产、债务人继承债权人的财产、企业合并、营业的概括承受等。在企业合并场合，合并前的两个企业之间有债权债务时，企业合并后，债权债务因同归一个企业而消灭。

（2）特定承受，是指债务人自债权人受让债权，或者债权人承担债务人的债务时发生的混同。包括两种情况：第一，债权的移转，即债权人将债权让与给债务人，而使债权债务同

归于债务人；第二，债务的移转，即债务人将债务转移给债权人承担，而使债权债务同归于债权人。

（二）混同的效力

混同的效力在于绝对地消灭债权债务关系以及从债权和从债务，如利息、违约金、担保等也都随之消灭。但是，该债权为第三人权利标的的情况下，合同权利义务不能终止。

八、违约

（一）违约行为

违约行为，是指合同当事人不履行合同义务或者履行合同义务的客观事实。主要包括以下几种类型。

（1）履行不能，是指因可归于债务人的事由致合同不能履行。履行不能与能履行而不履行不同，合同因履行不能，只能采取请求赔偿、给付违约金等救济方式，无法请求继续履行。能履行而不履行则构成迟延履行。

（2）迟延履行，是指对履行期已满而能履行的债务，因可归于债务人的事由未给付所发生的迟延。迟延履行使债务不能及时满足，造成对债权人的消极侵害，这是时间上的不完全履行。合同的履行期，应按约定确定，债务人自期限届满之时起，负迟延责任；如未约定期限的，经当事人请求并催告，于催告之时起，负迟延责任，如催告有约定或法定期限的，自期限届满起，负违约责任。

（3）拒绝履行，是债务人在债成立后履行期届满之前，能履行而明示不履行的意思表示。履行拒绝也是债务人能为而不为。

（4）受领迟延，是指债权人对债务人的履行拒绝受领或者不能受领，因此也称"债权人迟延"。

（5）不完全履行，是指债务人虽然履行了债务，但其履行不符合债务的宗旨，包括标的物的品种、数量、质量、方式等方面不符合合同约定。

（6）预期违约，又称先期违约、提前违约，是指当事人一方明确表示或者以自己的行为表明不履行合同义务，对方可以在履行期限届满前要求其承担违约责任。

法治素养

习近平总书记曾强调，既要有防范风险的先手，也要有应对和化解风险挑战的高招；既要打好防范和抵御风险的有准备之战，也要打好化险为夷、转危为机的战略主动战。善于运用法治思维和法治方式防范化解重大风险，将矛盾消解于未然，将风险化解于无形，就要从立法、执法、司法、守法各环节发力，全面提高依法应对风险挑战的能力，做到越是复杂局面越要坚守法治，越是吃劲时候越要坚持法治，着力为防范化解重大风险提供法律依据、确保执法有效。

　　启示： 通过学习习总书记对风险防范的重要论述，培养风险防范意识，树立善于运用法治思维和法治方式防范化解重大风险的观念。

（二）违约责任

　　违约责任，是指合同当事人因违反合同义务，而应当承担的法律后果。当事人一方不履行合同义务或者履行合同义务不符合约定，应当向另一方承担财产责任，以补偿守约方的损失，这体现出违约责任具有补偿性。当事人也可以自由约定惩罚性违约金。违约责任主要有以下几种形式。

　　1. 支付违约金

　　违约金，是指由当事人约定的或者法律直接规定的，在一方当事人不履行或者不完全履行合同时，向另一方当事人支付一定数额的金钱或者其他给付。在当事人约定违约金的情况下，双方既可以约定违约金的数额，也可以约定因违约产生的损失赔偿额的计算方法。若约定的违约金低于造成的损失的，当事人可以请求人民法院或者仲裁机构予以增加；约定的违约金过分高于造成的损失的，当事人可以请求人民法院或者仲裁机构予以适当减少。当事人就迟延履行约定违约金的，违约方支付违约金后，还应当履行债务。

　　2. 支付定金

　　债务人履行债务后，定金应当抵作价款或者收回。给付定金的一方不履行约定的债务的，无权要求返还定金；收受定金的一方不履行约定的债务的，应当双倍返还定金或其他替代物。

　　当事人既约定违约金，又约定定金的，一方违约时，对方可以选择适用违约金或者定金条款。约定的定金不足以弥补一方违约造成的损失的，对方可以请求赔偿超过定金数额的损失。

　　3. 赔偿损失

　　赔偿损失，是指违约方不履行合同义务给对方造成损失时，为了弥补受害人的损失而向受害人支付一定数额金钱的责任方式。损失赔偿额应当相当于因违约所造成的损失，包括合同履行后可以获得的利益。但是，不得超过违反合同一方订立合同时预见到或者应当预见到的因违反合同可能造成的损失。当事人一方违约后，对方应当采取适当措施防止损失的扩大；没有采取适当措施致使损失扩大的，不得就扩大的损失请求赔偿。当事人因防止损失扩大而

支出的合理费用，由违约方负担。

4. 继续履行

继续履行，是指违约方不履行合同债务或履行合同债务不符合约定时，经债权人申请，由法院强制违约方依照合同的规定继续履行的承担违约责任的形式。一般情况下，在一方违约时，对方可以请求其继续履行，但法律上或者事实上不能履行、债务的标的不适于强制履行或者履行费用过高或者债权人在合理期限内未请求履行的则不适用继续履行的责任方式。

5. 其他补救措施

若一方当事人给付标的物的质量不符合约定，且双方对违约责任没有约定或者约定不明确时，受损害方根据标的的性质以及损失的大小，可以合理选择要求对方承担修理、更换、重作、退货、减少价款或者报酬等违约责任。

 知识与技能

一、单选题

1. 乙的下列行为中属于违约行为的是（　　　）。

　　A. 乙喜欢甲店的卤水鸭，某日致电甲要求其送一份卤水鸭外卖给乙。外卖送到后乙看到卤水鸭颜色似乎和以往不一样，遂拒绝接受

　　B. 甲于二手网站上登载简要启事一则："本人有三星旧手机一个出售。"乙联系甲说想要买这个手机，但是甲把手机拿来以后，乙又嫌其过于老旧而拒绝接受

　　C. 甲、乙系好友，两人颇有共同语言。某日甲于街头看到十字绣一幅，价值100元。甲认为乙肯定会喜欢，遂将其购买交予乙并向其索要100元，乙拒绝

　　D. 甲、乙合同约定，乙先供货，甲后付款。乙供货前夕，从电视得知甲由于重大诉讼失利将要被查封资产，财务堪忧，故乙单方面决定中止供货

2. 关于合同的违约金，说法不正确的是（　　　）。

　　A. 违约金条款一般是当事人约定的

　　B. 违约金和定金不能同时使用

　　C. 违约金不能过分高于违约造成的损失

　　D. 一旦约定违约金条款，必须按照约定支付违约金

二、多选题

1. A与甲旅游公司签订合同，约定A参加甲公司组织的旅游团赴某地旅游。旅游出发前15日，A因出差通知甲公司，由B替代跟团旅游。旅游行程过半时，甲公司不顾B反对，将其旅游业务转给乙公司。乙公司组织游客参观某森林公园，该公园所属观

光小火车司机操作失误致火车脱轨，B遭受重大损害。下列表述正确的是（　　　　　）。

　　A. 即使甲公司不同意，A仍有权将旅游合同转让给B

　　B. B有权请求甲公司和乙公司承担连带责任

　　C. B有权请求某森林公园承担赔偿责任

　　D. B有权请求小火车司机承担赔偿责任

　2. 甲公司与小区业主吴某订立了供热合同。因吴某要出国进修半年，向甲公司申请暂停供热未果，遂拒交上一期供热费。下列表述正确的是（　　　　　）。

　　A. 甲公司可以直接解除供热合同

　　B. 经催告吴某在合理期限内未交费，甲公司可以解除供热合同

　　C. 经催告吴某在合理期限内未交费，甲公司可以中止供热

　　D. 甲公司可以要求吴某承担违约责任

第四章
劳动合同与社会保险法律制度

思维导图

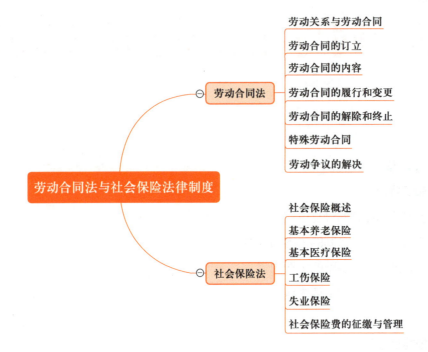

第一节　劳动合同法

案例导入

　　2017年3月，钟女士成功应聘浙江某化工有限公司任办公室文员，并与公司签订了2年期的劳动合同。2018年4月，钟女士已怀胎7月，出现妊娠水肿症状，医院出具休假证明，建议休息半月。随后，钟女士向公司提交了书面请假材料，申请休假至产假届满，并附上医院休假证明。在未取得公司批准的情况下，钟女士此后便不再上班。公司得知钟女士未经批准就擅离岗位后，遂以邮件方式要求钟女士在收到通知的3日内返回公司上班，若逾期不归，公司将视作旷工或者自动离职处理。钟女士收到公司的返岗通知后，考虑到身体原因和医院医生的休假建议，便在邮件中回复自己已回老家，同时以快递方式向公司寄出了一份老家医院就诊的诊断证明，证明自己患有中度妊高症，需住院治疗或卧床休息。此后，双方互不联系，公司自钟女士请假之日起便停发了工资，停缴了社会保险。

　　2018年10月2日，钟女士产假期限即将届满时，因考虑到公司拖欠工资太久，便以此为由寄给公司一封辞职信，告知公司将于2018年10月9日辞去现任职务。2018年11月20日，钟女士委托律师代为申请劳动仲裁，要求公司支付请假当月已出勤天数的工资、产假工资、生育医疗费补贴、经济补偿金、补缴社保等。同时提交劳动合同、结婚证、请假单及医院病休证明、出生医学证明、工资单、辞职信等证据材料。

公司认为钟女士未经公司批准便擅离岗位，已构成旷工或视为自动离职，公司于2018年5月11日在公司内部张贴通告，视作该员工自动离职。但钟女士并不知晓该通告。

案例思考： 该案中双方的劳动合同何时解除？

案例启示： 根据《中华人民共和国劳动合同法》（以下简称《劳动合同法》）的规定：劳动者和用人单位均享有在法定条件下单方解除劳动合同且无须征得对方同意的权利，也就是劳动合同的法定解除权。但在行使该权利时，也须做出明确的意思表示，并且自解除的意思表示到达对方时解除行为才发生法律效力。本案中，公司视作自动离职的做法缺乏法律依据，且该通告仅在公司内张贴，并未送达被告，被告也表示并不知晓该通告，因此公司的解除行为未发生法律效力。所以，双方劳动关系应该是于2018年10月9日解除，也就是钟女士提出辞职申请时。

一、劳动关系与劳动合同

（一）劳动关系的含义和特征

劳动关系是指劳动者与用人单位在实现劳动过程中所产生的社会关系。与一般的民事关系不同，劳动关系具有以下特征：①主体的特定性，劳动关系的一方主体是劳动者，另一方主体是用人单位。②内容具有较强的法定性。为保护处于弱势的劳动者的权益，法律规定了较多的强制性规范，当事人签订劳动合同不得违反强制性规定，否则无效。③劳动者在签订和履行劳动合同时地位不同。劳动者与用人单位在签订劳动合同时，应遵循平等、自愿、协商一致的原则，双方法律地位是平等的；一旦双方签订了劳动合同，在履行劳动合同的过程中，用人单位和劳动者就具有了支配与被支配、管理与被管理的从属关系。

微课：
什么是劳动合同？

（二）劳动合同的含义和劳动合同法的适用范围

劳动合同是劳动者和用人单位之间依法确立劳动关系，明确双方权利义务的书面协议。劳动合同的订立不仅要尊重双方的真实意思，还要遵守国家有关劳动保护的特殊法律规定。

因此，劳动合同在性质上体现出明显的任意性和强制性相统一的特点。以下劳动关系受《劳动合同法》调整：①企业、个体经济组织、民办非企业单位等组织与劳动者建立劳动关系，订立、履行、变更、解除或者终止劳动合同的；②国家机关、事业单位、社会团体和与其建立劳动关系的劳动者订立、履行、变更、解除或者终止劳动合同的。

国家机关包括权力机关、行政机关、司法机关、军事机关等，其录用公务员和聘任制公务员适用《中华人民共和国公务员法》（以下简称《公务员法》），其招用工勤人员，需要签订劳动合同时，适用《劳动合同法》。

事业单位与其工作人员的关系是否适用《劳动合同法》，可分三种情况：①具有管理公共事务职能的组织与其工作人员的关系按照《公务员法》进行管理。②实行企业化管理的事业单位，其与职工签订的是劳动合同，适用《劳动合同法》。③有些事业单位，如医院、学校等，部分劳动者与单位签订的是劳动合同，适用《劳动合同法》；部分劳动者与单位签订的是聘用合同，则首先按照法律、行政法规或者国务院的相关规定，未作规定的，适用《劳动合同法》。

社会团体的工作人员，除按照《公务员法》管理和比照《公务员法》管理的外，其他工作人员与用人单位签订劳动合同的，适用《劳动合同法》。

私人雇用的家庭保姆、农业劳动者（乡镇企业职工和进城务工、经商的农民除外）、现役军人等不适用《劳动合同法》。

协作创新

分组讨论有哪些用工或者聘用不适用《劳动合同法》。

二、劳动合同的订立

劳动者和用人单位经过相互选择与平等协商，就劳动合同的各项条款达成一致意见，并以书面形式明确规定双方权利、义务的内容，从而确立劳动关系。

（一）劳动合同订立的主体

1. 劳动者

法律规定用人单位招用的劳动者必须年满16周岁。但允许文艺、体育和特种工艺单位招用未满16周岁的未成年人，不过这些单位必须依照国家有关规定向县级以上劳动行政部门履行审批手续，并要保障未成年人接受义务教育的权利。劳动者就业时，不因民族、种族、性别、宗教信仰不同而受歧视。妇女享有与男子平等的就业权利。

2. 用人单位

用人单位是指运用劳动力组织生产劳动，且向劳动者支付工资等劳动报酬的单位。用人单位设立的分支机构，依法取得营业执照或者登记证书的，可以作为用人单位与劳动者订立劳动合同，未依法取得营业执照或者登记证书的，受用人单位委托可以与劳动者订立劳动合同。用人单位在录用职工时，除国家规定的不适合妇女的工种或者岗位外，不得以性别为由拒绝录用妇女或者提高对妇女的录用标准。残疾人、少数民族人员、退出现役的军人的就业，法律、法规有特别规定的，按照规定办理。

 法治素养

2019年9月，由各级退役军人事务部门提供的8 758个全国性、地方性退役安置法规政策及规范性文件，在强军网中央军委机关网正式上线，同时还推出了"军转创业"服务平台。这一平台为即将退役的官兵和军人家属提供就业信息咨询、岗位培训、法规政策等全流程服务，于2020年3月26日上线，已累计发布招聘岗位信息8万余条，实现了"宣传政策、答疑解惑，送去关怀、搞好服务，打造品牌、展示形象"的目标，推动了退役军人就业创业工作的发展进步。

启示： 为了促进就业创业，国家对退役军人、大学生的就业创业都给予诸多政策支持。大学生毕业时，可以及时关注有关的政策和信息，助力自身就业和创业。

3. 劳动合同订立主体的义务

劳动者应如实向用人单位告知与劳动合同直接相关的基本情况。

用人单位招用劳动者时，应当如实告知劳动者工作内容、工作条件、工作地点、职业危害、安全生产状况、劳动报酬，以及劳动者要求了解的其他情况。用人单位招用劳动者，不得扣押劳动者的居民身份证和其他证件，不得要求劳动者提供担保或者以其他名义向劳动者收取财物。如果违反《劳动合同法》的规定，扣押劳动者居民身份证等证件的，由劳动行政部门责令限期退还劳动者本人，并依照有关法律规定给予处罚。用人单位以担保或者其他名义向劳动者收取财物的，由劳动行政部门责令限期退还劳动者本人，并以每人500元以上2 000元以下的标准处以罚款，给劳动者造成损害的，应当承担赔偿责任。

 协作创新

信利保安公司招聘10名保安。为确保着装整齐，公司提供统一的保安制服，为此向每人收取了800元服装购置费押金。部分保安对该公司的这种行为表示不满，提请劳动行政部门予以纠正。请分析该公司这种行为的法律后果。

（二）劳动关系建立的时间

劳动关系的建立取决于书面劳动合同的签订时间和实际用工时间。用人单位自用工之日起即与劳动者建立劳动关系。用人单位与劳动者在用工前订立劳动合同的，劳动关系也是从用工之日起建立。用人单位应当建立职工名册备查。职工名册应当包括劳动者姓名、性别、居民身份证号码、户籍地址及现住址、联系方式、用工形式、用工起始时间、劳动合同期限等内容。

（三）劳动合同订立的形式

微课：
不签订劳动
合同有什么
法律后果？

除了非全日制用工双方当事人可以订立口头劳动合同外，建立劳动关系，应当订立书面劳动合同。已建立劳动关系，未同时订立书面劳动合同的，应当自用工之日起1个月内订立书面劳动合同。实践中，有的用人单位和劳动者虽已建立劳动关系，但却迟迟未能订立书面劳动合同。为了保障劳动者的合法权益，《劳动合同法》规定：

（1）自用工之日起1个月内，经用人单位书面通知后，劳动者不与用人单位订立书面劳动合同的，用人单位应当书面通知劳动者终止劳动关系，无须向劳动者支付经济补偿，但是应当依法向劳动者支付其实际工作时间的劳动报酬。

（2）用人单位自用工之日起超过1个月不满1年未与劳动者订立书面劳动合同的，应当向劳动者每月支付2倍的工资，且与劳动者补订书面劳动合同；劳动者不与用人单位订立书面劳动合同的，用人单位应当书面通知劳动者终止劳动关系，并支付经济补偿。用人单位向劳动者每月支付2倍工资的起算时间为用工之日起满1个月的次日，截止时间为补订书面劳动合同的前日。

（3）用人单位自用工之日起满1年未与劳动者订立书面劳动合同的，自用工之日起满1个月的次日至满1年的前一日应当向劳动者每月支付2倍的工资，并视为自用工之日起满1年的当日已经与劳动者订立无固定期限劳动合同，应当立即与劳动者补订书面劳动合同。

（4）用人单位违反《劳动合同法》规定不与劳动者订立无固定期限劳动合同的，自应当订立无固定期限劳动合同之日起向劳动者每月支付2倍的工资。如表4-1所示。

表4-1　不签劳动合同的处理

情形		劳动报酬	双倍工资	经济补偿
用工之日起1个月内，经用人单位书面通知后，劳动者不签		有	无	有
用工之日起超过1个月不满1年	劳动者补订	有	有（第2个月起算）	无
	劳动者不订	有	无	有
用工之日起满1年未签		有	有（11个月）	无

三、劳动合同的内容

（一）劳动合同必备条款

（1）用人单位的名称、住所和法定代表人或者主要负责人。

（2）劳动者的姓名、住址和居民身份证或者其他有效身份证件号码。

微课：
劳动合同一般包括哪些内容？

（3）劳动合同期限。劳动合同可以分为固定期限劳动合同、无固定期限劳动合同和以完成一定工作任务为期限的劳动合同，具体见图4-1。用人单位和劳动者可以协商签订无固定期限劳动合同。《劳动合同法》也明确规定有下列情形之一，劳动者提出或者同意续订、订立劳动合同的，除劳动者提出订立固定期限劳动合同外，应当订立无固定期限劳动合同：①劳动者在该用人单位连续工作满10年的。连续工作满10年的起始时间，应当自用人单位用工之日起计算，包括《劳动合同法》施行前的工作年限。②用人单位初次实行劳动合同制度或者国有企业改制重新订立劳动合同时，劳动者在该用人单位连续工作满10年且距法定退休年龄不足10年的。③连续订立2次固定期限劳动合同，且劳动者没有违法情形，续订劳动合同的。注意连续订立固定期限劳动合同的次数，应当自《劳动合同法》2008年1月1日施行后续订固定期限劳动合同时开始计算。④用人单位自用工之日起满1年不与劳动者订立书面劳动合同的，视为用人单位自用工之日起满1年的当日已经与劳动者订立无固定期限劳动合同。

图4-1 劳动合同期限的种类

协作创新

分组讨论，同学们初次就业时会选择签订哪种期限的劳动合同。

（4）工作内容和工作地点。工作内容包括劳动者从事劳动的工种、岗位和劳动定额、产品质量标准的要求等。这是劳动者判断自己是否胜任该工作、是否愿意从事该工作的关键信息。工作地点是指劳动者可能从事工作的具体地理位置。劳动者的工作地点和居住地点可能不一致，这就导致工作地点的远近也是劳动者判断是否订立劳动合同必不可少的信息，是用人单位必须告知劳动者的内容。

（5）工作时间和休息、休假。

① 工作时间，通常是指劳动者在一昼夜或一周内从事生产或工作的时间，换言之，是劳动者每天应工作的时数或每周应工作的天数。目前我国实行的工时制度主要有标准工时制、不定时工作制和综合计算工时制三种类型。不定时工作制，也称无定时工作制、不定时工作日，是指没有固定工作时间限制的工作制度，主要适用于因工作性质或工作条件不受标准工作时间限制的工作岗位，企业中的长途运输人员、出租车司机、高级管理人员、推销等人员，可以实行不定时工作制。综合计算工时制，也称综合计算工作日，是指用人单位根据生产和工作的特点，分别以周、月、季、年等为周期，综合计算劳动者工作时间，但其平均日工作时间和平均周工作时间仍与法定标准工作时间基本相同的一种工时形式。实行综合计算工时制必须经过劳动行政部门的审批。适用综合计算工时制的有交通、邮电、航空、渔业、勘探、建筑、旅游等行业受季节自然条件限制的部分职工（见图4-2）。

② 休息、休假。休息是指劳动者在任职期间，在国家规定的法定工作时间以外，无须履行劳动义务而自行支配的时间，包括工作日内的间歇时间、工作日之间的休息时间和公休假

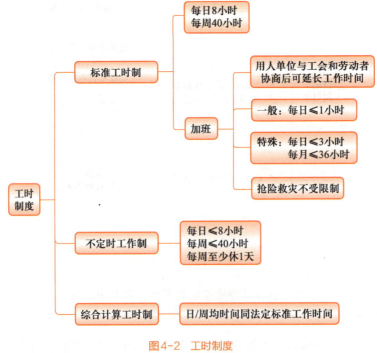

图4-2　工时制度

日。休假是指劳动者无须履行劳动义务且一般有工资保障的法定休息时间，主要包括：法定假日如元旦、春节、清明节、劳动节、端午节、中秋节、国庆节等全民节假日，建军节、妇女节等部分公民节日或纪念日和少数民族节日等；探亲假、婚假、丧假、产假等；年休假。

⚖ 法治素养

　　2015年8月4日，《国务院办公厅关于进一步促进旅游投资和消费的若干意见》发布，其中提出鼓励弹性作息。有条件的地方和单位可根据实际情况，依法优化调整夏季作息安排，为职工周五下午与周末结合外出休闲度假创造有利条件。

　　2015年8月11日，湖南省宁乡市旅游局在官网发布通知，称该局率先试行夏季"2.5天小短假"。此后各地积极响应，已有河北、江西、重庆、甘肃、辽宁、安徽、陕西、福建、浙江、四川等地相继推行2.5天假期制刺激消费。实行2.5天休假，一方面，将释放周末旅游休闲的消费活力，扩大内需的同时推动旅游产业发展和经济结构转型升级；另一方面，将丰富百姓的休假方式，使休假计划多样化、立体化，有效缓解"黄金周"变"黄金粥"的出行压力，提升百姓幸福指数。

　　启示： 休息权是宪法赋予公民的基本权利之一。通过休假模式的更新，深刻理解休息权这一权利的有关内容。

　　为维护职工休息休假权利，调动职工的工作积极性，国务院颁布的《职工带薪年休假条例》明确规定，机关、团体、企业、事业单位、民办非企业单位、有雇工的个体工商户等单位的职工连续工作1年以上的，享受带薪年休假（简称年休假）。职工在年休假期间享受与正常工作期间相同的工资收入。职工累计工作已满1年不满10年的，年休假5天；已满10年不满20年的，年休假10天；已满20年的，年休假15天。具体时长可以用图4-3来表示。国家法定休假日、休息日不计入年休假的假期。年休假在1个年度内可以集中安排，也可以分段安排，单位因生产、工作特点确有必要跨年度安排职工年休假的，可以跨1个年度安排。

　　但当职工有下列情形之一时，不享受当年的年休假：①职工依法享受寒暑假，其休假天数多于年休假天数的；②职工请事假累计20天以上且单位按照规定不扣工资的；③累计工作

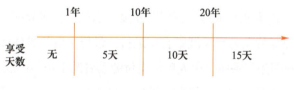

图4-3　年休假时间示意图

满1年不满10年的职工，请病假累计2个月以上的；④累计工作满10年不满20年的职工，请病假累计3个月以上的；⑤累计工作满20年以上的职工，请病假累计4个月以上的。职工新进用人单位且符合享受带薪年休假条件的，当年度年休假天数按照在本单位剩余日历天数折算确定，折算后不足1整天的部分不享受年休假。

协作创新

分组查资料，了解我国目前有哪些全民法定节假日。

（6）劳动报酬。劳动报酬指用人单位根据劳动者劳动的数量和质量，以货币形式支付给劳动者的工资。工资应当以法定货币支付，必须在用人单位与劳动者约定的日期支付。如遇节假日或休息日，则应提前在最近的工作日支付。工资至少每月支付一次，实行周、日、小时工资制的可按周、日、小时支付工资。对完成一次性临时劳动或某项具体工作的劳动者，用人单位应按有关协议或合同规定在其完成劳动任务后立即支付工资。

① 加班工资。用人单位在劳动者完成劳动定额或规定的工作任务后，根据实际需要安排劳动者在法定标准工作时间以外工作的，应当按照一定标准支付高于劳动者正常工作时间工资的工资报酬，具体支付标准见图4-4。实行计件工资的劳动者，在完成计件定额任务后，由用人单位安排延长工作时间的，根据上述原则，按照不低于其本人法定工作时间计件单价的150%、200%、300%支付。

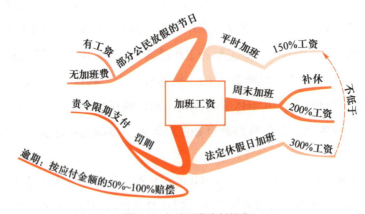

图4-4　加班工资支付标准

② 最低工资制度。国家实行最低工资保障制度，以确保公平分配、保障劳动者及其家庭成员的最基本生活，保障劳动力市场健康有序运行。最低工资的具体标准由省、自治区、直辖市人民政府规定，报国务院备案。用人单位支付劳动者的工资不得低于当地最低工资标准。最低工资不包括延长工作时间的工资报酬，以货币形式支付的住房补贴和用人单位支付的伙

食补贴，中班、夜班、高温、低温、井下、有毒、有害等特殊工作环境和劳动条件下的津贴，国家法律、法规、规章规定的社会保险福利待遇。用人单位低于当地最低工资标准支付劳动者工资的，由劳动行政部门责令限期支付其差额部分；逾期不支付的，责令用人单位按应付金额50%以上100%以下的标准向劳动者加付赔偿金。

（7）社会保险，包括基本养老保险、基本医疗保险、失业保险、工伤保险等。参加社会保险、缴纳保险费是用人单位与劳动者的法定义务，双方都必须履行。

（8）劳动保护、劳动条件和职业危害防护。劳动保护是指用人单位保护劳动者在工作过程中不受伤害的具体措施。劳动条件是指用人单位为劳动者提供正常工作所必需的条件，包括劳动场所和劳动工具。职业危害防护是指用人单位对工作过程中可能产生的影响劳动者身体健康的危害的防护措施。劳动保护、劳动条件和职业危害防护，是劳动合同中保护劳动者身体健康和安全的重要条款。

（9）法律、法规规定应当纳入劳动合同的其他事项。

用人单位提供的劳动合同文本未载明《劳动合同法》规定的劳动合同必备条款或者用人单位未将劳动合同文本交付劳动者的，由劳动行政部门责令改正；给劳动者造成损害的，应当承担赔偿责任。

（二）劳动合同可备条款

除劳动合同必备条款外，用人单位与劳动者还可以在劳动合同中约定试用期、培训、保守秘密、补充保险和福利待遇等其他事项。但约定事项不能违反法律、行政法规的强制性规定，否则该约定无效。

（1）试用期。试用期是指用人单位和劳动者双方为相互了解、确定对方是否符合自己的招聘条件或求职意愿而约定的考察期间。同一用人单位与同一劳动者只能约定一次试用期，试用期包含在劳动合同期限内。劳动合同仅约定试用期的，试用期不成立，约定的期限就是劳动合同的期限。试用期的长短由双方当事人自行约定。《劳动合同法》针对滥用试用期、试用期过长问题做出详细规定，具体见表4-2。劳动者在试用期的工资待遇不得低于本单位相同岗位最低档工资或者劳动合同约定工资的80%，不得低于用人单位所在地的最低工资标准。

微课：
试用期怎么
确定？

表4-2 试用期的期限

适用情形	试用期
劳动合同期限<3个月 以完成一定工作任务为期限 非全日制用工	不得约定

续表

适用情形	试用期
3个月≤劳动合同期限<1年	≤1个月
1年≤劳动合同期限<3年	≤2个月
劳动合同期限≥3年 无固定期限劳动合同	≤6个月

 协作创新

　　2019年12月23日，小王到某公司销售部工作，双方签订劳动合同期限为2年，月工资为5 500元。合同约定试用期为4个月，试用期工资是3 500元。小王工作了3个月后，公司认为小王不符合录用条件，决定辞退小王。小王后来向当地劳动争议仲裁委员会申请仲裁，申请相应的补偿。

　　请分析该案件中公司做法的错误之处。

　　（2）服务期。服务期是指劳动者因享受用人单位给予的特殊待遇而作出的关于劳动履行期限的承诺。《劳动合同法》规定，用人单位为劳动者提供专项培训费用，对其进行专业技术培训的，可以与该劳动者订立协议，约定服务期。劳动合同期满，但是用人单位与劳动者约定的服务期尚未到期的，劳动合同应当续延至服务期满；双方另有约定的，从其约定。劳动者违反服务期约定的，应当按照约定向用人单位支付违约金。违约金的数额不得超过用人单位提供的培训费用，同时不得超过服务期尚未履行部分所应分摊的培训费用。一般而言，只有劳动者在服务期内提出与用人单位解除劳动关系时，用人单位才可以要求其支付违约金。不过劳动者因违纪、违法等重大过错行为而被用人单位解除劳动关系的，用人单位有权要求其支付违约金。劳动者因用人单位有过错而提出解除劳动合同的，不属于违反服务期的约定，用人单位不得要求劳动者支付违约金。

　　（3）保守商业秘密和竞业限制。用人单位与劳动者可以在劳动合同中约定保守用人单位的商业秘密和与知识产权相关的保密事项。竞业限制又称竞业禁止，是在用人单位和劳动者之间的劳动关系解除和终止后，限制劳动者到与本单位生产或者经营同类产品、从事同类业务的有竞争关系的其他用人单位工作，或者自己开业生产或者经营同类产品、从事同类业务，用人单位给予劳动者相应的经济补偿的一项制度。竞业限制的期限不得超过2年。竞业限制的人员限于用人单位的高级管理人员、高级技术人员和其他负有保密义务的人员，而不是所有的劳动者。竞业限制的范围、地域、期限由用人单位与劳动者约定，同时竞业限制的约定不得违反法律、法规的规定。《劳动合同法》规定，对负有保密义务的劳动者，用人单位可以

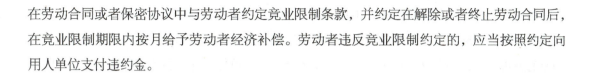

在劳动合同或者保密协议中与劳动者约定竞业限制条款，并约定在解除或者终止劳动合同后，在竞业限制期限内按月给予劳动者经济补偿。劳动者违反竞业限制约定的，应当按照约定向用人单位支付违约金。

（三）劳动合同的效力

劳动合同由用人单位与劳动者协商一致，并经用人单位与劳动者在劳动合同文本上签字或者盖章生效。劳动合同文本由用人单位和劳动者各执一份。下列劳动合同无效或者部分无效：①以欺诈、胁迫的手段或者乘人之危，使对方在违背真实意思的情况下订立或者变更劳动合同的；②用人单位免除自己的法定责任、排除劳动者权利的；③违反法律、行政法规强制性规定的。对劳动合同的无效或者部分无效有争议的，由劳动争议仲裁机构或者人民法院确认。

微课：
什么是无效
的劳动合同

无效劳动合同，从订立时起就没有法律约束力；劳动合同部分无效，不影响其他部分效力。劳动合同被确认无效，劳动者已付出劳动的，用人单位应当向劳动者支付劳动报酬。劳动报酬的数额，参照本单位相同或者相近岗位的劳动报酬确定。劳动合同被确认无效，给对方造成损害，有过错的一方应当承担赔偿责任。

协作创新

H公司招聘一名高级业务经理，张某凭借伪造的名牌大学毕业证书及其他与岗位要求相关的资料，骗得公司的信任，签订了为期3年的劳动合同。半年后，公司发现张某伪造学历证书及其他资料的事实，提出劳动合同无效，要求张某退还公司所发工资，并支付经济赔偿。张某认为公司违反《劳动合同法》的规定，擅自解除劳动合同，应承担违约责任。

请分组讨论该案件应如何处理。

四、劳动合同的履行和变更

（一）劳动合同的履行

用人单位与劳动者应当按照劳动合同的约定，全面履行各自的义务：①用人单位应当向劳动者及时足额支付劳动报酬。用人单位拖欠或者未足额支付劳动报酬的，劳动者可以依法向当地人民法院申请支付令，人民法院应当依法发出支付令。用人单位未按照劳动合同的约定或者国家规定及时足额支付劳动者报酬的，由劳动行政部门责令限期支付；逾期不支付的，责令用人单位按应付金额50%以上100%以下的标准向劳动者加付赔偿金。②用人单位应当严格执行劳动定额标准，不得强迫或者变相强迫劳动者加班。用人单位安排加班的，应当按照国家有关规定向劳动者支付加班费。③劳动者拒绝用人单位管理人员违章指挥、强令冒险作业的，不视为违反劳动合同，劳动者对危害生命安全和身体健康的劳动条件，有权对用人单位提出批评、检举和控告。④用人单位变更名称、法定代表人等事项，不影响劳动合同的履行。⑤用人单位发生合并或者分立等情况，原劳动合同继续有效，由承继其权利和义务的用人单位继续履行。

　　用人单位应当依法建立和完善劳动规章制度，保障劳动者享有劳动权利、履行劳动义务。合法有效的劳动规章制度，主要包括劳动合同管理、工资管理、社会保险福利待遇、工时休假、职工奖惩等规定，是劳动合同的组成部分，对用人单位和劳动者均具有法律约束力。用人单位在制定、修改或者决定有关劳动报酬、工作时间、休息休假、劳动安全卫生、保险福利、职工培训、劳动纪律以及劳动定额管理等直接涉及劳动者切身利益的规章制度和重大事项时，应当经职工代表大会或者全体职工讨论，提出方案和意见，与工会或者职工代表平等协商确定。在规章制度和重大事项决定实施过程中，工会或者职工认为不适当的，有权向用人单位提出，通过协商予以修改完善。用人单位应当将直接涉及劳动者切身利益的规章制度和重大事项决定公示或者告知劳动者。如果用人单位的规章制度未经公示或者未对劳动者告知，该规章制度对劳动者不生效。公示或告知可以采用张贴通告、员工手册送达、会议精神传达等方式。

（二）劳动合同的变更

　　用人单位与劳动者协商一致，可以变更劳动合同。变更劳动合同，应当采用书面形式；未采用书面形式，但已经实际履行超过1个月，且变更后的劳动合同不违反法律、行政法规、国家政策以及公序良俗，也发生劳动合同变更的效果。

五、劳动合同的解除和终止

（一）劳动合同解除

　　劳动合同解除是指在劳动合同订立后，劳动合同期限届满之前，因双方协商提前结束劳动关系，或因出现法定的情形，合同一方单方通知对方结束劳动关系的法律行为。劳动合同解除分为协商解除和法定解除两种情况。

　　协商解除，又称合意解除、意定解除，是指劳动合同订立后，双方当事人因某种原因，在完全自愿的基础上协商一致，提前终止劳动合同，结束劳动关系。

微课：
协商解除

由用人单位提出解除劳动合同而与劳动者协商一致的，必须依法向劳动者支付经济补偿；由劳动者主动辞职而与用人单位协商一致解除劳动合同的，用人单位不需向劳动者支付经济补偿。

法定解除是指在出现国家法律、法规或劳动合同规定的可以解除劳动合同的情形时，不需当事人协商一致，一方当事人即可决定解除劳动合同，劳动合同效力可以自然终止或由单方提前终止。在这种情况下，主动解除劳动合同的一方一般负有主动通知对方的义务。法定解除又可分为劳动者单方解除和用人单位单方解除。

微课：
劳动者单方解除劳动合同

（1）劳动者单方解除可以分为提前通知解除、随时通知解除和无须告知立即解除三种。具体适用情形见表4-3。

表4-3 劳动者单方解除劳动合同的情形

类型	适用情形
提前通知解除	正常用工，提前30日书面通知用人单位
	试用期内，提前3日通知用人单位
随时通知解除	用人单位未按照劳动合同约定提供劳动保护或者劳动条件的
	用人单位未及时足额支付劳动报酬的
	用人单位未依法为劳动者缴纳社会保险费的
	用人单位的规章制度违反法律、法规的规定，损害劳动者权益的
	用人单位以欺诈、胁迫的手段或者乘人之危，使劳动者在违背真实意思的情况下订立或者变更劳动合同的
	用人单位在劳动合同中免除自己的法定责任、排除劳动者权利的
	用人单位违反法律、行政法规强制性规定的
	法律、行政法规规定劳动者可以解除劳动合同的其他情形
无须告知立即解除	用人单位以暴力、威胁或者非法限制人身自由的手段强迫劳动者劳动的
	用人单位违章指挥、强令冒险作业危及劳动者人身安全的

（2）用人单位单方解除劳动合同包括过错性辞退、无过错性辞退和经济性裁员三种。具体适用情形见表4-4。

用人单位在经济性裁员时，应当优先留用下列人员：与本单位订立较长期限的固定期限劳动合同的；与本单位订立无固定期限劳动合同的；家庭无其他就业人员，有需要扶养的老人或者未成年人的。用人单位裁减人员后，在6个月内重新招用人员的，应当通知被裁减的人员，并在同等条件下优先招用被裁减的人员。

微课：
用人单位单方解除劳动合同

表4-4　用人单位单方解除劳动合同的情形

类型	适用情形
过错性辞退	劳动者在试用期间被证明不符合录用条件的
	劳动者严重违反用人单位的规章制度的
	劳动者严重失职，徇私舞弊，给用人单位造成重大损害的
	劳动者同时与其他用人单位建立劳动关系，对完成本单位的工作任务造成严重影响，或者经用人单位提出，拒不改正的
	劳动者以欺诈、胁迫的手段或者乘人之危，使用人单位在违背真实意思的情况下订立或者变更劳动合同的
	劳动者被依法追究刑事责任的
无过错性辞退	劳动者患病或者非因工负伤，在规定的医疗期满后不能从事原工作，也不能从事由用人单位另行安排的工作的
	劳动者不能胜任工作，经过培训或者调整工作岗位，仍不能胜任工作的
	劳动合同订立时所依据的客观情况发生重大变化，致使劳动合同无法履行，经用人单位与劳动者协商，未能就变更劳动合同内容达成协议的
经济性裁员	依照企业破产法规定进行重整的
	生产经营发生严重困难的
	企业转产、重大技术革新或者经营方式调整，经变更劳动合同后，仍需裁减人员的
	其他因劳动合同订立时所依据的客观经济情况发生重大变化，致使劳动合同无法履行的

（二）劳动合同终止

劳动合同终止一般不涉及用人单位与劳动者的意思表示，只要法定事实出现，一般情况下都会导致双方劳动关系的消灭。劳动合同终止的情形有以下几种：劳动合同期满的；劳动者开始依法享受基本养老保险待遇的；劳动者达到法定退休年龄的；劳动者死亡，或者被人民法院宣告死亡或者宣告失踪的；用人单位被依法宣告破产的；用人单位被吊销营业执照、责令关闭、撤销或者用人单位决定提前解散的；法律、行政法规规定的其他情形。

（三）对劳动合同解除和终止的限制性规定

一般劳动合同期满，劳动合同就终止，但也有例外。根据《劳动合同法》的规定，劳动者有下列情形之一的，用人单位既不得解除劳动合同，也不得终止劳动合同，劳动合同应当续延至相应的情形消失时终止：①从事接触职业病危害作业的劳动者未进行离岗前职业健康检查，或者疑似职业病病人在诊断或者医学观察期间的；②在本单位患职业病或者因工负伤并被确认丧失或者部分丧失劳动能力的；③患病或者非因工负伤，在规定的医疗期内的；④女职工在孕期、产期、哺乳期的；⑤在本单位连续工作满15年，且距法定退休年龄不足5年的；⑥法律、行政法规规定的其他情形。上述第②项"丧失或者部分丧失劳动能力"劳动者的劳动合同的终止，按照国家有关工伤保险的规定执行。

（四）劳动合同解除和终止的经济补偿

经济补偿金与违约金、赔偿金是不同的。经济补偿金是法定的，主要是针对劳动关系的解除和终止，在劳动者无过错的情况下，用人单位应给予劳动者一定数额的经济上的补偿。违约金是约定的，是指劳动者违反了服务期和竞业限制的约定而向用人单位支付的违约补偿。赔偿金是指用人单位和劳动者由于自己的过错给对方造成损害时，所应承担的不利的法律后果。用人单位在解除劳动合同和终止劳动合同时，需要支付经济补偿金，具体情形见表4–5。

表4–5 用人单位应当支付经济补偿金的情形

合同解除	（1）劳动者符合随时通知解除和不需事先通知即可解除劳动合同规定情形而解除劳动合同的（不得已） （2）由用人单位提出解除劳动合同并与劳动者协商一致而解除劳动合同的 （3）用人单位符合提前30日以书面形式通知劳动者本人或者额外支付劳动者1个月工资后，可以解除劳动合同规定情形而解除劳动合同的（劳动者无过失） （4）用人单位符合可裁减人员规定而解除劳动合同的
合同终止	（1）除用人单位维持或者提高劳动合同约定条件续订劳动合同，劳动者不同意续订的情形外，劳动合同期满终止固定期限劳动合同的 （2）以完成一定工作任务为期限的劳动合同因任务完成而终止的 （3）用人单位被依法宣告破产终止劳动合同的 （4）用人单位被吊销营业执照、责令关闭、撤销或者用人单位决定提前解散而终止劳动合同的 （5）法律法规规定的其他情形

经济补偿根据劳动者在用人单位的工作年限和工资标准来计算具体金额，并以货币形式支付给劳动者。经济补偿金的计算公式为：

经济补偿金＝劳动合同解除或终止前劳动者在本单位的工作年限 ×
每工作1年应得的经济补偿

或者简写为：

经济补偿金＝工作年限 × 月工资

微课：
经济补偿金
的计算

根据《劳动合同法》的规定，经济补偿按劳动者在本单位工作的年限，每满1年支付1个月工资的标准向劳动者支付。6个月以上不满1年的，按1年计算；不满6个月的，向劳动者支付半个月工资的经济补偿。劳动者非因本人原因从原用人单位被安排到新用人单位工作的，劳动者在原用人单位的工作年限合并计到新用人单位的工作年限。原用人单位已经向劳动者支付经济补偿的，新用人单位在依法解除、终止劳动合同计算支付经济补偿的工作年限时，不再计算劳动者在原用人单位的工作年限。

月工资是指劳动者在劳动合同解除或者终止前12个月的平均工资。月工资按照劳动者应得工资计算，包括计时工资或者计件工资以及奖金、津贴和补贴等货币性收入。劳动者工作不满12个月的，按照实际工作的月数计算平均工资。

劳动者在劳动合同解除或者终止前12个月的平均工资低于当地最低工资标准的，按照当地最低工资标准计算。劳动者月工资高于用人单位所在直辖市、设区的市级人民政府公布的本地区上年度职工月平均工资3倍的，向其支付经济补偿的标准按职工月平均工资3倍的数额支付，向其支付经济补偿的年限最高不超过12年。

协作创新

小李于2013年9月1日到甲公司工作。2019年4月30日，公司与其协商解除劳动合同。已知小李劳动合同解除前12个月的月平均工资为3 000元。请同学们思考公司应如何支付经济补偿给小李。

（五）劳动合同解除和终止的法律后果及双方义务

劳动合同解除和终止后，用人单位和劳动者双方不再履行劳动合同，劳动关系消灭。劳动者应当按照双方约定办理工作交接。劳动合同解除或终止的，用人单位应当在解除或者终止劳动合同时出具解除或者终止劳动合同的证明，并在15日内为劳动者办理档案和社会保险关系转移手续。用人单位出具的解除、终止劳动合同的证明，应当写明劳动合同期限、解除或者终止劳动合同的日期、工作岗位、在本单位的工作年限。用人单位对已经解除或者终止的劳动合同的文本，至少保存2年备查。

六、特殊劳动合同

（一）集体合同

微课：什么是集体合同

集体合同是工会代表企业职工方与企业签订的以劳动报酬、工作时间、休息休假、劳动安全卫生、保险福利等为主要内容的书面协议。尚未建立工会的用人单位，可以由上级工会指导劳动者推举的代表与用人单位订立集体合同。企业职工一方与用人单位可以订立劳动安全卫生、女职工权益保护、工资调整机制等专项集体合同。在县级以下区域内，建筑业、采矿业、餐饮服务业等行业可以由区域、行业工会与企业方面代表订立行业性集体合同，或者订立区域性集体合同。

集体合同内容由用人单位和职工各自派出代表通过集体协商（会议）的方式确定。集体协商双方的代表人数应当对等，每方至少3人，并各确定1名首席代表。经双方代表协商一致的集体合同草案或专项集体合同草案应当提交职工代表大会或者全体职工讨论。职工代表大会或者全体职工讨论集体合同草案，应当有2/3以上职工代表或者职工出席，且须经全体职工代表半数以上或者全体职工半数以上同意，方获通过。集体合同草案或专项集体合同草案经职工代表大会或者职工大会通过后，由集体协商双方首席代表签字。

集体合同订立后，应当报送劳动行政部门。劳动行政部门自收到集体合同文本之日起15日内未提出异议的，集体合同即行生效。具体流程见图4-5。

图4-5 集体合同签订流程图

集体合同中劳动报酬和劳动条件等标准不得低于当地人民政府规定的最低标准；用人单位与劳动者订立的劳动合同中劳动报酬和劳动条件等标准不得低于集体合同规定的标准。依法订立的集体合同对用人单位和劳动者具有约束力。行业性、区域性集体合同对当地本行业、本区域的用人单位和劳动者具有约束力。

用人单位违反集体合同，侵犯职工劳动权益的，工会可以依法要求用人单位承担责任；因履行集体合同发生争议，经协商解决不成的，工会可以依法申请仲裁、提起诉讼。

（二）劳务派遣

劳务派遣是指由劳务派遣单位与劳动者订立劳动合同，与用工单位订立劳务派遣协议，将被派遣劳动者派往用工单位给付劳务。被派遣劳动者不与用工单位签订劳动合同、发生劳动关系，而是与派遣单位存在劳动关系，这是劳务派遣最显著的特征。劳务派遣是我国企业用工的补充形式，只能在临时性、辅助性或者替代性的工作岗位上实施。临时性工作岗位是指存续时间不超过6个月的岗位；辅助性工作岗位是指为主营业务岗位提供服务的非主营业务岗位；替代性工作岗位是指用工单位的劳动者因脱产学习、休假等原因无法工作的一定期间内，可以由其他劳动者替代工作的岗位。

劳务派遣单位是用人单位，应当履行用人单位对劳动者的义务。劳务派遣单位与被派遣

微课：
劳务派遣怎么签订合同

劳动者订立的劳动合同，除应当载明劳动合同必备的条款外，还应当载明被派遣劳动者的用工单位以及派遣期限、工作岗位等情况。劳务派遣单位应当与被派遣劳动者订立2年以上的固定期限劳动合同，按月支付劳动报酬；被派遣劳动者在无工作期间，劳务派遣单位应当按照所在地人民政府规定的最低工资标准，向其按月支付报酬。劳务派遣单位应当将劳务派遣协议的内容告知被派遣劳动者，不得克扣用工单位按照劳务派遣协议支付给被派遣劳动者的劳动报酬。

接受以劳务派遣形式用工的单位是用工单位。劳务派遣单位派遣劳动者应当与用工单位订立劳务派遣协议，约定派遣岗位和人员数量、派遣期限、劳动报酬和社会保险费的数额与支付方式以及违反协议的责任。用工单位应当根据工作岗位的实际需要与劳务派遣单位确定派遣期限，不得将连续用工期限分割订立数个短期劳务派遣协议。劳务派遣单位和用工单位不得向被派遣劳动者收取费用。

被派遣劳动者享有与用工单位的劳动者同工同酬的权利。用工单位应当按照同工同酬原则，对被派遣劳动者与本单位同类岗位的劳动者实行相同的劳动报酬分配办法。用工单位无同类岗位劳动者的，参照用工单位所在地相同或者相近岗位劳动者的劳动报酬确定。

劳务派遣单位、用工单位和劳动者三方的关系可以用图4-6来表示。

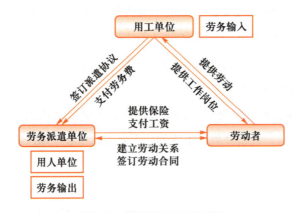

图4-6　劳务派遣三方关系图

（三）非全日制用工

非全日制用工，是指以小时计酬为主，劳动者在同一用人单位一般平均每日工作时间不超过4小时，每周工作时间累计不超过24小时的用工形式。从事非全日制用工的劳动者可以与一个或者一个以上用人单位订立劳动合同。但是，后订立的劳动合同不得影响先订立的劳动合同的履行。非全日制用工双方当事人不得约定试用期，任何一方都可以随时通知对方终止用工。终止用工的，用人单位不向劳动者支付经济补偿。非全日制用工小时计酬标准不得低于用人单位所在地人民政府规定的最低小时工资标准。用人单位可以按小时、日或周为单

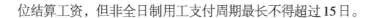

位结算工资，但非全日制用工支付周期最长不得超过 15 日。

七、劳动争议的解决

（一）劳动争议及解决方法

1. 劳动争议的含义和范围

劳动争议是指劳动关系当事人之间因实现劳动权利、履行劳动义务发生分歧而引起的争议，也称劳动纠纷、劳资争议。包括：①因确认劳动关系发生的争议；②因订立、履行、变更、解除和终止劳动合同发生的争议；③因除名、辞退和辞职、离职发生的争议；④因工作时间、休息休假、社会保险、福利、培训以及劳动保护发生的争议；⑤因劳动报酬、工伤医疗费、经济补偿或者赔偿金等发生的争议；⑥法律、法规规定的其他劳动争议。

2. 劳动争议的解决

解决劳动争议，应当根据事实，遵循合法、公正、及时、着重调解的原则，依法保护当事人的合法权益。

微课：
劳动争议怎
么解决

劳动争议解决的方法有协商、调解、仲裁和诉讼。发生劳动争议，劳动者可以与用人单位协商，也可以请工会或者第三方共同与用人单位协商，达成和解协议；当事人不愿协商、协商不成或者达成和解协议后不履行的，可以向调解组织申请调解；不愿调解、调解不成或者达成调解协议后不履行的，可以向劳动争议仲裁机构申请仲裁；对仲裁裁决不服的，除《劳动争议调解仲裁法》另有规定的以外，可以向人民法院提起诉讼。

协作创新

分组讨论劳动争议的种类，并选择合适的争议解决方式，同时说明理由。

（二）劳动调解

劳动争议的调解是指在劳动争议调解组织的主持下，在双方当事人自愿的基础上，通过宣传法律、法规、规章和政策，劝导当事人化解矛盾，自愿就争议事项达成协议，使劳动争议及时得到解决的一种活动。可受理劳动争议的调解组织有：设立在企业的企业劳动争议调解委员会，依法设立的基层人民调解组织，在乡镇、街道设立的具有劳动争议调解职能的组织。劳动调解依照图 4-7 所示的流程图进行。

（三）劳动仲裁

劳动仲裁是指劳动争议仲裁机构对劳动争议当事人争议的事项，根据劳动法律、法规、规章和政策等的规定，依法作出裁决，从而解决劳动争议的一项劳动法律制度。劳动仲裁机构是劳动人事争议仲裁委员会，劳动争议仲裁不收费，仲裁委员会的经费由财政予以保障。

发生劳动争议的劳动者和用人单位为劳动争议仲裁案件的双方当事人。用人单位未办理营业执照、被吊销营业执照、营业执照到期继续经营、被责令关闭、被撤销以及用人单位解散、歇业的，应当将用人单位和其出资人、开办单位或者主管部门作为共同当事人。发生争议的劳动者一方在10人以上，并有共同请求

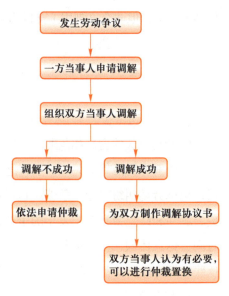

图4-7　劳动调解流程图

的，可以推举3~5名代表人参加仲裁。因履行集体合同发生的劳动争议，经协商解决不成的，工会可以依法申请仲裁；尚未建立工会的，由上级工会指导劳动者推举产生的代表依法申请仲裁。与劳动争议案件的处理结果有利害关系的第三人，可以申请参加仲裁活动或者由仲裁委员会通知其参加仲裁活动。

当事人可以委托代理人参加仲裁活动。丧失或者部分丧失民事行为能力的劳动者，由其法定代理人代为参加仲裁活动；无法定代理人的，由仲裁委员会为其指定代理人。劳动者死亡的，由其近亲属或者代理人参加仲裁活动。

劳动争议由劳动合同履行地或者用人单位所在地的仲裁委员会管辖。双方当事人分别向劳动合同履行地和用人单位所在地的仲裁委员会申请仲裁的，由劳动合同履行地的仲裁委员会管辖。有多个劳动合同履行地的，由最先受理的仲裁委员会管辖。仲裁庭由3名仲裁员组成，设首席仲裁员。简单劳动争议案件可以由1名仲裁员独任仲裁。仲裁员如有是本案当事人、与案件有利害关系等情形的，应当回避，当事人也有权以口头或者书面方式提出回避申请。劳动争议仲裁公开进行，但当事人协议不公开或者涉及商业秘密和个人隐私的，经相关当事人书面申请，仲裁委员会应当不公开审理。

发生劳动争议，当事人对自己提出的主张，有责任提供证据。与争议事项有关的证据属于用人单位掌握管理的，用人单位应当提供；在法律没有具体规定，按照上述原则也无法确定举证责任承担时，仲裁庭可以根据公平原则和诚实信用原则，综合当事人举证能力等因素确定举证责任的承担。

劳动争议申请仲裁的时效期间为1年，从当事人知道或者应当知道其权利被侵害之日起计

算。劳动关系存续期间因拖欠劳动报酬发生争议的，劳动者申请仲裁不受1年仲裁时效期间的限制。但是，劳动关系终止的，应当自劳动关系终止之日起1年内提出。因一方当事人向对方当事人主张权利，或者向有关部门请求权利救济，或者对方当事人同意履行义务而发生仲裁时效的中断。从中断时起，仲裁时效期间重新计算。因不可抗力或者有其他正当理由，当事人不能在仲裁时效期间申请仲裁的，仲裁时效中止。从中止时效的原因消除之日起，仲裁时效期间继续计算。

仲裁裁决应当按照多数仲裁员的意见作出，少数仲裁员的不同意见应当记入笔录。当事人对仲裁裁决不服的，自收到裁决书之日起15日内，可以向人民法院起诉；期满不起诉的，裁决书即发生法律效力。下列劳动争议的仲裁裁决书自作出之日起发生法律效力：追索劳动报酬、工伤医疗费、经济补偿或者赔偿金，不超过当地月最低工资标准12个月金额的争议。用人单位有证据证明上述一裁终局的裁决有下列情形之一，可以自收到仲裁裁决书之日起30日内向仲裁委员会所在地的中级人民法院申请撤销裁决：①适用法律、法规确有错误的；②劳动争议仲裁委员会无管辖权的；③违反法定程序的；④裁决所根据的证据是伪造的；⑤对方当事人隐瞒了足以影响公正裁决的证据的；⑥仲裁员在仲裁该案时有索贿受贿、徇私舞弊、枉法裁决行为的。人民法院组成合议庭核实裁决有上述规定情形之一的，应当裁定撤销仲裁裁决。

劳动仲裁的流程可以用图4-8来表示。

当事人对发生法律效力的调解书、裁决书，应当依照规定的期限履行。一方当事人逾期

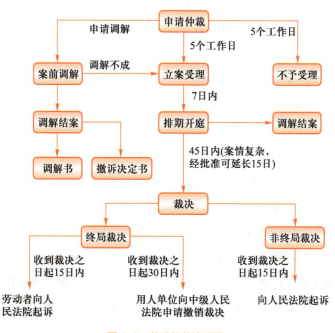

图4-8　劳动仲裁流程图

不履行的，另一方当事人可以依照《民事诉讼法》的有关规定向人民法院申请执行。仲裁庭对追索劳动报酬、工伤医疗费、经济补偿或者赔偿金的案件，根据当事人的申请，可以裁决先予执行，移送人民法院执行。劳动者申请先予执行的，可以不提供担保。

（四）劳动诉讼

劳动者在仲裁委员会不予受理或者逾期未作出决定的，或者对劳动争议的仲裁裁决不服的，或者终局裁决被人民法院裁定撤销后，可以向人民法院提起诉讼，以维护自身的合法权益。用人单位对于除终局裁决情形之外的其他劳动争议案件的仲裁裁决不服或者终局裁决被人民法院裁定撤销的情形下，也可以向人民法院提起诉讼。劳动诉讼程序依照《民事诉讼法》的规定执行。

知识与技能

一、单选题

1. 下列情形中，用人单位支付劳动者的工资可以低于最低工资标准的是（　　　）。

　　A. 试用期内　　　　　　　　　B. 停工留薪期间

　　C. 见习期内　　　　　　　　　D. 医疗期内

2. 依照《劳动合同法》的规定，劳动者与用人单位建立劳动关系的起算时间是（　　　）。

　　A. 劳动者接到用人单位的录用通知书之日

　　B. 劳动者与用人单位签订劳动合同之日

　　C. 试用期届满之日

　　D. 用人单位用工之日

3. 某建筑企业用工总量为 2 000 人。根据《劳务派遣暂行规定》，使用被派遣的劳动者数量不得超过（　　　）。

　　A. 100 人　　　　　B. 200 人　　　　　C. 300 人　　　　　D. 500 人

4. 劳动者甲与某公司签订了为期 2 年的劳动合同，并约定了试用期。按照《劳动合同法》的规定，该试用期不得超过的期限是（　　　）。

　　A. 1 个月　　　　　B. 2 个月　　　　　C. 3 个月　　　　　D. 6 个月

5. 仲裁庭处理劳动争议，结案的期限是（　　　）。

　　A. 自组成仲裁庭之日起 30 天内　　　　　B. 自受理仲裁申请之日起 60 天内

　　C. 自当事人申请仲裁之日起 90 天内　　　D. 自当事人申请仲裁之日起 120 天内

二、多选题

1. 劳动者主动解除劳动合同不需要承担法律责任，应满足的条件是（　　　　）。

　　A. 提前30天向用人单位提出辞职　　　B. 以书面形式提交辞职书

　　C. 提出书面辞职书届满30日离职　　　D. 办理离职手续

2. 关于集体劳动合同的说法，正确的是（　　　　）。

　　A. 工会依法可以对集体劳动合同订立争议申请仲裁

　　B. 因集体劳动合同履行发生的劳动争议案件，可以协商解决

　　C. 集体劳动合同履行争议可以适用简易程序进行仲裁

　　D. 对集体劳动合同履行争议，仲裁委员会应当优先立案，优先审理

3. 下列有关工资支付时间的说法，正确的是（　　　　）。

　　A. 工资至少每月支付一次

　　B. 工资必须在法定日期支付

　　C. 工资支付遇到节假日的，应顺延支付日期

　　D. 用人单位应在依法解除劳动合同时一次付清劳动者工资

三、案例分析题

朱某于2014年6月1日入职昌达公司，双方订立了3年期的劳动合同，并约定试用期为8个月。2015年11月1日，昌达公司与朱某签订《培训协议》，约定将朱某送到国外进行专项技术培训2个月，并约定朱某培训结束后再为公司服务5年，如朱某违反服务期约定须向公司支付违约金。2017年5月底，昌达公司告知朱某，因公司业务调整，其与朱某所订立的劳动合同在2017年5月31日到期后不再延续，朱某无须再继续履行《培训协议》中约定的服务期。朱某认为，其劳动合同期限应当延续至服务期届满，昌达公司终止劳动合同的行为属于违法终止，故提出仲裁申请，要求昌达公司支付违法终止劳动合同赔偿金。问：

（1）昌达公司与朱某约定的试用期是否合法，为什么？

（2）昌达公司与朱某约定的服务期是否合法，为什么？

（3）昌达公司终止与朱某的劳动合同是否合法，为什么？

四、实务操作题

请根据以下内容编制一份劳动合同，要求合同包含以下内容，约定内容须符合《劳动合同法》的规定。

李亮与上海市信华科技有限公司签订了一份劳动合同，双方约定如下：

（1）劳动合同期限为4年，试用期为3个月；

（2）工作岗位是办公室文员，正式工资是5 000元，试用期工资4 400元；

（3）工作时间实行8小时工作制，单位实行双休；

（4）双方还约定了合同变更、合同解除、违约责任、争议解决等内容。

第二节 社会保险法

 案例导入

张某2004年6月到某耐磨材料有限公司上班，先后从事过杂工、破碎、开压力机等有害工作。工作3年多后，他被多家医院诊断为尘肺，但企业拒绝为其提供相关资料，在向上级主管部门多次投诉后他得以被鉴定，当地职业病防治所为其作出了"肺结核"的诊断。为寻求真相，这位28岁的年轻人只好跑到医院，不顾医生劝阻铁心"开胸验肺"，以此悲壮之举揭穿了谎言。其实，在张某"开胸验肺"前，医院的医生便对他坦承："凭胸片，肉眼就能看出你是尘肺。"2009年9月16日，张某证实其已与某耐磨材料有限公司签订了赔偿协议：赔偿包括医疗费、护理费、住院期间伙食补偿费、停工留薪期工资、一次性伤残补助金、一次性伤残津贴及各项工伤保险待遇共计615 000元，并且与该耐磨材料有限公司终止了劳动关系。2016年5月，张某走上了帮助尘肺病人的道路，创办"尘肺病防治网"。

案例思考：职工在哪些情况下可以认定工伤？在实践中为什么认定工伤如此困难？

案例启示：根据《职业病防治法》的相关规定，职业病诊断应当综合分析病人的职业史，分析职业病危害接触史和现场危害调查与评价，需要用人单位提供有关职业卫生和健康监护等资料。然而，从实际效果看，用人单位很少愿意"自证其罪"。

"张某事件"之后，当地人民政府下发了《关于开展职业卫生专项监督检查的紧急通知》，迅速在全市范围内全面开展职业卫生监督专项检查。这一事件从一定程度上唤醒了民众对于工伤认定的认知，也促进了《中华人民共和国社会保险法》《中华人民共和国职业病防治法》《职业病诊断与鉴定管理办法》等相关法律法规的宣传培训。在法治社会，要切实提高用人单位的职业病防治责任意识和劳动者的职业病防治意识，充分调动群众的参与积极性，让社会和群众关心、支持和监督职业病防治工作。

一、社会保险概述

社会保险，是指国家依法建立的，由国家、用人单位和个人共同筹集资金、建立基金，使个人在年老（退休）、患病、工伤（因工伤残或者患职业病）、失业、生育等情况下获得物质帮助和补偿的一种社会保障制度。

社会保险法律渊源有很多，包括法律、法规等。主要有：2011年7月1日起实施的《中华人民共和国社会保险法》、1999年1月22日国务院颁布的《失业保险条例》、2010年12月20日国务院修订发布的《工伤保险条例》、人力资源和社会保障部2011年颁布的《实施〈中华人民共和国社会保险法〉若干规定》、国务院2017年颁行的《生育保险与职工基本医疗保险合并实施试点方案》等。

二、基本养老保险

微课：
养老保险，你该了解这些

基本养老保险制度，是指缴费达到法定期限并且个人达到法定退休年龄后，国家和社会提供物质帮助以保证因年老而退出劳动领域者有稳定、可靠的生活来源的社会保险制度。基本养老保险是社会保险体系中最重要、最广泛的一项制度。

（一）基本养老保险的组成与覆盖范围

基本养老保险制度由三个部分组成：职工基本养老保险制度、新型农村社会养老保险制度（简称新农保）、城镇居民社会养老保险制度（简称城居保）。国务院于2014年2月发布了《关于建立统一的城乡居民基本养老保险制度的意见》（国发〔2014〕8号），决定将新农保和城居保两项制度合并实施，在全国范围内建立统一的城乡居民基本养老保险制度。年满16周岁（不含在校学生），非国家机关和事业单位工作人员及不属于职工基本养老保险制度覆盖范围的城乡居民，可以在户籍地参加城乡居民养老保险。除特别说明外，本章所称的基本养老保险均指职工基本养老保险。职工基本养老保险费的征缴范围为：国有企业、城镇集体企业、外商投资企业、城镇私营企业和其他城镇企业及其职工，实行企业化管理的事业单位及其职工，这是基本养老保险的主体部分。无雇工的个体工商户、未在用人单位参加基本养老保险的非全日制从业人员以及其他灵活就业人员可以参加基本养老保险，由个人缴纳基本养老保险费。

（二）职工基本养老保险基金的组成和来源

基本养老保险基金由用人单位和个人缴费以及政府补贴等组成。基本养老保险实行社会统筹与个人账户相结合，基本养老金由统筹养老金和个人账户养老金组成。

养老保险社会统筹，是指统收养老保险缴费和统支养老金，确保收支平衡的公共财务系统。用人单位应当按照国家规定的本单位职工工资总额的比例缴纳基本养老保险费，记入基本养老保险统筹基金。职工按照国家规定的本人工资的比例缴纳基本养老保险费，记入个人账户。基本养老保险基金出现支付不足时，政府给予补贴。无雇工的个体工商户、未在用人单位参加基本养老保险的非全日制从业人员以及其他灵活就业人员参加基本养老保险的，应当按照国家规定缴纳基本养老保险费，分别记入基本养老保险统筹基金和个人账户。

个人账户不得提前支取，记账利率不得低于银行定期存款利率，免征利息税。参加职工基本养老保险的个人死亡后，其个人账户中的余额可以全部依法继承。个人跨统筹地区就业的，其基本养老保险关系随本人转移，缴费年限累计计算。个人达到法定退休年龄时，基本养老金分段计算、统一支付。

（三）职工基本养老保险费的缴纳

用人单位按照全部职工缴费工资总和的一定比例进行缴纳。这一缴费比例一般为16%，但各省、自治区、直辖市政府可根据本地情况适当调整。职工个人按照本人缴费工资的8%缴纳职工基本养老保险，记入个人账户。城镇个体工商户和灵活就业人员的缴费基数为当地上年度在岗职工月平均工资，缴费比例为20%，其中8%记入个人账户。具体缴费可以用图4-9来表示。

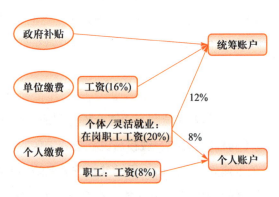

图4-9　职工基本养老保险费的缴纳标准

协作创新

假设甲市2018年度月平均工资是5 000元。分别计算以下人员2019年每月应缴纳的基本养老保险费。

1. 甲市A企业职工王丽丽的月工资是8 000元
2. 甲市B企业职工马超的月工资是2 500元
3. 甲市C企业职工朱丹的月工资是18 000元

（四）职工基本养老保险享受条件与待遇

1. 职工基本养老保险享受条件

（1）年龄条件：达到法定退休年龄。具体年龄见表4-6。

表4-6　法定退休年龄

从事工作及身体状况	法定退休年龄（岁）		
	男	女	女干部
一般工作	60	50	55
井下、高温、高空、特别繁重体力劳动或其他有害身体健康工作	55	45	
因病或非因工致残，由医院证明并经劳动鉴定委员会确认完全丧失劳动能力的	50	45	

（2）缴费条件：累计缴费满15年。参加职工基本养老保险的个人，达到法定退休年龄时累计缴费满15年的，按月领取基本养老金。

2. 职工基本养老保险待遇

对符合基本养老保险享受条件的人员，国家按月支付基本养老金。参加基本养老保险的个人，因病或者非因工死亡的，其遗属可以领取丧葬补助金和抚恤金，所需资金从基本养老保险基金中支付。参加基本养老保险的个人，在未达到法定退休年龄时因病或者非因工致残完全丧失劳动能力的，可以领取病残津贴，所需资金从基本养老保险基金中支付。

三、基本医疗保险

基本医疗保险制度，是指按照国家规定缴纳一定比例的医疗保险费，参保人因患病和意外伤害而就医诊疗，由医疗保险基金支付其一定医疗费用的社会保险制度。

微课：
有医疗保险，看病不再难

（一）基本医疗保险的覆盖范围

1. 职工基本医疗保险

职工应当参加职工基本医疗保险，由用人单位和职工按照国家规定共同缴纳基本医疗保险费。职工基本医疗保险费的征缴范围为：国有企业、城镇集体企业、外商投资企业、城镇私营企业和其他城镇企业及其职工，国家机关及其工作人员，事业单位及其职工，民办非企业单位及其职工，社会团体及其专职人员。

无雇工的个体工商户、未在用人单位参加基本医疗保险的非全日制从业人员以及其他灵活就业人员可以参加职工基本医疗保险，由个人按照国家规定缴纳基本医疗保险费。

2. 城乡居民基本医疗保险

城乡居民基本医疗保险制度覆盖范围包括现有城镇居民基本医疗保险制度和新型农村合作医疗所有应参保（合）人员，即覆盖除职工基本医疗保险应参保人员以外的其他所有城乡居民，统一保障待遇。

（二）职工基本医疗保险费的缴纳

基本医疗保险与基本养老保险一样采用"统账结合"模式，即分别设立社会统筹基金和个人账户基金，基本医疗保险基金由统筹基金和个人账户构成。

1. 单位缴费

由统筹地区统一确定适合当地经济发展水平的基本医疗保险单位缴费率，一般为职工工资总额的6%左右。用人单位缴纳的基本医疗保险费分为两部分：一部分进入统筹基金，另一部分划入个人账户。

2. 基本医疗保险个人账户的资金来源

（1）个人缴费部分。由统筹地区统一确定适合当地职工负担水平的基本医疗保险个人缴费率，一般为本人工资收入的2%。个人缴费全部进入个人账户。

（2）用人单位缴费的划入部分。由统筹地区根据个人医疗账户的支付范围和职工年龄等因素确定用人单位所缴医疗保险费划入个人医疗账户的具体比例，一般为30%左右。

个人跨统筹地区就业的，其基本医疗保险关系随本人转移，缴费年限累计计算。参加职工基本医疗保险的个人，达到法定退休年龄时累计缴费达到国家规定年限的，退休后不再缴纳基本医疗保险费，按照国家规定享受基本医疗保险待遇；未达到国家规定缴费年限的，可以缴费至国家规定年限。目前对最低缴费年限没有全国统一的规定，由各统筹地区根据本地情况确定。

（三）职工基本医疗费用的结算

要享受基本医疗保险待遇一般要符合以下条件：①参保人员必须到基本医疗保险的定点医疗机构就医、购药或到定点零售药店购买药品。②参保人员在看病就医过程中所发生的医疗费用必须符合基本医疗保险药品目录、诊疗项目、医疗服务设施标准的范围和给付标准。即"定点定围"。

参保人员符合基本医疗保险支付范围的医疗费用中，在社会医疗统筹基金起付标准以上与最高支付限额以下的费用部分，由社会医疗统筹基金按一定比例支付。起付标准，又称起付线，一般为当地职工年平均工资的10%左右。最高支付限额，又称封顶线，一般为当地职工年平均工资的6倍左右。支付比例一般为90%。因此，职工享受医疗保险的额度可以用图4-10来表示。

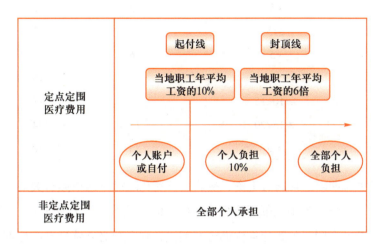

图4-10　职工享受医疗保险额度示意图

下列医疗费用不纳入基本医疗保险基金支付范围：应当从工伤保险基金中支付的；应当由第三人负担的；应当由公共卫生负担的；在境外就医的。医疗费用应当由第三人负担，第三人不支付或者无法确定第三人的，由基本医疗保险基金先行支付。基本医疗保险基金先行支付后，有权向第三人追偿。

协作创新

老张因病住院，在定点医院做外科手术，其发生医疗费用18万元，其中在规定医疗目录内的费用为15万元，目录以外费用为3万元。已知：当地职工平均工资为2 000元/月，起付标准为当地职工年平均工资的10%，最高支付限额为当地职工年平均工资的6倍，报销比例为90%。分析计算哪些费用可以从统筹账户中报销，哪些费用需由老张自理。

（四）医疗期

企业职工因患病或非因工负伤，需要停止工作，进行医疗时，根据本人实际参加工作年限和在本单位工作年限，给予3个月到24个月的医疗期。具体计算方法见表4-7。

病休期间，公休、假日和法定节日包括在内。对某些患特殊疾病（如癌症、精神病、瘫痪等）的职工，在24个月内尚不能痊愈的，经企业和劳动主管部门批准，可以适当延长医疗期。

表4-7　医疗期的时长确定表

实际工作年限（年）	本单位工作年限（年）	享受医疗期（月）	计算时间段（月）	
<10	<5	3	6	医疗期×2
	≥5	6	12	
≥10	<5	6	12	医疗期+6
	≥5<10	9	15	
	≥10<15	12	18	
	≥15<20	18	24	
	≥20	24	30	

　　企业职工在医疗期内，其病假工资、疾病救济费和医疗待遇按照有关规定执行。病假工资或疾病救济费可以低于当地最低工资标准支付，但最低不能低于最低工资标准的80%。医疗期内不得解除劳动合同。如医疗期内遇合同期满，则合同必须续延至医疗期满，职工在此期间仍然享受医疗期内待遇。

协作创新

　　分组讨论分析以下案例：

　　2017年3月1日，小李大学毕业后到某企业工作，双方签订为期2年的劳动合同。2019年5月20日，小李患病住院。小李住院期间，用人单位停发小李全部工资，并以不能适应工作为由，解除与小李的劳动合同。该单位的做法是否符合法律规定？

四、工伤保险

微课：
工伤认定及
赔偿纠纷的
处理

　　工伤保险是指劳动者在工作中或在规定的特殊情况下，遭受意外伤害或患职业病导致暂时或永久丧失劳动能力以及死亡时，劳动者或其遗属能够从国家和社会获得物质帮助的社会保险制度。

（一）工伤保险费的缴纳和工伤保险基金

　　1. 工伤保险费的缴纳

　　职工应当参加工伤保险，由用人单位缴纳工伤保险费，职工不缴纳工伤保险费。这里说的用人单位主要包括中华人民共和国境内的企业、事业单位、社会团体、民办非企业单位、基金会、律师事务所、会计师事务所等组织和有雇工的个体工商户。用人单位应当按照本单位职工工资总额，根据社会保险经办机构确定的费率按时足额缴纳工伤保险费。用人单位缴纳工伤保险费的数额为本单位职工工资总额乘以单位缴费费率之积。对难以按照工资总额缴纳工伤保险费的行业，其缴纳工伤保险费的具体方式，由国务院社会保险行政部门规定。例如，建筑施工企业可以实行以建筑施工项目为单位，按照项目工程总造价的一定比例，计算缴纳工伤保险费。小型矿山企业可以按照总产量、吨矿工资含量和相应的费率计算缴纳工伤保险费。

2. 工伤保险基金

工伤保险基金由用人单位缴纳的工伤保险费、工伤保险基金的利息和依法纳入工伤保险基金的其他资金构成。工伤保险基金存入社会保障基金财政专户，用于《工伤保险条例》规定的工伤保险待遇，劳动能力鉴定，工伤预防的宣传、培训等费用，以及法律、法规规定的用于工伤保险的其他费用的支付。任何单位或者个人不得将工伤保险基金用于投资运营、兴建或者改建办公场所、发放奖金，或者挪作其他用途。

（二）工伤认定

应当认定为工伤的情形主要有：在工作时间和工作场所内，因工作原因受到事故伤害的；工作时间前后在工作场所内，从事与工作有关的预备性或收尾性工作受到事故伤害的；在工作时间和工作场所内，因履行工作职责受到暴力等意外伤害的；患职业病的；因工外出期间，由于工作原因受到伤害或者发生事故下落不明的；在上下班途中，受到非本人主要责任的交通事故或者城市轨道交通、客运轮渡、火车事故伤害的；法律、行政法规规定应当认定为工伤的其他情形。

视同工伤的情形主要有：在工作时间和工作岗位，突发疾病死亡或者在48小时内经抢救无效死亡的；在抢险救灾等维护国家利益、公共利益活动中受到伤害的；原在军队服役，因战、因公负伤致残，已取得革命伤残军人证，到用人单位后旧伤复发的。

职工如果因故意犯罪、醉酒或者吸毒、自残或者自杀等原因导致本人在工作中伤亡的，则不能认定为工伤。

（三）劳动能力鉴定

职工发生工伤，经治疗伤情相对稳定后存在残疾、影响劳动能力的，应当进行劳动能力鉴定。劳动能力鉴定就是对劳动者的劳动功能障碍程度和生活自理障碍程度进行等级鉴定。劳动功能障碍分为十个伤残等级，最重的为一级，最轻的为十级。生活自理障碍分为三个等级：生活完全不能自理、生活大部分不能自理和生活部分不能自理。劳动能力鉴定标准由国务院社会保险行政部门会同国务院卫生行政部门等部门制定。自劳动能力鉴定结论作出之日起一年后，工伤职工或者其近亲属、所在单位或者经办机构认为伤残情况发生变化的，可以申请劳动能力复查鉴定。

（四）工伤保险待遇

职工因工作原因受到事故伤害或者患职业病，且经工伤认定的，享受工伤保险待遇。其中，经劳动能力鉴定丧失劳动能力的，享受伤残待遇。

1. 工伤医疗待遇

职工因工作遭受事故伤害或者患职业病进行治疗，享受工伤医疗待遇。包括：

（1）治疗工伤的医疗费用（诊疗费、药费、住院费）。

（2）住院伙食补助费、交通食宿费。

（3）康复性治疗费。工伤职工到签订服务协议的医疗机构进行工伤康复的费用，符合规定的，从工伤保险基金支付。

（4）停工留薪期工资福利待遇。职工因工作遭受事故伤害或者患职业病需要暂停工作接受工伤医疗的，在停工留薪期内，原工资福利待遇不变，由所在单位按月支付。停工留薪期一般不超过12个月。伤情严重或者情况特殊，经设区的市级劳动能力鉴定委员会确认，可以适当延长，但延长不得超过12个月。工伤职工评定伤残等级后，停止享受停工留薪期待遇，按照规定享受伤残待遇。工伤职工在停工留薪期满后仍需治疗的，继续享受工伤医疗待遇。生活不能自理的工伤职工在停工留薪期需要护理的，由所在单位负责。但工伤职工治疗非因工伤引发的疾病，不享受工伤医疗待遇，按照基本医疗保险办法处理。

2. 辅助器具装配

工伤职工因日常生活或者就业需要，经劳动能力鉴定委员会确认，可以安装假肢、矫形器、假眼、假牙和配置轮椅等辅助器具，所需费用按照国家规定的标准从工伤保险基金支付。

3. 伤残待遇

经劳动能力鉴定委员会鉴定，评定伤残等级的工伤职工，享受伤残待遇。其包括：

（1）生活护理费。

（2）一次性伤残补助金。职工因工致残被鉴定为一级至十级伤残的，从工伤保险基金按伤残等级支付一次性伤残补助金。

（3）伤残津贴。职工因工致残被鉴定为一级至四级伤残的，保留劳动关系，退出工作岗位，从工伤保险基金中按月支付伤残津贴，伤残津贴实际金额低于当地最低工资标准的，由工伤保险基金补足差额。职工因工致残被鉴定为五级、六级伤残的，保留与用人单位的劳动关系，由用人单位安排适当工作。难以安排工作的，由用人单位按月发给伤残津贴。伤残津贴实际金额低于当地最低工资标准的，由用人单位补足差额。

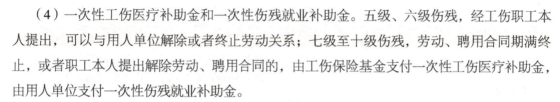

（4）一次性工伤医疗补助金和一次性伤残就业补助金。五级、六级伤残，经工伤职工本人提出，可以与用人单位解除或者终止劳动关系；七级至十级伤残，劳动、聘用合同期满终止，或者职工本人提出解除劳动、聘用合同的，由工伤保险基金支付一次性工伤医疗补助金，由用人单位支付一次性伤残就业补助金。

4. 工亡待遇

职工因工死亡，或者伤残职工在停工留薪期内因工伤导致死亡的，其近亲属按照规定从工伤保险基金领取丧葬补助金、供养亲属抚恤金和一次性工亡补助金：

（1）丧葬补助金，为6个月的统筹地区上年度职工月平均工资。

（2）供养亲属抚恤金，按照职工本人工资的一定比例发给由因工死亡职工生前提供主要生活来源、无劳动能力的亲属。供养亲属的具体范围由国务院社会保险行政部门规定。

（3）一次性工亡补助金，标准为上一年度全国城镇居民人均可支配收入的20倍。一至四级伤残职工在停工留薪期满后死亡的，其近亲属可以享受丧葬补助金、供养亲属抚恤金待遇，不享受一次性工亡补助金待遇。

（五）特别规定

工伤职工有下列情形之一的，停止享受工伤保险待遇：

（1）丧失享受待遇条件的；

（2）拒不接受劳动能力鉴定的；

（3）拒绝治疗的。

如果工伤职工已经符合领取基本养老金条件的，停发伤残津贴，享受基本养老保险待遇。但是基本养老保险待遇低于伤残津贴的，则由工伤保险基金补足差额。

职工所在用人单位未依法缴纳工伤保险费，发生工伤事故的，由用人单位支付工伤保险待遇。用人单位不支付的，从工伤保险基金中先行支付，由用人单位偿还。用人单位不偿还的，社会保险经办机构可以追偿。由于第三人的原因造成工伤，第三人不支付工伤医疗费用或者无法确定第三人的，由工伤保险基金先行支付。工伤保险基金先行支付后，有权向第三人追偿。

构成伤残等级工伤职工的劳动合同处理。根据工伤职工伤残等级不同，劳动合同的处理也不一样，详见表4-8。

表4-8　不同伤残等级劳动合同的处理

伤残等级	能否解除劳动合同	领取内容
1~4级	不能	伤残津贴（工伤保险基金负担）

续表

伤残等级	能否解除劳动合同	领取内容
5~6级	本人提出：能	（1）一次性工伤医疗补助金（工伤保险基金负担） （2）一次性伤残就业补助金（用人单位负担）
	本人未提出：不能	（1）能适当工作：工资 （2）难以安排工作：伤残津贴（用人单位负担）
7~10级	劳动合同期满：能 本人提出：能	（1）一次性工伤医疗补助金（工伤保险基金负担） （2）一次性伤残就业补助金（用人单位负担）
	其他情形：不能	正常工作、正常领取工资

协作创新

分组讨论工伤的认定和工伤待遇的标准。

五、失业保险

微课：
失业保险，
为无业者雪
中送炭

　　失业是指处于法定劳动年龄阶段的劳动者，有劳动能力和劳动愿望，但却没有劳动岗位的一种状态。失业保险是指国家通过立法强制实行的，由社会集中建立基金，保障因失业而暂时中断生活来源的劳动者的基本生活，并通过职业培训、职业介绍等措施促进其再就业的社会保险制度。

（一）失业保险费的缴纳

　　失业保险，由用人单位和职工按照国家规定共同缴纳失业保险费。失业保险费的征缴范围为：国有企业、城镇集体企业、外商投资企业、城镇私营企业和其他城镇企业（统称城镇企业）及其职工，事业单位及其职工。

　　根据《失业保险条例》的规定，城镇企业事业单位按照本单位工资总额的2%缴纳失业保险费，职工按照本人工资的1%缴纳失业保险费。职工跨统筹地区就业的，其失业保险关系随本人转移，缴费年限累计计算。

（二）失业保险待遇

　　失业人员符合下列条件的，可以申请领取失业保险金并享受其他失业保险待遇：①失业前用人单位和本人已经缴纳失业保险费满1年的。②非因本人意愿中断就业的。包括：劳动合同终止；用人单位解除劳动合同；被用人单位开除、除名和辞退；因用人单位过错由劳动者解除劳动合同；法律、法规、规章规定的其他情形。③已经进行失业登记，并有求职要求的。

用人单位应当及时为失业人员出具终止或者解除劳动关系的证明，并将失业人员的名单自终止或者解除劳动关系之日起15日内告知社会保险经办机构。失业人员应当持本单位为其出具的终止或者解除劳动关系的证明，及时到指定的公共就业服务机构办理失业登记。失业人员凭失业登记证明和个人身份证明，到社会保险经办机构办理领取失业保险金的手续。失业保险金领取期限自办理失业登记之日起计算，领取期限与其缴费年限相关。具体领取期限见表4-9。

表4-9　失业保险金领取期限表

缴费期限 x（年）	领取期限（月）
$1 \leqslant x < 5$	$\leqslant 12$
$5 \leqslant x < 10$	$\leqslant 18$
$x \geqslant 10$	$\leqslant 24$

失业保险金的标准，不得低于城市居民最低生活保障标准，一般也不高于当地最低工资标准，具体数额由省、自治区、直辖市人民政府确定。

失业人员可以依法领取失业保险金。在领取失业保险金期间，如果失业人员参加职工基本医疗保险，享受基本医疗保险待遇。但其应当缴纳的基本医疗保险费从失业保险基金中支付，个人不缴纳基本医疗保险费。如果失业人员在领取失业保险金期间死亡的，参照当地对在职职工死亡的规定，向其遗属发给一次性丧葬补助金和抚恤金，所需资金从失业保险基金中支付。

失业人员在领取失业保险金期间，应当积极求职，接受职业介绍和职业培训。失业人员接受职业介绍、职业培训的补贴由失业保险基金按照规定支付。

（三）停止享受失业保险待遇的情形

失业人员在领取失业保险金期间有下列情形之一的，停止领取失业保险金，并同时停止享受其他失业保险待遇：重新就业的；应征服兵役的；移居境外的；享受基本养老保险待遇的；无正当理由，拒不接受当地人民政府指定部门或者机构介绍的适当工作或者提供的培训的。

六、社会保险费的征缴与管理

（一）社会保险登记

1. 用人单位的社会保险登记

当前我国企业的工商营业执照、组织机构代码证、税务登记证、社会保险登记证、统计登记证实行"五证合一、一照一码"登记制度。

2. 个人的社会保险登记

用人单位应当自用工之日起30日内为其职工向社会保险经办机构申请办理社会保险登记。自愿参加社会保险的无雇工的个体工商户、未在用人单位参加社会保险的非全日制从业人员以及其他灵活就业人员，应当向社会保险经办机构申请办理社会保险登记。

（二）社会保险费缴纳

用人单位应当自行申报、按时足额缴纳社会保险费，非因不可抗力等法定事由不得缓缴、减免。职工应当缴纳的社会保险费由用人单位代扣代缴，用人单位应当按月将缴纳社会保险费的明细情况告知本人。无雇工的个体工商户、未在用人单位参加社会保险的非全日制从业人员以及其他灵活就业人员，可以直接向社会保险费征收机构缴纳社会保险费。

（三）社会保险基金管理

社会保险基金按照社会保险险种分别建账，分账核算，执行国家统一的会计制度。社会保险基金专款专用，任何组织和个人不得侵占或者挪用。

社会保险基金在保证安全的前提下，按照国务院规定投资运营实现保值增值。不得违规投资运营，不得用于平衡其他政府预算，不得用于兴建、改建办公场所和支付人员经费、运行费用、管理费用，或者违反法律、行政法规规定挪作其他用途。

知识与技能

一、单选题

1. 下列社会保险中，无须劳动者缴纳社会保险费的是（　　）。

A. 养老保险　　　B. 工伤保险　　　C. 失业保险　　　D. 医疗保险

2. 下列选项中，不属于失业保险待遇取得条件的是（　　）。

A. 劳动者非自愿失业

B. 失业保险缴纳满足法定期限

C. 劳动者因失业导致生活困难

D. 用人单位和劳动者依法缴纳了失业保险费

3. 下列关于医疗期的说法中，正确的是（　　）。

A. 医疗期待遇与劳动者的工作年限无关

B. 每个劳动者在职期间都可以享受医疗期待遇

C. 医疗期待遇与劳动者在本单位的工作年限无关

D. 劳动者在职期间患癌症等特殊病的，自动适用24个月医疗期

4. 根据《社会保险法》的规定，参加基本养老保险的个人，达到法定退休年龄时累计缴费满（　　　）以上的，可以按月领取基本养老金。

A. 10年　　　　　　　B. 15年　　　　　　　C. 20年　　　　　　　D. 25年

5. 事业保险金领取期限（　　　）起计算。

A. 自失业之日　　　　　　　　　　　　B. 自解除劳动关系之日

C. 自办理失业登记之日　　　　　　　D. 自社会保险经办机构指定之日

二、多选题

1. 依据《社会保险法》的规定，我国应建立（　　　　　）社会保险制度。

A. 基本养老保险　　　　　　　　　　　B. 基本医疗保险

C. 工伤保险　　　　　　　　　　　　　D. 失业保险

E. 生育保险

2. 根据《社会保险法》的规定，职工基本养老保险金根据（　　　　　）等因素来确定。

A. 个人累计缴费年限　　　　　　　　　B. 缴费工资

C. 个人账户金额　　　　　　　　　　　D. 当地职工平均工资

E. 城镇人口平均预期寿命

3. 按照《社会保险法》的规定，以下医疗费用不纳入基本医疗保险基金支付范围的是（　　　　　）。

A. 酗酒、自杀造成的医疗费用

B. 应当从工伤保险基金中支付的医疗费用

C. 应当由第三人负担的医疗费用

D. 应当由公共卫生负担的医疗费用

E. 在境外就医的医疗费用

三、案例分析题

韩某与某公司签订了三年期的劳动合同。其中约定：劳动过程中出现伤残，责任自负。2014年8月，韩某在操作机器时因疏忽大意导致左手受伤，住院治疗20多天。出院时，该厂只支付治疗期间工资，医疗费用全部由职工自理。为此，韩某向当地劳动争议仲裁委员会提出申请，要求该厂支付其全部医疗费用。试分析：

（1）劳动合同中规定"伤残责任自负"条款是否有效？为什么？

（2）韩某能否认定为工伤？为什么？

（3）劳动争议仲裁委员会应如何作出裁决？

第五章
市场管理法律制度

思维导图

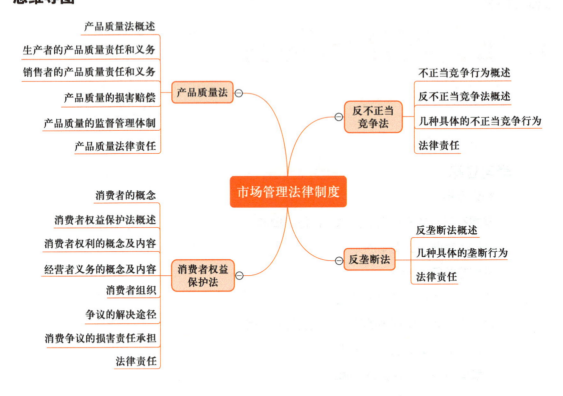

第一节　反不正当竞争法

案例导入

　　浙江省金华市金东区市场监管局根据市局稽查支队的统一部署，联合新疆维吾尔自治区阿克苏地区的商标权利人在辖区4个冷库内查处6起伪造产地的苹果销售案。

　　据调查，2017年12月期间，徐某等6名水果经销商分别在陕西、甘肃、山西等地收购当地产的苹果，装进印有"阿克苏糖心苹果"和"产地：新疆阿克苏"等字样的纸箱，运往金华，存放在不同冷库，以待春节前旺季销售。金东区市场监管局认为，当事人的行为违反《中华人民共和国反不正当竞争法》中关于"经营者不得对其商品的性能、功能、质量、销售状况、用户评价、曾获荣誉等作虚假或者引人误解的商业宣传"的条款，涉嫌虚假宣传。（资料来源：《中国工商报》）

　　案例思考：面对越来越激烈的市场竞争，企业更应关注的重点是什么？

　　案例启示：为了促进社会主义市场经济健康发展，鼓励和保护公平竞争，政府必须严肃市场竞争手段，制止不正当竞争行为，保护经营者和消费者的合法权益，为公平竞争创造良好的环境和条件；企业在生产经营活动中，也应当遵循自愿、平等、公平、诚信的原则，遵守法律和商业道德。

一、不正当竞争行为概述

（一）不正当竞争行为的概念与特征

微课：
竞争？不正当竞争？

不正当竞争行为是指经营者以及其他有关市场参与者采取违反公平、诚实信用等公认的商业道德的手段去争取交易机会或者破坏他人的竞争优势，损害消费者和其他经营者的合法权益，扰乱社会经济秩序的行为。不正当竞争行为主要具有以下特征：

（1）违法性。主要表现为违反了法律的相关规定。同时，经营者的某些行为虽然表面上难以确认是不正当竞争行为，但是只要违反了自愿、平等、公平、诚实信用原则或违反了公认的商业道德，损害了其他经营者的合法权益，扰乱了社会经济秩序，也应认定为不正当竞争行为。

（2）侵权性。是指不正当竞争行为损害了或者可能损害经营者的合法权益。不正当竞争行为采用不正当的手段破坏市场竞争秩序、损害其他经营者的合法权益，使守法的经营者蒙受物质上与精神上的双重损害。

（3）危害性。不正当竞争行为不仅直接或者间接地损害了竞争者和消费者的利益，更重要的是，与一般侵权行为相比，还危害市场竞争机制的正常作用。

（4）多样性。不正当竞争行为的表现形式日益多样化，新的不正当竞争行为层出不穷。部分行为虽不在法律条文中，但却违反了市场竞争自愿、平等、公平、诚实信用的基本原则和公认的商业道德。

（5）隐蔽性。不正当竞争行为的隐蔽性越来越强。一方面，行政管理部门不断加大执法力度；另一方面，违法分子也不断想方设法规避法律。在这场"猫捉老鼠"的过程中，不正当竞争行为日益隐蔽，有时甚至披上了"合法"的外衣。

（6）破坏性。不正当竞争行为危害公平竞争的市场秩序，阻碍技术进步和社会生产力的发展，使守法经营者蒙受物质上和精神上的双重损害。

（二）不正当竞争行为的构成要件

不正当竞争行为的构成要件主要包括：①不正当竞争行为的主体是市场经营者。只有市场经营者实施法律规定的不正当竞争行为的，才构成不正当竞争。②经营者在客观上实施了法律文件中规定的不正当竞争行为。③侵害了其他经营者的合法权益。④损失与不正当竞争行为之间具有因果关系。⑤实施不正当竞争行为的经营者应当具有主观的过错。

二、反不正当竞争法概述

《中华人民共和国反不正当竞争法》(以下简称《反不正当竞争法》)是为促进社会主义市场经济健康发展，鼓励和保护公平竞争，制止不正当竞争行为，保护经营者和消费者的合法权益的法律规范的总称。1993年9月2日第八届全国人民代表大会常务委员会第三次会议通过了《反不正当竞争法》，2017年11月4日，第十二届全国人民代表大会常务委员会第三十次会议进行修订，自2018年1月1日起施行，并根据2019年4月23日第十三届全国人民代表大会常务委员会第十次会议《关于修改〈中华人民共和国建筑法〉等八部法律的决定》修正。

《反不正当竞争法》规定了经营者在生产经营活动中应当遵循自愿、平等、公平、诚实信用的原则，遵守法律和商业道德。

（一）自愿原则

自愿原则，是指经营者能够根据自己内心的真实意愿来参与特定的市场交易活动，设立、变更和终止特定的法律关系。自愿原则之所以被《反不正当竞争法》作为基本原则规定下来，在于自愿原则是包括市场交易在内的一切民事活动的主要前提。

（二）平等原则

平等原则是指任何参与市场交易活动的经营者的法律地位平等，享有平等的权利能力，在平等的基础上平等协商，任何一方都不得将自己的意志强加给对方。

（三）公平原则

公平原则一般是指在市场交易中应当公平合理、权利义务相一致。一般来讲，公平、公正等属于社会道德观念，在实践中人们常用它来对某种法律没有明确规定的行为进行评价和判断。在市场竞争中，只有在平等的基础上开展的竞争才有可能谈得上是平等的竞争。

（四）诚实信用原则

诚实信用原则可以简称为"诚信原则"。诚实信用原则既是现代市场经济中公认的商业道德，同时也是道德规范在法律上的表现。其要求经营者在经营活动中应当坦诚相待，恪守信用，做出正当并且符合商业道德的行为。

法治素养

　　诚实信用原则，是市场经济活动中的道德准则。市场经济条件下，每一个有劳动能力的人，都应当通过市场交换获取利益和生活资料，坚持诚实信用，坚持正当、合法。法律绝不允许靠损害他人利益和社会利益，以获得利益。诚实信用原则，要求一切市场参加者在不损害他人利益和社会公益的前提下，追求自己的利益，目的是在当事人之间的利益关系和当事人与社会之间的利益关系中实现平衡，并维持市场道德秩序。

　　启示： 通过对诚实信用原则的讨论学习，深入理解公民的基本行为准则与核心价值观的内涵，培育诚实守信的中华民族传统美德。

协作创新

　　分小组讨论诚实信用在社会发展以及个人成长中的重要作用与意义，并分析其具体表现形式。

三、几种具体的不正当竞争行为

我国《反不正当竞争法》主要规定了以下七类不正当竞争行为（见图5-1）。

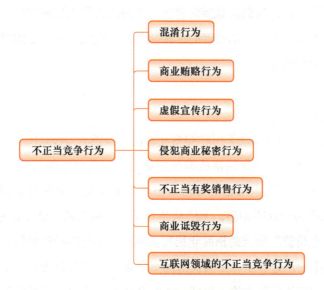

图5-1　不正当竞争行为的种类

（一）混淆行为

微课：
真假李逵，
仿冒情况知
多少？

经营者不得实施混淆，引人误认为是他人商品或者与他人存在特定联系，包括以下行为：擅自使用与他人有一定影响的商品名称、包装、装潢等相同或者近似的标识；擅自使用他人有一定影响的企业名称（包括简称、字号等）、社会组织名称（包括简称等）、姓名（包括笔名、艺名、译名等）；擅自使用他人有一定影响的域名主体部分、网站名称、网页等；其他足以引人误认为是他人商品或者与他人存在特定联系的混淆行为。

（二）商业贿赂行为

微课：
瞒天过海，
商业贿赂知
多少？

经营者采用财物或者其他手段贿赂交易相对方单位或者个人，以谋取交易机会或者竞争优势的应当被认定为商业贿赂行为。其中，交易相对方单位或者个人包括：交易相对方的工作人员；受交易相对方委托办理相关事务的单位或者个人；利用职权或者影响力影响交易的单位或者个人。

经营者在交易活动中，可以以明示方式向交易相对方支付折扣，或者向中间人支付佣金。经营者向交易相对方支付折扣、向中间人支付佣金的，应当如实入账。接受折扣、佣金的经营者也应当如实入账。

（三）虚假宣传行为

微课：
巧言令色，
虚假宣传知
多少

经营者不得对其商品的性能、功能、质量、销售状况、用户评价、曾获荣誉等作虚假或者引人误解的商业宣传，欺骗、误导消费者。经营者不得通过组织虚假交易等方式，帮助其他经营者进行虚假或者引人误解的商业宣传。类似的虚假宣传行为不仅影响了消费者的正常判断力，也使其他守法的经营者丧失了公平竞争、交易的机会。

（四）侵犯商业秘密行为

微课：
不能说的秘
密

《反不正当竞争法》所称的商业秘密，是指不为公众所知悉、具有商业价值并经权利人采取相应保密措施的技术信息、经营信息等商业信息（见图5-2）。作为商业秘密的技术信息与经营信息等商业信息，必须具备以下三项基本条件：①信息不为公众所知悉，无法从公开渠道直接获取。②该信息具有商业价值性。此"商业价值"应当是指商业秘密必须具有相当的经济价值，使商业秘密持有人得以获取较不知或不使用之竞争者更具优势的竞争地位，并为其带来一定的商业利益。③该信息被权利人采取相应的保密措施，包括订立保密协议、建立保密制度等。权利人是否采取

图5-2 商业秘密构成图

保密措施是商业信息能否成为商业秘密的重要因素。

经营者直接实施或其他自然人、法人和非法人组织实施以下行为被认定为侵犯商业秘密行为：以盗窃、贿赂、欺诈、胁迫、电子侵入或者其他不正当手段获取权利人的商业秘密；披露、使用或者允许他人使用以前项手段获取的权利人的商业秘密；违反保密义务或者违反权利人有关保守商业秘密的要求，披露、使用或者允许他人使用其所掌握的商业秘密；教唆、引诱、帮助他人违反保密义务或者违反权利人有关保守商业秘密的要求，获取、披露、使用或者允许他人使用权利人的商业秘密。

如第三人明知或者应知商业秘密权利人的员工、前员工或者其他单位、个人实施上述所列违法行为，仍获取、披露、使用或者允许他人使用该商业秘密的，视为侵犯商业秘密。

⚖ 法治素养

　　企业尤其是高科技企业的发展，知识产权是不可或缺的重要因素。世界500强都把技术研发放在核心地位，一些高科技企业的技术研发投入占比甚至达到40%或更多。作为知识产权的有机组成部分，商业秘密是企业的"心脏"，弥足珍贵。商业秘密是企业的财富，智慧财产！（李华东，《法制与新闻》杂志）

　　当前，同行业之间的市场竞争非常激烈，已经演变成产品研发的竞争、先进技术的竞争、客户导入的竞争、人才稳定的竞争、商业秘密的竞争、商业信誉的竞争。企业管理人员应该树立商业秘密保护意识，企业员工应该树立规则意识。企业要健全商业秘密保护机制，建立一套行之有效的保密制度。企业尤其是大型企业和科技企业，要将商业秘密保护与商标权、专利权等其他知识产权保护紧密结合起来，经常进行风险查控。一旦发现风险点，就要及时建立保护和维权预案，做好事前防护、事中控制、事后维权。包括商业秘密在内的知识产权保护和竞争，是一场没有硝烟的战争，只有做好充分准备，才能在市场竞争中赢得优势，企业发展才无后顾之忧。（孙佳恩，商业秘密保护专家、商业秘密网创始人）

　　启示： 商业秘密是企业的财产权利，它关乎企业的竞争力，对企业的发展至关重要。我们应树立保护商业秘密的意识，坚决与不法行为做斗争。

分小组讨论：商业秘密保护如此重要，企业应采取什么有效措施，才能建立盾牌，切实防范侵权行为的发生？作为公民应如何建立商业秘密、个人私密信息保护意识？

（五）不正当有奖销售行为

微课：
你真的中奖
了吗？

　　不正当有奖销售行为是指经营者违反《反不正当竞争法》的规定进行的有奖销售行为。我国《反不正当竞争法》第10条规定了3种不正当有奖销售情形：所设奖的种类、兑奖条件、奖金金额或者奖品等有奖销售信息不明确，影响兑奖；采用谎称有奖或者故意让内定人员中奖的欺骗方式进行有奖销售；抽奖式的有奖销售，最高奖的金额超过5万元。

 协作创新

　　2017年下半年，浙江省宁波市奉化区消费者举报投诉中心连续接到群众举报，反映超市附近专柜以抽奖打折形式促销玉器饰品存在"猫腻"。经调查，珠宝专柜为个体工商户租赁超市经营场所设置。经营户对消费者意愿进行评估后，由后台计算机或人工控制获奖概率，最后基本以一折的价格出售商品。从销售票据看，特等奖（赠送和田金）尚未发生，销售价格基本集中在200元至400元。经宁波珠宝行业协会鉴定，玉器不假，但标价过高。奉化区市场监管局认为，此专柜设在大型商超周边，有误导消费者专柜为超市所设的嫌疑；以抽奖形式打折促销，容易造成消费者中奖的假象。该局认为，当事人违反了《反不正当竞争法》第10条规定的"经营者进行有奖销售不得存在下列情形：（一）所设奖的种类、兑奖条件、奖金金额或者奖品等有奖销售信息不明确，影响兑奖……"目前，该局对发现的4起案件正在立案查处中。（资料来源：《中国工商报》）

　　分组讨论：扰乱公平竞争市场秩序、侵害经营者和消费者合法权益的经营行为为何屡禁不止？

（六）商业诋毁行为

　　商业诋毁是指经营者通过编造、传播虚假信息或者误导性信息，损害竞争对手的商业信誉、商品声誉。诋毁商誉具有以下特征：第一，行为主体主观上具有贬低竞争对手的目的。

行为人旨在通过捏造、散布虚假不实之词来削弱竞争对手的竞争能力和竞争优势，使其无法正常地参与市场竞争活动。第二，行为主体客观上具有捏造、散布虚假事实或者歪曲客观事实的行为。捏造，就是行为人故意编造谎言，无中生有。散布，就是行为人故意对谎言肆意宣传、扩散，既可以是口头扩散，也可以是书面扩散，还可以是公开向大众传播或向特定人传播等。第三，行为主体有特定的诋毁对象。行为主体的诋毁对象是某个或某些特定的经营者，有关言辞明确指向特定经营者或其商品，或者虽未指明，但一般公众可以从其言辞中推测出是针对特定的经营者或其商品。

微课：
众口铄金，
商业诽谤知
多少？

协作创新

> 2018年10月，北京某科技公司在其视频号"吃喝玩乐在北京"发布题为"某景点避坑指南"的视频，片头文字及配音为："避坑指南，你以为来这儿是这样的，其实是这样的，扔！扔！扔！"片尾称该景点"上面这些坑就算家里有矿也千万别踩啊"。该视频点赞15.2万，评论8 619条。
>
> 某汤包品牌的经营者表示，该视频发布后大量点击传播，该景点所在门店成交量骤降，北京某科技公司的行为对其商业信誉、商品声誉均造成巨大损害，故以商业诋毁为由诉至北京朝阳区法院。
>
> 经查，北京某科技公司视频号"吃喝玩乐在北京"截至2020年1月有粉丝90.5万，发布内容多为美食点评。为一部分餐饮企业进行商业推广并收取推广费，是该公司的主要收入来源。
>
> 法院经审理认为，视频直接使用"刷锅水味儿"评价该品牌汤包，片头"扔！扔！扔！"和片尾"这些坑就算家里有矿也千万别踩"等否定性语言，已超出正当商业评价、评论范畴，构成商业诋毁。一审判决北京某科技公司连续三天在"吃喝玩乐在北京"视频号首页刊登声明、消除影响，并赔偿该汤包经营公司经济损失4万元、合理开支2 000元。
>
> 分组讨论：在新媒体、新技术、新消费盛行的当下，应该如何正面、客观地对事件、人物、行为做出评价与宣传？

（七）互联网领域的不正当竞争行为

互联网领域中的不正当竞争行为，一部分属于传统不正当竞争行为在互联网领域的延伸，另一部分则属于互联网领域中特有的、利用互联互通技术手段进行的新型不正当竞争行为，这也是《反不正当竞争法》关注的重点（见图5-3）。

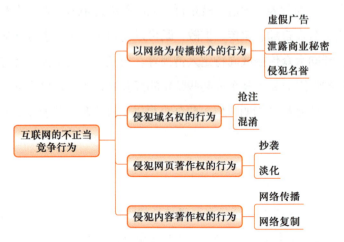

图5-3　互联网领域的不正当竞争行为分类

对于传统的不正当竞争行为，《反不正当竞争法》在相应条款中增加了新的规制。根据《反不正当竞争法》第6条第3项的规定，擅自使用他人有一定影响的域名主体部分、网站名称、网页等，引人误认为是他人商品或者与他人存在特定联系的，构成商业混淆的不正当竞争行为；根据《反不正当竞争法》第8条的规定，经营者不得对其商品的"销售状况""用户评价"等作虚假或者引人误解的商业宣传，欺骗、误导消费者。经营者不得通过组织虚假交易等方式，帮助其他经营者进行虚假或者引人误解的商业宣传。新增的"销售状况""用户评价"剑指虚假宣传泛滥的电子商务领域，实际上目前消费者在网购时做出选择的重要依据就是商家的销售量和已购买者的评价。

对于互联网领域中特有的、利用技术手段进行的新型不正当竞争行为，《反不正当竞争法》在第12条中进行了类型化的列举，也被称为"互联网专条"。该条款明确指出经营者不得利用技术手段，通过影响用户选择或者其他方式，实施下列妨碍、破坏其他经营者合法提供的网络产品或者服务正常运行的行为：

（1）未经其他经营者同意，在其合法提供的网络产品或者服务中，插入链接、强制进行目标跳转；

（2）误导、欺骗、强迫用户修改、关闭、卸载其他经营者合法提供的网络产品或者服务；

（3）恶意对其他经营者合法提供的网络产品或者服务实施不兼容；

（4）其他妨碍、破坏其他经营者合法提供的网络产品或者服务正常运行的行为。

四、法律责任

《反不正当竞争法》规定了违反该法的法律责任，包括民事责任、行政责任、刑事责任三种。

（一）民事责任

因不正当竞争行为受到损害的经营者的赔偿数额，按照其因被侵权所受到的实际损失确定；实际损失难以计算的，按照侵权人因侵权所获得的利益确定。经营者恶意实施侵犯商业秘密行为，情节严重的，可以在按照上述方法确定数额的1倍以上5倍以下确定赔偿数额。赔偿数额还应当包括经营者为制止侵权行为所支付的合理开支。

经营者实施混淆行为、侵犯商业秘密行为，权利人因被侵权所受到的实际损失、侵权人因侵权所获得的利益难以确定的，由人民法院根据侵权行为的情节判决给予权利人500万元以下的赔偿。

（二）行政责任

针对主要的反不正当竞争行为，《反不正当竞争法》规定了相应的行政责任。

（1）经营者违法实施混淆行为的，由监督检查部门责令停止违法行为，没收违法商品，及时办理名称变更登记。违法经营额5万元以上的，可以并处违法经营额5倍以下的罚款；没有违法经营额或者违法经营额不足5万元的，可以并处25万元以下的罚款。情节严重的，吊销营业执照。

（2）经营者实施商业贿赂行为的，由监督检查部门没收违法所得，处10万元以上300万元以下的罚款。情节严重的，吊销营业执照。

（3）经营者对商品作虚假或者引人误解的商业宣传，或者通过组织虚假交易等方式帮助其他经营者进行虚假或者引人误解的商业宣传，由监督检查部门责令停止违法行为，处20万元以上100万元以下的罚款；情节严重的，处100万元以上200万元以下的罚款，可以吊销营业执照。如果行为属于发布虚假广告的，依照《中华人民共和国广告法》的规定处罚。

（4）经营者以及其他自然人、法人和非法人组织侵犯商业秘密的，由监督检查部门责令停止违法行为，没收违法所得，处10万元以上100万元以下的罚款；情节严重的，处50万元以上500万元以下的罚款。

（5）经营者进行不正当有奖销售的，由监督检查部门责令停止违法行为，处5万元以上50万元以下的罚款。

（6）经营者损害竞争对手商业信誉、商品声誉的，由监督检查部门责令停止违法行为、消除影响，处10万元以上50万元以下的罚款；情节严重的，处50万元以上300万元以下的罚款。

（7）经营者妨碍、破坏其他经营者合法提供的网络产品或者服务正常运行的，由监督检查部门责令停止违法行为，处10万元以上50万元以下的罚款；情节严重的，处50万元以上300万元以下的罚款。

如果经营者违反《反不正当竞争法》的规定从事不正当竞争，有主动消除或者减轻违法行为危害后果等法定情形的，依法从轻或者减轻行政处罚；违法行为轻微并及时纠正，没有造成危害后果的，不予行政处罚。

（三）刑事责任

经营者违反《反不正当竞争法》的规定，构成犯罪的，依法追究刑事责任。

知识与技能

一、单选题

1. 我国《反不正当竞争法》的立法目的不包括（　　）。

　　A. 鼓励公平竞争　　　　　　　　B. 保护公平竞争

　　C. 刺激经营者竞争　　　　　　　D. 保护消费者的合法权益

2. 下列关于商业秘密的表述，正确的是（　　）。

　　A. 商业秘密只能是经营信息　　　B. 商业秘密只能是技术信息

　　C. 商业秘密只能被权利人一人知晓　　D. 权利人应对商业秘密采取保密措施

3. 根据修订后的《反不正当竞争法》，经营者采取抽奖式的有奖销售，最高奖的金额不得超过（　　）。

　　A. 10 000元　　　B. 20 000元　　　C. 30 000元　　　D. 50 000元

4. 下列情形中，属于不正当竞争行为的是（　　）。

　　A. 甲企业销售临近保质期的袋装牛奶

　　B. 乙企业为清偿债务，按低于成本的价格销售商品

　　C. 丙企业为推销商品而贿赂交易相对方的采购员王某

　　D. 丁企业举办抽奖式有奖销售，最高奖为5 000元购物券

二、多选题

1. 反不正当竞争法的基本原则主要有（　　　　）。

　　A. 自愿原则　　　　　　　　　　B. 等价有偿原则

C. 平等原则　　　　　　　　D. 公平原则

E. 诚实信用原则

2.《反不正当竞争法》的主体可以是（　　　　）。

A. 从事生产的法人　　　　　B. 从事销售的个人

C. 从事营利性服务的个人　　D. 从事商品服务的个人

E. 从事营利性服务的法人

3. 滥用行政权力行为主要表现有（　　　　）。

A. 限定他人购买其指定的经营者的商品

B. 违背交易相对人的意愿提出附加的不合理条件

C. 限制其他经营者的正当经营活动

D. 限制外地商品进入本地市场

E. 分割统一市场，进行部门封锁

三、案例分析题

甲、乙两旅行社都是享有盛名的国家承办境外旅游客到国内观光的经济组织。2015年，两旅行社均接待海外游客20万人次，经济效益不相上下。2018年上半年，甲旅行社以高薪为条件，致使乙旅行社海外部15名工作人员全部辞职，转入甲旅行社工作。甲旅行社为此成立海外旅行二部，该15名原乙旅行社的工作人员在转入甲旅行社时将自己的业务资料、海外业务单位名单都带入甲旅行社。

2019年上半年，两旅行社的业务均发生很大的变化，甲旅行社的海外游客骤然上升，效益大增，而乙旅行社业务受到极大影响，造成了较大的经济损失。

根据上述材料，试分析：甲旅行社的行为是否构成不正当竞争？如是，应属哪种不正当竞争行为？为什么？

第二节　反垄断法

案例导入

2017年是《中华人民共和国反垄断法》实施的第9个年头，太多的"首次""最大"等亮点，让2017年在我国反垄断法执法历史上具有里程碑式的意义，对企业的市场经营行为带来了深入的思考和启示。

价格垄断协议：一汽－大众价格垄断案

2017年以来，一汽－大众销售有限责任公司组织湖北省内10家奥迪经销商达成并实施整车销售和服务维修价格的垄断协议。其目的在于控制经销商对第三人转售的整车销售和售后维修价格。湖北省物价局认为上述行为违反了《中华人民共和国反垄断法》第14条的规定，属于"固定向第三人转售商品的价格"和"限定向第三人转售商品的最低价格"的违法行为。因此，湖北省物价局对一汽－大众销售有限责任公司处上一年度相关市场销售额6%的罚款，共2.485 8亿元。

滥用市场支配地位：360诉腾讯案

该案是我国互联网历史上诉讼标的额最大的垄断案件。2017年11月，北京奇虎科技公司（简称360）向广东省高级人民法院起诉，主张腾讯科技（深圳）有限公司（简称腾讯公司）和深圳市腾讯计算机系统有限公司（简称腾讯计算机公司）滥用在即时通信软件及服务相关市场的市场支配地位，构成垄断。360诉称：2017年11月3日，腾讯公司和腾讯计算机公司发布《致广大QQ用户的一封信》，明示禁止其用户使用奇虎公司的360软件，否则停止QQ软件服务；拒绝向安装有360软件的用户提供相关的软件服务，强制用户删除360软件；采取技术手段，阻止安装了360浏览器的用户访问QQ空间。腾讯公司和腾讯计算机公司将QQ软件管家与即时通信软件相捆绑，以升级QQ软件管家的名义安装QQ医生，构成捆绑销售。腾讯公司和腾讯计算机公司的上述行为构成滥用市场支配地位。请求判令腾讯公司和腾讯计算机公司赔偿360经济损失1.5亿元。

案例思考： 鉴于我国反垄断执法机关的执法力度越来越大，企业应如何应对反垄断风险，提升反垄断意识？

案例启示： 面对发改委、工商总局和商务部齐发力，形成"三龙治水"的反垄断治理局面，企业的反垄断风险控制要聚焦建立有效的反垄断合规体制，包括反垄断合规培训、反垄断合规手册和反垄断合规审计，加强制度设计本身和企业高层对于反垄断风险的重视程度，并关注经营中存在的垄断协议风险，提升反垄断意识，树立合规经营、合法竞争、合理发展的企业理念。

一、反垄断法概述

垄断与竞争天生是一对矛盾，是相对立的范畴。法律上的垄断概念，是指经营者以独占、合谋性协议或有组织的联合行动等方式，凭借经济优势或行政权力，操纵或支配市场，限制和排斥竞争的行为。垄断的类型如图5-4所示。

反垄断法是指在维护公平竞争、制止垄断行为过程中发生的社会关系的法律规范的总称。《中华人民共和国反垄断法》（以下简称《反垄断法》）由第十届全国人民代表大会常务委员会第二十九次会议于2007年8月30日通过，自2008年8月1日起施行。《反垄断法》的基本原则包括：

微课：
关于垄断，
你应该知道
的

（1）健全统一、开放、竞争、有序的市场体系的原则。《反垄断法》强调国家制定与实施与社会主义市场经济相适应的竞争规则，完善宏观调控，健全统一、开放、竞争、有序的市场体系。

（2）鼓励公平竞争，依法实施集中，提高市场竞争力的原则。《反垄断法》规定经营者可以通过公平竞争、自愿联合，依法实施集中，扩大经营规模，提高市场竞争力。防止企业在市场竞争中通过兼并等手段形成独占地位或垄断优势，进而破坏竞争。

图5-4 垄断的类型

（3）禁止滥用行政权力，排除、限制竞争原则。《反垄断法》规定行政机关和法律、法规授权的具有管理公共事务职能的组织不得滥用行政权力，排除、限制竞争。

⚖ 法治素养

垄断（Monopoly），作为一种经济现象，在资本主义社会发达阶段的表现较为明显。垄断是竞争发展的必然结果，其出现又抑制了竞争。垄断与竞争天生是一对矛盾，由于缺少竞争压力和发展动力，加之缺乏有力的外部制约监督机制，垄断性行业的服务质量往往难以令人满意，经常会违背市场法则、侵犯消费者公平交易权和选择权。这是一条规律，中国与外国都一样。

要解决垄断带来的危害，国家应在除军事与国家安全等关系重大国计民生的战略领域之外的所有生产与服务领域维护公平竞争，制定相应的产业发展政策，全面引入公平竞争的机制，使垄断在竞争中消除，社会整体的管理、技术、质量与效益基于公平竞争得到全面提高，社会主义市场经济的健康、持续、快速发展亦能得到良好的制度支持。其中，规范行为是重点，组织建设是关键，循序渐进是策略，公平监督是途径。

启示： 垄断是一种不公正的市场状态。我们应从思想上树立公平竞争意识，主动维护公平竞争的原则与环境，力求建立完善公平的市场竞争机制。

二、几种具体的垄断行为

（一）垄断协议

垄断协议，是指排除、限制竞争的协议、决定或者其他协同行为。根据经营者的竞争关系，垄断协议可以主要分为两类：一类为多个因经营同类产品或者服务而在生产或销售过程中处于同一经营阶段的同业竞争者之间的垄断协议；另一类是多个在同一产业中处于不同阶段而有上下游关系的经营者间的垄断协议。

1.《反垄断法》对垄断协议的规制

（1）禁止具有竞争关系的经营者达成下列垄断协议：①固定或者变更商品价格；②限制商品的生产数量或者销售数量；③分割销售市场或者原材料采购市场；④限制购买新技术、新设备或者限制开发新技术、新产品；⑤联合抵制交易；⑥国务院反垄断执法机构认定的其他垄断协议。

（2）禁止经营者与交易相对人达成下列垄断协议：①固定向第三人转售商品的价格；②限定向第三人转售商品的最低价格；③国务院反垄断执法机构认定的其他垄断协议。

（3）对行业协会行为的规制。行业协会是由同行业的经营者组成、维护成员利益并代表本行业利益从事活动的社会团体法人，具有非营利性和中介性。行业协会应当引导本行业的经营者依法竞争，维护市场竞争秩序，但如果自律约束不够，也容易引发垄断。由此，《反垄断法》特别增加了"行业协会不得组织本行业的经营者从事本章禁止的垄断行为"的内容。

2. 豁免条款

垄断是行为和结果的统一，对于不以排除、限制竞争为目的的商业行为，不受法律的限制。《反垄断法》第15条明确列出以下不受垄断协议规制的情形：①为改进技术、研究开发新产品的；②为提高产品质量、降低成本、增进效率，统一产品规格、标准或者实行专业化分工的；③为提高中小经营者经营效率，增强中小经营者竞争力的；④为实现节约能源、保护环境、救灾救助等社会公共利益的；⑤因经济不景气，为缓解销售量严重下降或者生产明显过剩的；⑥为保障对外贸易和对外经济合作中的正当利益的；⑦法律和国务院规定的其他情形。其中，经营者要行使①至⑤条款，还应当证明所达成的协议不会严重限制相关市场的竞争，并且能够使消费者分享由此产生的利益。

（二）滥用市场支配地位

1. 市场支配地位概念

我国的《反垄断法》在第17条对市场支配地位作出如下定义："经营者在相关市场内具有能够控制商品价格、数量或者其他交易条件，或者能够阻碍、影响其他经营者进入相关市场能力的市场地位。"该定义将构成市场支配地位的两个条件作为选择性条件：一是企业在市场中的地位，即能够控制商品价格、数量或者其他交易条件；二是对竞争的影响，即能够阻碍、影响其他经营者进入相关市场。

认定经营者具有市场支配地位，应当依据下列因素：①该经营者在相关市场的市场份额，以及相关市场的竞争状况；②该经营者控制销售市场或者原材料采购市场的能力；③该经营者的财力和技术条件；④其他经营者对该经营者在交易上的依赖程度；⑤其他经营者进入相关市场的难易程度；⑥与认定该经营者市场支配地位有关的其他因素。

经营者是否具有市场支配地位，依据以下情形推定：①一个经营者在相关市场的市场份额达到1/2的；②两个经营者在相关市场的市场份额合计达到2/3的；③三个经营者在相关市场的市场份额合计达到3/4的。在第②、③项规定的情形中，其中有的经营者市场份额不足1/10的，不应当推定该经营者具有市场支配地位。当然，如果被推定具有市场支配地位的经营者，有证据证明不具有市场支配地位的，不应当认定其具有市场支配地位。

2. 滥用市场支配地位行为

根据《反垄断法》第17条规定，禁止具有市场支配地位的经营者从事下列滥用市场支配地位的行为：①垄断价格：以不公平的高价销售商品或者以不公平的低价购买商品；②倾销定价：没有正当理由，以低于成本的价格销售商品；③拒绝交易：没有正当理由，拒绝与交易相对人进行交易；④强制交易：没有正当理由，限定交易相对人只能与其进行交易或者只能与其指定的经营者进行交易；⑤搭售交易：没有正当理由搭售商品，或者在交易时附加其他不合理的交易条件；⑥差别待遇：没有正当理由，对条件相同的交易相对人在交易价格等交易条件上实行差别待遇；⑦其他情形：国务院反垄断执法机构认定的其他滥用市场支配地位的行为。

（三）经营者集中

经营者集中，是指两个或者两个以上的经营者相互合并，或者一个或多个个人或经营者对其他经营者全部或部分获得控制，从而导致相互关系上的持久变迁的行为。经营者集中的后果是双重的：一方面，有利于发挥规模经济的作用，提高经营者的竞争能力；另一方面，过度集中又会产生或加强市场支配地位，限制竞争，损害效率。

经营者集中的情形主要包括：①经营者合并；②经营者通过取得股权或者资产的方式取得对其他经营者的控制权；③经营者通过合同等方式取得对其他经营者的控制权或者能够对其他经营者施加决定性影响。

1. 经营者集中的审查因素

经营者集中应及时向国务院反垄断执法机构提出申报，未申报的不得实施集中。国务院反垄断执法机构对经营者集中进行审查，未作出决定前，经营者不得实施集中。国务院反垄断执法机构审查经营者集中行为应该考虑以下因素：①参与集中的经营者在相关市场的市场份额及其对市场的控制力；②相关市场的市场集中度；③经营者集中对市场进入、技术进步的影响；④经营者集中对消费者和其他有关经营者的影响；⑤经营者集中对国民经济发展的影响；⑥国务院反垄断执法机构认为应当考虑的影响市场竞争的其他因素。

经营者集中具有或者可能具有排除、限制竞争效果的，国务院反垄断执法机构应当作出禁止经营者集中的决定。但是，经营者能够证明该集中对竞争产生的有利影响明显大于不利影响，或者符合社会公共利益的，国务院反垄断执法机构可以作出对经营者集中不予禁止的决定。

对外资并购境内企业或者以其他方式参与经营者集中，涉及国家安全的，除依照《反垄断法》的规定进行经营者集中审查外，还应当按照国家有关规定进行国家安全审查。

2. 申报豁免

经营者集中有下列情形之一，可以不向国务院反垄断执法机构申报：①参与集中的一个经营者拥有其他每个经营者50%以上有表决权的股份或者资产的；②参与集中的每个经营者50%以上有表决权的股份或者资产被同一个未参与集中的经营者拥有的。

（四）滥用行政权力排除、限制竞争

微课：
常见的垄断
行为：行政
性垄断

滥用行政权力排除、限制竞争，是指拥有行政权力的行政机关以及其他依法具有管理公共事务职务的组织滥用行政权力，排除、限制竞争的行为。滥用行政权力排除、限制竞争的情形主要包括：

1. 强制交易

行政机关和法律、法规授权的具有管理公共事务职能的组织滥用行政权力，限定或者变相限定单位或者个人经营、购买、使用其指定的经营者提供的商品。

2. 限制流通

行政机关和法律、法规授权的具有管理公共事务职能的组织滥用行政权力，妨碍商品在地区之间的自由流通。具体包括：①对外地商品设定歧视性收费项目、实行歧视性收费标准，或者规定歧视性价格；②对外地商品规定与本地同类商品不同的技术要求、检验标准，或者对外地商品采取重复检验、重复认证等歧视性技术措施，限制外地商品进入本地市场；③采取专门针对外地商品的行政许可，限制外地商品进入本地市场；④设置关卡或者采取其他手段，阻碍外地商品进入或者本地商品运出；⑤妨碍商品在地区之间自由流通的其他行为。

3. 地区歧视

行政机关和法律、法规授权的具有管理公共事务职能的组织滥用行政权力，以设定歧视性资质要求、评审标准或者不依法发布信息等方式，排斥或者限制外地经营者参加本地的招标投标活动。同时，采取与本地经营者不平等待遇等方式，排斥或者限制外地经营者在本地投资或者设立分支机构。

4. 强制垄断

行政机关和法律、法规授权的具有管理公共事务职能的组织滥用行政权力，制定含有排除、限制竞争内容的规定，强制经营者从事《反垄断法》规定的垄断行为。

三、法律责任

（一）行政责任

（1）垄断协议的行政责任。经营者达成并实施垄断协议的，由反垄断执法机构责令停止违法行为，没收违法所得，并处上一年度销售额1%以上10%以下的罚款；尚未实施所达成的垄断协议的，可以处50万元以下的罚款。经营者主动向反垄断执法机构报告达成垄断协议的有关情况并提供重要证据的，反垄断执法机构可以酌情减轻或者免除对该经营者的处罚。行业协会违反本法规定，组织本行业的经营者达成垄断协议的，反垄断执法机构可以处50万元以下的罚款；情节严重的，社会团体登记管理机关可以依法撤销登记。

（2）滥用市场支配地位的行政责任。经营者滥用市场支配地位的，由反垄断执法机构责令停止违法行为，没收违法所得，并处上一年度销售额1%以上10%以下的罚款。

（3）经营者集中的行政责任。经营者违反实施集中的，由国务院反垄断执法机构责令停止实施集中、限期处分股份或者资产、限期转让营业以及采取其他必要措施恢复到集中前的状态，可以处50万元以下的罚款。

（4）组织滥用行政权力，实施排除、限制竞争行为的行政责任。由上级机关责令改正；对直接负责的主管人员和其他直接责任人员依法给予处分。反垄断执法机构可以向有关上级机关提出依法处理的建议。法律、行政法规对行政机关和法律、法规授权的具有管理公共事务职能的组织滥用行政权力实施排除、限制竞争行为的处理另有规定的，依照其规定。

（5）拒绝、阻碍反垄断执法机构依法实施的审查和调查的行政责任。对反垄断执法机构依法实施的审查和调查，拒绝提供有关材料、信息，或者提供虚假材料、信息，或者隐匿、销毁、转移证据，或者有其他拒绝、阻碍调查行为的，由反垄断执法机构责令改正，对个人可以处2万元以下的罚款，对单位可以处20万元以下的罚款；情节严重的，对个人处2万元以上10万元以下的罚款，对单位处20万元以上100万元以下的罚款。

（6）反垄断执法机构工作人员滥用职权、玩忽职守、徇私舞弊或者泄露执法过程中知悉的商业秘密，尚不构成犯罪的，依法给予行政处分。

（二）民事责任

经营者实施垄断行为，给他人造成损失的，依法承担民事责任。

（三）刑事责任

《反垄断法》规定了两种可构成刑事责任的情形：①阻碍反垄断执法机构依法实施的审查和调查，情节严重构成犯罪；②反垄断执法机构工作人员滥用职权、玩忽职守、徇私舞弊或者泄露执法过程中知悉的商业秘密，构成犯罪。

 知识与技能

一、单选题

1. 依据反垄断法的规定，垄断协议不包括排除、限制竞争的（　　）。

   A. 协议　　　　　　　　　　　　　B. 决议

   C. 地方政府排除竞争的文件　　　　D. 协同行为

2. 在反垄断执法实践中，下列关于相关市场认定的做法，正确的是（　　）。

   A. 只需要考虑时间因素　　　　　　B. 只需要考虑商品价格

   C. 不需要界定相关商品市场　　　　D. 要考虑相关商品市场和地域市场

3. 下列关于经营者集中的表述，正确的是（　　）。

   A. 法律不禁止经营者集中

   B. 经营者集中不会造成市场结构变化

   C. 经营者集中包括以合同方式取得对其他经营者的控制权

   D. 对不予禁止的经营者集中，反垄断执法机构应当决定附加限制性条件

4. 根据反垄断法律制度的规定，下列关于反垄断法禁止的滥用市场支配地位行为中，不需要考虑是否有正当理由的是（　　）。

   A. 以低于成本的价格销售商品

   B. 拒绝与交易相对人进行交易

   C. 搭售商品或者在交易时附加其他不合理的交易条件

   D. 以不公平的高价销售商品或者以不公平的低价购买商品

5. 经营者违反反垄断法规定，达成并实施垄断协议的，由反垄断执法机构责令停止违法行为，没收违法所得，并处上一年度销售额（　　）以上（　　）以下的罚款。

A. 0.5%　10%　　　　　　　　B. 1%　10%

C. 2%　10%　　　　　　　　　D. 3%　10%

6. 根据反垄断法律制度的规定，我国经营者集中申报制度采取（　　　）。

A. 强制的事前申报模式　　　　B. 强制的事后申报模式

C. 自愿决定是否事前申报的模式　D. 自愿决定是否事后申报的模式

二、多选题

1. 根据相关法律制度的规定，下列情形中属于规定了刑事责任的有（　　　）。

A. 情节严重的串通招投标行为

B. 阻碍反垄断执法机构审查、调查行为

C. 反垄断执法机构工作人员滥用职权

D. 反垄断执法机构工作人员泄露执法过程中知悉的商业秘密

2. 根据反垄断法律制度的规定，下列选项中属于反垄断法禁止的横向垄断协议的有（　　　）。

A. 固定或者变更商品价格的协议　B. 维持转售价格协议

C. 联合抵制交易　　　　　　　　D. 限制购买新技术的协议

3. 某市政府为了保护当地企业，制定了《某市招投标规定》，规定中明确要求，凡是本市政府机关招标，投标者必须为本市企业，外地企业不允许投标，即使投标，也不会中标。根据反垄断法律制度的规定，该市政府制定该规定的行为属于（　　　）。

A. 排斥或限制外地经营者参加本地招标投标

B. 滥用市场支配地位

C. 排斥或限制外地经营者在本地设立分支机构

D. 抽象行政性垄断行为

4. 国务院反垄断执法机构是一个多元化的概念，主要包括（　　　）。

A. 国家市场监督管理总局　　　B. 财务部

C. 国家发改委　　　　　　　　D. 商务部

5. 甲电器商场的主销品牌是宏达，甲电器商场的相关市场份额达到1/2。李先生从甲商场买了一台52寸、价值13 940元的宏达电视机。该商场谎称电视机与电视底座必须一起出售，电视底座需要再掏220元。另外，如果想要开发票，再加100元。根据反垄断法律制度的规定，此商场的行为构成（　　　）。

A. 以不公平的高价销售商品　　B. 强制交易

C. 没有正当理由搭售商品　　　D. 交易时附加不合理条件

6. 根据反垄断法律制度的规定，经营者集中的主要情形包括（　　　）。

A. 合并

B. 通过取得股权的方式取得对其他经营者的控制权

C. 通过取得资产的方式取得对其他经营者的控制权

D. 通过合同的方式取得对其他经营者的控制权

三、案例分析题

2010年1月8日，由中国出版工作者协会、中国书刊发行业协会、中国新华书店协会联合制定了《图书公平交易规则》。此规则规定部分新书不得打折，特别是网上书店卖新书也不得低于8.5折。

请根据上述表述，分析《图书公平交易规则》是否涉嫌垄断，并说明理由。

第三节　产品质量法

2019年6月10日，绍兴市柯桥区市场监督管理局根据举报线索成功查获一起伪造产地销售日化用品案，对当事人绍兴某贸易有限公司处罚没款16.97万元。

经查，当事人绍兴某贸易有限公司于2018年12月11日委托李某在日本注册核准"Nusvan for aurora"商标，并在香港注册露诗凡（香港）科技有限公司。自2018年12月18日起，当事人先后从东莞市、宁波市等地采购产品。当事人对所采购产品重新进行包装并粘贴标签及条形码，其中标签标识虚假标注原产国为日本，经销商为露诗凡（香港）科技有限公司。至查获日止，共销售气垫梳、动物毛刷等，违法所得共计人民币40 012.4元。

当事人针对当前部分消费者对国外商品盲目追捧的心理，故意在国外注册商标和公司，利用国内的加工厂进行包装，欺骗消费者，其行为涉嫌违反《中华人民共和国产品质量法》第37条"销售者不得伪造产地，不得伪造或者冒用他人的厂名、厂址"之规定，柯桥区局依法予以查处。

案例思考： 面对日益增长的社会消费升级需要，以及社会主要矛盾向"人民日益增长的美好生活需要和不平衡不充分的发展之间的矛盾"转化，产品的质量将如何影响企业的未来发展？

案例启示： 在市场经济快速发展、竞争日趋激烈的今天，质量对于一个企业的重要性日益明显，产品质量是企业核心竞争力的重要体现之一。提高产品质量、树立产品质量意识是企业保证市场占有率、持续健康发展的重要手段。

一、产品质量法概述

产品，指作为商品提供给市场，被人们使用和消费，能满足人们生产和生活需要，具有使用价值的物品，包括有形的物品、无形的服务、组织、观念或它们的组合。《中华人民共和国产品质量法》（简称《产品质量法》）第2条规定："本法所称产品是指经过加工、制作，用于销售的产品。建设工程不适用本法规定；但是，建设工程使用的建筑材料、建筑构配件和设备，属于前款规定的产品范围的，适用本法规定。"即我国《产品质量法》中的产品范围仅限于加工、制作，用于销售的物品，不包括未加工的天然形成的物品，也不包括建设工程。

微课：
什么是产品？

产品质量是指产品满足规定需要和潜在需要的特征和特性的总和。产品质量是由各种要素所组成的，这些要素亦被称为产品所具有的特征和特性。不同的产品具有不同的特征和特性，其总和便构成了产品质量的内涵。

法治素养

产品质量是由各种要素所组成的，这些要素亦被称为产品所具有的特征和特性。不同的产品具有不同的特征和特性，其总和便构成了产品质量的内涵。对产品质量的要求，反映了产品的特性和特性满足顾客和其他相关方要求的能力。顾客和其他质量要求往往随时间而变化，与科学技术的不断进步有着密切的关系。这些质量要求可以转化成具有具体指标的特征和特性，通常包括使用性能、安全、可用性、可靠性、可维修性、经济性和环境等几个方面。

启示： 产品质量不仅是企业行为，更是国家社会发展的重要体现。我们应充分认识到良好的产品质量意识不仅仅是企业竞争优势的体现，还是国家竞争能力与经济实力的重要因素与指标。

产品质量法是调整在生产、流通和消费过程中产品质量监督管理关系和产品质量责任关系的法律规范的总称。其调整对象包括两个方面：一是国家对生产者、经营者的产品质量进行监督管理过程中产生的产品质量管理关系，这种关系具有行政法律关系的性质。二是产品的生产者、销售者与产品的用户、消费者之间因产品质量问题而发生的产品质量责任关系，这种关系具有民事法律关系的性质。

我国《产品质量法》最早于1993年2月22日第七届全国人民代表大会常务委员会第三十次会议通过，1993年9月1日实施，并于2000年、2009年、2018年进行三次修订。现行《产品质量法》于2018年12月29日第十三届全国人民代表大会常务委员会第七次会议修订通过并实施。

微课：
产品生产者
的义务

二、生产者的产品质量责任和义务

根据我国《产品质量法》的规定，生产者的产品质量责任与义务主要有以下内容：

（一）产品内在质量应当符合法定要求

主要包括：不存在危及人身、财产安全的不合理的危险，有保障人体健康和人身、财产安全的国家标准、行业标准的，应当符合该标准；具备产品应当具备的使用性能，但是，对产品存在使用性能的瑕疵作出说明的除外；符合在产品或者其包装上注明采用的产品标准，符合以产品说明、实物样品等方式表明的质量状况。

（二）产品包装标志符合法定要求

产品包装标志是生产者表明产品信息状况的指示说明，是产品质量的重要外在表现形式。我国《产品质量法》第27条规定，产品或者其包装上的标识必须真实，并符合下列要求：有产品质量检验合格证明；有中文标明的产品名称、生产厂厂名和厂址；根据产品的特点和使用要求，需要标明产品规格、等级、所含主要成分的名称和含量的，用中文相应予以标明；需要事先让消费者知晓的，应当在外包装上标明，或者预先向消费者提供有关资料；限期使用的产品，应当在显著位置清晰地标明生产日期和安全使用期或者失效日期；使用不当，容易造成产品本身损坏或者可能危及人身、财产安全的产品，应当有警示标志或者中文警示说明。裸装的食品和其他根据产品的特点难以附加标识的裸装产品，可以不附加产品标识。

（三）特殊产品的包装符合法定要求

根据我国《产品质量法》第28条的规定，易碎、易燃、易爆、有毒、有腐蚀性、有放射性等危险物品以及储运中不能倒置和其他有特殊要求的产品，其包装质量必须符合相应要求，依照国家有关规定作出警示标志或者中文警示说明，标明储运注意事项。

（四）不得违反的禁止性规定

生产者不得生产国家明令淘汰的产品；生产者不得伪造产地，不得伪造或者冒用他人的厂名、厂址；生产者不得伪造或者冒用认证标志等质量标志；生产者生产产品，不得掺杂、掺假，不得以假充真、以次充好，不得以不合格产品冒充合格产品。所谓掺杂、掺假是指行为人以谋取利润为目的，故意在产品中掺入杂质或者作假，进行欺骗性商业活动，使产品中有关物质的含量不符合国家有关法律、法规、标准或合同中规定的一种违法行为。其中，掺入的杂质或其他物质，都是无价值或低价值的。

协作创新

分小组讨论：产品质量对企业意味着什么？现代企业应建立何种产品质量意识？企业可以建立哪些产品质量制度？

三、销售者的产品质量责任和义务

销售者的产品质量责任与义务主要有以下内容：

微课：
产品销售者
的义务

（一）执行进货检查验收制度

进货检查验收制度是法律对销售者规定的一项重要义务，指销售者与生产者在交接产品时所应遵循的管理制度，目的是严格把好产品进货质量关，保证进货渠道的产品质量。进货检查验收制度要求销售者在进货时，对所进货物进行必要检查，查明货物的质量，同时对货物应具备的标志是否齐备进行查验，均符合国家法律要求才予以进货销售。

（二）采取措施保持产品质量

销售者在销售货物的过程中，应该采取相应措施，保持产品的质量。如销售者未尽到保持义务，导致产品出现瑕疵或者缺陷，销售者要对此承担相应的责任。

（三）销售产品的标志应当符合法律规定

销售者销售产品的标志义务应当与上述生产者的产品标志义务一致。

（四）不得违反的禁止性规定

不得销售国家明令淘汰并停止销售的产品和失效、变质的产品；不得伪造产地，不得伪造或者冒用他人的厂名、厂址；不得伪造或者冒用认证标志等质量标志；销售产品，不得掺杂、掺假，不得以假充真、以次充好，不得以不合格产品冒充合格产品。

四、产品质量的损害赔偿

（一）销售者的损害赔偿责任

销售者售出的产品有下列情形之一的，应当负责修理、更换、退货；给购买产品的消费者造成损失的，应当赔偿损失：①不具备产品应当具备的使用性能而事先未作说明的；②不符合在产品或者其包装上注明采用的产品标准的；③不符合以产品说明、实物样品等方式表明的质量状况的。

销售者依照规定负责修理、更换、退货、赔偿损失后，属于生产者的责任或者属于向销售者提供产品的其他销售者（以下简称供货者）的责任的，销售者有权向生产者、供货者追偿。生产者之间、销售者之间、生产者与销售者之间订立的买卖合同、承揽合同有不同约定的，合同当事人按照合同约定执行。

由于销售者的过错使产品存在缺陷，造成人身、他人财产损害的，销售者应当承担赔偿责任。销售者不能指明缺陷产品的生产者也不能指明缺陷产品的供货者的，销售者应当承担赔偿责任。

（二）生产者的损害赔偿责任及豁免情形

因产品存在缺陷造成人身、缺陷产品以外的其他财产（以下简称他人财产）损害的，生产者应当承担赔偿责任。

生产者能够证明有下列情形之一的，不承担赔偿责任：①未将产品投入流通的；②产品投入流通时，引起损害的缺陷尚不存在的；③将产品投入流通时的科学技术水平尚不能发现缺陷的存在的。

（三）产品质量受害人的追偿

产品质量责任的追偿对象主要包括：①因产品存在缺陷造成人身、他人财产损害的，受害人可以向产品的生产者要求赔偿，也可以向产品的销售者要求赔偿；②属于产品的生产者的责任，产品的销售者赔偿的，产品的销售者有权向产品的生产者追偿；③属于产品的销售者的责任，产品的生产者赔偿的，产品的生产者有权向产品的销售者追偿。

（四）产品质量责任的赔偿范围

产品质量责任的赔偿范围主要包括：①因产品存在缺陷造成受害人人身伤害的，侵害人应当赔偿医疗费、治疗期间的护理费、因误工减少的收入等费用。②造成残疾的，还应当支付残疾者生活自助具费、生活补助费、残疾赔偿金以及由其扶养的人所必需的生活费等费用。③造成受害人死亡的，并应当支付丧葬费、死亡赔偿金以及由死者生前扶养的人所必需的生活费等费用。④因产品存在缺陷造成受害人财产损失的，侵害人应当恢复原状或者折价赔偿。受害人因此遭受其他重大损失的，侵害人应当赔偿损失。

（五）产品质量责任的诉讼时限

因产品存在缺陷造成损害要求赔偿的诉讼时效期间为二年，自当事人知道或者应当知道其权益受到损害时起计算。因产品存在缺陷造成损害要求赔偿的请求权，在造成损害的缺陷产品交付最初消费者满10年丧失。但是，尚未超过明示的安全使用期的除外。

（六）产品质量责任的解决途径

因产品质量发生民事纠纷时，当事人可以通过协商或者调解解决。当事人不愿通过协商、调解解决或者协商、调解不成的，可以根据当事人各方的协议向仲裁机构申请仲裁；当事人各方没有达成仲裁协议或者仲裁协议无效的，可以直接向人民法院起诉。

五、产品质量的监督管理体制

（一）产品质量监督的概念

产品质量监督亦称"国家质量监督"。国家通过其授权的法定机构，根据政府的法令或规定，对产品质量和企业保证质量所具备的条件进行的监督活动。这是国家在质量方面对企业进行宏观控制的重要措施。根据《产品质量法》的规定，国务院产品质量监督部门主管全国产品质量监督工作。国务院其他有关部门主管本行政区域内的产品质量监督工作，县级以上地方人民政府有关部门在各自的职责范围内负责产品质量监督工作。

微课：
产品质量监管

（二）产品质量监督管理的主要制度

1. 产品质量标准制度

根据《产品质量法》的规定，可能危及人体健康和人身、财产安全的工业产品，必须符合保障人体健康和人身、财产安全的国家标准、行业标准；未制定国家标准、行业标准的，必须符合保障人体健康和人身、财产安全的要求。禁止生产、销售不符合保障人体健康和人身、财产安全的标准和要求的工业产品。

2. 企业质量体系认证制度

国家根据国际通用的质量管理标准，推行企业质量体系认证制度。企业根据自愿原则，可以向国务院产品质量监督部门认可的或者国务院产品质量监督部门授权的部门认可的认证机构申请企业质量体系认证。经认证合格的，由认证机构颁发企业质量体系认证证书。

3. 产品质量认证制度

国家参照国际先进的产品标准和技术要求，推行产品质量认证制度。企业根据自愿原则，可以向国务院产品质量监督部门认可的或者国务院产品质量监督部门授权的部门认可的认证机构申请产品质量认证。经认证合格的，由认证机构颁发产品质量认证证书，准许企业在产品或者其包装上使用产品质量认证标志。

4. 产品质量监督检查制度

国家对产品质量实行以抽查为主要方式的监督检查制度，对可能危及人体健康和人身、财产安全的产品，影响国计民生的重要工业产品以及消费者、有关组织反映有质量问题的产品进行抽查。

国家监督抽查的产品，地方不得另行重复抽查；上级监督检查的产品，下级不得另行重复抽查；根据监督抽查的需要，可以对产品进行检验，检验抽取样品的数量不得超过检验的合理需要，并不得向被检查人收取检验费用。

生产者、销售者对抽查检验的结果有异议的，可以自收到检验结果之日起15日内向实施监督抽查的产品质量监督部门或者其上级产品质量监督部门申请复检，由受理复检的产品质量监督部门作出复检结论。

六、产品质量法律责任

产品质量法律责任为违约责任，适用严格责任的归责原则，即只要销售者或者生产者提供的产品不符合法定或约定的质量要求，不论有无过错，均应承担法律责任。具体产品质量法律责任包括：

（1）生产、销售不符合保障人体健康和人身、财产安全的国家标准、行业标准的产品的，责令停止生产、销售，没收违法生产、销售的产品，并处违法生产、销售产品（包括已售出和未售出的产品，下同）货值金额等值以上3倍以下的罚款；有违法所得的，并处没收违法所得；情节严重的，吊销营业执照；构成犯罪的，依法追究刑事责任。

（2）在产品中掺杂、掺假，以假充真，以次充好，或者以不合格产品冒充合格产品的，责令停止生产、销售，没收违法生产、销售的产品，并处违法生产、销售产品货值金额50%以上3倍以下的罚款；有违法所得的，并处没收违法所得；情节严重的，吊销营业执照；构成犯罪的，依法追究刑事责任。

（3）生产国家明令淘汰的产品的，销售国家明令淘汰并停止销售的产品的，责令停止生产、销售，没收违法生产、销售的产品，并处违法生产、销售产品货值金额等值以下的罚款；有违法所得的，并处没收违法所得；情节严重的，吊销营业执照。

（4）销售失效、变质的产品的，责令停止销售，没收违法销售的产品，并处违法销售产品货值金额2倍以下的罚款；有违法所得的，并处没收违法所得；情节严重的，吊销营业执照；构成犯罪的，依法追究刑事责任。

（5）伪造产品产地的，伪造或者冒用他人厂名、厂址的，伪造或者冒用认证标志等质量标志的，责令改正，没收违法生产、销售的产品，并处违法生产、销售产品货值金额等值以下的罚款；有违法所得的，并处没收违法所得；情节严重的，吊销营业执照。

（6）产品标识不符合法律规定的，责令改正；有包装的产品标识不符合法律规定，情节严重的，责令停止生产、销售，并处违法生产、销售产品货值金额30%以下的罚款；有违法所得的，并处没收违法所得。

（7）拒绝接受依法进行的产品质量监督检查的，给予警告，责令改正；拒不改正的，责令停业整顿；情节特别严重的，吊销营业执照。以暴力、威胁方法阻碍市场监督管理部门的工作人员依法执行职务的，依法追究刑事责任。

（8）隐匿、转移、变卖、损毁被市场监督管理部门查封、扣押的物品的，处被隐匿、转移、变卖、损毁物品货值金额等值以上3倍以下的罚款；有违法所得的，并处没收违法所得。

知识与技能

一、单选题

1. 下列产品属于《产品质量法》调整范围的是（　　）。

    A. 初级农产品质量　　　　　　　　B. 建筑工程质量

    C. 军工产品质量　　　　　　　　　D. 建筑材料质量

2. 如果使用不当，容易造成产品本身损坏或者可能危及人身、财产安全的产品，应当有（　　）或者中文警示说明。

    A. 警示标志　　　　　　　　　　　B. 质量标识

    C. 质量合格证明　　　　　　　　　D. 失效时间

3. 销售者应当建立并执行进货检查验收制度，验明（　　）和其他标识。

    A. 产品合格证明　　　　　　　　　B. 进货发票

C. 安全使用期　　　　　　　　　　D. 生产许可证

4. 某儿童护肤霜符合国家强制性标准，但含有一种国家标准中未禁止的有害物质，会导致儿童皮肤过敏。该儿童护肤霜应认定为（　　　）。

　　A. 安全产品　　　B. 瑕疵产品　　　C. 缺陷产品　　　D. 天然产品

二、多选题

1. 产品质量必须符合（　　　）要求。

　　A. 不存在危及人身、财产安全的不合理的危险，有保障人体健康和人身、财产安全的国家标准、行业标准的应当符合该标准

　　B. 不具备产品应当具备的使用性能。但是，对产品存在使用性能的瑕疵作出说明的除外

　　C. 符合在产品或其包装上注明采用的产品标准

　　D. 符合以产品说明、实物样品等方式表明的质量状况

2. 依据《产品质量法》的规定，承担产品质量责任的主体包括（　　　）。

　　A. 生产者　　　　　　　　　　　B. 销售者

　　C. 产品质量认证机构　　　　　　D. 对产品质量做出保证的社会团体

　　E. 对产品质量做出保证的社会中介机构

3. 经营者发现其提供的商品为缺陷产品，存在危及人身、他人财产安全的危险时，应当采取的措施有（　　　）。

　　A. 停止销售　　　　　　　　　　B. 警示

　　C. 无害化处理　　　　　　　　　D. 召回

　　E. 销毁

4. 生产者不得生产（　　　）。

　　A. 国家明令淘汰的产品　　　　　B. 以假充真的产品

　　C. 伪造产地的产品　　　　　　　D. 不合格产品

5. 产品缺陷包括设计缺陷、（　　　）缺陷。

　　A. 包装　　　　B. 使用　　　　C. 指示　　　　D. 制造

三、案例分析题

2017年5月，某物流公司从上海某公司购买了一套升降机，并在该公司办公楼内进行了安装使用。2018年12月，张某作为某劳务派遣公司的派遣工到该物流公司工作。2019年3月7日9时许，当张某在该物流公司办公楼三楼刚进入升降机，尚未触动升降机内的任何按键，升降机却突然发生故障，猛烈坠落到一楼地面。张某当即被送往医院住院治疗，被诊断为：左腿踝关节粉碎性骨折，右脚足弓断裂。共计住院35天，花

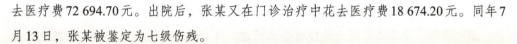

去医疗费 72 694.70 元。出院后，张某又在门诊治疗中花去医疗费 18 674.20 元。同年 7月 13 日，张某被鉴定为七级伤残。

请根据上述材料回答以下问题：

（1）升降机是否是有缺陷产品？说明理由。

（2）产品责任中受害者可以向哪些人申诉权利？

（3）产品责任中的归责原则是什么？

（4）产品责任中对受害人的赔偿范围和赔偿数额应该如何认定？

第四节　消费者权益保护法

案例导入

温州消费者 2019 年在淘宝上买了一个西门子的蒸箱，联系温州西门子售后上门安装，安装人员发现蒸箱不是该品牌系列的产品，得知消费者并非是在天猫"西门子旗舰店"购的货，怀疑是假货拒绝安装。消费者在淘宝平台欲找商家交涉，却发现该店铺已经关了。消费者向淘宝客服反映，淘宝客服称如果确认买到的是假冒产品，消费者可以要求退款，但是前提是必须拿到该品牌厂家的鉴定书。消费者联系生产企业却被告知未被品牌商授权出具鉴定的资格。温州市消保委投诉部经多方查询获知西门子的售后维修公司受西门子品牌商的委托和认可，具备出具产品质量鉴定书的资格。消费者取得西门子售后公司的鉴定证明后，立即向淘宝客服递交，5 日内淘宝启动该店铺在淘宝的保证金向消费者退了款。

案例点评：本案是一起网络消费欺诈典型案例。本案争议产品经鉴定后被判断为假冒产品，可见本案经营者故意在网络平台买卖假冒产品，存在欺诈行为。根据《中华人民共和国消费者权益保护法》第 55 条的规定，经营者提供商品或者服务有欺诈行为的，应当按照消费者的要求增加赔偿其受到的损失，增加赔偿的金额为消费者购买商品的价款或者接受服务的费用的三倍，即通常所说的"退一赔三"。

其次，网络平台对于消费者依法承担相应责任。根据《中华人民共和国消费者权益保护法》第 44 条规定，消费者通过网络交易平台购买商品或者接受服务，其合法权益受到损害的，可以向销售或服务者要求赔偿。网络交易平台提供者不能提供销售者或者服务者的真实名称、地址和有效联系方式的，消费者也可以向网络交易平台提供者要求赔偿。

案例思考： 消费者在强大的经营资本面前，呈现出显著无力的状态，少数生产经营者为了追求利润而不择手段，使消费者置身于丧失财产乃至生命的危险之中。政府主管部门、消费者组织、消费者个人该如何保障消费权益值得多方思考。

案例启示： 保护消费者权益具有十分重要的意义，对处于弱势的消费者进行合法权益保护不仅能体现公平公正原则，也可以助推社会经济健康和谐发展。保护消费者权益有利于鼓励公平竞争，限制不正当竞争，有利于促使企业努力加强管理，不断提高产品质量和服务质量，提高经济效益，推动社会进步。

一、消费者的概念

微课：
今天，你消费了吗？

《中华人民共和国消费者权益保护法》（以下简称《消费者权益保护法》）第2条将"为生活消费需要购买、使用商品或者接受服务"的行为界定为消费者的消费行为。根据这一规定，消费者是指为满足生活需要而购买、使用商品或接受服务，由国家专门法律确认其主体地位和保护其消费权益的个人。

（1）消费者以生活消费为目的。生活消费通常是指为了满足个人物质和文化生活需要而进行的各种物质和精神产品以及劳动服务的消费行为，包括人的衣、食、住、行、乐等各个方面。同时，为强调保护农民的切身利益与强化权益保护，《消费者权益保护法》第62条规定"农民购买、使用直接用于农业生产的生产资料，参照本法执行"，使得农民也享有消费者的权利。

（2）消费者的"消费"表现为购买、使用商品或者接受服务。也可以理解为消费者获得商品、使用商品或者接受服务，而"获得"的形式可以是有偿的，也可以是无偿的。个体社会成员免费获得用于宣传或者其他商业目的的服务和商品，也属于消费行为，其也属于消费者范畴。

（3）消费者是个体社会成员，这也表明消费者可以是自然人，也可以是家庭，包括一个国家领域内所有的人。但法人和其他社会组织由于其目的是满足生产和经营的需要，所以其不属于消费者的范畴。

 协作创新

分小组讨论：消费者应具有哪些法律特征？其与具体的消费行为与消费心理是否有区别？如何认定消费者身份？

二、消费者权益保护法概述

消费者权益保护法，是指调整在保护消费者权益过程中发生的经济关系的法律规范的总称。1993年10月31日八届全国人大常委会第四次会议通过，自1994年1月1日起施行的《消费者权益保护法》是新中国成立以来颁布的第一部关于保护消费者权益的专门性法律。2009年8月27日第十一届全国人民代表大会常务委员会第十次会议对该法进行第一次修正，2013年10月25日十二届全国人大常委会第五次会议进行第二次修正，并于2014年3月15日正式实施。《消费者权益保护法》具有以下特点：①以专章规定消费者的权利，表明该法以保护消费者权益为宗旨。②特别强调经营者的义务。首先，规定经营者与消费者进行交易时应当遵循自愿、平等、公平、诚实信用的原则。其次，以专章规定了经营者对特定消费者以及社会公众的义务。③鼓励、动员全社会为保护消费者合法权益共同承担责任，对损害消费者权益的不法行为进行全方位监督。④重视对消费者的群体性保护，以专章规定了消费者组织的法律地位。

三、消费者权利的概念及内容

（一）消费者权利的概念

消费者权利是指消费者在购买、使用商品或者接受服务时，在消费领域依法所享有的各种权能。其是消费者权益在法律上的表现。明确消费者权利，是国家和社会对消费者进行保护的前提和基础，是消费者实行有效自我保护的法律依据。

（二）消费者权利的内容

消费者的核心权利如图5-5所示。

1. 保障安全权

消费者在购买、使用商品和接受服务时享有人身、财产安全不受损害的权利。消费者有权要求经营者提供的商品和服务，符合保障人身、财产安全的要求。保障安全权是消费者最重要、最基本、最核心的权利，包括人身和财产安全两方面的内容。这也是宪法和法律赋予公民人身权、财产权在消费领域的具体体现。

图5-5 消费者的核心权利

2. 知悉真情权

消费者享有知悉其购买、使用的商品或者接受的服务的真实情况的权利。消费者有权根据商品或者服务的不同情况，要求经营者提供商品的价格、产地、生产者、用途、性能、规格、等级、主要成分、生产日期、有效期限、检验合格证明、使用方法说明书、售后服务，或者服务的内容、规格、费用等有关情况。

3. 自主选择权

消费者享有自主选择商品或者服务的权利。消费者有权自主选择提供商品或者服务的经营者，自主选择商品品种或者服务方式，自主决定购买或者不购买任何一种商品、接受或者不接受任何一项服务。消费者在自主选择商品或者服务时，有权进行比较、鉴别和挑选。

4. 公平交易权

消费者享有公平交易的权利。消费者在购买商品或者接受服务时，有权获得质量保障、价格合理、计量正确等公平交易，有权拒绝经营者的强制交易行为。

5. 依法求偿权

消费者因购买、使用商品或者接受服务受到人身、财产损害的，享有依法获得赔偿的权利。保障消费者在发生损害后可以得到法律救济的权利。赔偿的范围包括财产和人身的损失赔偿。

6. 依法结社权

消费者享有依法成立维护自身合法权益的社会组织的权利。《中华人民共和国宪法》明确规定，中华人民共和国公民享有依法结社的自由。消费者依法成立维护自身合法权益的社会团体，是宪法在消费者权益保护法中的体现，也是法律帮助消费者从小、散、弱的个体逐步转变成为集、大、强的群体，从而真正保护消费者权利。

7. 获取知识权

消费者享有获得有关消费和消费者权益保护的知识的权利。消费者应当努力掌握所需商品或者服务的知识和使用技能，正确使用商品，提高自我保护意识。

8. 获得尊重权

消费者在购买、使用商品和接受服务时，享有人格尊严、民族风俗习惯得到尊重的权利，享有个人信息依法得到保护的权利。人格尊严是消费者人身权的重要组成部分，包括姓名权、名誉权、荣誉权、肖像权等。

9. 监督批评权

消费者享有对商品和服务以及保护消费者权益工作进行监督的权利。消费者有权检举、控告侵害消费者权益的行为和国家机关及其工作人员在保护消费者权益工作中的违法失职行为，有权对保护消费者权益工作提出批评、建议。

协作创新

　　作为消费者，我们的消费权益是否受到过侵害？我们是怎么保护自己的消费者权利的？在行使消费者权利的过程中，是否遇到过障碍？

四、经营者义务的概念及内容

（一）经营者义务的概念

微课：
谁是经营者

　　经营者义务是指经营者在经营活动中应履行的法律义务。经营者义务是相对消费者权利而言的，只有经营者履行了义务才能保障消费者权利的实现。

（二）经营者义务的内容

　　在消费法律关系中，消费者权利就是经营者义务。为了有效地保护消费者权益，约束经营者的经营行为，我国《消费者权益保护法》从12个方面规定了经营者应承担的主要义务。

　　1. 依法和依约履行的义务

　　经营者向消费者提供商品或者服务，应当依照法律、法规的规定履行义务。经营者和消费者有约定的，应当按照约定履行义务，但双方的约定不得违背法律、法规的规定。经营者向消费者提供商品或者服务，应当恪守社会公德，诚信经营，保障消费者的合法权益；不得设定不公平、不合理的交易条件，不得强制交易。营销者还应遵守《产品质量法》中规定的生产者和销售者的法定义务以及特定产品的"三包"等义务。

　　2. 听取意见和接受监督的义务

　　《消费者权益保护法》第17条规定，经营者应当听取消费者对其提供的商品或者服务的意见，接受消费者的监督。即消费者有权对经营者和经营者的商品提出意见和建议，经营者应当认真接受消费者、社会和政府有关部门的监督。

　　3. 保障人身、财产安全的义务

　　经营者应当保证其提供的商品或者服务符合保障人身、财产安全的要求。对可能危及人身、财产安全的商品和服务，应当向消费者作出真实的说明和明确的警示，并说明和标明正确使用商品或者接受服务的方法以及防止危害发生的方法。宾馆、商场、餐馆、银行、机场、车站、港口、影剧院等经营场所的经营者，应当对消费者尽到安全保障义务。

　　4. 危险产品召回的义务

　　经营者发现其提供的商品或者服务存在缺陷，有危及人身、财产安全危险的，应当立即向有关行政部门报告和告知消费者，并采取停止销售、警示、召回、无害化处理、销毁、停止生产或者服务等措施。采取召回措施的，经营者应当承担消费者因商品被召回支出的必要费用。

5. 提供真实信息的义务

经营者向消费者提供有关商品或者服务的质量、性能、用途、有效期限等信息，应当真实、全面，不得作虚假或者引人误解的宣传。经营者对消费者就其提供的商品或者服务的质量和使用方法等问题提出的询问，应当作出真实、明确的答复。经营者提供商品或者服务应当明码标价。

《消费者权益保护法》第28条规定，采用网络、电视、电话、邮购等方式提供商品或者服务的经营者，以及提供证券、保险、银行等金融服务的经营者，应当向消费者提供经营地址、联系方式、商品或者服务的数量和质量、价款或者费用、履行期限和方式、安全注意事项和风险警示、售后服务、民事责任等信息。

6. 标明经营者真实身份的义务

经营者应当标明其真实名称和标记。租赁他人柜台或者场地的经营者，应当标明其真实名称和标记。标明经营者真实身份可以让消费者做到心中有数，不仅是对消费者权益的尊重，而且也有利于承担发生纠纷后的举证责任。

7. 出具购货凭证和单据的义务

经营者提供商品或者服务，应当按照国家有关规定或者商业惯例向消费者出具发票等购货凭证或者服务单据；消费者索要发票等购货凭证或者服务单据的，经营者必须出具。为了切实保护消费者的权益，无论消费者是否索要，经营者都应依照国家规定出具凭证和单据。对于这些书面凭据，消费者不仅应该增强证据意识，及时行使自己的权利，而且还应主动保留自己与经营者发生合同关系的证明。

8. 保证质量的义务

经营者应当保证在正常使用商品或者接受服务的情况下其提供的商品或者服务应当具有的质量、性能、用途和有效期限；但消费者在购买该商品或者接受该服务前已经知道其存在瑕疵，且存在该瑕疵不违反法律强制性规定的除外。经营者以广告、产品说明、实物样品或者其他方式表明商品或者服务的质量状况的，应当保证其提供的商品或者服务的实际质量与表明的质量状况相符。经营者提供的机动车、计算机、电视机、电冰箱、空调器、洗衣机等耐用商品或者装饰装修等服务，消费者自接受商品或者服务之日起6个月内发现瑕疵，发生争议的，由经营者承担有关瑕疵的举证责任。

9. 退换货义务

经营者提供的商品或者服务不符合质量要求的，消费者可以依照国家规定、当事人约定退货，或者要求经营者履行更换、修理等义务。没有国家规定和当事人约定的，消费者可以自收到商品之日起7日内退货；7日后符合法定解除合同条件的，消费者可以及时退货，不符合法定解除合同条件的，可以要求经营者履行更换、修理等义务。依照前款规定进行退货、更换、修理的，经营者应当承担运输等必要费用。

《消费者权益保护法》中规定，经营者采用网络、电视、电话、邮购等方式销售商品，消费者有权自收到商品之日起7日内退货，且无须说明理由。但下列商品除外：①消费者定作的；②鲜活易腐的；③在线下载或者消费者拆封的音像制品、计算机软件等数字化商品；④交付的报纸、期刊。

10. 不得排除或者限制消费者权利的义务

经营者不得以格式条款、通知、声明、店堂告示等方式，作出排除或者限制消费者权利、减轻或者免除经营者责任、加重消费者责任等对消费者不公平、不合理的规定，不得利用格式条款并借助技术手段强制交易。格式条款、通知、声明、店堂告示等含有前款所列内容的，其内容无效。

11. 不得侵犯消费者人格权的义务

经营者不得对消费者进行侮辱、诽谤，不得搜查消费者的身体及其携带的物品，不得侵犯消费者的人身自由。消费者作为消费法律关系的主体，享有包括名誉权、肖像权、人身自由权为内容的人格权。

12. 保护消费者信息义务

经营者收集、使用消费者个人信息，应当遵循合法、正当、必要原则，明示收集、使用信息的目的、方式和范围，并经消费者同意。经营者及其工作人员对收集的消费者个人信息必须严格保密，不得泄露、出售或者非法向他人提供。在发生或者可能发生信息泄露、丢失的情况时，应当立即采取补救措施。经营者未经消费者同意或者请求，或者消费者明确表示拒绝的，不得向其发送商业性信息。

五、消费者组织

（一）消费者组织的概念

消费者协会和其他消费者组织是依法成立的对商品和服务进行社会监督的保护消费者合法权益的社会组织。消费者组织坚持公益原则，不从事商品经营和营利性服务，不得以收取费用或者其他牟取利益的方式向消费者推荐商品和服务。

（二）中国消费者协会

中国消费者协会于1984年12月经国务院批准成立，是对商品和服务进行社会监督的保护消费者合法权益的全国性社会组织。消费者协会和其他消费者组织是依法成立的对商品和服务进行社会监督的保护消费者合法权益的社会组织。中国消费者协会的宗旨是：对商品和服务进行社会监督，保护消费者的合法权益，引导广大消费者合理、科学消费，促进社会主义市场经济健康发展。

（三）消费者协会的公益性职责

（1）向消费者提供消费信息和咨询服务，提高消费者维护自身合法权益的能力，引导文明、健康、节约资源和保护环境的消费方式；

（2）参与制定有关消费者权益的法律、法规、规章和强制性标准；

（3）参与有关行政部门对商品和服务的监督、检查；

（4）就有关消费者合法权益的问题，向有关部门反映、查询，提出建议；

（5）受理消费者的投诉，并对投诉事项进行调查、调解；

（6）投诉事项涉及商品和服务质量问题的，可以委托具备资格的鉴定人鉴定，鉴定人应当告知鉴定意见；

（7）就损害消费者合法权益的行为，支持受损害的消费者提起诉讼或者依照《消费者权益保护法》提起诉讼；

（8）对损害消费者合法权益的行为，通过大众传播媒介予以揭露、批评。

六、争议的解决途径

微课：
消费争议的
解决途径

根据《消费者权益保护法》的规定，消费者如果认为自己的权益受到损害或者已经发生了实际的损害后果，可以通过下列途径（见图5-6）解决。

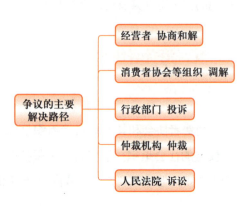

图5-6　消费争议的主要解决路径

（一）与经营者协商和解

协商和解是指消费者在与经营者发生争议后，与经营者在法律地位平等的基础上，遵循自愿、公平和诚实信用的原则，就发生的争议进行协商，达成和解的活动。

（二）请求消费者协会或者依法成立的其他调解组织调解

在与经营者协商无效之后，消费者可以向消费者协会投诉，要求消费者协会或者其他调解组织从中调解纠纷，解决矛盾。

（三）向有关行政部门投诉

消费者的合法权益受到侵害后，根据商品和服务的性质，可以向工商、物价、技术监督、标准、计量、商检、卫生等相关行政部门申诉。

（四）根据与经营者达成的仲裁协议提请仲裁机构仲裁

当事人双方自愿达成的仲裁协议是仲裁机构受理争议案件的依据，仲裁协议可以事前或事后达成。

（五）向人民法院提起诉讼

消费者的合法权益受到侵害并向消费者协会或有关行政部门投诉、申诉后，不满意处理结果的，可以向人民法院起诉。

七、消费争议的损害责任承担

（一）生产者、销售者损害责任承担

微课：
消费争议的
责任主体

消费者在购买、使用商品时，其合法权益受到损害的，可以向销售者要求赔偿。销售者赔偿后，属于生产者的责任或者属于向销售者提供商品的其他销售者的责任的，销售者有权向生产者或者其他销售者追偿。消费者或者其他受害人因商品缺陷造成人身、财产损害的，可以向销售者要求赔偿，也可以向生产者要求赔偿。属于生产者责任的，销售者赔偿后，有权向生产者追偿。属于销售者责任的，生产者赔偿后，有权向销售者追偿。消费者在接受服务时，其合法权益受到损害的，可以向服务者要求赔偿。

（二）企业变更后的损害责任承担

消费者在购买、使用商品或者接受服务时，其合法权益受到损害，因原企业分立、合并的，可以向变更后承受其权利义务的企业要求赔偿。

（三）营业执照相关人的损害责任承担

使用他人营业执照的违法经营者提供商品或者服务，损害消费者合法权益的，消费者可

以向其要求赔偿，也可以向营业执照的持有人要求赔偿。

（四）中间服务商的损害责任承担

消费者在展销会、租赁柜台购买商品或者接受服务，其合法权益受到损害的，可以向销售者或者服务者要求赔偿。展销会结束或者柜台租赁期满后，也可以向展销会的举办者、柜台的出租者要求赔偿。展销会的举办者、柜台的出租者赔偿后，有权向销售者或者服务者追偿。

消费者通过网络交易平台购买商品或者接受服务，其合法权益受到损害的，可以向销售者或者服务者要求赔偿。网络交易平台提供者不能提供销售者或者服务者的真实名称、地址和有效联系方式的，消费者也可以向网络交易平台提供者要求赔偿；网络交易平台提供者作出更有利于消费者的承诺的，应当履行承诺。网络交易平台提供者赔偿后，有权向销售者或者服务者追偿。网络交易平台提供者明知或者应知销售者或者服务者利用其平台侵害消费者合法权益，未采取必要措施的，依法与该销售者或者服务者承担连带责任。

（五）广告宣传的损害责任承担

消费者因经营者利用虚假广告或者其他虚假宣传方式提供商品或者服务，其合法权益受到损害的，可以向经营者要求赔偿。广告经营者、发布者发布虚假广告的，消费者可以请求行政主管部门予以惩处。广告经营者、发布者不能提供经营者的真实名称、地址和有效联系方式的，应当承担赔偿责任。广告经营者、发布者设计、制作、发布关系消费者生命健康的商品或者服务的虚假广告，造成消费者损害的，应当与提供该商品或者服务的经营者承担连带责任。社会团体或者其他组织、个人在关系消费者生命健康商品或者服务的虚假广告或者其他虚假宣传中向消费者推荐商品或者服务，造成消费者损害的，应当与提供该商品或者服务的经营者承担连带责任。

八、法律责任

（一）民事责任

（1）经营者提供商品或者服务有下列情形之一的，除本法另有规定外，应当依照其他有关法律、法规的规定，承担民事责任：①商品或者服务存在缺陷的；②不具备商品应当具备的使用性能而出售时未作说明的；③不符合在商品或者其包装上注明采用的商品标准的；④不符合商品说明、实物样品等方式表明的质量状况的；⑤生产国家明令淘汰的商品或者销售失效、变质的商品的；⑥销售的商品数量不足的；⑦服务的内容和费用违反约定的；⑧对消费者提出的修理、重作、更换、退货、补足商品数量、退还货款和服务费用或者赔偿损失的要求，故意拖延或者无理拒绝的；⑨法律、法规规定的其他损害消费者权益的情形。经营者对消费者未尽到安全保障义务，造成消费者损害的，应当承担侵权责任。

（2）经营者提供商品或者服务，造成消费者或者其他受害人人身伤害的，应当赔偿医疗费、护理费、交通费等为治疗和康复支出的合理费用，以及因误工减少的收入。造成残疾的，还应当赔偿残疾生活辅助具费和残疾赔偿金。造成死亡的，还应当赔偿丧葬费和死亡赔偿金。

（3）经营者侵害消费者的人格尊严、侵犯消费者人身自由或者侵害消费者个人信息依法得到保护的权利的，应当停止侵害、恢复名誉、消除影响、赔礼道歉，并赔偿损失。

（4）经营者有侮辱诽谤、搜查身体、侵犯人身自由等侵害消费者或者其他受害人人身权益的行为，造成严重精神损害的，受害人可以要求精神损害赔偿。

（5）经营者提供商品或者服务，造成消费者财产损害的，应当依照法律规定或者当事人约定承担修理、重作、更换、退货、补足商品数量、退还货款和服务费用或者赔偿损失等民事责任。

（6）经营者以预收款方式提供商品或者服务的，应当按照约定提供。未按照约定提供的，应当按照消费者的要求履行约定或者退回预付款，并应当承担预付款的利息、消费者必须支付的合理费用。

（7）依法经有关行政部门认定为不合格的商品，消费者要求退货的，经营者应当负责退货。经营者提供商品或者服务有欺诈行为的，应当按照消费者的要求增加赔偿其受到的损失，增加赔偿的金额为消费者购买商品的价款或者接受服务的费用的3倍；增加赔偿的金额不足500元的，为500元。法律另有规定的，依照其规定。经营者明知商品或者服务存在缺陷，仍然向消费者提供，造成消费者或者其他受害人死亡或者健康严重损害的，受害人有权要求经营者赔偿损失，并有权要求所受损失2倍以下的惩罚性赔偿。

（二）行政责任

经营者有下列情形之一，除承担相应的民事责任外，其他有关法律、法规对处罚机关和处罚方式有规定的，依照法律、法规的规定执行；法律、法规未作规定的，由工商行政管理部门或者其他有关行政部门责令改正，可以根据情节单处或者并处警告、没收违法所得、处以违法所得1倍以上10倍以下的罚款，没有违法所得的，处以50万元以下的罚款；情节严重的，责令停业整顿、吊销营业执照：①提供的商品或者服务不符合保障人身、财产安全要求的；②在商品中掺杂、掺假，以假充真，以次充好，或者以不合格商品冒充合格商品的；③生产国家明令淘汰的商品或者销售失效、变质的商品的；④伪造商品的产地，伪造或者冒用他人的厂名、厂址，篡改生产日期，伪造或者冒用认证标志等质量标志的；⑤销售的商品应当检验、检疫而未检验、检疫或者伪造检验、检疫结果的；⑥对商品或者服务作虚假或者引人误解的宣传的；⑦拒绝或者拖延有关行政部门责令对缺陷商品或者服务采取停止销售、警示、召回、无害化处理、销毁、停止生产或者服务等措施的；⑧对消费者提出的修理、重作、更换、退货、补足商品数量、退还货款和服务费用或者赔偿损失的要求，故意拖延或者无理拒绝的；⑨侵害消费者人格尊严、侵犯消费者人身自由或者侵害消费者个人信息依法得到保护的权利的；⑩法律、法规规定的对损害消费者权益应当予以处罚的其他情形。经营者有前款规定情形的，除依照法律、法规规定予以处罚外，处罚机关应当记入信用档案，向社会公布。

（三）刑事责任

经营者违反本法规定提供商品或者服务，侵害消费者合法权益，构成犯罪的，依法追究刑事责任；以暴力、威胁等方法阻碍有关行政部门工作人员依法执行职务的，依法追究刑事责任。

 知识与技能

一、单选题

1. 消费者在购买、使用商品或者接受服务时其合法权益受到损害，因原企业分立、合并的，（　　）要求赔偿。

　　A. 无法

　　B. 可向原企业

　　C. 可向变更后承受其权利义务的企业

　　D. 可向原企业的上级主管部门

2. 经营者提供商品有欺诈行为的，应当根据消费者的要求增加赔偿所收取商品价款或者服务费用（　　）的惩罚性赔偿金。

　　A. 一半　　　　　　B. 1倍　　　　　　C. 2倍　　　　　　D. 3倍

3. 消费者索要购货凭证或者服务单据的，经营者（　　）。

　　A. 可以出具　　　B. 不得出具　　　C. 无须出具　　　D. 必须出具

4. 根据《消费者权益保护法》的规定，下列情形中的合同当事人属于消费者的是（　　）。

　　A. 张某购买一台计算机供自家使用

　　B. 李某购买一辆卡车从事货运经营

C. 甲公司购买一套家具供公司办公使用

D. 乙商场购买一次性纸杯供顾客品尝果汁

二、多选题

1. 消费者的权利有（　　　　）。

A. 保障安全权　　　　　　　　B. 知悉真情权

C. 依法求偿权　　　　　　　　D. 监督批评权

E. 获取知识权

2. 消费者权益的国家保护包括（　　　　）。

A. 立法保护　　　　　　　　　B. 国际保护

C. 行政保护　　　　　　　　　D. 司法保护

E. 社会保护

3. 下列行为，属于侵犯消费者权利的有（　　　　）。

A. 经营者强迫消费者购买其商品

B. 经营者擅自收集消费者的职业信息

C. 经营者拒绝回答消费者有关商品用途的询问

D. 经营者向消费者销售未标明真实产地的商品

E. 经营者向消费者销售不符合国家安全标准的商品

4. 消费者在展销会或租赁柜台上购买商品或者接受服务，合法权益受到损害的，
（　　　　）。

A. 可向销售者或者服务提供者索赔

B. 任何情况下，只能向销售者或者服务提供者索赔

C. 在展销会结束后，可向展销会的举办者索赔

D. 柜台的出租者赔偿后，有权向销售者或者服务提供者追偿

5. 消费者和经营者发生消费者权益争议的，可以通过（　　　　）途径解决。

A. 与经营者协商和解

B. 请求消费者协议调解

C. 根据与经营者达成的仲裁协议提请仲裁机构仲裁

D. 向有关行政管理部门申诉

E. 向法院提起诉讼

三、案例分析题

2019年4月12日，诸暨市消保委山下湖分会接到消费者李某投诉，称其在微商
赵某那里购买三件珍珠产品，共计消费5 500余元。赵某在产品宣传时称珍珠无瑕。

2019年4月16日，李某在收到货后认为珍珠表面有小瑕疵，不属于无瑕，故向赵某要求退款退货。赵某认为珍珠是自然生长，表面生长纹不能认定为瑕疵，且卖给李某前已将照片发给李某确认，不同意退货退款请求。李某因此向市场山下湖分会投诉。

　　请根据上述材料分析李某是否能提出退货退款请求，并说明理由。

第六章
宏观调控法律制度

学习目标

★ **知识目标**

⊙ 了解我国税收法律制度的几种主要税种。

⊙ 熟练掌握税法的构成要素。

⊙ 掌握税务管理、税款征收的法律规定。

⊙ 掌握商业银行的设立条件和经营业务。

★ **技能目标**

⊙ 能够正确应用增值税应纳税额的计算方法。

⊙ 能够正确计算消费税的应纳税额。

⊙ 能够正确计算企业所得税的应纳税额。

⊙ 能够正确计算个人所得税的应纳税额。

⊙ 能够分析商业银行的业务属性。

★ **素养目标**

⊙ 培育并践行社会主义核心价值观。

⊙ 培养依法纳税的权利和义务意识。

⊙ 树立正确、合法、理性的金融消费观念。

思维导图

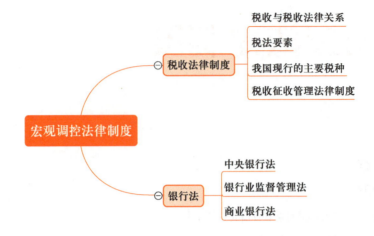

第一节　税收法律制度

案例导入

2018年6月初，群众举报范某"阴阳合同"涉税问题，国家税务总局高度重视，立即责成江苏等地税务机关依法开展调查核实。

根据调查核实情况，范某在某电影拍摄过程中实际取得片酬3 000万元，其中1 000万元已经申报纳税，其余2 000万元以拆分合同方式偷逃个人所得税618万元，少缴营业税及附加112万元，合计730万元。此外，还查出范某及其担任法定代表人的企业少缴税款2.48亿元，其中偷逃税款1.34亿元。

对于上述违法行为，根据国家税务总局指定管辖，江苏省税务局依据《中华人民共和国税收征收管理法》第32条、第52条的规定，对范某及其担任法定代表人的企业追缴税款2.55亿元，加收滞纳金0.33亿元；依据《中华人民共和国税收征收管理法》第63条的规定，对范某采取拆分合同手段隐瞒真实收入偷逃税款处4倍罚款计2.4亿元，对其利用工作室账户隐匿个人报酬的真实性质偷逃税款处3倍罚款计2.39亿元；对其担任法定代表人的企业少计收入偷逃税款处1倍罚款计94.6万元；依据《中华人民共和国税收征收管理法》第69条和《中华人民共和国税收征收管理法实施细则》第93条的规定，对其担任法定代表人的两户企业未代扣代缴个人所得税和非法提供便利协助少缴税款各处0.5倍罚款，分别计0.51亿元、0.65亿元。

9月30日，江苏省税务局依法向范某正式下达《税务处理决定书》和《税务行政处罚决定书》，要求其将追缴的税款、滞纳金、罚款在收到上述处理处罚决定后在规定期限内缴清。

案例思考： 在法治社会，如何正确履行纳税义务？

案例启示：《中华人民共和国宪法》第56条规定：中华人民共和国公民有依照法律纳税的义务。依法纳税是公民的基本义务之一，任何人如果不正确履行该义务，必将受到法律的严惩。作为企业也一样，"君子爱财，取之有道。"要想长久地走下去，一定要有法律意识及规范意识。法律是公正的，合理利用法律知识是我们每一个人应该有的常识，在获取财富时，财商很重要，法商更重要。

一、税收与税收法律关系

（一）税收的含义和特征

税收，是国家为了实现其公共职能而凭借其政治权力，按照法定标准，无偿向纳税人征收货币或实物而取得财政收入的一种特殊分配形式。税收具有分配收入、配置资源和保障社会稳定的职能，国家运用税收杠杆可以有效调控宏观经济。税收不同于其他财政收入，它具有以下三个明显的特征：

微课：
什么是税收

（1）强制性。国家为了实现其职能，按法定程序立法来征收税收。《中华人民共和国宪法》规定，公民有纳税的义务，如果不依法纳税，纳税人将会受到法律的制裁。

（2）无偿性。国家征税既不需要事先支付对价，也不需要事后向各纳税人返还。在纳税过程中，国家与纳税人之间不存在私法上等价有偿的交换关系。

（3）固定性。国家依照法定程序征收税款，征税范围、纳税人、税率、纳税环节等都在税法中预先明确，因此税收具有相对的稳定性。

（二）税收法律关系

税收法律关系体现为国家征税与纳税人纳税的利益分配关系。税收法律关系由主体、客体和内容三个方面构成。

（1）主体是指税收法律关系中享有权利和承担义务的当事人。在我国税收法律关系中，税收主体包括征税主体和纳税主体。征税主体是代表国家行使征税职责的国家税务机关，包括国家各级税务机关和海关；纳税主体也即履行纳税义务的人，包括法人、自然人和其他组织。对这种权利主体的确定，我国采取属地兼属人原则，即在华的外国企业、组织、外籍人、无国籍人等凡在中国境内有所得来源的，都是我国税收法律关系的主体。

（2）客体是指主体的权利义务所共同指向的对象，也就是征税对象。在税收法律关系中，征税对象可以是财产、劳务、收入或者行为，例如企业所得税法律关系的客体就是企业的生产经营所得和其他所得。

（3）内容指主体所享受的权利和所应承担的义务，是税收法律关系的核心内容。

二、税法要素

税法要素是指各单行税法共同具有的基本要素。在税法体系里，既包括实体法，也包括程序法。税法要素一般包括纳税义务人、征税对象、税目、税率、计税依据、纳税环节、纳税期限、纳税地点、税收优惠、法律责任等。

（一）税收实体法要素

1. 纳税主体

纳税主体又称纳税人或者纳税义务人，是指税法规定的直接负有纳税义务的法人、自然人及其他组织。与纳税义务人相关的另一个主体是扣缴义务人。扣缴义务人是指税法规定的，负有代扣或者代收税款、代缴给税务机关义务的单位或者个人。扣缴义务人必须按照税法规定代扣税款，并在规定期限内缴入国库。

2. 征税对象

征税对象又称纳税客体，是指在税收法律关系中征纳双方权利义务所指向的物或行为。这是区分不同税种的主要标志，我国现行税收都有特定的征税对象。根据征税对象性质不同，可以将其分为商品、所得、财产和行为四大类。

微课：
税制要素

3. 税目与计税依据

税目是税法中具体规定应当征税的项目，是征税对象的具体化，反映了征税的广度。计税依据是指计算应纳税额的依据或标准，即根据什么来计算纳税人应缴纳的税额。它是征税对象在量的方面的具体化，直接影响着纳税人最终税负的承担。计税依据一般有三种：一是从价计征；二是从量计征；三是复合计征。具体计算方法见表6-1。

表6-1　计税依据表

类型	计税依据	公式
从价计征	计税金额	应纳税额=计税金额×适用税率
从量计征	计税数量	应纳税额=计税数量×单位适用税额
复合计征	从价计征+从量计征	应纳税额=计税金额×适用税率+计税数量×单位适用税额

4. 税率

税率是指应纳税额与计税基数之间的比例。计税基数，也称计税依据或者税基，是指根据税法所确定的用以计算应纳税额的依据。税率是计算税额的尺度，也是衡量税负轻重与否的重要标志，是税法的核心要素。税率主要有：

（1）比例税率。比例税率是指对同一征税对象，不论其数额大小，均按同一个比例征税的税率。税率本身是应征税额与计税金额之间的比例。这里所说的比例税率是就相对累进税率、定额税率而言的。我国的增值税、城市维护建设税、企业所得税等均采用比例税率。

（2）累进税率。它是指按征税对象数额的大小规定不同等级的税率，数额越大税率越高。累进税率本质上也是比例税率，只是税法对某一应税项目按等级规定了多个比例税率。累进税率又分为全额累进税率、超额累进税率和超率累进税率三种。全额累进税率是按征税对象数额的逐步递增划分若干等级，并按等级规定逐步提高的税率。征税对象的金额达到哪一个等级，全部按相应的税率征税。目前，我国的税收法律制度中已不采用这种税率。超额累进税率是将征税对象数额的逐步递增划分为若干等级，按等级规定相应的递增税率，对每个等级分别计算税额。我国现行个人所得税法中的综合所得、生产经营所得等采用超额累进税率。超率累进税率是按征税对象的某种递增比例划分若干等级，按等级规定相应的递增税率，对每个等级分别计算税额。我国的土地增值税采用这种税率。

（3）定额税率，即按征税对象确定的计算单位，直接规定一个固定的税额，不采用百分比的形式。目前采用定额税率的有资源税、车船税等。

5. 税收特别措施

税收特别措施包括税收优惠措施和税收重课措施。前者是国家对某些纳税人和征税对象给予鼓励和照顾而采取的措施；后者是以加重纳税人的税负为目标而采取的措施，如税款的加成、加倍征收等。由于税法具有规制性，两种措施都会存在，但通常税收优惠措施采用的更加普遍。实践中，税收优惠措施主要体现在：①减税和免税。减税是指对应征税款减少征收部分税款。免税是对按规定应征收的税款给予免除。②起征点。也称征税起点，是指对征税对象开始征税的数额界限。征税对象的数额没有达到规定起征点的不征税；达到或超过起征点的，就其全部数额征税。③免征额。免征额是指对征税对象总额中免予征税的数额。即对纳税对象中的一部分给予减免，只就减除后的剩余部分计征税款。此外，还可以通过税收抵免、亏损结转、出口退税等方式来给予税收优惠。

6. 法律责任

法律责任是指对违反国家税法规定的行为人采取的处罚措施。一般包括违法行为和因违法而应承担的法律责任两部分内容。这里讲的违法行为是指违反税法规定的行为，包括作为和不作为。税法中的法律责任包括行政责任和刑事责任。纳税人和税务人员违反税法规定，都将依法承担法律责任。

（二）税收程序法要素

1. 纳税期限

纳税期限是指纳税人的纳税义务发生后应依法缴纳税款的期限。包括纳税义务发生时间、纳税期限和缴库期限。规定纳税期限是为了及时保证国家财政收入的实现，也是税收强制性和固定性的体现。税法中，根据不同的情况规定不同的纳税期限，纳税人必须在规定的纳税期限内缴纳税款。比如，企业所得税在月份或者季度终了后15日内预缴，年度终了后4个月内汇算清缴，多退少补。纳税人的具体纳税期限，由主管税务机关根据纳税人应纳税额的大小分别核定，不能按照固定期限纳税的，可以按次纳税。

2. 纳税地点

纳税地点是指根据各税种的纳税环节和有利于对税款的源泉控制而规定的纳税人（包括代征、代扣、代缴义务人）的具体申报缴纳税收的地点。

3. 纳税环节

纳税环节是指税法规定的纳税人应当缴纳税款的环节。不同的税，纳税环节也不同，如流转税在生产和流通环节纳税，所得税在分配环节纳税等。

协作创新

通过查询资料，分小组讨论个人所得税的构成要素。

三、我国现行的主要税种

（一）增值税

微课：增值税纳税人

增值税是我国现阶段税收收入规模最大的税种。国务院自1993年12月13日发布《中华人民共和国增值税暂行条例》至今，先后进行多次修订。2019年11月27日，财政部、国家税务总局正式公布了《中华人民共和国增值税法（征求意见稿）》。这一行为标志着作为我国第一大税种的增值税立法迈出了实质性步伐。增值税的主要内容包括：

1. 纳税人

增值税的纳税人是在我国境内销售货物、提供应税劳务、销售服务、无形资产、不动产以及进口货物的单位和个人。根据纳税人的经营规模以及会计核算健全程度不同，增值税纳税人可以分为小规模纳税人和一般纳税人。①小规模纳税人，标准为年应征增值税销售额500万元及以下。年应税销售额是指纳税人在连续不超过12个月或四个季度的经营期内累计应征增值税销售额。小规模纳税人会计核算健全，能够提供准确税务资料的，可以向税务机关申请登记为一般纳税人，不再作为小规模纳税人。②一般纳税人，是指年应税销售额超过财政部、国家税务总局规定的小规模纳税人标准的企业和企业性单位。一般纳税人实行登记制，除另有规定外，应当向税务机关办理登记手续。纳税人登记为一般纳税人后，不得转为小规模纳税人，国家税务总局另有规定的除外。

小规模纳税人和一般纳税人在税务管理上存在较大差异，详见表6-2。

表6-2 小规模纳税人和一般纳税人的区别

区别点	一般纳税人	小规模纳税人
增值税专用发票的使用	销售或提供应税劳务可使用增值税专用发票	一般只能使用普通发票
进项税款抵扣	购进货物和应税劳务实行税款抵扣制	不得抵扣进项税
计税方法	当期销项税减当期进项税	简易办法，销售额乘以征收率

2. 征税对象

增值税的征税范围包括在中华人民共和国境内销售货物或者劳务，销售服务、无形资产、不动产以及进口货物。

微课：
增值税征税
范围

其中，销售货物是有偿转让货物的所有权。具体又包括：

（1）一般销售，也即销售有形动产，包括电力、热力、气体在内。

（2）视同销售。单位和个人的下列行为，虽然没有取得销售收入，也视同销售应税货物，应当缴纳增值税：①将货物交付其他单位或者个人代销；②销售代销货物；③设有两个以上机构并实行统一核算的纳税人，将货物从一个机构移送其他机构用于销售，但相关机构设在同一县（市）的除外；④将自产或者委托加工的货物用于非增值税应税项目；⑤将自产、委托加工的货物用于集体福利或者个人消费；⑥将自产、委托加工或者购进的货物作为投资，提供给其他单位或者个体工商户；⑦将自产、委托加工或者购进的货物分配给股东或者投资者；⑧将自产、委托加工或者购进的货物无偿赠送其他单位或者个人。

（3）混合销售。一项销售行为，如果既涉及货物又涉及服务，为混合销售。从事货物的生产、批发或者零售的单位和个体工商户的混合销售行为，按照销售货物缴纳增值税；其他单位和个体工商户的混合销售行为按照销售服务缴纳增值税。

（4）兼营行为。它是指纳税人的经营中包括销售货物、劳务以及销售服务、无形资产和不动产的行为。纳税人发生兼营行为，应当分别核算适用不同税率或征收率的销售额。未分别核算销售额的，按照以下办法适用税率或征收率：兼有不同税率的销售货物、劳务、服务、无形资产或者不动产，从高适用税率；兼有不同征收率的销售货物、劳务、服务、无形资产或者不动产，从高适用征收率；兼有不同税率和征收率的销售货物、劳务、服务、无形资产或者不动产，从高适用税率。

3. 税率和征收率

增值税均实行比例税率，绝大多数一般纳税人适用基本税率、低税率或零税率。小规模纳税人和采用简易办法征税的一般纳税人适用征收率。

（1）基本税率。又称标准税率，适用于大多数征税对象，体现了增值税税负的轻重。我国增值税的基本税率为13%。纳税人销售或者进口货物（除列举的外），提供加工修理修配劳务税率均为13%。

（2）低税率。纳税人销售或者进口下列货物，货物的税率为9%，这一税率即是通常所说的低税率：粮食、食用植物油；自来水、暖气、冷气、热水、煤气、石油液化气、天然气、沼气、居民用煤炭制品；图书、报纸、杂志；饲料、化肥、农药、农机、农膜；农业产品；金属矿采选产品；非金属矿采选产品；音像制品和电子出版物（自2007年1月1日起）；二甲醚（自2008年7月1日起）、盐（自2007年9月1日起）；国务院规定的其他货物。

（3）零税率。纳税人出口货物税率为零，但是国务院另有规定的除外。

（4）征收率。小规模纳税人增值税征收率为3%，其中销售自己使用过的固定资产和旧货，按照简易办法依照3%征收率减按2%征收增值税。

4. 增值税应纳税额的计算

（1）一般纳税人增值税应纳税额的计算。一般纳税人销售货物或者提供应税劳务，应纳税额为当期销项税额抵扣当期进项税额后的余额。应纳税额的计算公式为：

$$应纳税额 = 当期销项税额 - 当期进项税额$$

当期销项税额小于当期进项税额不足抵扣时，其不足部分可以结转下期继续抵扣。

第一，销项税额的确定。销项税额是纳税人销售货物或者应税劳务，按照销售额和税法规定的税率计算并向购买方收取的增值税额。销项税额的计算公式为：

$$销项税额 = 销售额 \times 税率$$

销售额为纳税人销售货物或者应税劳务向购买方收取的全部价款和价外费用，但不包括收取的销项税额。价外费用包括价外向购买方收取的手续费、补贴、基金、集资费、返还利润、奖励费、违约金、滞纳金、延期付款利息、赔偿金、代收款项、代垫款项、包装费、包装物租金、储备费、优质费、运输装卸费以及其他各种性质的价外收费。但不包括：受托加工应征消费税的消费品所代收代缴的消费税；符合税法规定的代垫运费以及同时符合以下条件代为收取的政府性基金或者行政事业性收费：一是由国务院或者财政部批准设立的政府性基金，由国务院或者省级人民政府及其财政、价格主管部门批准设立的行政事业性收费；二是收取时开具省级以上财政部门印制的财政票据；三是所收款项全额上缴财政。

如果销售收入中包含增值税税款，则应将不含税的销售额和销项税额分离。其计算公式为：

$$不含增值税的销售额 = 含税销售额 ÷（1+增值税税率或征收率）$$

《增值税暂行条例实施细则》规定了8种视同销售货物行为，这8种视同销售货物行为一般不以资金的形式反映出来，因而会出现无销售额的情况。在此情况下，税务机关有权按照下列顺序核定其销售额：先是按纳税人最近时期同类货物的平均销售价格确定；再是按其他纳税人最近时期同类货物的平均销售价格确定；最后是按组成计税价格确定。组成计税价格的计算公式为：

$$组成计税价格 = 成本×（1+成本利润率）$$

征收增值税的货物，同时又征收消费税的，其组成计税价格中应包含消费税税额。其计算公式为：

$$组成计税价格 = 成本×（1+成本利润率）+消费税税额$$

或

$$组成计税价格 = 成本×（1+成本利润率）÷（1–消费税税率）$$

纳税人销售货物或者应税劳务的价格明显偏低且无正当理由的，由主管税务机关核定其销售额。

第二，进项税额的确定。进项税额是指纳税人购进货物或者接受应税劳务所支付或者负担的增值税额。准予从销项税额中抵扣的进项税额包括：从销售方取得的增值税专用发票上注明的增值税额；从海关取得的海关进口增值税专用缴款书上注明的增值税额；购进农产品，除取得增值税专用发票或者海关进口增值税专用缴款书外，按照农产品收购发票或者销售发票上注明的农产品买价和9%的扣除率计算的进项税额；购进或者销售货物以及在生产经营过程中支付运输费用的，按照运输费用结算单据上注明的运输费用金额和7%的扣除率计算的进项税额等。

下列项目的进项税额不得从销项税额中抵扣：用于简易计税方法计税项目、免征增值税项目、集体福利或者个人消费的购进货物、劳务、服务、无形资产和不动产；非正常损失的购进货物，以及相关的劳务和交通运输服务；非正常损失的在产品、产成品所耗用的购进货物（不包括固定资产）、劳务和交通运输服务；国务院规定的其他项目。这里的非正常损失是指因管理不善造成货物被盗、丢失、霉烂变质，以及因违反法律法规造成货物或者不动产被依法没收、销毁、拆除的情形。

（2）小规模纳税人增值税应纳税额的计算。小规模纳税人销售货物或者应税劳务，实行简易办法计算应纳税额。其计算公式为：

$$应纳税额 = 销售额 \times 征收率$$

销售额的确定与一般纳税人相同，不同的是小规模纳税人不得抵扣任何进项税额。

（3）进口货物增值税应纳税额的计算。纳税人进口货物，按照组成计税价格和规定的税率计算应纳税额，不得抵扣任何税额。组成计税价格和应纳税额的计算公式为：

$$组成计税价格 = 关税完税价格 + 关税 + 消费税$$

$$应纳税额 = 组成计税价格 \times 税率$$

5. 增值税税收优惠

我国增值税的税收减免较多。例如，农业生产者销售的自产农产品，避孕药品和用具，古旧图书，直接用于科学研究、科学试验和教学的进口仪器、设备，外国政府、国际组织无偿援助的进口物资和设备，由残疾人的组织直接进口供残疾人专用的物品等都属于免税项目。此外，销售自己使用过的物品未达到起征点的，也免征增值税。

法治素养

　　国务院总理李克强在2019年3月20日主持召开国务院常务会议，明确增值税减税配套措施。

　　为落实《政府工作报告》更大规模减税的部署，从4月1日起将制造业等行业16%增值税率降至13%、交通运输和建筑等行业10%增值税率降至9%。同时，加大对地方转移支付力度，重点向中西部地区和困难县市倾斜。

　　为发挥减税政策对改善民生和打好三大攻坚战的支持作用，会议还决定：

　　一是延续2018年执行到期的对公共租赁住房、农村饮水安全工程建设运营、国产抗艾滋病病毒药品等的税收优惠政策。

　　二是从2019年1月1日至2022年年底，对企业用于国家扶贫开发重点县、集中连片特困地区县和建档立卡贫困村的扶贫捐赠支出，按规定在计算应纳税所得额时据实扣除；对符合条件的扶贫货物捐赠免征增值税。

　　三是从2019年1月1日至2021年年底，对从事污染防治的第三方企业，减按15%税率征收企业所得税。

　　启示： 国家推进增值税税收优惠政策的落地，真正实现了惠民惠企。我们应及时关注国家财政动态，全面掌握税法知识。

协作创新

请根据给定的材料，计算某电器生产公司当月应纳的增值税。

某电器生产公司为增值税一般纳税人，适用的增值税税率为13%，2019年10月有关的生产经营情况如下：

（1）销售B电器给消费者，价税合计9 040元；

（2）将自产C电器200件无偿赠送给外单位，已知该批电器的生产成本是150 000元，无同类产品的对外售价，成本利润率为10%；

（3）从一般纳税人处购进原料，取得的增值税专用发票上注明价款7 000元。

（二）消费税

我国消费税法律制度主要体现为《消费税暂行条例》及与之配套的相关法规、规章的规定。

微课：
消费税认知

1. 消费税的纳税主体

消费税的纳税主体，是指在中华人民共和国境内生产、委托加工和进口《消费税暂行条例》规定的消费品的单位和个人，以及国务院确定的销售《消费税暂行条例》规定的消费品的其他单位和个人。

2. 消费税的征税对象

我国消费税的征税对象主要是过度消费会对人类健康、社会秩序、生态环境等方面造成危害的特殊消费品。如烟、酒及酒精、鞭炮和烟火等；奢侈品和非生活必需品，如高档化妆品、珠宝玉石等；高能耗及高档消费品，如一次性木制筷子、游艇等；不可再生和不可替代的消费品，如成品油等。

3. 消费税的税目和税率

消费税的税目和税率见表6-3。

表6-3 消费税税目和税率表

税目	税率		
	生产（进口）环节	批发环节	零售环节
一、烟			
1. 甲类卷烟	56%加0.003元/支	11%加0.005元/支	
2. 乙类卷烟	36%加0.003元/支		

税目	税率		
	生产（进口）环节	批发环节	零售环节
3. 雪茄烟	36%		
4. 烟丝	30%		
二、酒			
1. 白酒	20%加0.5元/500克（毫升）		
2. 黄酒	240元/吨		
3. 啤酒	甲类：250元/吨 乙类：220元/吨		
4. 其他酒	10%		
三、高档化妆品	15%		
四、贵重首饰和珠宝玉石			
1. 金银首饰、铂金首饰和钻石及钻石饰品			5%
2. 其他贵重首饰和珠宝玉石	10%		
五、鞭炮焰火	15%		
六、成品油			
1. 汽油	1.52元/升		
2. 柴油	1.20元/升		
3. 航空煤油	1.20元/升		
4. 石脑油	1.52元/升		
5. 溶剂油	1.52元/升		
6. 润滑油	1.52元/升		
7. 燃料油	1.20元/升		
七、摩托车			
1. 气缸容量250毫升（含250毫升）以下	3%		
2. 气缸容量250毫升（不含）以上	10%		
八、汽车			
1. 乘用车			
（1）气缸容量在1.0升（含1.0升）以下	1%		
（2）气缸容量在1.0升以上至1.5升（含1.5升）	3%		
（3）气缸容量在1.5升以上至2.0升（含2.0升）	5%		
（4）气缸容量在2.0升以上至2.5升（含2.5升）	9%		
（5）气缸容量在2.5升以上至3.0升（含3.0升）	12%		

续表

税目	税率		
	生产（进口）环节	批发环节	零售环节
（6）气缸容量在3.0升以上至4.0升（含4.0升）	25%		
（7）气缸容量在4.0升以上	40%		
2. 中轻型商用客车	5%		
3. 超豪华小汽车	按子税目1和子税目2的规定征收		10%
九、高尔夫球及球具	10%		
十、高档手表	20%		
十一、游艇	10%		
十二、木制一次性筷子	5%		
十三、实木地板	5%		
十四、电池	4%		
十五、涂料	4%		

纳税人兼营不同税率的应税消费品，应当分别核算不同税率应税消费品的销售额、销售数量；未分别核算销售额、销售数量，或者将不同税率的应税消费品组成成套消费品销售的，从高适用税率。

4. 消费税应纳税额的计算

（1）从价定率消费税应纳税额的计算。实行从价定率征收消费税的，应纳税额的计算公式为：

应纳税额＝应税消费品销售额×适用税率

销售额为纳税人销售应税消费品向购买方收取的全部价款和价外费用。价外费用的确定与增值税中价外费用的确定相一致。

纳税人销售的应税消费品，以人民币计算销售额。纳税人以人民币以外的货币结算销售额的，应当折合成人民币计算。如果纳税人应税消费品的销售额中未扣除增值税税款，或者因不得开具增值税专用发票而发生价款和增值税税款合并收取的，在计算消费税时应当换算为不含增值税税款的销售额。其换算公式为：

应税消费品的销售额＝含增值税的销售额÷（1+增值税税率或征收率）

（2）从量定额消费税应纳税额的计算。实行从量定额征收消费税的，应纳税额的计算公式为：

应纳税额＝应税消费品销售数量×单位税额

上式中的销售数量按下列标准确定：纳税人销售应税消费品的，为应税消费品的销售数量；自产自用应税消费品的，为应税消费品的移送使用数量；委托加工应税消费品的，为纳税人收回的应税消费品的数量；进口的应税消费品为海关核定的应税消费品进口征税数量。

（3）纳税人自产自用消费税应纳税额的计算。纳税人自产自用的应税消费品，用于连续生产应税消费品的，不纳税，用于其他方面的，如纳税人用于生产非应税消费品和在建工程、管理部门、非生产机构、提供劳务，以及用于馈赠、赞助、集资、广告、样品、职工福利、奖励等方面，于移送使用时纳税。消费税按照纳税人生产的同类消费品的销售价格计算纳税；没有同类消费品销售价格的，按照组成计税价格计算纳税。组成计税价格的计算公式为：

$$组成计税价格 = （成本 + 利润）÷ （1 - 消费税税率）$$

自产自用的白酒、卷烟的组成计税价格的计算公式为：

$$组成计税价格 = （成本 + 利润 + 自产数量 × 定额税率）÷ （1 - 消费税税率）$$

$$应纳税额 = 组成计税价格 × 适用税率$$

（4）委托加工消费税应纳税额的计算。委托加工应税消费品的由受托方交货时代扣代缴消费税。按照受托方的同类消费品销售价格计算纳税，没有同类消费品销售价格的，按组成计税价格计算纳税。

$$组成计税价格 = （材料成本 + 加工费）÷ （1 - 消费税税率）$$

委托加工白酒、卷烟的组成计税价格的计算公式为：

$$组成计税价格 = （材料成本 + 加工费 + 委托加工数量 × 定额税率）÷ （1 - 消费税税率）$$

$$应纳税额 = 组成计税价格 × 适用税率$$

委托加工的应税消费品，是指由委托方提供原料和主要材料，受托方只收取加工费和代垫部分辅助材料加工的应税消费品。委托加工的应税消费品直接出售的，不再征收消费税。

（5）进口货物消费税应纳税额的计算。进口的应税消费品实行从价定率办法计算应纳税额的，按照组成计税价格计算纳税。组成计税价格的计算公式为：

$$组成计税价格 = （关税完税价格 + 关税）÷ （1 - 消费税税率）$$

（6）零售金银首饰应纳税额的计算。零售金银首饰的纳税人在计税时，应将含税的销售额换算为不含增值税税额的销售额。

$$金银首饰的应税销售额 = 含增值税的销售额 ÷ （1 + 增值税税率或征收率）$$

$$组成计税价格 = 购进原价 × （1 + 利润率）÷ （1 - 金银首饰消费税税率）$$

$$应纳税额 = 组成计税价格 × 金银首饰消费税税率$$

5. 消费税的退税规定

对纳税人出口应税消费品，除国务院另有规定限制出口的以外，免征消费税。出口的应税消费品办理退税后，发生退关或者国外退货，进口时予以免税的，报关出口者必须及时向其机构所在地或者居住地主管税务机关申报补缴已退的消费税税款。

协作创新

新川白酒厂为增值税一般纳税人。2019年9月销售粮食白酒30吨，取得不含增值税销售额180万元；薯类白酒50吨，取得不含增值税销售额150万元。已知白酒消费税比例税率为20%，定额税率为0.5元/500克。

请根据给定的材料，计算新川白酒厂当月应纳的消费税。

（三）企业所得税

企业所得税是对企业的生产经营所得和其他所得依法征收的一种税。《中华人民共和国企业所得税法》和《中华人民共和国企业所得税法实施条例》是企业所得税的主要法律依据。

微课：
企业所得税
认知

1. 企业所得税的纳税人

在中国境内的企业和其他取得收入的组织（统称"企业"）为企业所得税的纳税人。为了避免重复征税，我国对个人独资企业和合伙企业不征收企业所得税，而征收个人所得税。企业所得税的纳税人分为居民企业和非居民企业。

（1）居民企业。居民企业是指依法在中国境内成立，或者依照外国（地区）法律成立但实际管理机构在中国境内的企业。实际管理机构是指对企业的生产经营、人员、账务财产等实施实质性全面管理和控制的机构。居民企业承担无限纳税义务，应当就其来源于中国境内、境外的所得缴纳企业所得税。

（2）非居民企业。非居民企业是指依照外国（地区）法律成立且实际管理机构不在中国境内，但在中国境内设立机构、场所的，或者在中国境内未设立机构、场所，但有来源于中国境内所得的企业。非居民企业负有限纳税义务，一般只就其来源于我国境内的所得纳税。

2. 企业所得税的征税对象

（1）居民企业的征税对象。居民企业应当就其来源于中国境内、境外的所有所得缴纳企业所得税。包括销售货物所得、提供劳务所得、转让财产所得、股息红利等权益性投资所得、利息所得、租金所得、特许权使用费所得、接受捐赠所得和其他所得。

（2）非居民企业的征税对象。非居民企业在中国境内设立机构、场所的，应当就其所设机构、场所取得的来源于中国境内的所得，以及发生在中国境外但与其所设机构、场所有实际联系的所得，缴纳企业所得税。

非居民企业在中国境内未设立机构、场所的，或者虽设立机构、场所但取得的所得与其所设机构、场所没有实际联系的，应当就其来源于中国境内的所得缴纳企业所得税。

确定企业所得是来自境内还是来自境外，根据表6-4中的原则来确定。

表6-4　企业所得来源确定方法表

经营行为	税务处理
销售货物所得	按交易活动发生地确定
提供劳务所得	按劳务发生地确定
转让财产所得	（1）不动产转让所得按照不动产所在地确定 （2）动产转让所得按转让动产企业所在地确定 （3）权益性投资资产转让所得按照被投资企业所在地确定
股息等权益性投资所得	按分配所得的企业所在地确定
利息所得、租金所得、特许权使用费所得	按负担、支付所得的企业所在地确定

3. 企业所得税的税率

企业所得税实行比例税率。居民企业以及在中国境内设立机构、场所且取得的所得与其所设机构、场所有实际联系的非居民企业，应当就其来源于中国境内、境外的所得缴纳企业所得税，适用税率为25%。非居民企业在中国境内未设立机构、场所的，或者虽设立机构、场所但取得的所得与其所设机构、场所没有实际联系的，应当就其来源于中国境内的所得缴纳企业所得税，适用税率为20%，目前实行优惠税率，减按10%计征。

4. 企业所得税应纳税额的计算

微课：
企业应纳税额的计算

企业所得税的计算公式为：

$$应纳税额 = 应纳税所得额 \times 适用税率 - 减免税额 - 抵免税额$$

公式中的减免税额和抵免税额，是指依照企业所得税法和国务院的税收优惠规定减征、免征和抵免的应纳税额。要正确计算企业所得税的应纳税额，必须先确定应纳税所得额。应纳税所得额是企业所得税的计税依据。其计算公式为：

$$应纳税所得额 = 收入总额 - 不征税收入 - 免税收入 - 各项扣除 - 以前年度亏损$$

（1）收入总额的确定。企业收入总额是指以货币形式和非货币形式从各种来源取得的收入。包括销售货物收入，提供劳务收入，转让财产收入，股息、红利等权益性投资收益，利息收入，租金收入，特许权使用费收入，接受捐赠收入以及其他收入。

（2）不征税收入。收入总额中的下列收入为不征税收入：财政拨款，依法收取并纳入财政管理的行政事业性收费、政府性基金，国务院规定的其他不征税收入，也即企业取得的，由国务院财政、税务主管部门规定专项用途并经国务院批准的财政性资金。

（3）免税收入。企业的下列收入根据税法规定免征企业所得税：国债利息收入；符合条件的居民企业之间的股息、红利等权益性投资收益；在中国境内设立机构、场所的非居民企业从居民企业取得的与该机构、场所有实际联系的股息、红利等权益性投资收益；符合条件

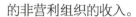

的非营利组织的收入。

（4）税前扣除项目。企业实际发生的与取得收入有关的、合理的支出，包括成本、费用、税金、损失和其他支出，准予在计算应纳税所得额时扣除。成本，即生产、经营成本，是指纳税人为生产经营商品和提供劳务等所发生的各项直接费用和间接费用。费用，即纳税人为生产、经营商品和提供劳务等所发生的销售（经营）费用、管理费用和财务费用。税金，即纳税人按规定缴纳的消费税、城市维护建设税、资源税和土地增值税，教育费附加可视同税金。损失，即纳税人生产、经营过程中的各项营业外支出，已发生的经营亏损、投资损失和其他损失。

如表6–5所示为几类典型扣除项目的扣除标准。

表6–5　几种典型扣除项目的扣除标准表

项目	会计	税法	差异
工资	相应成本费用	据实扣除	无
职工福利费	相应成本费用	不超过工资薪金总额14%	超过调增
工会经费	相应成本费用	不超过工资薪金总额2%	超过调增
职工教育经费	相应成本费用	不超过工资薪金总额8%	超过部分当年不能扣除，准予结转以后年度扣除
社会保险费	相应成本费用	按规定缴纳准予扣除	无
业务招待费	管理费用	按照发生额的60%扣除，但不得超过营业收入的5‰	调增
广告费和业务宣传费	销售费用	不超过营业收入的15%	超过部分可结转至以后年度扣除

（5）税法规定不得扣除的项目。在计算应纳税所得额时，下列支出不得扣除：向投资者支付的股息、红利等权益性投资收益款；企业所得税税款；税收滞纳金；罚金、罚款和被没收财物的损失；税法准予扣除的捐赠以外的其他捐赠支出；赞助支出；未经核定的准备金支出；与取得收入无关的其他支出。

（6）亏损弥补。亏损是指企业纳税年度的收入总额减不征税收入、免税收入和各项扣除后小于零的数额。税法规定，企业某一纳税年度发生的亏损，可以用下一年度的所得弥补。下一年度的所得不足以弥补的，可以逐年延续弥补，但最长不得超过五年。

（7）非居民企业应纳税所得额的确定。非居民企业在中国境内未设立机构、场所的，或者虽设立机构、场所但取得的所得与其所设机构、场所没有实际联系的，按照下列方法计算其应纳税所得额：股息、红利等权益性投资收益和利息、租金、特许权使用费所得，以收入全额为应纳税所得额；转让财产所得，以收入全额减除财产净值后的余额为应纳税所得额；

其他所得，参照前两项规定的方法计算应纳税所得额。

5. 企业所得税的税收优惠

根据我国《企业所得税法》的规定，对国家重点扶持和鼓励发展的产业和项目给予优惠，引导资金和资源投入到目前国家需要鼓励和重点扶持的产业和项目中，包括促进技术创新和技术进步，鼓励基础设施建设，鼓励农业发展及环境保护与节能节水、支持安全生产。

我国《企业所得税法》规定的税收优惠的措施是多种多样的。其主要优惠措施有以下几类：免税收入；税款的免征、减征；降低税率；加计扣除支出、减计收入；抵扣应纳税所得额，创业投资企业从事国家需要重点扶持和鼓励的创业投资，可以按投资额的一定比例抵扣应纳税所得额；缩短折旧年限或加速固定资产折旧；税额抵免；专项优惠政策。上述八项税收优惠的具体办法，由国务院规定。此外，我国还规定了过渡性税收优惠措施。

6. 特别纳税调整

由于在现实经济生活中，纳税主体及其经济行为都非常复杂，在有些情况下，可能直接影响税基和应纳税所得额。为此，针对现实经济活动中的一些特殊情况，《企业所得税法》还专门规定了特别纳税调整制度，以确保纳税的真实性，保障国家的税收收入，防止纳税主体从事违法的税收逃避活动。

在纳税调整制度方面，税法赋予了征税机关以调整权，征税机关可以依照法律规定和具体情况，据实调整或推定调整纳税人的应税所得额或应纳税额。纳税调整制度，主要用于关联企业领域，并由此形成了税法上的关联企业制度。

（四）个人所得税

微课：
个人所得税
认知

个人所得税是以个人所得为征税对象，并由获取所得的个人缴纳的一种税。《中华人民共和国个人所得税法》自1980年9月10日通过以来已经过七次修订，《个人所得税法实施条例》及相关规范性文件也随之进行了修订。

1. 个人所得税的纳税义务人

个人所得税的纳税义务人分为居民纳税人和非居民纳税人。居民纳税人是指在中国境内有住所，或者无住所而一个纳税年度内在中国境内居住累计满183天的个人。居民纳税人对其从中国境内和境外取得的所得缴纳个人所得税。非居民纳税人是指在中国境内无住所又不居住，或者无住所而一个纳税年度内在中国境内居住累计不满183天的个人。非居民纳税人仅对其从中国境内取得的所得缴纳个人所得税。

个人独资企业和合伙企业不缴纳企业所得税，只对投资者个人或者个人合伙人取得的生产经营所得征收个人所得税。

2. 个人所得税的征税对象

纳税人有下列各项个人所得的，应纳个人所得税：①工资、薪金所得，包括个人因任职或受雇而取得的工资、薪金、奖金、年终加薪、劳动分红、津贴、补贴以及与任职或者受雇有关的其他所得。②劳务报酬所得，是指个人独立从事非雇佣的各种劳务所取得的所得。③稿酬所得，是指个人因其作品以图书、报刊形式出版、发表而取得的所得。④特许权使用费所得。是指个人提供专利权、商标权、著作权、非专利技术以及其他特许权的使用权而取得的收入。⑤经营所得。具体包括：个体工商户、个人独资企业、合伙企业从事生产经营活动所取得的所得；个人依法取得执照，从事办学、医疗、咨询以及其他有偿服务活动取得的所得；个人承包、承租、转包、转租取得的所得；个人从事其他生产、经营活动取得的所得。⑥利息、股息、红利所得，是指个人拥有债权、股权而取得的利息、股息、红利所得。⑦财产租赁所得，是指个人出租不动产、土地使用权、机器设备、车船以及其他财产取得的所得。⑧财产转让所得，是指个人转让有价证券、股权、合伙企业中的财产份额、不动产、土地使用权、机器设备、车船以及其他财产取得的所得。⑨偶然所得，是指个人得奖、中奖、中彩以及其他偶然性质的所得。

3. 个人所得税的税率

个人所得税的税率实行超额累进税率和比例税率相结合的形式。居民纳税人取得工资、薪金所得，劳务报酬所得，稿酬所得和特许权使用费所得合称为综合所得，按纳税年度合并计算个人所得税；非居民纳税人取得的综合所得，按月或者按次分项计算个人所得税。

具体税率见表6–6至表6–8。

表6–6 个人各项所得的税率表

个人所得的形式	税率形式	具体税率
综合所得	超额累进税率	3%~45%
经营所得	超额累进税率	5%~35%
利息、股息、红利所得	比例税率	20%
财产租赁所得	比例税率	20%
财产转让所得	比例税率	20%
偶然所得	比例税率	20%

表6–7 个人综合所得的税率表

级数	全年应纳税所得额	税率	速算扣除数
1	不超过36 000元的	3%	0
2	超过36 000元至144 000元部分	10%	2 520

续表

级数	全年应纳税所得额	税率	速算扣除数
3	超过144 000元至300 000元部分	20%	16 920
4	超过300 000元至420 000元部分	25%	31 920
5	超过420 000元至660 000元部分	30%	52 920
6	超过660 000元至960 000元部分	35%	85 920
7	超过960 000元的部分	45%	181 920

表6-8　个人经营所得税率表

级数	全年应纳税所得额	税率	速算扣除数
1	不超过30 000元的	5%	0
2	超过30 000元至90 000元部分	10%	1 500
3	超过90 000元至300 000元部分	20%	10 500
4	超过300 000元至500 000元部分	30%	40 500
5	超过500 000元的部分	35%	65 500

4. 个人所得税应纳税额的计算

（1）综合所得应纳税额的计算。综合所得应纳税额的计算公式是：

$$应纳税额=应纳税所得额×适用税率-速算扣除数$$

$$应纳税所得额=每个纳税年度的收入总额-费用6万元-专项扣除-$$

$$专项附加扣除-依法确定的其他扣除$$

根据税法的规定，居民纳税人的综合所得，包括工资、薪金所得，劳务报酬所得，稿酬所得，特许权使用费所得四项。劳务报酬所得、稿酬所得、特许权使用费所得以收入减除20%的费用后的余额为收入额。稿酬所得的收入额减按70%计算。

专项扣除，包括居民个人按照国家规定的范围和标准缴纳的基本养老保险、基本医疗保险、失业保险等社会保险费和住房公积金等。

专项附加扣除，是指个人所得税法规定的子女教育、继续教育、大病医疗、住房贷款利息、住房租金和赡养老人六项专项附加扣除。

其他扣除包括：个人缴付符合国家规定的企业年金、职业年金；个人购买符合国家规定的商业健康保险、税收递延型商业养老保险的支出；国务院规定可以扣除的其他项目。

（2）非居民纳税人的工资、薪金所得，以每月收入额减除费用5 000元后的余额为应纳税所得额；劳务报酬所得、稿酬所得、特许权使用费所得，以每次收入额为应纳税所得额。

（3）经营所得应纳税额的计算。个体工商户的生产、经营所得应纳税额的计算公式是：

$$应纳税额=应纳税所得额×适用税率-速算扣除数$$

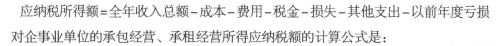

应纳税所得额=全年收入总额-成本-费用-税金-损失-其他支出-以前年度亏损

对企事业单位的承包经营、承租经营所得应纳税额的计算公式是：

应纳税额=应纳税所得额×适用税率-速算扣除数

=（纳税年度收入总额-必要费用）×适用税率-速算扣除数

（4）利息、股息、红利所得和偶然所得应纳税额的计算。利息、股息、红利所得和偶然所得应纳税额的计算公式是：

应纳税额=应纳税所得额×适用税率=每次收入额×适用税率

（5）财产租赁所得应纳税额的计算。财产租赁所得应纳税额的计算公式是：

① 每次（月）收入不足4 000元的：

应纳税额=［每次（月）收入额-财产租赁过程中缴纳的税费-由纳税人负担的租赁

财产实际开始的修缮费用（800元为限）-800元］×20%

② 每次（月）收入4 000元以上的：

应纳税额=［每次（月）收入额-财产租赁过程中缴纳的税费-由纳税人负担的租赁

财产实际开始的修缮费用（800元为限）］×（1-20%）×20%

（6）财产转让所得应纳税额的计算。财产转让所得应纳税额的计算公式是：

应纳税额=应纳税所得额×适用税率=（收入总额-财产原值-合理费用）×20%

5. 个人所得税的税收优惠

（1）免税项目。个人所得免纳个人所得税的项目有：省级人民政府、国务院部委和中国人民解放军军以上单位，以及外国组织、国际组织颁发的科学、教育、技术、文化、卫生、体育、环境保护等方面的奖金；国债和国家发行的金融债券利息；按照国家统一规定发给的补贴、津贴；福利费、抚恤金、救济金；保险赔款；军人的转业费、复员费、退役金；按照国家统一规定发给干部、职工的安家费、退职费、基本养老金或者退休费、离休费、离休生活补助费；依照有关法律规定应予免税的各国驻华使馆、领事馆的外交代表、领事官员和其他人员的所得；中国政府参加的国际公约、签订的协议中规定免税的所得；国务院规定的其他免税所得。

微课：
个人所得税
税收优惠

（2）减税项目。残疾、孤老人员和烈属的所得和因自然灾害遭受重大损失可以减征个人所得税，具体幅度和期限由省、自治区、直辖市人民政府规定，并报同级人民代表大会常务委员会备案。

（3）暂免征税项目。根据《财政部　国家税务总局关于个人所得税若干政策问题的通知》和有关文件的规定，对个人的部分所得暂免征个人所得税。例如，外籍个人的以非货币形式或实报实销形式取得住房补贴、伙食补贴等费用，个人取得单张有奖发票不超过800元（含800元）的奖金所得，个人储蓄存款利息所得，个人举报、协查各种违法犯罪行为而获得的奖金，股票转让所得等。

协作创新

分组收集目前个人所得税的税收优惠政策。

四、税收征收管理法律制度

税收征收管理是税务机关根据税法在征税过程中所实施的组织、管理、监督等活动的总称，是国家税务制度的重要组成。税收征收管理包括税务管理、税款征收和税务检查。其中，税务管理是税款征收的前提和基础。

（一）税务管理

税务管理是税务机关实施征税管理活动的基础制度，主要包括税务登记管理，账簿、凭证、发票管理，纳税申报管理等。

1. 税务登记管理

税务登记是税务机关对纳税人的基本情况及生产经营项目进行登记的一项基本制度，是整个税收征收管理的起点。税务登记的作用在于掌握纳税人的基本情况和税源分布情况。从税务登记开始，纳税人的身份及征纳双方的法律关系就得以确认。

税务登记的主体包括纳税义务人和扣缴义务人。具体主体见图6-1。

企业，企业在外地设立的分支机构和从事生产、经营的场所，个体工商户和从事生产、经营的事业单位自领取营业执照之日起30日内，持有关证件，向税务机关申报办理税务登记。税务机关应当于收到申报的当日办理登记并发给税务登记证件。扣缴义务人应当自扣缴义务发生之日起30日内向所在地的主管税务机关申报办理扣缴税款登记，领取扣缴税款登记证件。

从事生产、经营的纳税人，税务登记内容发生变化的，自工商行政管理机关办理变更登记之日起30日内或者在向工商行政管理机关申请办理注销登记之前，持有关证件向税务机关申报办理变更或者注销税务登记。

2. 账簿、凭证、发票管理

纳税人、扣缴义务人应按照有关法律、行政法规和国务院财政、税务主管部门的规定设置账簿，根据合法、有效凭证记账，进行核算。

从事生产、经营的纳税人应当自领取营业执照或者发生纳税义务之日起15日内按照国家有关规定设置账簿。扣缴义务人应当自税收法律、行政法规规定的扣缴义务发生之日起10日

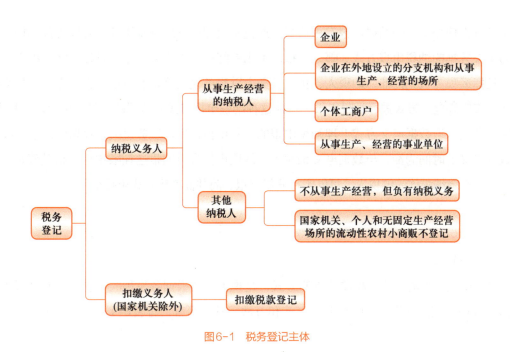

图6-1 税务登记主体

内，按照所代扣、代收的税种，分别设置代扣代缴、代收代缴税款账簿。

纳税人应当自领取税务登记证件之日起15日内将其财务、会计制度或者财务会计处理办法报送主管税务机关备案。纳税人使用计算机记账的，应当在使用前将会计电算化系统的会计核算软件、使用说明书及有关资料报送税务机关备案。

税务机关是发票的主管机关，负责发票印制、领购、开具、取得、保管、缴销的管理和监督。账簿、记账凭证、报表、完税凭证、发票、出口证以及其他有关涉税资料应当保存10年。但是，法律、行政法规另有规定的除外。

3. 纳税申报管理

纳税申报是指纳税人按照税法规定，定期就计算缴纳税款的有关事项向税务机关提交书面报告的法定手续。纳税申报是确定纳税人是否履行纳税义务，界定法律责任的主要依据。

（1）纳税申报的内容。纳税人、扣缴义务人的纳税申报者代扣代缴、代收代缴税款报告表的主要内容包括：税种、税目；应纳税项目或者代扣代缴、代收代缴税款项目；计税依据；扣除项目及标准；适用税率或者单位税额；应退税项目及税额、应减免税项目及税额；应纳税额或者应代扣代缴、代收代缴额；税款所属期限、延期缴纳税款、欠税、滞纳金等。

（2）纳税申报方式。纳税申报方式是指纳税人和扣缴义务人在纳税申报期限内，依照规定到指定税务机关进行申报纳税的形式。纳税申报方式主要有以下几种：①自行申报，就是纳税人、扣缴义务人在规定的申报期限内，自行直接到主管税务机关指定的办税服务场所办理纳税申报手续。这是一种最传统的申报方式。②邮寄申报，是经税务机关批准，纳税人、扣缴义务人使用统一的纳税申报专用信封,通过邮政部门办理交寄手续,并以邮政部门收据作为申报凭据的纳税申报方式。邮寄申报以寄出的邮戳日期为实际申报日期。③数据电文申报,是指经税务机关批准,纳税人、扣缴义务人以税务机关确定的电话语音、电子数据交换和网络传输等电子方式进行纳税申报。目前这种纳税申报方式的适用范围日益扩大。纳税人、扣缴义务人采取数据电文方式办理纳税申报的,其申报日期以税务机关计算机网络系统收到该数据电文的时间为准,与数据电文相对应的纸质申报资料的报送期限由税务机关确定;实行定期定额缴纳税款的纳税人,可以实行简易申报、简并征期等方式申报纳税。

（二）税款征收和税务检查

1. 税款征收

（1）税款征收的方式。税款征收的方式,是税务机关根据各税种的不同特点和纳税人的具体情况而确定的计算、征收税款的形式和方法。具体而言,有表6-9所示的四种税款征收方式。

表6-9　税款征收方式及适用范围

征收方式	适用范围
查账征收	适用于财务会计制度健全,能够如实核算和提供生产经营情况,并能正确计算应纳税款和如实履行纳税义务的纳税人
查定征收	适用于生产经营规模较小、产品零星、税源分散、会计账册不健全,但能控制原材料或进销货的小型厂矿和作坊
查验征收	适用于纳税人财务制度不健全,生产经营不固定,零星分散、流动性大的税源
定期定额征收	适用于经主管税务机关认定和县级以上税务机关（含县级）批准的生产、经营规模小,达不到规定设置账簿标准,难以查账征收,不能准确计算计税依据的个体工商户（包括个人独资企业）

（2）应纳税额的核定与调整。纳税人如果有下列情形之一的,税务机关有权核定其应纳税额:依照法律、行政法规的规定可以不设置账簿的;依照法律、行政法规的规定应当设置但未设置账簿的;擅自销毁账簿或者拒不提供纳税资料的;虽设置账簿,但账目混乱,或者成本资料、收入凭证、费用凭证残缺不全,难以查账的;发生纳税义务,未按照规定的期限办理纳税申报,经税务机关责令限期申报,逾期仍不申报的;纳税人申报的计税依据明显偏低,又无正当理由的。

为了减少核定应纳税额的随意性,使核定的税额更接近纳税人实际情况和法定负担水平,税务机关有权采用下列任何一种方法核定应纳税额。当其中一种方法不足以正确核定应纳税额时,可以同时采用两种以上的方法核定:参照当地同类行业或者类似行业中经营规模和收入水平相近的纳税人的税负水平核定；按照营业收入或者成本加合理的费用和利润的方法核定；按照耗用的原材料、燃料、动力等推算或者测算核定；按照其他合理方法核定。

（3）税款征收措施。为了保证税款和其他非税收入征收工作的顺利进行，《中华人民共和国税收征收管理法》及其实施细则赋予了税务机关在税款征收过程中针对不同情况可以采取相应征收措施的职权（见表6–10）。

表6–10 税款征收措施

税款征收措施	针对的情形	处理方法
责令缴纳	（1）未按期缴纳税款 （2）未按期办理税务登记但已产生应税收入的	责令限期缴纳，并按日加收滞纳税款0.5‰的滞纳金
责令提供纳税担保	（1）有逃税行为，且在责令限期缴纳期间有转移、隐匿其应纳税的商品、货物等行为 （2）欠缴税款、滞纳金的纳税人或者其法定代表人需要出境 （3）纳税人同税务机关在纳税上发生争议而未缴清税款，需要申请行政复议	担保范围包括税款、滞纳金和实现税款、滞纳金的费用，可以采取抵押、质押、保证的担保方式
采取税收保全措施	税务机关责令纳税人提供纳税担保而纳税人拒绝提供纳税担保或无力提供纳税担保	冻结账户 查封或者扣押财产
采取强制执行措施	未按期缴纳税款或担保的税款，经责令限期缴纳，逾期仍不缴纳	强制扣缴税款 拍卖、变卖财产抵缴税款
阻止出境	欠缴税款的纳税人或者其法定代表人在出境前未按规定结清应纳税款、滞纳金或者提供纳税担保	通知出境管理机关阻止出境

2. 税务检查

税务机关有权根据税收法律、行政法规的规定，对纳税人、扣缴义务人履行纳税义务、扣缴义务及其他有关税务事项进行审查、核实和监督。

税务机关调查税务违法案件时，对与案件有关的情况和资料，可以记录、录音、录像、照相和复制。税务人员进行税务检查时应当出示税务检查证和税务检查通知书，并有责任为被检查人保守秘密；未出示税务检查证和税务检查通知书的，被检查人有权拒绝检查。纳税人、扣缴义务人必须接受税务机关依法进行的税务检查，如实反映情况，提供有关资料，不得拒绝、隐瞒。

（三）税收法律责任

违反税法的法律责任，从主体上分为纳税人法律责任、扣缴义务人法律责任和税务机关及工作人员法律责任。从违法性质上分为违反税务管理的法律责任、违反税款征收的法律责任和违反税务检查的法律责任。从制裁形式上分为行政责任和刑事责任。

行政责任包括行政处分和行政处罚。行政处罚包括责令限期改正、罚款、没收违法所得、没收非法财物、停止出口退税权、收缴或停止发售发票等。违反税收法律、行政法规应当给予行政处罚的行为在5年内未被发现的，不再给予行政处罚。

刑法规定的危害税收征收管理的罪名有：逃税罪；抗税罪；骗取出口退税罪；虚开增值税专用发票用于骗取出口退税、抵扣税款发票罪；虚开发票罪；伪造、出售伪造的增值税专用发票罪；非法出售增值税专用发票罪；非法制造、出售非法制造的用于骗取出口退税抵扣税款发票罪；非法出售发票罪；等等。

知识与技能

一、单选题

1. 我国现行税法中确定的税率不包括（ ）。

   A. 比例税率   B. 超额累进税率

   C. 全额累进税率   D. 定额税率

2. 根据消费税法律制度的规定，以下产品中在批发环节征收消费税的是（ ）。

   A. 爆竹   B. 卷烟   C. 汽油   D. 超豪华小轿车

3. 根据税法的规定，小规模纳税人增值税征收率是（ ）。

   A. 13%   B. 9%   C. 3%   D. 2%

4. 下列项目中，属于纳税人权利的是（ ）。

   A. 依法办理税务登记   B. 自觉接受税务检查

   C. 申请减免税   D. 追回纳税人欠缴的税款

二、多选题

1. 以下产品属于消费税征收范围的是（ ）。

   A. 实木地板   B. 调味料酒

   C. 电动汽车   D. 成套高档化妆品

2. 居民的下列收入，属于个人所得税免税收入的有（ ）。

   A. 国债利息收入

   B. 省级政府发放的科、教、文、卫方面的奖金

   C. 按国家规定发放的退休工资

   D. 在职员工的兼职收入

3. 企业所得税的纳税人，包括（ ）。

   A. 国有企业   B. 合伙企业

   C. 外商投资企业   D. 进行生产活动的其他组织

三、实务操作题

张大伟是我国某高校教师，在2019年取得收入如下：

（1）每月工资8 800元，奖金2 600元，每月要缴纳的社会保险费用是3 400元；

（2）8月出版专著一本，获得稿酬25 000元；

（3）10月到某单位讲座，获得报酬8 000元；

（4）6月车辆发生事故，获得保险理赔款3 970元；

（5）获评省级教学名师，省政府奖励10 000元。

假设：张大伟本年度无任何专项附加扣除费用。

试计算张大伟2019年度应缴纳的个人所得税。

第二节　银　行　法

 案例导入

5月6日，商业银行涉嫌泄露客户隐私信息登上热搜，脱口秀艺人王某通过微博发布长文称，在处理与XY公司的合约纠纷时收到来自对方的案件材料，里面包含本人在中信银行的个人账户交易明细。后来王某发布的律师函称，XY公司涉嫌在未经允许情况下查看个人银行账户信息，目前已向公安局报案，且向中国银保监会等政府监管机关投诉，要求相关方进行赔偿并公开道歉。5月7日凌晨，中信银行在官方微博上发布致歉信，经我行核实，近期XY公司联系开户支行，要求查询其为员工王某支付劳务工资记录时，我行员工未严格按规定办理，提供了王某的收款记录。对此，我们向王某郑重道歉！并称该行已按制度规定对相关员工予以处分，并对支行行长予以撤职。

值得一提的是，对于中信银行的处理方式，网友并不买账，纷纷表示：撤职加道歉就完事了？某事务所高级合伙人程贞表示，在这一案件中，中信银行的行为违反了《中华人民共和国民法典》和《中华人民共和国商业银行法》中的相关规定。

案例思考： 中信银行违背了银行法的哪些规定？

案例启示： 本案中，中信银行（而不仅仅是员工）未经客户同意而将客户银行信息提供他人的行为显然违背了商业银行的业务准则，特别是个人储蓄的业务规则。

一、中央银行法

（一）中央银行

中央银行（Central Bank）是国家中居主导地位的金融中心机构，是国家干预和调控国民经济发展的重要工具。中央银行负责制定并执行国家货币信用政策，独具货币发行权，实行金融监管。当今世界各国都有自己的中央银行，如欧盟的中央银行为欧洲中央银行，日本的中央银行为日本银行，美国履行中央银行职责的则是美国联邦储备系统（The Federal Reserve System），即我们耳熟能详的美联储（The Fed）。而中国的中央银行为中国人民银行，也通常简称为"央行"。

当代各国的中央银行均居于本国金融体系的领导和核心地位，其主要任务是制定和实施国家金融政策，并代表国家监督和管理全国金融业。中央银行的职能包括发行的银行、政府的银行、银行的银行、管理金融的银行四个方面。

1. 发行的银行

中央银行垄断货币发行，是一国唯一的货币发行机构。中央银行作为发行的银行，具有以下几个基本职能：①中央银行应根据国民经济发展的客观情况，适时适度发行货币，保持货币供给与流通中货币需求的基本一致，为国民经济稳定持续增长提供一个良好的金融环境。②中央银行应从宏观经济角度控制信用规模，调节货币供应量。③中央银行应根据货币流通需要，适时印刷、铸造或销毁票币，调拨库款，调剂地区间货币分布、货币面额比例，满足流通中货币支取的不同要求。

2. 政府的银行

中央银行是政府的银行，是指中央银行为政府提供服务，是政府管理一国金融的专门机构。中央银行作为政府的银行具有以下基本职责：①代理国库。②通过提供贷款、购买政府债券方式对政府融通资金。③代理政府金融事务。④代表政府参加国际金融活动。⑤充当政府金融政策顾问。

3. 银行的银行

中央银行通过办理存、放、汇等项业务，作为商业银行与其他金融机构的最后贷款人，履行以下几项职责：①集中保管存款准备金。②充当最后贷款人。通常采取两种形式：一是票据再贴现；二是票据再抵押。③主持全国银行间的清算业务。④主持外汇头寸抛补业务。

4. 管理金融的银行

央行的金融管理职能主要体现在：①根据国情合理制定、实施货币政策。②制定、颁布各种金融法规、金融业务规章，监督管理各金融机构的业务活动。③管理境内金融市场。

关于中国人民银行的职能，可以用图6-2表示。

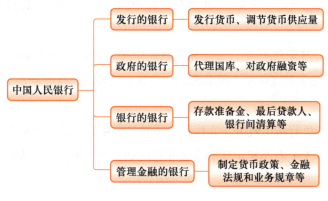

图6-2　中国人民银行职能

（二）中国人民银行

我国的中央银行是中国人民银行。中国人民银行由国家全额出资，属于国家所有，也是国务院重要组成部门。

1. 组织机构

中国人民银行设行长一人，副行长若干人，实行行长负责制。中国人民银行行长的人选，根据国务院总理的提名，由全国人民代表大会决定；副行长由国务院总理任免。行长、副行长及其他工作人员应当恪尽职守，不得滥用职权、徇私舞弊，不得在任何金融机构、企业、基金会兼职，保守国家秘密、金融机构秘密和当事人秘密。中国人民银行设立货币政策委员会。货币政策委员会在国家宏观调控、货币政策制定和调整中，发挥重要作用。

中国人民银行总行设在北京，根据履行职责的需要可以设立分支机构，作为中国人民银行的派出机构。1998年12月，中国人民银行分支机构为强化中央银行的独立性，在全国九个城市设立了跨省、自治区、直辖市的九大区行，即天津分行、沈阳分行、上海分行、南京分行、济南分行、武汉分行、广州分行、成都分行、西安分行。同时，中国人民银行分支机构在北京和重庆设立中国人民银行总行营业管理部。中国人民银行对分支机构实行统一领导和管理。中国人民银行的分支机构根据中国人民银行的授权，维护本辖区的金融稳定，承办有关业务。

2. 财务会计制度

中国人民银行实行独立的财务预算管理制度。中国人民银行的预算经国务院财政部门审核后，纳入中央预算，接受国务院财政部门的预算执行监督。中国人民银行每一会计年度的收入减除该年度支出，并按照国务院财政部门核定的比例提取总准备金后的净利润，全部上缴中央财政，亏损由中央财政拨款弥补。中国人民银行的财务收支和会计事务，应当执行法律、行政法规和国家统一的财务、会计制度，接受国务院审计机关和财政部门依法分别进行的审计和监督。中国人民银行应当于每一会计年度结束后的三个月内，编制资产负债表、损益表和相关的财务会计报表，并编制年度报告，按照国家有关规定予以公布。

3. 职责

（1）发布与履行其职责有关的命令和规章。中国人民银行作为国务院组成部门，根据《中华人民共和国宪法》和《中华人民共和国立法法》的规定，享有制定部门规章和发布其他规范性文件的权力。

（2）依法制定和执行货币政策。为执行货币政策，中国人民银行可以依照《中华人民共和国中国人民银行法》的有关规定从事金融业务活动。中国人民银行为执行货币政策，可以运用下列货币政策工具：

① 要求银行业金融机构按照规定的比例交存存款准备金。存款准备金是指金融机构为保证客户提取存款和资金清算需要而准备的在中国人民银行的存款，中国人民银行要求的存款准备金占其存款总额的比例就是存款准备金率。2020年4月15日，为疫情后刺激投资需求，中国人民银行对农村金融机构和仅在省级行政区域内经营的城市商业银行定向下调存款准备金率（通常简称为"降准"）1个百分点，分两次实施到位，每次下调0.5个百分点。此次为实施该政策的首次存款准备金率调整，释放长期资金约2 000亿元。

② 确定中央银行基准利率。基准利率是中国人民银行公布的商业银行存款、贷款、贴现等业务的指导性利率，各金融机构的存款利率可以在基准利率基础上下浮10%，贷款利率可以在基准利率基础上下浮20%。

③ 为在中国人民银行开立账户的银行业金融机构办理再贴现。再贴现是中央银行通过买进在中国人民银行开立账户的银行业金融机构持有的已贴现但尚未到期的商业票据，向在中国人民银行开立账户的银行业金融机构提供融资支持的行为。中央银行通过提高或者降低再贴现率来抑制或者刺激信贷需求，以减少或增加货币供应量。

④ 向商业银行提供贷款。中央银行通过向金融机构发放贷款来指引金融机构贷款规模和结构，以达到调控市场的目的。

⑤ 在公开市场上买卖国债、其他政府债券和金融债券及外汇。

⑥ 国务院确定的其他货币政策工具。

中国人民银行为执行货币政策，运用前款所列货币政策工具时，可以规定具体的条件和程序。

（3）发行人民币，管理人民币流通。中华人民共和国的法定货币是人民币。人民币由中国人民银行统一印制、发行。中国人民银行发行新版人民币，应当将发行时间、面额、图案、式样、规格予以公告。残缺、污损的人民币，按照中国人民银行的规定兑换，并由中国人民银行负责收回、销毁。

（4）监督管理银行间同业拆借市场和银行间债券市场。

（5）实施外汇管理，监督管理银行间外汇市场。

（6）监督管理黄金市场。

（7）持有、管理、经营国家外汇储备、黄金储备。

（8）经理国库。

（9）维护支付、清算系统的正常运行。

（10）指导、部署金融业反洗钱工作，负责反洗钱的资金监测。洗钱指的是故意为毒品犯罪、黑社会性质的组织犯罪、恐怖活动犯罪、走私犯罪、贪污贿赂犯罪、破坏金融管理秩序犯罪、金融诈骗犯罪的所得及其产生的收益掩饰、隐瞒其来源和性质而进行的一系列严重危害金融秩序的犯罪行为。

（11）负责金融业的统计、调查、分析和预测。

（12）作为国家的中央银行，从事有关的国际金融活动。

（13）国务院规定的其他职责。

二、银行业监督管理法

（一）银行业监督管理机构

1984年起，中国形成了中央银行、专业银行的二元银行体制。中国人民银行履行对银行业、证券业、保险业、信托业的综合监管。2018年3月，根据第十三届全国人民代表大会第一次会议批准的国务院机构改革方案，组建中国银行保险监督管理委员会；将原中国银行业监督管理委员会拟订银行业、保险业重要法律法规草案的职责划入中国人民银行，不再保留中国银行业监督管理委员会。

（二）监督管理职责

（1）依照法律、行政法规制定并发布对银行业金融机构及其业务活动监督管理的规章、规则。

（2）依照法律、行政法规规定的条件和程序，审查批准银行业金融机构的设立、变更、终止以及业务范围。

（3）依法对申请设立银行业金融机构，或者银行业金融机构变更持有资本总额或者股份总额达到规定比例以上的股东的资金来源、财务状况、资本补充能力和诚信状况进行审查。

（4）对银行业金融机构业务范围内的业务品种进行审批和备案。

（5）对银行业金融机构的董事和高级管理人员实行任职资格管理。

（6）对银行业金融机构的业务活动及其风险状况进行非现场监管。

（7）统一编制全国银行业金融机构的统计数据、报表，并按照国家有关规定予以公布。

（三）监督管理措施

1. 现场检查

银行业监督管理机构根据审慎监管的要求，可以采取如进入银行检查，询问工作人员，查阅、复制、封存资料，检查业务系统等措施进行现场检查。现场检查，应当经银行业监督管理机构负责人批准，检查人员不得少于二人，并应当出示合法证件和检查通知书，否则银行业金融机构有权拒绝检查。如果需要对其他有关单位采取以上检查措施，应当经设区的市一级以上银行业监督管理机构负责人批准，其他程序同前。

2. 监督管理谈话

银行业监督管理机构根据履行职责的需要，可以与银行业金融机构董事、高级管理人员进行监督管理谈话，要求银行业金融机构董事、高级管理人员就银行业金融机构的业务活动和风险管理的重大事项作出说明。

3. 责令披露信息

银行业监督管理机构应当责令银行业金融机构按照规定，如实向社会公众披露财务会计报告、风险管理状况、董事和高级管理人员变更以及其他重大事项等信息。

4. 接管或促成重组

银行业金融机构已经或者可能发生信用危机，严重影响存款人和其他客户合法权益的，国务院银行保险监督管理机构可以依法对该银行业金融机构实行接管或者促成机构重组，接管和机构重组依照有关法律和国务院的规定执行。

在接管、机构重组或者撤销清算期间，经国务院银行保险监督管理机构负责人批准，对直接负责的董事、高级管理人员和其他直接责任人员，可以采取下列措施：①直接负责的董事、高级管理人员和其他直接责任人员出境将对国家利益造成重大损失的，通知出境管理机关依法阻止其出境；②申请司法机关禁止其转移、转让财产或者对其财产设定其他权利。

三、商业银行法

（一）商业银行的设立和组织机构

1. 商业银行的设立条件

（1）经国务院银行保险监督管理机构审查批准。

（2）有符合《中华人民共和国商业银行法》和《中华人民共和国公司法》规定的章程。

（3）有符合《中华人民共和国商业银行法》规定的注册资本最低限额。设立全国性商业银行的注册资本最低限额为10亿元人民币。设立城市商业银行的注册资本最低限额为1亿元人民币，设立农村商业银行的注册资本最低限额为5 000万元人民币。注册资本应当是实缴资本。

（4）有具备任职专业知识和业务工作经验的董事、高级管理人员。有下列情形之一的，不得担任商业银行的董事、高级管理人员：①因犯有贪污、贿赂、侵占财产、挪用财产罪或者破坏社会经济秩序罪，被判处刑罚，或者因犯罪被剥夺政治权利的；②担任因经营不善破产清算的公司、企业的董事或者厂长、经理，并对该公司、企业的破产负有个人责任的；③担任因违法被吊销营业执照的公司、企业的法定代表人，并负有个人责任的；④个人所负数额较大的债务到期未清偿的。

（5）有健全的组织机构和管理制度。

（6）有符合要求的营业场所、安全防范措施和与业务有关的其他设施。

设立商业银行，还应当符合其他审慎性条件。

2. 商业银行的设立程序

设立商业银行，申请人应当向国务院银行保险监督管理机构提交下列文件、资料：①申请书。申请书应当载明拟设立的商业银行的名称、所在地、注册资本、业务范围等。②可行性研究报告。③国务院银行保险监督管理机构规定提交的其他文件、资料。

经批准设立的商业银行，由国务院银行保险监督管理机构颁发经营许可证，并凭该许可证向工商行政管理部门办理登记，领取营业执照。

3. 商业银行的组织机构

商业银行的组织形式、组织机构适用《中华人民共和国公司法》的规定。国有独资商业银行设立监事会。监事会的产生办法由国务院规定。

商业银行根据业务需要可以在中华人民共和国境内外经国务院银行保险监督管理机构审查批准设立分支机构。在中华人民共和国境内的分支机构，不按行政区划设立。商业银行在中华人民共和国境内设立分支机构，应当按照规定拨付与其经营规模相适应的营运资金额。拨付各分支机构营运资金额的总和，不得超过总行资本金总额的60%。经批准设立的商业银行分支机构，由国务院银行保险监督管理机构颁发经营许可证，并凭该许可证向工商行政管理部门办理登记，领取营业执照。商业银行分支机构不具有法人资格，在总行授权范围内依法开展业务，其民事责任由总行承担。

4. 商业银行事项变更

商业银行有下列变更事项之一的，应当经国务院银行保险监督管理机构批准：①变更名称；②变更注册资本；③变更总行或者分支行所在地；④调整业务范围；⑤变更持有资本总额或者股份总额5%以上的股东；⑥修改章程；⑦国务院银行保险监督管理机构规定的其他变更事项。更换董事、高级管理人员时，应当报经国务院银行保险监督管理机构审查其任职资格。

任何单位和个人购买商业银行股份总额5%以上的，应当事先经国务院银行保险监督管理机构批准。

（二）商业银行的业务

1. 商业银行的业务准则

（1）守法经营原则。商业银行开展业务，应当遵守法律、行政法规的有关规定，不得损害国家利益、社会公共利益，应当遵守公平竞争的原则，不得从事不正当竞争。

（2）"三性"经营原则。商业银行以安全性、流动性、效益性为经营原则，实行自主经营、自担风险、自负盈亏、自我约束。商业银行依法开展业务，不受任何单位和个人的干涉。商业银行以其全部法人财产独立承担民事责任。

（3）个人储蓄存款业务规则。商业银行办理个人储蓄存款业务，应当遵循存款自愿、取款自由、存款有息、为存款人保密的原则。商业银行应当保证存款本金和利息的支付，不得拖延、拒绝支付存款本金和利息。对个人储蓄存款，商业银行有权拒绝任何单位或者个人查询、冻结、扣划，但法律另有规定的除外。对单位存款，商业银行有权拒绝任何单位或者个人查询，但法律、行政法规另有规定的除外；有权拒绝任何单位或者个人冻结、扣划，但法律另有规定的除外。

法治素养

银行业务规则是银行从业人员职业道德的外化。相对其他部门工作人员来说，银行从业人员职业素养和职业道德要求较高，并且直接在法律中加以详细规定，一旦违反，不仅要承担法律责任，而且有可能将导致该人员金融职业生涯的终止。

启示： 年轻大学生要加强自身品德修养，提高自律要求，"勿以恶小而为之。"如此方能成就人生大业。

（4）贷款业务规则。商业银行发放贷款时，要求：对借款人的借款用途、偿还能力、还款方式等情况进行严格审查；实行审贷分离、分级审批的制度；借款人应当提供担保。经商业银行审查、评估，确认借款人资信良好，确能偿还贷款的，可以不提供担保。应当遵守资产负债比例管理的规定：资本充足率不得低于8%；流动性资产余额与流动性负债余额的比例不得低于25%；对同一借款人的贷款余额与商业银行资本余额的比例不得超过10%；等等。商业银行不得向关系人发放信用贷款；向关系人发放担保贷款的条件不得优于其他借款人同类贷款的条件。关系人主要包括商业银行的董事、监事、管理人员、信贷业务人员及其近亲属，以及上述人员投资或者担任高级管理职务的公司、企业和其他经济组织。

 协作创新

> 分组讨论：一组设定角色，请对方组判断可否在"本行"担任董事、高级管理人员或者可否由"本行"发放贷款。

2. 商业银行的业务范围

根据《中华人民共和国商业银行法》的规定，商业银行可以经营下列部分或者全部业务：①吸收公众存款；②发放短期、中期和长期贷款；③办理国内外结算；④办理票据承兑与贴现；⑤发行金融债券；⑥代理发行、代理兑付、承销政府债券；⑦买卖政府债券、金融债券；⑧从事同业拆借；⑨买卖、代理买卖外汇；⑩从事银行卡业务；⑪提供信用证服务及担保；⑫代理收付款项及代理保险业务；⑬提供保管箱服务；⑭经国务院银行保险监督管理机构批准的其他业务。

3. 商业银行违反审慎经营规则的法律责任

银行业金融机构违反审慎经营规则的，国务院银行保险监督管理机构或者其省一级派出机构应当责令其限期改正；逾期未改正的，或者其行为严重危及该银行业金融机构的稳健运行、损害存款人和其他客户合法权益的，经国务院银行保险监督管理机构或者其省一级派出机构负责人批准，可以区别情形，采取下列措施：①责令暂停部分业务、停止批准开办新业务；②限制分配红利和其他收入；③限制资产转让；④责令控股股东转让股权或者限制有关股东的权利；⑤责令调整董事、高级管理人员或者限制其权利；⑥停止批准增设分支机构。

微课："百年银行"是怎样炼成的？

（三）商业银行的接管和终止

1. 接管

商业银行已经或者可能发生信用危机，严重影响存款人的利益时，国务院银行保险监督管理机构可以对该银行实行接管。接管的目的是对被接管的商业银行采取必要措施，以保护存款人的利益，恢复商业银行的正常经营能力。被接管的商业银行的债权债务关系不因接管而变化。接管自接管决定实施之日起开始。自接管开始之日起，由接管组织行使商业银行的经营管理权力。

接管由国务院银行保险监督管理机构决定，并组织实施。国务院银行保险监督管理机构的接管决定应当载明下列内容：①被接管的商业银行名称；②接管理由；③接管组织；④接管期限。接管决定由国务院银行保险监督管理机构予以公告。

接管期限届满，国务院银行保险监督管理机构可以决定延期，但接管期限最长不得超过二年。有下列情形之一的，接管终止：①接管决定规定的期限届满或者国务院银行保险监督管理机构决定的接管延期届满；②接管期限届满前，该商业银行已恢复正常经营能力；③接管期限届满前，该商业银行被合并或者被依法宣告破产。

2. 终止

商业银行的终止指的是商业银行作为一个企业法人组织上的解体和主体资格的丧失。商业银行的终止原因主要有解散、被撤销和宣告破产三种。①因解散而终止。商业银行因分立、合并或者出现公司章程规定的解散事由需要解散的，应当向国务院银行保险监督管理机构提出申请，并附解散的理由和支付存款的本金和利息等债务清偿计划。经国务院银行保险监督管理机构批准后解散。②因被撤销而终止。商业银行因吊销经营许可证被撤销的，国务院银行保险监督管理机构应当依法及时组织成立清算组，进行清算，按照清偿计划及时偿还存款本金和利息等债务。③因破产而终止。商业银行作为企业法人，当经营不善、不能支付到期债务，经国务院银行保险监督管理机构同意，可由人民法院依法宣告其破产。商业银行被宣告破产的，由人民法院组织国务院银行保险监督管理机构等有关部门和有关人员成立清算组，进行清算。商业银行破产清算时，在支付清算费用、所欠职工工资和劳动保险费用后，应当优先支付个人储蓄存款的本金和利息。

 知识与技能

一、单选题

1. A市商业银行有下列变更事项之一的，不需要经国务院银行保险监督管理机构批准：（　　）。

    A. 改名为AA市商业银行   B. 更换董事

    C. 变更股份比9.8%的股东   D. 减少注册资本

2. 关于接管，说法正确的是（　　）。

    A. 商业银行已经或者可能发生信用危机，严重影响存款人的利益时，可以对该银行实行接管

    B. 由中国人民银行实施接管

    C. 接管期限最长不超过一年

    D. 接管以后，银行就不能宣告破产

3. 关于贷款业务，说法正确的是（　　　　）。

　　A. 银行不得对关系人发放贷款

　　B. 对同一借款人的贷款余额与商业银行资本余额的比例不得超过20%

　　C. 应当实行审贷分离、分级审批

　　D. 借款人必须提供担保

二、多选题

1. 不得担任商业银行的董事、高级管理人员的情形包括（　　　　　　）。

　　A. 因犯贪污、贿赂罪被判处刑罚的

　　B. 担任因经营不善破产清算的公司、企业的董事或者厂长、经理

　　C. 担任因违法被吊销营业执照的公司的法定代表人，并负有个人责任的

　　D. 个人曾负数额较大的债务

2. 个人储蓄业务规则包括（　　　　）。

　　A. 存款自愿　　　　B. 取款自由　　　　C. 存款有息　　　　D. 为存款人保密

3. 银行保险监督管理机构的检查监督措施包括（　　　　）。

　　A. 现场检查　　　　　　　　　　B. 监督管理谈话

　　C. 责令披露信息　　　　　　　　D. 检查业务数据系统

4. 中国人民银行的职责包括（　　　　）。

　　A. 发行人民币

　　B. 审查批准银行业金融机构的设立和变更

　　C. 反洗钱

　　D. 制定银行业金融管理机构监督管理活动规则

三、案例分析题

2018年2月，某商业银行与某房地产开发公司共同开发某区的房地产项目，并成立项目公司，因该行副行长兼任房地产公司副董事长，故商业银行向该项目公司投资1亿元人民币。同年6月，房地产开发公司以该公司的房地产作抵押，向商业银行提出贷款申请，商业银行经审核后，向其发放了2亿元抵押贷款。该行当月资本余额为17.9亿元人民币。2019年7月，房地产开发公司因经营亏损濒临破产，商业银行的贷款已无法收回。2019年年底，该商业银行被中国人民银行决定接管。请问：

（1）商业银行能否向项目公司投资？为什么？

（2）商业银行能否向房地产开发公司发放抵押贷款？为什么？

（3）商业银行向房地产开发公司发放2亿元人民币贷款是否合法？为什么？

（4）中国人民银行对该商业银行的接管决定是否正确？为什么？

第七章
工业产权法律制度

学习目标

★ **知识目标**

⊙ 了解专利法的基本内容。

⊙ 掌握专利权的主体、客体及内容。

⊙ 掌握专利权的授予条件。

⊙ 掌握商标的概念及构成。

⊙ 掌握商标的注册及商标权的取得。

⊙ 掌握商标权的内容。

★ **技能目标**

⊙ 能够准确分析专利权的限制条件。

⊙ 能够正确使用专利权保护的途径和方法。

⊙ 能够明确商标使用的管理制度。

⊙ 能够正确选择注册商标专用权的保护机制。

⊙ 能够分析注册商标各方主体的法律责任。

★ **素养目标**

⊙ 培育尊重知识、崇尚创造、追求卓越的创新精神。

⊙ 培养社会主义法治理念与规则意识。

思维导图

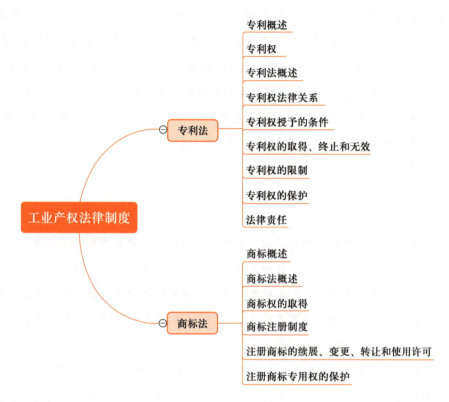

第一节 专 利 法

案例导入

　　2019年3月19日，世界知识产权组织公布了2018年全球国际专利申请排名。中国华为以5 405份的专利申请，在全球所有企业中雄踞第一。紧随其后的分别是日本三菱，美国英特尔、高通，中国的中兴通讯、京东方，韩国三星、LG，瑞典爱立信，德国博世等。世界知识产权组织总干事弗朗西斯·高锐感叹道：华为一家公司专利申请数量就占世界总申请量的2.1%、中国的10.1%，是有史以来，一家公司创下的最高纪录。排名显示，专利申请数量排名前十的国家分别为：美国（56 142件）、中国（53 345件）、日本（49 702件）、德国（19 883件）、韩国（17 014件）、法国（7 914件）、英国（5 641件）、瑞士（4 568件）、瑞典（4 162件）、荷兰（4 138件）。从增长趋势来看，中国可能在2019年或2020年超越美国上升至首位——较2017年，中国专利申请数增长9.1%，美国则出现0.9%的下滑。

华为技术有限公司是一家生产销售通信设备的民营通信科技公司，1987年成立于深圳市龙岗区，是全球领先的信息与通信技术（ICT）解决方案供应商。2018年，美国《财富》杂志发布了最新一期的世界500强名单，华为排名第72位。2018年，华为研发投入是891亿元，换算成欧元是113.34亿欧元，中国第一，世界第五，是阿里、富士康、台积电、腾讯、中兴五家企业的总和。由此可见，华为能有如此成就，不是凭运气和讲故事，而是研发经费实实在在地持续投入，才支撑了源源不断的科技成果输出。

案例思考：当今社会的竞争核心是什么？

案例启示：习近平指出，科学技术是第一生产力，创新是引领发展的第一动力。当前，全球新一轮科技革命孕育兴起，正在深刻影响世界发展格局，深刻改变人类生产生活方式。加强科技产业界和社会各界的协同创新，促进各国开放合作，是让科技发展为人类社会进步发挥更大作用的重要途径。随着科学技术在世界经济社会发展中的作用日益凸显，越来越多的国家都认识到未来全球竞争的关键就是科技竞争，科技竞争的实质是科技保护的竞争。因此，许多国家，尤其是发达国家已把科学技术保护问题提升到国家大政方针和发展战略的宏观高度，把加强科学技术保护作为其在经济、社会、军事等多领域夺取和保持国际竞争优势的一项重要战略措施，并通过国家法律进行明确与强化。

一、专利概述

微课：
所有的发明
创造都是专
利吗？

专利（Patent），从字面上是指专有的权利和利益。"专利"一词来源于拉丁语Litterae patentes，意为公开的信件或公共文献，是中世纪的君主用来颁布某种特权的证明，后来指英国国王亲自签署的独占权利证书。

现代意义上的"专利"可以从广义和狭义两个层次来理解。广义的专利有三层含义：第一，指权利人所享有的专利权；第二，指取得专利权并受专利法保护的发明创造；第三，指专利文献。而狭义上的专利则是指法律授予的专利权，这也是最基本、最能反映专利本质属性的含义。

专利的两个最基本的特征就是"独占"与"公开"，以"公开"换取"独占"是专利制度最基本的核心，这分别代表了权利与义务的两面。"独占"是指法律授予技术发明人在一段时间内享有排他性的独占权利；"公开"是指技术发明人作为对法律授予其独占权的回报而将其技术公之于众人，使社会公众可以通过正常的渠道获得有关专利技术的信息。

二、专利权

（一）专利权的概念

专利权属于知识产权的一个重要组成部分，是发明创造人或其权利受让人对特定的发明创造在一定期限内依法享有的独占实施权。

（二）专利权的性质

（1）排他性，也称独占性或专有性。专利权人对其拥有的专利权享有独占或排他的权利，未经其许可或者出现法律规定的特殊情况，任何人不得使用，否则即构成侵权。

（2）时间性，指法律对专利权所有人的保护不是无期限的，而是有时间限制的，超过这一时间限制则不再予以保护，专利权随即成为人类共同财富，任何人都可以利用。

（3）地域性，指任何一项专利权，只有依一定地域内的法律才得以产生并在该地域内受到法律保护。这也是区别于有形财产的另一个重要法律特征。根据该特征，依一国法律取得的专利权只在该国领域内受到法律保护，而在其他国家则不受该国家的法律保护，除非两国之间有双边的专利（知识产权）保护协定，或共同参加了有关保护专利（知识产权）的国际公约。

（4）专利权还具有如下法律特征：①专利权是两权一体的权利，既有人身权，又有财产权。②专利权的取得须经专利局授予。③专利权的发生以公开发明成果为前提。④专利权具有利用性，专利权人如不实施或不许可他人实施其专利，有关部门将采取强制许可措施，使专利得到充分利用。

三、专利法概述

（一）专利法的概念

专利法是调整申请、获取、利用和保护专利过程中发生的各种社会关系的法律规范的总称。就其性质而言，专利法既是国内法，又是涉外法；既是确立专利权人的各项权利和义务的实体法，又是规定专利申请、审查、批准一系列程序制度的程序法；既是调整在专利申请、审查、批准和专利实施管理中纵向关系的法律，又是调整专利所有、专利转让和使用许可的横向关系的法律；既是调整专利人身关系的法律，又是调整专利财产关系的法律。

（二）专利法的发展

我国对专利的保护历史较为悠久。1950年8月，原政务院颁布《保障发明权与专利权暂行条例》；1950年10月，原政务院财政经济委员会颁布了上述条例的实施细则；1985年3月19日，中国正式加入《保护工业产权巴黎公约》（1967年斯德哥尔摩文本）；1984年3月12日，第六届全国人民代表大会常务委员会第四次会议通过《中华人民共和国专利法》（简称《专利法》），1985年4月1日起施行；1992年、2000年、2008年、2020年对《专利法》进行了4次修订，新修订的《专利法》自2021年6月1日起实施。

四、专利权法律关系

（一）专利权的主体

专利权的主体即专利权人，是依法获得专利权，并承担与此相应的义务的自然人和社会组织。依据《专利法》的规定，发明人或者设计者、职务发明创造的单位、外国人和外国企业或者外国其他组织都可以成为专利权的主体（见图7-1）。

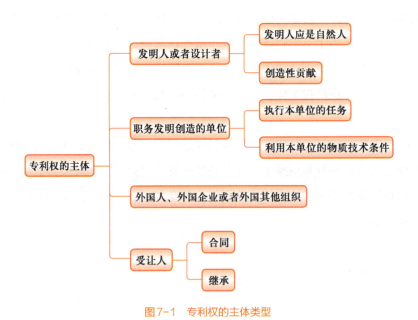

图7-1　专利权的主体类型

1. 发明人或者设计者

（1）概念。发明人是指完成发明创造、对发明创造的实质性特点作出创造性贡献的人；设计者是指参与完成外观设计、对外观设计作出创造性贡献的人。发明人可以是一个人，也可以是共同完成发明创造的两个或者多个人。

需要指出的是，在完成发明创造的过程中，只负责组织工作的人、为物质技术条件的利

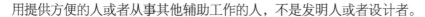

用提供方便的人或者从事其他辅助工作的人，不是发明人或者设计者。

（2）条件。发明人或者设计者必须满足以下条件：

① 发明人应是自然人。发明创造是智力劳动的结果，因此发明人必须是直接参加发明创造活动的人，不能是单位、集体和其他组织。此外，发明人不需要具备民事行为能力，只要他完成了发明创造，就应认定其为发明人或设计者。

② 发明人应为发明的实质性特点做出创造性贡献。只有在发明创造完成过程中对发明创造的构思以及构思的结构形成提出了具体的创造性见解的人，才能被称作发明人。

2. 职务发明创造的单位

职务发明创造，是指执行本单位的任务或者主要是利用本单位的物质技术条件所完成的发明创造。对于职务发明创造来说，职务发明创造申请专利的权利属于该单位；申请被批准后，该单位为专利权人。发明人或设计者享有署名权和获得奖金、报酬的权利。

两个以上单位或者个人合作完成的发明创造、一个单位或者个人接受其他单位或者个人委托所完成的发明创造，除另有协议的以外，申请专利的权利属于完成或者共同完成的单位和个人；申请被批准后，申请的单位或者个人为专利权人。

根据《专利法》及其实施细则，职务发明创造有以下几种情形：①在本职工作中作出的发明创造。这里所称的本职工作，是指发明人或者设计者的职务范围，即工作职责的范围。②履行本单位交付的本职工作之外的任务所作出的发明创造。③退休、调离原单位后或者劳动、人事关系终止后1年内作出的，与其在原单位承担的本职工作或者原单位分配的任务有关的发明创造。④主要利用本单位的物质技术条件所完成的发明创造。此处所谓的本单位的物质技术条件是指本单位的资金、设备、零部件、原材料或者不对外公开的技术资料等。如果是少量利用本单位的物质技术条件，且这种物质技术条件的利用对发明创造的完成无关紧要，则不能认定是职务发明创造。

3. 外国人、外国企业或者外国其他组织

在中国有经常居所或者营业场所的外国人，享有与中国公民或单位同等的专利申请权和专利权。在中国没有经常居所或者营业场所的外国人、外国企业或者外国其他组织在中国申请专利的，依照其所属国同中国签订的协议或者共同参加的国际条约，或者依照互惠原则，可以申请专利，应当委托国务院专利行政部门指定的专利代理机构办理。

4. 受让人

受让人是指通过合同或继承而依法取得专利权的单位或个人。专利申请权转让之后，如果获得了专利，受让人就是该专利权的主体；专利权转让后，受让人成为该专利权的新主体。两个以上单位或个人合作完成的发明创造、一个单位或者个人接受其他单位或者个人委托所完成的发明创造，对于这类发明的权利归属，《专利法》和《合同法》采取了合同优先的原则，即完全依照合同约定来确认该发明的权利归属。如果单位或者个人之间没有协议，构成委托开发的，申请专利权以及取得的专利权归受托人，但委托人可以免费实施该专利技术。继受了专利申请权或专利权之后，受让人并不因此成为发明人、设计者，该发明创造的发明人、设计者也不因发明创造的专利申请权或专利权转让而丧失其特定的人身权利。

（二）专利权的客体

专利权的客体，即专利法的保护对象，是指依《专利法》获得保护的发明创造。《专利法》第2条所规定的"本法所称的发明创造是指发明、实用新型和外观设计"，即专利权的客体范围。

1. 发明

（1）发明的概念。发明，是指对产品、方法或者其改进所提出的新的技术方案。

（2）发明的特征。发明是发明人利用自然规律或自然现象的结果，但自然规律或自然现象本身并不是发明。没有利用自然规律与现象的方案不属于技术方案，不是发明，例如体育比赛规则、逻辑推理法则等。发明通常是自然领域的智力成果，文字、艺术、社会科学领域的成果不能视为发明。发明必须是一种具体的技术方案。发明必须能够实施，达到一定的效果并具有可重复性。同时，该技术方案与现有技术相比是前所未有的，应当有一定的进步或难度。

（3）发明的分类。

① 产品发明，是关于新产品、新物质的发明，例如超导材料、纳米材料等。

② 方法发明，是关于制造产品或解决问题的操作方法、制造方法，例如加工方法、工艺流程、提炼方法等。

协作创新

大疆公司是一家专注于无人机系统和解决方案的高科技企业。作为全球领先的无人机制造商，大疆公司不仅改变了消费级无人机市场，还在多个行业推动了无人机的技术革新。

初期，公司主要为无人机业余爱好者提供飞行控制器。2013年是大疆公司发展史上的一个重要转折点，这一年大疆公司推出了Phantom系列无人机，它集成了GPS定位和自动返航等功能，使得普通用户也能轻松操作。Phantom系列无人机的成功使大疆公司迅速占领了全球消费级无人机市场。

随着技术的进步，大疆公司不断推出更先进的产品和服务。除继续改进Phantom系列无人机外，还陆续发布了Mavic、Inspire、Tello等多个系列的无人机，产品覆盖了从入门级到专业级的多种类型。此外，大疆公司还涉足工业应用领域，以满足不同行业的特定要求。

大疆公司的技术实力体现在其自主研发的核心技术上，如视觉避障系统、智能跟随、手势控制等。这些技术不仅提升了用户体验，也增强了产品的安全性和可靠性。大疆公司的研发人员约占全体员工的一半，该公司每年投入大量资源用于新产品开发和技术升级。

大疆公司的产品畅销全球100多个国家和地区，市场份额遥遥领先。同时，该公司在全球设立了多个分支机构和服务网络，为客户提供全方位的支持。大疆公司积极参与国际标准制定，与世界各地的研究机构和高校合作，共同探索无人驾驶航空系统的未来发展。此外，大疆公司还致力于推广无人机文化，通过举办各类比赛和活动，激发更多人参与到这个充满活力的行业中来。

取得巨大商业成功的同时，大疆公司也面临着来自国内外竞争对手的压力以及政策法规方面的挑战。面对复杂的国际贸易环境，大疆公司始终坚持合法合规经营，积极应对各种挑战。与此同时，公司也在积极探索新的业务增长点，如机器人、虚拟现实等领域，力求在未来继续保持领先地位。

大疆公司凭借其卓越的技术创新能力、丰富的产品线以及广泛的市场覆盖，已经成为全球无人机行业的标杆企业。它的成功故事激励着无数创业者勇敢追梦，同时也为中国制造业转型升级提供了宝贵的经验。大疆公司不仅是中国科技创新的代表，也是全球无人机领域的领头羊，其未来发展前景令人期待。

分组讨论：在当前国际形势下，为什么说提高自主创新能力对中国的长远发展至关重要？

2. 实用新型

（1）实用新型的概念。实用新型，是指对产品的形状、构造或者其结合所提出的适于实用的新的技术方案。

实用新型有时会被人们称为小发明或小专利。与发明相比，实用新型的创造性和技术水平较低，在专利权审批上采取简化审批程序、缩短保护期限、降低收费标准等办法加以保护。国家之所以保护实用新型，目的在于鼓励低成本、研制周期短的小发明的创造，更快地适应经济发展的需要。

（2）实用新型的特征。实用新型只能是产品。一切有关方法以及未经人工制造的自然存在的物品都不属于实用新型专利的保护对象；必须是具有立体形状构造的产品，排除气态、液态、粉末状、颗粒状等无确定形状的产品；实用新型的创造性比发明低，但是方案必须具有实用性，能在工业上适用；审查程序简单，没有实质审查程序。

3. 外观设计

（1）外观设计的概念。外观设计，是指对产品的整体或者局部的形状、图案或者其结合以及色彩与形状、图案的结合所作出的富有美感并适于工业应用的新设计。

形状是指对产品造型的设计，也就是指产品外部的点、线、面的移动、变化、组合而呈现的外表轮廓，即对产品的结构、外形等同时进行设计、制造的结果。图案是指由任意线条、文字、符号、色块的排列或组合而在产品的表面构成的图形。色彩是指用于产品上的颜色或者颜色的组合，制造该产品所用材料的本色不是外观设计的色彩。可以构成外观设计的组合有：产品的形状；产品的图案；产品的形状和图案；产品的形状和色彩；产品的图案和色彩；产品的形状、图案和色彩。运用形状、图案、色彩对产品的外表进行装饰或设计，会为产品带来一定的美感，并能带来产品经济价值的实现与提升。

（2）外观设计的特征。外观设计必须与产品相结合，以产品为载体。离开具体产品就无所谓外观设计了。产品的色彩不能独立构成外观设计，除非产品色彩变化的本身已形成一种图案；外观设计应适用于工业应用，即使用外观设计的产品可以大量复制，从而使外观设计的经济价值得以实现；外观设计应富有美感，符合一般审美要求。

专利权客体的对比分析如表7-1所示。

表7-1　专利权客体的对比分析

专利权种类	专利权的特征	审查程序	具体分类
发明	（1）自然领域的智力成果 （2）必须是一种具体的技术方案	审查程序相对复杂	（1）产品发明 （2）方法发明
实用新型	（1）实用新型只能是产品 （2）必须具有立体形状构造 （3）实用性	审查程序简单，没有实质审查程序	实用的新的技术方案
外观设计	（1）以产品为载体 （2）应适用于工业 （3）符合一般审美要求	审查程序简单	工业应用的新设计

（三）专利权的内容

专利权的内容，即专利权人的权利和义务。专利申请一旦通过审查获得授权，专利权人就享有《专利法》赋予的专利权，但同时也要承担相应的义务。

1. 专利权人的权利

（1）独占权。发明和实用新型专利权被授予后，除本法另有规定的以外，任何单位或者个人未经专利权人许可，都不得实施其专利，即不得为生产经营目的制造、使用、许诺销售、销售、进口其专利产品，或者使用其专利方法以及使用、许诺销售、销售、进口依照该专利方法直接获得的产品。

外观设计专利权被授予后，任何单位或者个人未经专利权人许可，都不得实施其专利，即不得为生产经营目的制造、许诺销售、销售、进口其外观设计专利产品。

（2）转让权。专利申请权和专利权可以转让。转让专利申请权或者专利权的，当事人应当订立书面合同，并向国务院专利行政部门登记，由国务院专利行政部门予以公告。专利申请权或者专利权的转让自登记之日起生效。中国单位或者个人向外国人、外国企业或者外国其他组织转让专利申请权或者专利权的，应当依照有关法律、行政法规的规定办理手续。

（3）实施许可权。一项发明创造被授予专利权后，任何单位或者个人想要实施他人专利，必须经过专利权人的同意。未经专利权人许可，实施其专利，即侵犯其专利权。因此，任何单位或者个人实施他人专利的，应当与专利权人订立实施许可合同，向专利权人支付专利使用费，并应当于合同生效之日起3个月内向国务院专利行政部门备案。

（4）标记权。专利权人有权在专利产品或者该产品的包装上标明专利标志。

2. 专利权人的义务

（1）按照规定缴纳年费的义务。根据《专利法》的规定，专利权人应当自被授予专利权的当年开始缴纳年费。

（2）被授予专利权的单位应当对职务发明创造的发明人或者设计人给予奖励；发明创造专利实施后，根据其推广应用的范围和取得的经济效益，对发明人或者设计人给予合理的报酬。

五、专利权授予的条件

（一）授予发明、实用新型的条件

依照《专利权》的规定，授予专利权的发明和实用新型，应当具备新颖性、创造性和实用性。

1. 新颖性

（1）新颖性的概念。新颖性，是指该发明或者实用新型不属于现有技术，也没有任何单位或者个人就同样的发明或者实用新型在申请日以前向国务院专利行政部门提出过申请，并记载在申请日以后公布的专利申请文件或者公告的专利文件中。

微课：
什么是专利的新颖性？

现有技术，是指申请日以前在国内外为公众所知的技术。

（2）新颖性的评判标准。新颖性是授予专利权的最基本的积极条件之一。如果申请专利的发明属于现有技术的范围，则其不具备新颖性。如果能够确定申请专利的技术内容是否与已经公开的技术内容相同，则可以确定其是否具备新颖性。因此新颖性的判断，实际上就是关于相关技术是否已经被公开的判断。

已有技术的范围。已有技术是指在申请日以前已经公开的技术。公开的方式有三种：出版物公开，如采取书籍、杂志、报纸、论文、教科书、电影、录像、光盘等方式在国内外公开；使用公开，如通过制造、销售、使用、进口、展示等形式的公开；其他形式的公开，如口头讲课、作报告等方式公开或通过互联网公开。

抵触申请。是指一项申请专利的发明或者实用新型在申请日以前，已有同样的发明或者实用新型由他人向专利局提出过申请，并且记载在该发明或者实用新型申请日以后公布的专利申请文件中。

丧失新颖性的例外。申请专利的发明创造在申请日以前6个月内，有下列情形之一的，不丧失新颖性：在国家出现紧急状态或者非常情况时，为公共利益目的首次公开的；在中国政府主办或者承认的国际展览会上首次展出的；在国务院有关主管部门和全国性学术团体组织召开的学术会议或者技术会议上首次发表的；他人未经同意而泄露其内容的。

2. 创造性

（1）创造性的概念。创造性，是指与现有技术相比，该发明具有突出的实质性特点和显著的进步，该实用新型具有实质性特点和进步。

（2）创造性的评判标准。①突出的实质性特点，是指与现有技术相比，发明有明显的本质区别，本领域的普通技术人员已不能直接从现有技术中得出该发明的全部必要技术特征；②显著的进步，是指与最接近的现有技术相比有所发展和进步。

3. 实用性

（1）实用性的概念。实用性是指该发明或者实用新型能够制造或者使用，并且能够产生积极效果。

（2）实用性的条件。发明创造应当具有可实施性、再生性和有益性。申请专利的发明创造不能仅仅是一种纯理论的方案，还必须能够在实际中得到应用，并产生实际作用。

（二）授予外观设计的条件

根据《专利法》的规定，授予专利权的外观设计，首先，应当不属于现有设计，即授予专利权的外观设计不能是在申请日以前在国内外为公众所知的设计；其次，没有任何单位或者个人就同样的外观设计在申请日以前向国务院专利行政部门提出过申请，并记载在申请日以后公告的专利文件中；再次，授予专利权的外观设计与现有设计或者现有设计特征的组合相比，应当具有明显区别；最后，授予专利权的外观设计不得与他人在申请日以前已经取得的合法权利相冲突。

（三）不能授予专利权的情形

（1）科学发现，例如自然现象与规律、现存物质等。

（2）智力活动的规则和方法，例如计算方法、游戏规则等。但是进行智力活动的设备与工具如果符合专利条件，可以授予专利权。

（3）疾病的诊断和治疗方法，例如新冠病毒治疗方法、中医的针灸等都不能授予专利权。但是对于血液、毛发等脱离物质的化验方法则不属于疾病的诊断和治疗方法范畴，可以授予专利权。另外，用于诊断或者治疗疾病的药物、仪器、设备等在符合要求的前提下也可以授予专利权。

（4）动物和植物品种。不管是天然的还是人工培育的品种都不能申请专利，但是对于动物和植物品种的生产方法，可以授予专利权。

（5）原子核变换方法以及用原子核变换方法获得的物质。

（6）对平面印刷品的图案、色彩或者二者的结合作出的主要起标识作用的设计。

（7）违反法律、社会公德或者妨害公共利益的发明创造，以及违反法律、行政法规获取或者利用遗传资源，并依赖该遗传资源完成的发明创造不能授予专利权。

六、专利权的取得、终止和无效

（一）专利权的取得

1. 专利的申请

（1）专利的申请原则。

① 单一性原则。单一性是指一项专利申请只能含有一项发明创造。但是属于一个总的发明构思的两项以上的发明或实用新型，可以作为一件申请提出；用于同一类别并且成套出售或者使用的产品的两项以上的外观设计，可以作为一件申请提出。

微课：
如何申请专利？

② 先申请原则。两个或者两个以上的申请人分别就同样的发明创造申请专利的，专利权授给最先申请的人。

③ 优先权原则。优先权原则是指将专利申请人首次提出专利申请的日期，视为今后一定期限内专利申请人就相同主题在他国或本国提出专利申请日期。该原则是工业产品国际保护的《巴黎公约》在专利领域的运用。我国专利申请的优先权原则可分为外国优先权和本国优先权。外国优先权，是指申请人自发明或者实用新型在外国第一次提出专利申请之日起12个月内，或者自外观设计在外国第一次提出专利申请之日起6个月内，又在中国就相同主题提出专利申请的，依照该外国与中国签订的协议或者共同参加的国际条约，或者依照相互承认优

先权的原则，可以享有优先权。即把该申请人第一次提出专利申请的申请日，作为在我国的申请日。本国优先权，是指申请人自发明或者实用新型在中国第一次提出专利申请之日起12个月内，或者自外观设计在中国第一次提出专利申请之日起6个月内，又向国务院专利行政部门就相同主题提出专利申请的，可以享有优先权。

申请人要求发明、实用新型专利优先权的，应当在申请的时候提出书面声明，并且在第一次提出申请之日起16个月内，提交第一次提出的专利申请文件的副本。申请人要求外观设计专利优先权的，应当在申请的时候提出书面声明，并且在3个月内提交第一次提出的专利申请文件的副本。申请人未提出书面声明或者逾期未提交专利申请文件副本的，视为未要求优先权。

（2）专利申请日的确定。国务院专利行政部门收到专利申请文件之日为申请日。如果申请文件是邮寄的，以寄出的邮戳日为申请日。

2. 专利权的审查批准

（1）发明专利的审查批准。

① 初步审查。专利主管机关审查专利申请是否具备《专利法》规定的申请文件和其他必要的文件，以及这些文件是否符合规定的格式；发明专利申请是否明显属于违反国家法律、社会公德或妨害公共利益的发明创造；发明专利申请是否明显不符合申请主题单一性原则；专利申请文件的修改是否符合要求；申请发明专利是否合适；专利申请文件尤其是说明书和权利要求书的撰写是否符合《专利法》规定的格式和内容等。

② 早期公开。专利局收到发明专利申请后，经初步审查认为符合要求的，自申请日起满18个月，通过《专利公报》向社会公布。专利局也可根据申请人的申请早日公布。

③ 实质审查。发明专利申请自申请日起3年内，专利局可以根据申请人随时提出的要求，对其进行实质审查；申请人无正当理由逾期不请求实质审查的，该申请即被视为撤回。专利局认为必要的时候，可以自行对发明专利申请进行实质性审查。

④ 授权决定。发明专利申请经过实质审查没有发现驳回的理由的，由专利局作出授予发明专利权的决定，发给发明专利证书，并且予以登记和公告。发明专利权自公告之日起生效。

（2）实用新型和外观设计的审查批准。实用新型和外观设计专利申请经初步审查没有发现驳回理由的，由专利局作出授予实用新型专利权和外观设计专利权的决定，发给相应的专利证书，同时予以登记和公告。实用新型专利权和外观设计专利权自公告之日起生效。

（3）专利复审。国务院专利行政部门设立专利复审委员会。专利申请人对国务院专利行政部门驳回的申请决定不服的，可以自收到通知之日起3个月内，向专利复审委员会请求复审。专利复审委员会复审后，作出决定，并通知专利申请人。专利申请人对专利复审委员会的复审决定不服的，可以自收到通知之日起3个月内向人民法院起诉。

（二）专利权的终止

专利权的终止，是指专利权因期限届满或其他原因在期限届满前失去法律效力。依据《专利法》的规定，有下列情形之一的，专利权在期限届满前终止：没有按照规定缴纳年费的，依据《专利法》的规定，专利权人应当自被授予专利权的当年开始缴纳年费；专利权人以书面声明放弃其专利的。专利权在期限届满之前终止的，由国务院专利行政部门登记和公告。

（三）专利权无效

1. 专利权无效的概念

专利权无效是指已经取得的专利权因为具有不符合《专利法》及其实施细则中有关授予专利权的条件，经有关单位或个人的请求，并经专利复审委员会复审被宣告无效的情形。

《专利法》第45条规定，自国务院专利行政部门公告授予专利权之日起，任何单位或者个人认为该专利权的授予不符合本法有关规定的，可以请求国务院专利行政部门宣告该专利权无效。

2. 宣告专利权无效的情形

（1）主题不符合专利授予条件。包括：发明、实用新型的主题不具备新颖性、创造性或实用性；外观设计专利的主题不具备新颖性或者与他人在先取得的合法权利相冲突。

（2）专利申请中的不合法情形。包括：说明书没有充分公开发明或者实用新型；授权专利的权利要求书没有以说明书为依据；专利申请文件的修改超出规定的范围；专利权的主题不符合发明、实用新型或外观设计的定义；授权专利的权利要求书不清楚、不简明或者缺少解决其技术问题的必要技术特征。

（3）违反法律强制性规定的情形。包括：违反国家法律、社会公德或者妨害公共利益的情形；科学发现等法律规定不授予专利权的情形。

（4）重复授权的情形。包括：两个以上的申请人分别就同样的发明创造申请专利的，专利权授予最先申请的人，即一个发明创造只向一个人（最先申请的人）授予专利权。发明、实用新型和外观设计出现上述情形不能取得专利权，已经取得专利权的，可以宣告其无效。

3. 宣告专利权无效的程序

根据《专利法》的规定，自国务院专利行政部门公告授予专利权之日起，任何单位或个人认为该专利权的授予不符合法律有关规定的，可以请求专利复审委员会宣告该专利权无效。专利复审委员会对宣告专利权无效的请求应当及时审查和作出决定，并通知请求人和专利权人。宣告专利权无效的决定，由国务院专利行政部门登记和公告。对专利复审委员会宣告专利权无效或者维持专利权的决定不服的，可以自收到通知之日起3个月内向人民法院起诉。人民法院应当通知无效宣告请求程序的对方当事人作为第三人参加诉讼。

4. 专利权宣告无效的法律后果

专利权被宣告无效后，被视为自始即不存在。宣告专利权无效的决定，对在宣告专利权无效前人民法院作出并已执行的专利侵权的判决、调解书，已经履行或者强制执行的专利侵权纠纷处理决定，以及已经履行的专利实施许可合同和专利权转让合同，不具有追溯力。但是因专利权人的恶意给他人造成损失的，应当给予赔偿。依照上述规定不返还专利侵权赔偿金、专利使用费、专利权转让费，明显违反公平原则的，应当全部或者部分返还。

七、专利权的限制

专利权是一种独占专有权，某种意义上是对企业的一种垄断。专利权人有权禁止他人未经许可而制造、使用或销售其专利产品，有权对未经许可的有关活动和行为起诉和要求赔偿，但法律保护发明创造的目的，一方面是鼓励发明和创新，另一方面是利于发明创造的推广应用，促进科学技术进步和创新升级。因此，为平衡专利权人、专利技术使用者与社会之间的利益，有必要对专利权人的权利进行必要的限制。

（一）专利权的合理使用

根据《专利法》的规定，有下列情形之一的，不视为侵犯专利权：

（1）专利产品或者依照专利方法直接获得的产品，由专利权人或者经其许可的单位、个人售出后，使用、许诺销售、销售、进口该产品的；

（2）在专利申请日前已经制造相同产品、使用相同方法或者已经作好制造、使用的必要准备，并且仅在原有范围内继续制造、使用的；

（3）临时通过中国领陆、领水、领空的外国运输工具，依照其所属国同中国签订的协议或者共同参加的国际条约，或者依照互惠原则，为运输工具自身需要而在其装置和设备中使用有关专利的；

（4）专为科学研究和实验而使用有关专利的；

（5）为提供行政审批所需要的信息，制造、使用、进口专利药品或者专利医疗器械的，以及专门为其制造、进口专利药品或者专利医疗器械的。

药品上市审批过程中，药品上市许可申请人与有关专利权人或者利害关系人，因申请注册的药品相关的专利权产生纠纷的，相关当事人可以向人民法院起诉，请求就申请注册的药品相关技术方案是否落入他人药品专利权保护范围作出判决。国务院药品监督管理部门在规定的期限内，可以根据人民法院生效裁判作出是否暂停批准相关药品上市的决定。药品上市许可申请人与有关专利权人或者利害关系人也可以就申请注册的药品相关的专利权纠纷，向国务院专利行政部门请求行政裁决。

法治素养

2020年4月6日，世卫组织总干事称，新冠病毒疫苗和药物的研发"进展惊人"，已有70多个国家参与有效药物的试验。世卫组织还将建立特别机制，在加快疫苗和药物研发的同时，保证疫苗在全球公平分配，不会有贫富的差别。对于疫苗的研发，鉴于新冠病毒在全球的大流行，一旦疫苗临床试验结果正面，并获得上市批准，各国可以动用强制许可手段。在强制许可的制度下，实施人只需要支付合理的使用费，便可生产投入市场。拥有专利的相关药企不可能依靠专利漫天要价，法律也有办法制止这种情况。

启示： 专利权的保护与专利的合理使用并不矛盾。大学生应树立专利权保护的主动意识和自我意识，但同时在专利权的使用方面也要考虑社会的公众利益与国家利益。

（二）专利实施的强制许可

根据《专利法》的规定，有下列情形之一的，国务院专利行政部门根据具备实施条件的单位或者个人的申请，可以给予实施发明专利或者实用新型专利的强制许可：

（1）专利权人自专利权被授予之日起满3年，且自提出专利申请之日起满4年，无正当理由未实施或者未充分实施其专利的。

（2）专利权人行使专利权的行为被依法认定为垄断行为，为消除或者减少该行为对竞争产生的不利影响的。

（3）在国家出现紧急状态或者非常情况时，或者为了公共利益的目的，国务院专利行政部门可以给予实施发明专利或者实用新型专利的强制许可。

（4）为了公共健康目的，对取得专利权的药品，国务院专利行政部门可以给予制造并将其出口到符合中华人民共和国参加的有关国际条约规定的国家或者地区的强制许可。

（5）一项取得专利权的发明或者实用新型比先前已经取得专利权的发明或者实用新型具有显著经济意义的重大技术进步，其实施又有赖于前一发明或者实用新型的实施的，国务院专利行政部门根据后一专利权人的申请，可以给予实施前一发明或者实用新型的强制许可。在依照前款规定给予实施强制许可的情形下，国务院专利行政部门根据前一专利权人的申请，也可以给予实施后一发明或者实用新型的强制许可。

（三）专利开放许可

专利开放许可是指权利人在获得专利权后自愿向国家专利行政部门提出开放许可声明，明确许可使用费，由国家专利行政部门予以公告，在专利开放许可期内，任何人可以按照该专利开放许可的条件实施专利技术成果。就实用新型、外观设计专利提出开放许可声明的，应当提供专利权评价报告。

专利权人可以撤回开放许可声明，专利权人撤回开放许可声明的，应当以书面方式提出，并由国务院专利行政部门予以公告。开放许可声明被公告撤回的，不影响在先给予的开放许可的效力。

任何单位或者个人有意愿实施开放许可的专利的，以书面方式通知专利权人，并依照公告的许可使用费支付方式、标准支付许可使用费后，即获得专利实施许可。实行开放许可的专利权人可以与被许可人就许可使用费进行协商后给予普通许可，但不得就该专利给予独占或者排他许可。

开放许可实施期间，对专利权人缴纳专利年费相应给予减免。

八、专利权的保护

（一）专利权的保护期限

微课：
没有硝烟的
战争——专
利权保护

发明专利权的保护期限为二十年，实用新型专利权的保护期限为十年，外观设计专利权的期限为十五年，均自申请日起计算。

自发明专利申请日起满四年，且自实质审查请求之日起满三年后授予发明专利权的，国务院专利行政部门应专利权人的请求，就发明专利在授权过程中的不合理延迟给予专利权期限补偿，但由申请人引起的不合理延迟除外。

为补偿新药上市审评审批占用的时间，对在中国获得上市许可的新药相关发明专利，国务院专利行政部门应专利权人的请求给予专利权期限补偿。补偿期限不超过五年，新药批准上市后总有效专利权期限不超过十四年。

（二）专利侵权行为

专利侵权，即侵犯专利权的行为，指侵权人未经专利权人许可，没有法律依据，侵犯专利权，给权利人造成损害的行为。分别是指：未经专利权人许可实施其专利的行为；假冒他人专利的行为；以非专利产品冒充专利产品的行为；以非专利方法冒充专利方法的行为等。

（三）专利侵权的解决途径

未经专利权人许可，实施其专利，即侵犯其专利权，引起纠纷的，由当事人协商解决；不愿协商或者协商不成的，专利权人或者利害关系人可以向人民法院起诉，也可以请求管理专利工作的部门处理。

管理专利工作的部门处理时，认定侵权行为成立的，可以责令侵权人立即停止侵权行为，当事人不服的，可以自收到处理通知之日起15日内依照《中华人民共和国行政诉讼法》向人民法院起诉；侵权人期满不起诉又不停止侵权行为的，管理专利工作的部门可以申请人民法院强制执行。进行处理的管理专利工作的部门应当事人的请求，可以就侵犯专利权的赔偿数额进行调解；调解不成的，当事人可以依照《中华人民共和国民事诉讼法》向人民法院起诉。

（四）专利侵犯的诉讼时效

侵犯专利权的诉讼时效为2年，自专利权人或者利害关系人得知或者应当得知侵权行为之日起计算。发明专利申请公布后至专利权授予前使用该发明未支付适当使用费的，专利权人要求支付使用费的诉讼时效为2年，自专利权人得知或者应当得知他人使用其发明之日起计算，但是，专利权人于专利权授予之日前即已得知或者应当得知的，自专利权授予之日起计算。

九、法律责任

（一）民事责任

侵犯专利权的行为是一种民事侵权行为，根据我国《专利法》和《民法典》的有关规定，侵犯专利权需要承担民事责任。承担民事责任的主要方式有：

1. 停止侵权

即侵权人根据专利管理机关的处理决定或人民法院的生效判决，立即停止正在实施的侵犯他人专利权的行为。为了有效阻止专利侵权行为，专利权人可以请求人民法院采取扣押、查封、冻结等保全措施。

2. 赔偿损失

当侵权行为给专利权人造成实际损失时，侵权人应当向专利权人赔偿损失。按照专利法的规定，赔偿数额可以依照以下方式计算：按照权利人因被侵权所受到的损失或者侵权人因侵权所获得的利益确定；被侵权人的损失或者侵权人获得的利益难以确定的，参照该专利许可使用费的倍数合理确定。

（二）行政责任

当专利权被他人侵犯时，专利权人可以请求管理专利工作的部门处理。管理专利工作的部门可以依法对侵权人作出行政处理，责令其承担一定的行政责任。

对以下人员依法给予行政处分：对违反专利法的规定，擅自向外国申请专利，泄露国家秘密的人；侵夺发明人或设计人的非职务发明创造专利申请权和其他权益的人；参与向社会推荐专利产品经营活动的管理专利工作的部门的直接负责主管人员和其他直接责任人员；玩忽职守、滥用职权、徇私舞弊，尚不构成犯罪的从事专利管理工作的国家机关工作人员、其他有关国家机关工作人员。

（三）刑事责任

对于侵权行为的刑事责任，《专利法》规定了三种违法行为构成犯罪：假冒他人专利，构成犯罪的，依法追究刑事责任；违反专利法规定向外国申请专利，泄露国家秘密，构成犯罪的，依法追究刑事责任；从事专利管理工作的国家机关工作人员、其他有关国家机关工作人员玩忽职守、滥用职权、徇私舞弊，构成犯罪的，依法追究刑事责任。

 **知识与技能**

一、单选题

1. 依照我国《专利法》的规定，可以授予专利权的有（　　　）。

　　A. 科学发现　　　　　　　　　B. 智力活动的规则和方法

　　C. 疾病的诊断和治疗方法　　　D. 动物和植物品种的生产方法

2. 下述不属于职务发明的是（　　　）。

　　A. 某一届服装发布会上发布了著名服装设计师张某为其公司设计的最新服装

　　B. 在计算机公司上班的甲某出于兴趣爱好设计了一款手机的外观，其间他经常利用公司的计算机上网查阅相关资料

　　C. 某机械厂原设计室主任张某退休后赋闲在家，将其原来上班时曾参与过设计开发的模具产品重新绘制，申请专利

　　D. 李某被公司从市场部调入设计开发部后从事节日礼品的设计

3. 授予专利权的外观设计，应当同申请日以前在（　　　）出版物上公开发表过或者（　　　）公开使用过的外观设计不相同和不相近似。

　　A. 国内，国外　　　　　　　　B. 国内，国内

　　C. 国内外，国内外　　　　　　D. 国内外，国内

4. 下述不能作为申请外观设计专利的主体的是（　　　）。

A. 未满 14 周岁的甲某　　　　　　B. 某艺术学院工业设计系

C. 某中外合资企业　　　　　　　　D. 下岗职工乙某

5. 授予专利权的发明和实用新型应当具备（　　　）。

A. 新颖性、创造性　　　　　　　　B. 新颖性、实用性

C. 新颖性　　　　　　　　　　　　D. 新颖性、创造性、实用性

二、多选题

1. 根据《专利法》的规定，下列各项中不授予专利权的有（　　　　　）。

A. 甲发明了开门的万能钥匙

B. 乙发明了对糖尿病的治疗有效的方法

C. 丙发现了某植物新品种

D. 丁发明了某植物新品种的生产方法

2. 申请专利的发明创造在申请日以前 6 个月内有（　　　　　）情形的，不丧失新颖性。

A. 在国际展览会上首次展出

B. 在中国政府主办或承认的国际展览会上首次展出

C. 在规定的学术会议上首次发表的

D. 他人泄露其内容

3. 在我国，发明专利申请文件包括（　　　　　）。

A. 摘要　　　　　B. 说明书　　　　　C. 请求书　　　　　D. 权利要求书

4. 专利权在期限届满前终止的情形有（　　　　　）。

A. 专利权人转让其专利的　　　　　B. 专利权人出口其专利的

C. 专利权人许可他人使用其专利的　D. 专利权人没有按照规定缴纳年费的

E. 专利权人以书面声明放弃其专利权的

5. 对于滥用专利权的强制许可，必须同时满足的条件有（　　　　　）。

A. 专利权自被授予之日起满 2 年

B. 专利权自被授予之日起满 3 年

C. 专利权自提出专利申请之日起满 3 年

D. 专利权自提出专利申请之日起满 4 年

E. 专利权人无正当理由未实施或者未充分实施其专利

三、案例分析题

郑同是某市机械研究所的工程师，从 2011 年开始，承接所里的省级科研课题——汽车节能应用系统的研究工作。经过 5 年的理论探索和反复试验，郑同于 2016 年 11 月

研制成功了 ZH-2000 型高效汽车节能装置。安装有该装置的汽车平均每百公里油耗可降低 25%~35%，该装置具有极大的实用价值和经济前景。机械研究所负责人决定就该装置申请发明专利，于 2017 年 3 月 7 日寄出了有关专利申请文件。国家专利局于 3 月 13 日收到申请文件，信封上的邮戳为 3 月 8 日。专利局经初步审查发现，申请文件中的说明书缺少部分附图，于 2017 年 4 月 3 日通知研究所在 1 个月内补交。

4 月 28 日，研究所派专人补交了附图。专利局在初步审查通过后，根据研究所的要求，于 2018 年 1 月 15 日公布了该申请。2019 年 10 月 30 日，经实质审查通过，该装置被授予发明专利权，并予以登记和公告。2019 年 12 月，研究所与明光电子设备公司签订了专利实施许可合同，以每年 500 万元的使用费许可明光公司生产该装置。

请根据上述材料回答以下问题：

（1）机械研究所是否有权就该装置申请专利？为什么？

（2）郑同对该发明应享有何种权利？

（3）该项发明专利的申请日应是哪一天？

（4）如果研究所未提出申请，国家专利局能否对该申请进行实质审查？

第二节　商　标　法

案例导入

很多男孩都痴迷于 AJ 的运动鞋，AJ 的全称为 AIR JORDAN（飞人乔丹），而国内有一个牌子叫中国乔丹，针对这个问题两者已经打了 8 年的官司（乔丹商标对比图见图 7-3）。

对于美国篮球明星迈克尔·乔丹状告中国乔丹体育公司商标侵权一案，2020 年 3 月，最高人民法院裁定：一审、二审判决认定事实和适用法律均有错误，应予撤销。乔丹体育第 25 类服装、鞋、帽、袜等商品上的 6020578 号"乔丹+图形"商标被撤。本判决为终审判决。

事实上，这场关于"乔丹"系列商标的拉锯战开始于 2012 年。耐克公司（旗下有 AIR JORDAN 品牌）曾针对乔丹体育注册的"乔丹"系列商标提了多起商标异议、争议行政程序。耐克公司授意迈克尔·乔丹本人作为原告，针对乔丹体育公司已注册的 80 个"乔丹"系列商标提起了 80 起行政诉讼。

图7-3　乔丹商标对比图

2016年12月，最高人民法院对再审申请人迈克尔·乔丹与被申请人商评委、一审第三人乔丹体育商标争议行政纠纷10件案件进行公开宣判，涉及姓名"乔丹"的三件案件确认违反商标法规定，由商评委重新作出裁定。与此同时，涉及拼音"QIA-ODAN"的四件案件并未构成侵权，迈克尔·乔丹的再审申请被驳回。而最新的终审判决书显示，二审庭审后，推翻了商标评审委员会和一审、二审法院关于"双方已分别形成了各自的消费群体和市场认知"的错误认定，属事实认定错误。最终，针对终审判决，最高院支持迈克尔·乔丹一方。

案例思考：如此商标行为，能否真正赢得市场与口碑？

案例启示：在业内人士看来，中国本土企业与品牌在发展初期，傍名牌、名人等现象非常普遍，商标打"擦边球"确实能让品牌得到快速关注与成长。但随着全球化的推进，这类打"擦边球"、傍名人行为很难长久，在此次商标侵权案败诉后，中国本土的企业与品牌建设能否依靠自身的品牌价值和理念，走专业化正规化的品牌经营道路，赢得消费者的认同，有很长的路要走。

一、商标概述

（一）商标的概念

商标，俗称"品牌"，是指能够将不同商品和服务相区别的显著标记。商标通常用文字、图形、字母、数字、三维标志、颜色及其组合构成，是企业重要的无形资产。美国《福布斯》杂志发布的2020年全球最具价值品牌10强如表7-2所示。

微课：
什么是商标？

表7-2　2020年全球最具价值品牌10强　　　　　　　　单位：亿美元

排名	品牌	品牌价值	行业
1	苹果	2 412	科技
2	谷歌	2 075	科技
3	微软	1 629	科技
4	亚马逊	1 354	科技
5	Facebook	703	科技
6	可口可乐	644	饮料
7	迪士尼	613	休闲
8	三星	504	科技
9	路易威登	472	奢侈品
10	麦当劳	461	餐饮

（二）商标的分类

按照商标使用人不同，可以将商标分为商品商标和服务商标。商品商标是指生产经营者在其生产经营的商品上所使用的商标，如"华为"等；服务商标是指服务项目的经营者在其经营的服务项目上使用的商标，如"东方航空"等。

按照商标构成要素不同，可以将商标分为文字商标、图形商标、数字商标以及组合商标。文字商标是以文字为主组成的商标，如"农夫山泉""联想"等；图形商标是由各式各样的图画、图形、图像、构图等构成的商标；数字商标是由阿拉伯数字组成的商标，如"999"感冒灵颗粒；组合商标是由文字、图形、数字等组合起来的商标，它可以是上述要素的组合，如"海尔"等。

按照商标注册与否，可以将商标分为注册商标与未注册商标。注册商标是指经商标所有人申请，经国家商标主管部门审查核准注册的商标；未注册商标是指商品生产经营者使用的但未经商标主管部门核准注册的商标。多数国家《商标法》均规定，注册商标所有人享有商标专用权，未注册商标使用人不享有商标专用权。

按照商标用途不同，可以将商标分为证明商标、防御商标、联合商标、等级商标。证明商标是指能够证明使用该商标的商品质量达到特定标准或商品原料符合特定的要求的商标，如绿色食品标志、纯羊毛标志等；防御商标是指将同一商标注册于不同的商品或者服务上，构成防御体系，以防止他人使用与自己相同或近似的商标；联合商标是为了更有效地防止他人侵犯自己的商标专用权而申请注册的几个直接联系在一起的商标，如杭州娃哈哈集团注册了"娃哈哈"商标，同时又注册了"哈哈娃""娃娃哈"等商标；等级商标是商标所有者为区别自己同另一种产品的质量、规格等而使用的商标。

二、商标法概述

商标法是确认商标专用权，规定商标注册、使用、转让、保护和管理的法律规范的总称。它的作用主要是加强商标管理，保护商标专用权，促进商品的生产者和经营者保证商品和服务的质量，维护商标的信誉，以保证消费者的利益，促进社会主义市场经济的发展。《中华人民共和国商标法》（以下简称《商标法》）于1982年8月23日第五届全国人民代表大会常务委员会第二十四次会议通过，1983年3月1日起正式实施。《商标法》在实施近40年时间内，经历了1993年、2001年、2013年、2019年四次修订，最新《商标法》在2019年11月1日起正式实施。

三、商标权的取得

（一）商标权的概念

商标权是指商标所有人对其商标享有的独占、排他的权利。从权利的特征来看，商标权与一般的知识产权一样，具有无形性、法定性、专有性、地域性和时间性。

微课：
商标权是个
什么权？

（二）商标权的主体

商标权的主体是注册商标所有人，既包括商标的最初注册人，也包括注册商标的受让人。根据《商标法》的规定，商标权的主体包括：自然人、法人和其他组织。其中，外国人在中国申请商标注册的，必须符合以下条件：其所属国和中华人民共和国签订了有关协议或者该外国人的所属国与中国共同参加了有关的国际公约；或者该外国人的所属国受理中国商标申请人的商标注册申请。两个以上的自然人、法人或者其他组织可以共同向商标行政管理部门申请注册同一商标，共同享有和行使商标专用权。

（三）商标权的客体

商标权的客体是经商标行政管理部门核准注册的商标，即注册商标。

1. 申请注册的商标应当具备的条件

（1）商标应当有显著特征，便于识别，并不得与他人在先取得的合法权利相冲突。

（2）商标应当具备法定的构成要素。任何能够将自然人、法人或者其他组织的商品与他人的商品区别开的可视性标志，包括文字、图形、字母、数字、三维标志、颜色组合和声音等，以及上述要素的组合，均可以作为商标申请注册。

商标申请所需要的材料汇总如图7-4所示。

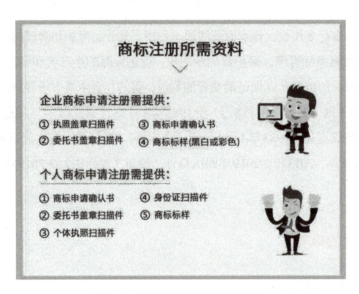

图7-4　商标申请所需要的材料汇总

2.《商标法》规定的不得作为商标使用的标志

（1）同中华人民共和国的国家名称、国旗、国徽、国歌、军旗、军徽、军歌、勋章等相同或者近似的，以及同中央国家机关的名称、标志、所在地特定地点的名称或者标志性建筑物的名称、图形相同的。

（2）同外国的国家名称、国旗、国徽、军旗等相同或者近似的，但经该国政府同意的除外。

（3）同政府间国际组织的名称、旗帜、徽记等相同或者近似的，但经该组织同意或者不易误导公众的除外。

（4）与表明实施控制、予以保证的官方标志、检验印记相同或者近似的，但经授权的除外。

（5）同"红十字""红新月"的名称、标志相同或者近似的。

（6）带有民族歧视性的。

（7）带有欺骗性，容易使公众对商品的质量等特点或者产地产生误认的。

（8）有害于社会主义道德风尚或者有其他不良影响的。

县级以上行政区划的地名或者公众知晓的外国地名，不得作为商标。但是，地名具有其他含义或者作为集体商标、证明商标组成部分的除外；已经注册的使用地名的商标继续有效。

3. 不得作为商标注册的情形

（1）仅有本商品的通用名称、图形、型号的；

（2）仅直接表示商品的质量、主要原料、功能、用途、重量、数量及其他特点的；

（3）其他缺乏显著特征的。

前述所列标志经过使用取得显著特征，并便于识别的，可以作为商标注册。

4. 不予注册并禁止使用的情形

（1）以三维标志申请注册商标的，仅由商品自身的性质产生的形状、为获得技术效果而需有的商品形状或者使商品具有实质性价值的形状，不得注册。

（2）就相同或者类似商品申请注册的商标是复制、模仿或者翻译他人未在中国注册的驰名商标，容易导致混淆的，不予注册并禁止使用。

（3）就不相同或者不相类似商品申请注册的商标是复制、模仿或者翻译他人未在中国注册的驰名商标，误导公众，致使该驰名商标注册人的利益可能受到损害的，不予注册并禁止使用。

（4）未经授权，代理人或者代表人以自己的名义将被代理人或者被代表人的商标进行注册，被代理人或者被代表人提出异议的，不予注册并禁止使用。

（5）商标中有商品的地理标志，而该商品并非来源于该标志所标示的地区，误导公众的，不予注册并禁止使用。

但是，已经善意取得注册的继续有效。

5. 认定驰名商标应当考虑的因素

（1）相关公众对该商标的知晓程度；

（2）该商标使用的持续时间；

（3）该商标的任何宣传工作的持续时间、程度和地理范围；

（4）该商标作为驰名商标受保护的记录；

（5）该商标驰名的其他因素。

微课：
驰名商标保护知多少？

（四）商标权人的权利和义务

1. 商标权人的权利

（1）专有使用权。商标一经注册，对商标权人来说就享有独占的、专有的权利，任何人不能侵犯其商标权。

（2）转让权。商标权人依法将其所有的商标专用权转让给他人的权利。转让注册商标，除了转让人和受让人签订合同之外，还应共同向商标行政管理部门提出申请，经商标行政管理部门核准公告。受让人自公告之日起享有商标专用权。

（3）许可使用权。注册商标所有权人通过签订许可使用合同，许可他人使用其注册商标的权利。

（4）禁止权。商标权人有权禁止他人不经过自己的许可在相同或类似商品上使用与其注册商标相同或近似商标的权利。

2. 商标权人的义务

（1）保障商品质量的义务。商标权人应该对其使用注册商标的商品保证其质量。不得粗制滥造，以次充好，欺骗消费者。

（2）使用注册商品的义务。商标权人应该对其申请注册的商标进行使用，不能无故闲置。如果没有正当理由连续三年不使用的，任何单位或者个人可以向商标行政管理部门申请撤销该注册商标。

（3）商标注册人在使用注册商标的过程中，不得自行改变注册人名义、地址和其他注册事项，不得自行转让注册商标。如果自行改变注册商标、注册人名义、地址或者其他注册事项的，由地方工商行政管理部门责令限期改正；期满不改正的，由商标行政管理部门撤销其注册商标。

（4）缴纳取得和使用注册商标所规定的各项费用。

四、商标注册制度

微课：
申请还是不申请，商标注册的一个难题

（一）商标注册的原则

1. 自愿注册与强制注册相结合的原则

根据《商标法》的规定，我国对于商标申请采用自愿注册的原则，即商标使用人是否申请注册商标，取决于企业或者使用人自己的决定。但是《商标法》也同时明确规定，烟草制品和人用药品必须经过商标注册，未经注册的，禁止生产和销售。

2. 申请在先和使用在先相结合的原则

两个或者两个以上的商标注册申请人，先后在同一种商品或者类似商品上，以相同或者近似的商标申请注册的，商标权授予申请在先的人；两个或者两个以上的商标注册申请人在同一天注册的，商标权授予使用在先的人。

3. 优先权原则

优先权原则体现在两个方面：一是商标注册申请人自身商标在外国第一次提出商标注册申请之日起6个月内，又在中国就相同商品以同一商标提出商标注册申请的，依照该外国同中国签订的协议或者共同参与的国际公约，或者按照相互承认优先权的原则，可以享有优先权；

二是商标在中国政府主办的或者承认的国际展览会展出的商品上首次使用的，自该商品展出之日起6个月内，该商标的注册申请人可以享有优先权。

（二）商标注册的程序

商标注册的流程如图7-5所示。

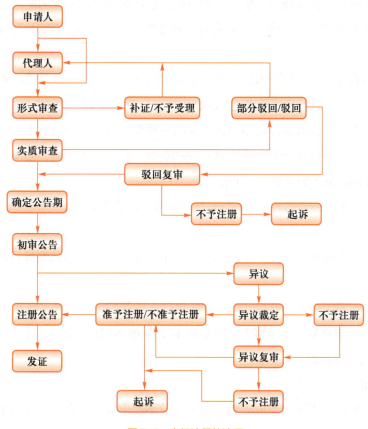

图7-5　商标注册的流程

1. 申请

商标注册申请人应当按规定的商品分类表填报使用商标的商品类别和商品名称，提出注册申请。商标注册申请人可以通过一份申请就多个类别的商品申请注册同一商标。商标注册申请等有关文件，可以以书面方式或者数据电文方式提出。申请商标注册所申报的事项和所提供的材料应当真实、准确、完整。

2. 审查

对申请注册的商标进行审查，主要的方式有两种，即形式审查和实质审查。

（1）形式审查，主要是审查申请人是否具备法定资格，申请文件是否具备、完善，从而决定是否受理该申请。

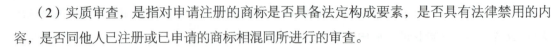

（2）实质审查，是指对申请注册的商标是否具备法定构成要素，是否具有法律禁用的内容，是否同他人已注册或已申请的商标相混同所进行的审查。

3. 公告核准

对申请注册的商标，商标行政管理部门应当自收到商标注册申请文件之日起9个月内审查完毕，符合本法有关规定的，予以初步审定公告。

在审查过程中，商标行政管理部门认为商标注册申请内容需要说明或者修正的，可以要求申请人做出说明或者修正。申请人未做出说明或者修正的，不影响商标行政管理部门做出审查决定。

申请注册的商标，凡不符合本法有关规定或者同他人在同一种商品或者类似商品上已经注册的或者初步审定的商标相同或者近似的，由商标行政管理部门驳回申请，不予公告。

两个或者两个以上的商标注册申请人，在同一种商品或者类似商品上，以相同或者近似的商标申请注册的，初步审定并公告申请在先的商标；同一天申请的，初步审定并公告使用在先的商标，驳回其他人的申请，不予公告。

对驳回申请、不予公告的商标，商标行政管理部门应当书面通知商标注册申请人。

4. 异议处理

对初步审定公告的商标，自公告之日起3个月内，任何人均可以向商标行政管理部门提出异议。

对驳回申请、不予公告的商标，商标注册申请人不服的，可以自收到通知之日起15日内向商标评审委员会申请复审。当事人对商标评审委员会的决定不服的，可以自收到通知之日起30日内向人民法院起诉。

5. 核准注册

公告期满无异议或者异议不成立的，当事人又不提出复审或者复审理由不成立的，商标行政管理部门予以核准注册，发给商标注册证，并予以公告。

五、注册商标的续展、变更、转让和使用许可

（一）注册商标的有效期

注册商标的有效期为10年，自核准注册之日起计算。

（二）注册商标的续展

注册商标有效期满，需要继续使用的，商标注册人应当在期满前12个月内按照规定办理续展手续；在此期间未能办理的，可以给予6个月的宽展期。每次续展注册的有效期为10年，

自该商标上一届有效期满次日起计算。期满未办理续展手续的，注销其注册商标。商标局应当对续展注册的商标予以公告。

（三）注册商标的变更

注册商标需要变更注册人的名义、地址或者其他注册事项的，应当提出变更申请。

（四）注册商标的转让

转让注册商标的，转让人和受让人应当签订转让协议，并共同向商标局提出申请。受让人应当保证使用该注册商标的商品质量。

转让注册商标的，商标注册人对其在同一种商品上注册的近似的商标，或者在类似商品上注册的相同或者近似的商标，应当一并转让。对容易导致混淆或者有其他不良影响的转让，商标局不予核准，书面通知申请人并说明理由。

转让注册商标经核准后，予以公告。受让人自公告之日起享有商标专用权。

（五）注册商标的使用许可

商标注册人可以通过签订商标使用许可合同，许可他人使用其注册商标。许可人应当监督被许可人使用其注册商标的商品质量。被许可人应当保证使用该注册商标的商品质量。

经许可使用他人注册商标的，必须在使用该注册商标的商品上标明被许可人的名称和商品产地。许可他人使用其注册商标的，许可人应当将其商标使用许可报商标局备案，由商标局公告。商标使用许可未经备案不得对抗善意第三人。

六、注册商标专用权的保护

（一）侵犯注册商标专用权的行为

有下列行为之一的，均属侵犯注册商标专用权：

（1）未经商标注册人的许可，在同一种商品上使用与其注册商标相同的商标的；

（2）未经商标注册人的许可，在同一种商品上使用与其注册商标近似的商标，或者在类似商品上使用与其注册商标相同或者近似的商标，容易导致混淆的；

（3）销售侵犯注册商标专用权的商品的；

（4）伪造、擅自制造他人注册商标标识或者销售伪造、擅自制造的注册商标标识的；

（5）未经商标注册人同意，更换其注册商标并将该更换商标的商品又投入市场的；

（6）故意为侵犯他人商标专用权行为提供便利条件，帮助他人实施侵犯商标专用权行为的；

（7）给他人的注册商标专用权造成其他损害的。

将他人注册商标、未注册的驰名商标作为企业名称中的字号使用，误导公众，构成不正当竞争行为的，依照《中华人民共和国反不正当竞争法》处理。

注册商标中含有的本商品的通用名称、图形、型号，或者直接表示商品的质量、主要原料、功能、用途、重量、数量及其他特点，或者含有的地名，注册商标专用权人无权禁止他人正当使用。三维标志注册商标中含有的商品自身的性质产生的形状、为获得技术效果而需有的商品形状或者使商品具有实质性价值的形状，注册商标专用权人无权禁止他人正当使用。商标注册人申请商标注册前，他人已经在同一种商品或者类似商品上先于商标注册人使用与注册商标相同或者近似并有一定影响的商标的，注册商标专用权人无权禁止该使用人在原使用范围内继续使用该商标，但可以要求其附加适当区别标识。

（二）侵犯注册商标专用权的解决途径

侵犯注册商标专用权行为，引起纠纷的，由当事人协商解决；不愿协商或者协商不成的，商标注册人或者利害关系人可以向人民法院起诉，也可以请求工商行政管理部门处理。

对侵犯商标专用权的赔偿数额的争议，当事人可以请求进行处理的工商行政管理部门调解，也可以依照《中华人民共和国民事诉讼法》向人民法院起诉。经工商行政管理部门调解，当事人未达成协议或者调解书生效后不履行的，当事人可以依照《中华人民共和国民事诉讼法》向人民法院起诉。

（三）侵犯注册商标专用权的法律责任

1. 民事责任和行政责任

工商行政管理部门在处理侵犯商标专用权行为时，认定侵权行为成立的，责令立即停止侵权行为，没收、销毁侵权商品和主要用于制造侵权商品、伪造注册商标标识的工具，违法经营额5万元以上的，可以处违法经营额5倍以下的罚款，没有违法经营额或者违法经营额不足5万元的，可以处25万元以下的罚款。对5年内实施两次以上商标侵权行为或者有其他严重情节的，应当从重处罚。

销售不知道是侵犯注册商标专用权的商品，能证明该商品是自己合法取得并说明提供者的，由工商行政管理部门责令停止销售。

2. 刑事责任

对于侵犯商标权犯罪，刑法规定了"假冒注册商标罪""销售假冒注册商标的商品罪"和"非法制造、销售非法制造的注册商标标识罪"。

（1）假冒注册商标罪。根据《中华人民共和国刑法》第213条的规定，未经注册商标所有人许可，在同一种商品、服务上使用与其注册商标相同的商标，情节严重的，处三年以下有期徒刑，并处或者单处罚金；情节特别严重的，处三年以上十年以下有期徒刑，并处罚金。

（2）销售假冒注册商标的商品罪。《中华人民共和国刑法》第214条规定："销售明知是假冒注册商标的商品，违法所得数额较大或者有其他严重情节的，处三年以下有期徒刑，并处或者单处罚金；违法所得数额巨大或者有其他特别严重情节的，处三年以上十年以下有期徒刑，并处罚金。"

（3）非法制造、销售非法制造的注册商标标识罪。《中华人民共和国刑法》第215条规定："伪造、擅自制造他人注册商标标识或者销售伪造、擅自制造的注册商标标识，情节严重的，处三年以下有期徒刑，并处或者单处罚金；情节特别严重的，处三年以上十年以下有期徒刑，并处罚金。"

 知识与技能

一、单选题

1. 我国《商标法》规定，注册商标的有效期为（　　　）。

　　A. 5年　　　　　　B. 10年　　　　　　C. 15年　　　　　　D. 20年

2. 在商标注册方面，我国采用（　　　）。

　　A. 一律自愿申请注册

　　B. 一律强制注册

　　C. 自愿注册原则，法律规定必须使用注册商标的，依其规定

　　D. 强制注册原则，法律规定可以不注册的，依其规定

3. 商标使用的文字、图形或者组合，应当有（　　　）。

　　A. 创造性　　　　　　　　　　B. 新颖性

　　C. 显著特征、便于识别　　　　D. 具有实用性

4. 根据我国商标法的规定，下列不得注册为商标的是（　　　）。

　　A. 数字　　　　　　B. 文字　　　　　　C. 三维标志　　　　D. 单一颜色

5. 依据商标法的规定，商标权人对其注册商标的使用范围为（　　　）。

　　A. 以核定使用的商品为限　　　　B. 以实际销售的商品为限

　　C. 以实际生产的商品为限　　　　D. 以营业执照所确定的经营范围为限

6. 两个商标注册申请人，在同一种商品上以相同的商标先后申请注册的，应初步审定并公告（　　　）。

　　A. 申请在先的商标　　　　　　　B. 申请在后的商标

C. 使用在先的商标　　　　　　　D. 所有申请人的商标

二、多选题

1. 根据《商标法》的规定，下列各项中，不得作为商标注册的有（　　　　　）。

   A. 锐利牌剪刀　　　B. 巴黎牌香水　　　C. 企鹅牌衬衫　　　D. 羊绒牌毛线

2. 根据《商标法》的规定，下列各项中，属于侵犯注册商标专用权的有（　　　　　）。

   A. 未经商标注册人的许可，在类似商品上使用相同的商标的

   B. 销售侵犯注册商标专用权的商品的

   C. 擅自制造他人注册商标的

   D. 销售伪造的注册商标的

3. A公司在纸手帕等纸制产品上注册了"茉莉花"文字及图形商标。根据《商标法》的规定，下列未经许可的行为中，构成侵权的有（　　　　　）。

   A. 甲公司在其制造的纸手帕包装上突出使用"茉莉花"图形

   B. 乙商场将假冒茉莉花牌纸手帕作为赠品进行促销活动

   C. 丙公司长期制造茉莉花香型的纸手帕，并在包装上标注"茉莉花香型"

   D. 丁公司购买A公司的茉莉花纸手帕后，将"茉莉花"改为"山茶花"重新
      包装后销售

4. 我国《商标法》中禁止使用的标志有（　　　　　）。

   A. 国旗图案　　　B. 国徽图案　　　C. 首都名称　　　D. 红十字

5. 甲在空调上使用"兰花"注册商标，根据商标的分类，甲的"兰花"商标能够被归入的商标类型有（　　　　　）。

   A. 文字商标　　　B. 商品商标　　　C. 图形商标　　　D. 服务商标

6. 下列关于生产者产品标识义务的表述，正确的有（　　　　　）。

   A. 所有产品应标明失效日期

   B. 产品应有质量检验合格证明

   C. 裸装的食品必须附加产品标识

   D. 应有中文标明的产品名称、生产厂厂名和厂址

   E. 易燃易爆产品应有警示标志或中文警示说明

7. 甲公司拥有"飞天"注册商标，核定使用的商品为酱油。其后成立的乙酱油公司特意将"飞天"登记为企业字号，并在广告、商品上突出使用。下列说法正确的有（　　　　　）。

   A. 乙公司侵犯了甲公司的注册商标权

B. 乙公司的行为构成不正当竞争

C. 乙公司应赔偿甲公司因调查乙公司侵犯商标权所支付的合理费用

D. 甲公司应当许可乙公司在酱油产品上使用其"飞天"商标

E. 乙公司可以在不经甲公司许可的情况下使用"飞天"商标

三、案例分析题

甲洗涤剂有限责任公司经过多年的研究，生产了一种新型洗衣粉，该洗衣粉具有高效、去污力强、用量小、省水、省时、省力等优点。该公司决定推广生产，为占领市场，更好地体现这种新型洗衣粉的特点，设计了名为"洁白"的商标，并于当年申请注册。商标行政管理部门审查后，认为该商标不符合《商标法》规定的条件，予以驳回，不予注册。该公司认为，"洁白"商标符合《商标法》规定的"申请注册的商标，应当有显著特征，便于识别"的条件，应当获准注册。于是，该公司向商标评审委员会申请复审，商标评审委员会认为商标行政管理部门驳回申请理由成立，维持决定。

结合案例回答问题：商标行政管理部门和商标评审委员会驳回甲公司的申请能否成立？为什么？

第八章
电子商务法律制度

学习目标

★ **知识目标**

⊙ 了解电子商务的概念、特征和模式。

⊙ 熟悉《电子商务法》对电子商务经营者的主要规定。

⊙ 掌握电子合同的订立和履行重要法律规定以及电子商务纠纷解决途径。

⊙ 掌握几种常见的电子商务领域不正当竞争行为的构成要件。

⊙ 熟悉电子商务领域中的著作权保护规则。

⊙ 熟悉电子证据的种类，了解其证明力大小。

★ **技能目标**

⊙ 能准确判断电子商务模式、经营者类别。

⊙ 能准确说明电子商务经营者的具体法律义务。

⊙ 能清楚判断电商合同效力，提供完善合同的建议。

⊙ 能准确识别电商领域中的不正当竞争行为和知识产权侵权行为。

⊙ 能清楚说明具体电子证据所属种类，初步分析认定证明力大小。

★ **素养目标**

⊙ 树立诚信、守法的职业和就业观。

⊙ 确立正确的职业道德观。

⊙ 树立全民守法、严格执法的社会主义法治观念。

思维导图

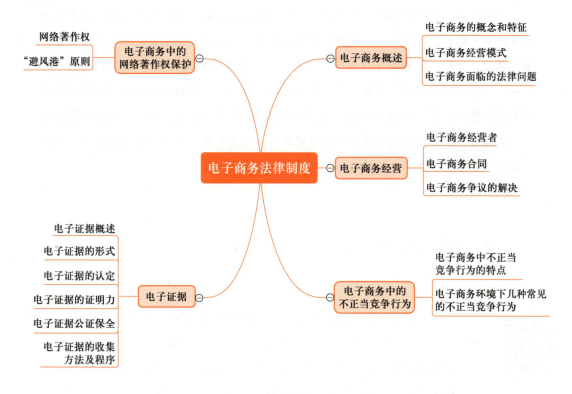

第一节 电子商务概述

案例导入

　　自天猫2009年首创"双十一"购物节以来，每年的这一天已成为名副其实的全民购物盛宴。在当前经济下行压力加大的背景下，"双十一"购物狂欢节的汹涌客流和极为庞大的单日成交量显示了老百姓较强的消费意愿和较高的消费能力，这对拉动内需无疑是个积极信号。以天猫为例，从2009年0.52亿元人民币的销售额，到2019年2 684亿元人民币的销售额（1分36秒成交额即破100亿元），电子商务需求的逆势"井喷"，透露出中国网上消费的巨大潜力，是传统零售业态与新零售业态的交锋。阿里巴巴集团创始人认为"双十一"购物狂欢节是中国经济转型的一个信号，是新的营销模式对传统营销模式的大战。分析人士表示，随着100亿元节点的成功突破，中国的零售业态正在"发生根本性变化"——线上交易形式已经由之前的零售产业的补充渠道之一，转型为拉动中国内需的主流形式，由此开始全面倒逼传统零售业态升级。

案例思考：如何看待当下电子商务井喷式发展？

案例启示：各大电商平台的"双十一"大型线上购物活动是我国这些年电子商务发展的一个缩影，我国各个形态的电子商务发展，不但进一步丰富和优化了消费者的用户体验，也进一步刺激了内需市场，有助于我国经济健康发展。但应该看到，"双十一"购物狂欢也体现了电商经济竞争的无序性特点，一方面民众的冲动消费被进一步刺激和放大，另一方面是电商经营者不断制造各种销售套路，消费者对电商网站的信任被透支，此外还导致了快递行业不堪重负、过度包装不环保和浪费等问题。这都是我们应该客观看待、认真解决的问题。

一、电子商务的概念和特征

（一）概念

微课： 发展电子商务，实现弯道超车

大力发展电子商务，是我国实现经济发展"弯道超车"的重要战略。1999年被称为我国电子商务发展元年，阿里巴巴、当当网等现在人们耳熟能详的电子商务巨头都是在那一年成立的。经过20多年的发展，中国电商发展速度居世界前列，2019年的交易额占全球电商交易额40%以上。如图8-1所示，近10年来中国电子商务年交易额增长了约5倍，电商经济持续发力，为国民经济发展提供强大原动力。

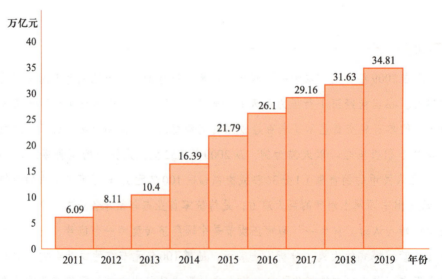

图8-1　2011—2019年中国电子商务交易额

资料来源：商务部.中国电子商务报告（2019）.

从广义上讲，电子商务（Electronic Commerce，EC）就是通过电子手段进行的商务活动。电子商务经营者通过使用互联网等电子工具，使公司内部、供应商、客户和合作伙伴之间，利用电子业务共享信息，实现企业间业务流程的电子化，配合企业内部的电子化生产管理系统，提高企业的生产、库存、流通和资金等各个环节的效率。

从狭义上讲，电子商务是指通过使用互联网等电子工具在全球范围内进行的商务贸易活动。它是以计算机网络为基础所进行的各种商务活动，包括商品和服务的提供者、广告商、消费者、中介商等有关各方行为的总和。人们一般理解的电子商务是指狭义上的电子商务。根据我国2018年8月31日第十三届全国人民代表大会常务委员会第五次会议通过的《中华人民共和国电子商务法》（以下简称《电子商务法》）的规定，电子商务是指通过互联网等信息网络销售商品或者提供服务的经营活动。

（二）特征

1. 交易技术网络化

电子商务主要借助网络技术在各个交易主体之间实现信息交换和传输，完成包括采购、销售、仓储、物流等各项商务活动。应该注意的是，随着人工智能（AI）技术和大数据分析技术的不断发展，电商交易越来越呈现智能化的高层次网络化特征。

2. 交易过程虚拟化

电商活动摆脱了传统线下面对面的交易模式，通过计算机等终端设备进行信息传输、共享和互动完成各种商务活动，交易过程呈现数字化、虚拟化。有形市场交易过程的电子化、网络化及市场形态的虚拟化、多元化，使得买卖双方有更大的时空选择。

3. 交易范围全球化

电子商务通过网络技术使得信息在全球范围内自由流通，突破了时间和空间的限制，打破了国家和地区有形无形的各种壁垒，实现了交易范围的全球化。同时，电子商务的全球化特征进一步加深了世界各国的经济联系。

4. 交易效率瞬时化

通过网络技术传递的电子数据信息传送速度快捷，几乎瞬时到达，由此，电子商务实现了交易的瞬时性，大大提高了贸易活动的效率。用户足不出户，轻点手指，可以在几分钟内完成交易下单。同时，交易的瞬时、高效特征也使得集中竞购成为可能。

5. 交易成本低廉化

电子商务交易模式极大降低了生产、加工、销售、运输、通信的成本，减少了交易环节，使得交易成本大幅度降低。与此同时，通过电子商务精确获取供需数据，可以避免盲目生产经营和资源的巨额浪费，降低社会经济发展成本。

6. 交易流程透明化

从注册、登录到询价、下单，再到物流配送的各个电子商务流程，均通过网络沟通信息，各项关键数据公开透明、可供及时查询核对。并且，根据法律规定，交易信息须依法保留一定期间（如《电子商务法》规定电商平台须保留商品信息和交易信息三年以上），这有助于避免交易纠纷。

协作创新

分组讨论，用一个真实的网购流程来说明电子商务具有哪些特征。

二、电子商务经营模式

（一）B2B（Business to Business）

B2B指企业与企业之间通过互联网进行产品、服务及信息交换的电子商务活动。它体现的是企业对企业之间的营销关系，是当前电子商务模式中份额最大、最具操作性、最易成功的模式。比较典型的就是阿里巴巴，主要做批发市场和经销商市场的网站。此外，还有慧聪网、马可波罗网、环球资源网等。跨境B2B主要有敦煌网等。

（二）B2C（Business to Consumer）

B2C指的是企业针对个人开展的电子商务活动，具体包括通过信息网络实现企业或商家机构与消费者之间的各种商务活动、交易活动、金融活动和综合服务活动，是消费者利用互联网直接参与经济活动的形式。典型代表有公众耳熟能详的天猫、京东、当当、苏宁易购等。近几年来，这个模式的电子商务交易规模呈现井喷式增长，以"双十一"活动最为典型。

（三）C2C（Consumer to Consumer）

C2C即消费者与消费者通过互联网开展的电子商务活动，这些商务活动主要是个人交易，也包括其他的一些网络活动如信息搜索、社区交流等。它有利于人们互通有无，满足自己的生活需要，也是继B2B、B2C后兴起的电子商务所有模式中最繁荣的模式，典型例子就是淘宝。淘宝目前是国内最大的C2C市场，占据了90%的市场份额，主要针对个人与个人的电商交易（后来还衍生了闲鱼这样的二手和拍卖平台）。

（四）C2B（Consumer to Business）

C2B模式是消费者主权时代的一种新兴电子商务模式，也是互联网时代商业模式发展和创新的必经阶段。它是以个性化营销、柔性化生产、社会化物流为支柱搭建而成的由消费者驱动而不是由企业驱动的全新的商业模式。和其他模式相比，C2B最大的特点就是真正让消费者拥有主动权。如"预付＋定制"模式的小米手机、定制家具的尚品宅配等都是该模式的产物。

上面四种电子商务模型可以用图8-2简单说明。

图8-2　电子商务商业模式

三、电子商务面临的法律问题

（一）消费者方面

1. 个人隐私权保护

电子商务使得人们的生活方式发生了深刻变化。人们为了满足电子商务和获取网络服务的需要，常常不得不向交易对方提供详尽的个人资料，这些资料往往蕴藏着巨大经济效益。由于电子商务网络化、数字信息化的交易特点，个人隐私被不当利用和泄露已经成为现今网络社会的巨大风险，近年来由于隐私权在网络环境下遭受侵犯而引起的法律纠纷也屡见不鲜。我国目前尚缺乏针对个人隐私保护的专门立法，个人隐私保护的法律依据基本来自民法、刑法等基本法律以及最高人民法院相关司法解释，因此，在电子商务环境下个人隐私权受侵害后寻求法律救济时往往会面临许多难题，如侵权对象认定、电子证据的采集、侵权责任的界定和承担以及管辖法院的确定等。

微课：
电商走得太快，法律必须跟上

2. 消费者知情权

电子商务作为一种新型的市场交易方式，一方面带给人们便捷、丰富的消费商品和服务信息；另一方面也增加了消费者遭受损害的机会。在用以吸引消费者的各种产品宣传和评价体系中，商家有时候会"剑走偏锋""用力过猛"侵害消费者对经营者和产品信息的知情权，例如在产品宣传中引人误解虚假宣传或者夸大宣传，在评价产品时雇用"网络水军"虚构好评或给竞争对手差评，在竞争排序中雇人"刷单"，虚构交易记录等。由于这些侵害消费者知情权的形式取证困难、形式多样、具有较大迷惑性因而难以监管，用传统民法和经济法加以调整也难以取得较好的法律实效。

法治素养

　　作为消费者，很多人在电子商务活动中或多或少都会有信息被泄露、隐私被侵犯、消费者权利被侵害的不愉快经历。这体现了部分电子商务经营者不诚实守信、不合法经营的短视行为和无序竞争的特点。这种短视行为和无序竞争，轻则承担法律责任，重则影响电子商务健康发展，乃至影响整个社会经济的健康发展。

　　启示： 诚信原则既是道德要求，也是法治要求，同时也是经济、社会持续、健康发展的要求。法律法规也都明确规定和保护诚信原则，这体现了法律和道德的重合和相互促进。

（二）经营者方面

1. 不正当竞争

　　不正当竞争是指经营者违反法律规定，损害其他经营者的合法权益，扰乱社会经济秩序的行为。电子商务领域中出现了新型不正当竞争行为，如域名抢注、网络虚假广告宣传、通过网络恶意评价诋毁商誉、通过网络侵犯商业秘密以及具有市场支配地位的电子商务经营者滥用市场支配地位，排除、限制竞争的行为等。这些新形态的不正当竞争行为虽然可以适用《反不正当竞争法》进行规制，但是具体行为的认定、证据的固定等各方面都面临新问题，需要结合电子商务的具体行为特征具体分析和解决。

2. 知识产权保护

　　知识产权是一种无形财产权，具有专有性、排他性、地域性等特点。在电子商务日益发展的今天，传统知识产权保护遇到了新问题。不仅知识产权的专有性和互联网络信息公开、公知、公用特点会产生矛盾和冲突，而且知识产权地域性会和互联网络信息的国际化、无边界传输产生矛盾和冲突。传统知识产权诉讼程序中，法院管辖地是根据被告所在地和侵权行为发生地来确定的，而电子商务中的知识产权侵权行为地、侵权人将由于互联网的国际化特点而难以确定。

（三）政府监管方面

1. 税收监管

电子商务中纳税环节、纳税地点、纳税方式、国际税收管辖权等都遇到新的问题。以传统的税收理论和税收原则建立起来的税收制度如何适应电子商务，也是税收管理面临的电子商务时代的挑战。具体可表现为：①纳税义务的确定出现困难。在电子商务中，许多交易对象（如书籍、音乐等）被数字化，因此很难对信息内容加以确定。②纳税人的身份难以确定。互联网网址或网名与所有者身份并无必然联系，网址与网名并不能提供所有者的身份和所在地。③计算机加密技术加大了税务机构获取信息的难度。④互联网电子商务具有全球化的国际性特点，国际避税问题在电子商务中表现得更为突出。

2. 广告监管

电商广告与传统媒体广告最大的区别在于，传统媒体广告通常与广告所推销的商品销售经营场所相分离，而电商广告恰恰是这二者的紧密结合。线下实体店的营业员常做的推介、说明、示范等活动，在电子商务平台上只能通过平台网页展示。应该看到，电商广告形式、载体呈现多样化趋势，如微信推送、网页弹出、小视频嵌入、各种 **App** 显示等，层出不穷。电商广告技术门槛低、对消费者影响大、容易逃避监管，而且网络欺诈广告已经成为消费者合法权益和社会正常经济秩序的重大威胁。如何在《中华人民共和国广告法》框架内对电商广告加以有效规制、实施有效监管是电子商务法亟须探讨解决的问题。

 知识与技能

一、选择题

1. 小张同学在"孔夫子旧书网"上有一个店铺，上架约200本闲置图书待售。该店铺的电子商务模式属于（   ）。

    A. B2B   B. B2C   C. C2C   D. C2B

2. 某汽车论坛网站中，某品牌汽车厂家推出一款新车，一周之内为之鼓吹叫好的各种文章铺天盖地，如有用户发文客观评价优缺点，即遭群体谩骂围攻，这让网友们晕晕乎乎无所适从。对这种现象，分析正确的是（   ）。

    A. 产品好坏的网络评论，都是言论自由权利的表现，不能过多干涉

    B. 如果有证据证明鼓吹叫好的文章系"水军"所发，则该种行为不仅违背了诚信原则，还有可能构成不正当竞争

    C. 网络意见仅供参考，如果上当受骗，只能怪消费者自己判断能力低下

    D. 如果网络用户仅仅是收取商家报酬为其宣传叫好而并没有谩骂其他用户，则该种行为合法，不应受到干涉

二、简答题

电子商务的特征有哪些？

第二节 电子商务经营

 案例导入

江苏泗洪县五年级孩子盛某和其弟弟由于做家庭作业需要，要求父母给他们买了智能手机。由于其父母常年在外务工，手机由奶奶代为保管，但老人不了解智能手机，并不知道有时孩子们嘴上说着"拿手机看作业"，实际却会趁她不注意时偷偷玩游戏。两个男孩喜欢玩手机游戏，为了获得更好的游戏体验，他们想买些游戏装备。没钱，他们就打起了奶奶银行卡的主意（他们不知道奶奶的银行卡里有父亲存入用于还债的40万元）。他们首先拿到了银行卡，并在QQ、微信上用奶奶的身份证注册，并绑定了这张银行卡。他们不知道银行卡密码，就在输入密码前点击"忘记密码"选项，利用短信验证码的方式，重新设置支付密码。在绑定银行卡时，需要持卡人"刷脸"验证，两个孩子就骗奶奶说："奶奶，我们来给你拍张照吧。你眨一眨眼睛，张一张嘴巴。"老人很高兴，都一一照做。1月4日，孩子们成功花去银行卡里的2 237.91元后，便一发不可收拾，玩直播刷礼物、玩网络游戏，最后银行卡只剩下0.23元。家长报警，并联系腾讯公司强烈要求退款。3月11日，腾讯公司公关部门的相关人士表示，据了解，客服已在介入核查。"我们有个核查的过程，比如识别到底是不是未成年人拿着家长手机玩，以及涉及多少金额，目前核查还在进行中。"

案例思考： 未成年孩子拿父母手机进行线上消费的行为可以视为成立合同关系吗？如果成立，该合同有效吗？

案例启示： 类似于本案中未成年人巨额打赏主播、充值游戏之类的新闻屡见报端，并非个案。这些案例中绑定了微信、支付宝等支付方式而实现快捷支付的打赏、充值行为实际即为《电子商务法》中的"自动信息系统订立或者履行合同的行为"，实际维权中，家长们普遍面临着"举证难"的问题：如何确认打赏、充值的是未成年人？此外，即使确认了是未成年人所为，其监护人是否有过错？退款是否该退全款还是部分款项？

一、电子商务经营者

（一）概述

电子商务经营者是电子商务法律关系的重要主体之一。根据《电子商务法》第9条规定，电子商务经营者，是"通过互联网等信息网络从事销售商品或者提供服务的经营活动的自然人、法人和非法人组织，包括电子商务平台经营者、平台内经营者以及通过自建网站、其他网络服务销售商品或者提供服务的电子商务经营者"。由此可见，大到电商平台，小到微商、代购，都属于电子商务经营者，都需要纳入电子商务法监管。各种电子商务主体可以用图8-3简单说明。

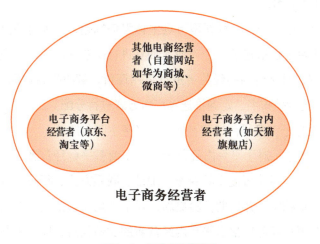

图8-3 电子商务经营者

《电子商务法》制定以后，对电子商务经营者的规制正式化、全面化，基本实现了有法可依。根据法律规定，电子商务经营者主要应当履行以下法律义务：

（1）依法办理登记。《电子商务法》明确规定，电子商务经营者无论其身份是自然人、法人还是非法人组织，都应当依法办理工商登记；不需要办理主体登记的，也要对相关情形的说明予以公示。这意味着，自然人网商也被纳入行政监管，个人开网店、微店从而游离在市场监管体系之外的行为已成为过去。

微课：
不能遵纪守法的网络达人不是一个好的电商经营者

（2）依法纳税。电子商务法明确规定，电子商务经营者负有纳税义务，并依法享受税收优惠。即使是不需要办理市场主体登记的电子商务经营者，在首次纳税义务发生后，也应当按照规定申请办理税务登记，并如实申报纳税。

（3）尊重消费者合法权益。电子商务经营者应当依法出具纸质发票或者电子发票等购货凭证或者服务单据；应当全面、真实、准确、及时地披露商品或者服务信息，保障消费者的知情权和选择权，不得以虚构交易、编造用户评价等方式进行虚假或者引人误解的商业宣传，欺骗、误导消费者；根据消费者的兴趣爱好、消费习惯等特征向其提供商品或者服务的搜索结果的，应当同时向该消费者提供不针对其个人特征的选项，尊重和平等保护消费者合法权益；不得将搭售商品或者服务作为默认同意的选项；收集、使用其用户的个人信息，应当遵守法律、行政法规有关个人信息保护的规定；不得对用户信息查询、更正、删除以及用户注销设置不合理条件。

（二）电子商务平台经营者

根据《电子商务法》第9条规定，电子商务平台经营者，是指"在电子商务中为交易双方或者多方提供网络经营场所、交易撮合、信息发布等服务，供交易双方或者多方独立开展交易活动的法人或者非法人组织"。

近年来，电子商务平台作为一种新型市场主体强势崛起，成为电子商务活动的组织者和引领者。电子商务平台不仅搭建了一个为他人独立进行交易活动的网络交易空间，而且制定交易规则和用户协议，对平台内的经营者进行信用评价，解决平台内因交易而发生的纠纷，对平台内交易资源通过竞价排名、定向推送等广告方式进行分配。

《电子商务法》对电子商务平台经营者规定的义务主要包括：

（1）信息核验和报送。对于平台内经营者，电子商务平台经营者应当要求申请进入平台销售商品或者提供服务的经营者提交其身份、地址、联系方式、行政许可等真实信息，进行核验、登记，建立登记档案，并定期核验更新；对于市场监管部门，电子商务平台经营者应当按照规定向市场监督管理部门报送平台内经营者的身份信息，提示未办理市场主体登记的经营者依法办理登记；对于税务部门，电子商务平台经营者应当依照税收征收管理法律、行政法规的规定，向税务部门报送平台内经营者的身份信息和与纳税有关的信息。

（2）维护网络安全。电子商务平台经营者应当采取技术措施和其他必要措施保证其网络安全、稳定运行，防范网络违法犯罪活动，有效应对网络安全事件，保障电子商务交易安全。同时，电子商务平台经营者应当制定网络安全事件应急预案，发生网络安全事件时，应当立即启动应急预案，采取相应的补救措施，并向有关主管部门报告。

（3）保存交易信息。电子商务平台经营者应当记录、保存平台上发布的商品和服务信息、交易信息，并确保信息的完整性、保密性、可用性。商品和服务信息、交易信息保存时间自交易完成之日起不少于三年。并且，电子商务平台经营者不得删除消费者对其平台内销售的商品或者提供的服务的评价。

（4）合理制定规则。电子商务平台经营者应当遵循公开、公平、公正的原则，制定平台服务协议和交易规则，明确进入和退出平台、商品和服务质量保障、消费者权益保护、个人信息保护等方面的权利和义务；如果修改平台服务协议和交易规则，应当在平台首页显著位置公开征求意见，采取合理措施确保有关各方能够及时充分表达意见。修改内容应当至少在实施前 7 日予以公示。电子商务平台经营者不得利用服务协议、交易规则以及技术等手段，对平台内经营者在平台内的交易、交易价格以及与其他经营者的交易等进行不合理限制或者附加不合理条件，或者向平台内经营者收取不合理费用。

（5）保护知识产权。首先，知识产权权利人认为其知识产权受到侵害的，有权通知电子商务平台经营者采取删除、屏蔽、断开链接、终止交易和服务等必要措施（通知应当包括构成侵权的初步证据）。其次，电子商务平台经营者接到通知后，应当及时采取必要措施，并将该通知转送平台内经营者；未及时采取必要措施的，对损害的扩大部分与平台内经营者承担连带责任。最后，电子商务平台经营者如果接到平台内经营者提交的不存在侵权行为的声明后，应当将该声明转送发出通知的知识产权权利人，并告知其可以向有关主管部门投诉或者向人民法院起诉。电子商务平台经营者在转送声明到达知识产权权利人后 15 日内，未收到权利人已经投诉或者起诉通知的，应当及时终止所采取的措施。

协作创新

请结合自身创业实际或者创业计划，分组讨论你如果选择微商或者网店创业，在其设立的时候应该履行哪些法定义务。

二、电子商务合同

（一）概念和特征

电子商务合同，是指以电子数据交换（EDI）、电子邮件（E-mail）等能够完全准确地反映双方当事人意思表示一致的电子数据信息的形式，通过计算机互联网订立的商品或服务交易合同。它具有无纸化、虚拟化、信息传递快速化、技术化与标准化等特征。与传统合同相比，两者的区别是显而易见的。

（1）订立方式有区别。电子合同是通过计算机互联网以数据电文的方式订立的。传统合同常常表现为店堂交易，并将商家所开具的发票作为合同的依据。

（2）合同主体有区别。电子合同交易的主体具有虚拟性和广泛性的特点，订立合同的各方当事人通过在网络上的运作，可以互不谋面。电子合同的交易主体可以是世界上的任何自然人、法人。

（3）电子合同生效的方式、时间和地点与传统合同有所不同。传统合同一般以当事人签字或者盖章的方式表示合同生效，而在电子合同中，表示合同生效的传统的签字盖章方式被电子签名代替，传统合同的生效地点一般为合同成立的地点，而采用数据电文形式订立的合同，收件人的主营业地为合同成立的地点；没有主营业地的，其经常居住地为合同成立的地点，而且电子合同采取到达生效原则。

微课：
电商不能任性，合同还须遵守

（4）合同订立效率有区别。电子数据信息能够以光速在网络上运行，从而使得电子合同订立所需要的时间大大减少、空间被压缩，因而电子合同要约和承诺的有效期比书面合同大大缩短。

以上区别如表8–1所示。

表8–1　电子商务合同和传统合同的主要区别

合同区别	订立方式	合同主体	生效情形	订立效率
传统合同	当面交易、书面签署	现实的自然人或法人	一般自签章之日起在合同成立地成立、生效	较低
电子商务合同	数据电文形式	网络虚拟主体	电子签名生成之日，在收件人主营业地成立生效	较高

（二）电子商务合同的订立

1. 合同主体

传统合同需要经过面对面谈判，重要条款需要面对面协商、确认，合同主体资格和真实意思的判断更加直观。然而在电子商务合同中，由于网络的虚拟性，人们在订立电子合同的过程中，并不是面对面进行交易，对当事人行为能力的确认是有一定的难度的，无法知晓对方是否为完全民事行为能力人，也无法如同传统合同那样直接、直观判断对方意思真实性。为了保证电子商务交易安全，最大限度降低电子商务合同风险，《电子商务法》第48条规定："电子商务当事人使用自动信息系统订立或者履行合同的行为对使用该系统的当事人具有法律效力。在电子商务中推定当事人具有相应的民事行为能力。但是，有相反证据足以推翻的除外。"

2. 要约和承诺

根据合同法律的规定，当事人订立合同，采取要约、承诺方式。在电子商务合同订立过程中，卖家如果是较大规模的电商经营者，出货量大，线下线上信息不能及时核对更新，如果网页广告可被视为要约，则买方下单后合同即告成立，卖方就要承担交货义务，有失公平。现实中，买卖双方通过在线网络平台（如京东商城、当当网等）进行交易时，卖家会在商品详情页面上挂出包括商品外观、规格、功能、使用方法甚至价格在内的广告，但即便商品详情页面信息很齐备，该页面广告也不构成要约，而是要约邀请；买方点击网页上的"立刻购买"下单，视作要约；卖家对买家发出的订单进行确认时即为承诺。如当当网的"交易条款"

规定："当当站上的商品图片展示、说明和价格构成要约邀请。如果您通过我们网站订购产品，您的订单就成为一种购买产品的申请或要约。您下单购买支付货款后，我们双方的合同立即成立，我们将会向您发出通知发货的邮件。"亚马逊商城"合同缔结"条款也规定："如果您通过本网站订购商品，本网站上展示的商品和价格等信息仅仅是要约邀请，您的订单将成为订购商品的要约。当您作为消费者为生活消费需要下单并支付货款的情况下，您货款支付成功后即视为我们与您之间的订购合同就已支付货款部分商品成立。"

但是，不管如何，一旦消费者支付了货款，合同即可告成立。《电子商务法》第49条第2款规定："电子商务经营者不得以格式条款等方式约定消费者支付价款后合同不成立；格式条款等含有该内容的，其内容无效。"

（三）电子商务合同的履行

1. 买方付款

在电子商务合同签订后，买方可以通过支付网关模式、网上银行模式、第三方支付模式和手机支付模式等多种方式完成付款。《电子商务法》规定，电子支付服务提供者为电子商务提供电子支付服务，应当遵守国家规定，告知用户电子支付服务的功能、使用方法、注意事项、相关风险和收费标准等事项，不得附加不合理交易条件。电子支付服务提供者应当确保电子支付指令的完整性、一致性、可跟踪稽核和不可篡改。同时，电子支付服务提供者应当向用户免费提供对账服务以及最近三年的交易记录。

2. 标的物的交付

合同标的为交付商品并采用快递物流方式交付的，收货人签收时间为交付时间，根据《民法典》规定，买方付款完毕、卖方完成交付后，标的物所有权发生转移。在交付之前，电子商务经营者应当按照承诺或者与消费者约定的方式、时限向消费者交付商品或者服务，并承担商品运输中的风险和责任。同时，快递物流服务提供者在交付商品时，应当提示收货人当面查验；交由他人代收的，应当经收货人同意。

协作创新

重庆市某法院于2014年5月20日受理原告钟某与被告重庆德邦物流有限公司新牌坊分公司公路货物运输合同纠纷一案。被告依照与原告钟某的合同约定，将一台投影机从重庆运往成都，并交由收货人李某。收货人在未打开包装查看的情况下，即在载有"以上货物件数、重量完全符合、完好无损"的快递单上签了字。回到办公室后，原告才发现投影仪已损坏，遂诉至法院请求被告对货物的损毁承担相关赔偿责任。

请同学们根据以上案情，分组讨论：何方有理？理由为何？

3."七天无理由退换货"

《消费者权益保护法》第25条规定："经营者采用网络、电视、电话、邮购等方式销售商品，消费者有权自收到商品之日起七日内退货，且无需说明理由，但下列商品除外：（一）消费者定作的；（二）鲜活易腐的；（三）在线下载或者消费者拆封的音像制品、计算机软件等数字化商品；（四）交付的报纸、期刊。除前款所列商品外，其他根据商品性质并经消费者在购买时确认不宜退货的商品，不适用无理由退货。消费者退货的商品应当完好。经营者应当自收到退回商品之日起七日内返还消费者支付的商品价款。退回商品的运费由消费者承担；经营者和消费者另有约定的，按照约定。"

微课：
七天无理由退货，真的那么绝对吗？

协作创新

分组模拟电商交易买卖双方，进行七天无理由退换货理由陈述。

这项"七天无理由退换货"制度实际上是针对电子商务交易特点为保护消费者利益而制定的。网络购物作为一种远程、虚拟的购物方式，它使消费者和商品之间产生了极大的空间隔离，因而消费者无法真切、全面感受到商品特点，缺乏购买的现场体验，因而有可能造成消费者购物的盲目性和判断误差。为弥补这种差异，国外设计了一种"冷静期"的无理由退货制度，期限一般为7~14天。它实质上是赋予消费者在合同订立、履行后单方面解除合同的权利。我国于2014年3月15日正式实施的《消费者权益保护法》中也借鉴国外立法，制定了"七天无理由退换货"制度。该制度的实施有助于维护消费者合法权益，也有利于电商企业的规范运营及其声誉、信誉提升。但是现实中，我们需要对该制度有一个正确的理解。

首先，对消费者来说，并不是所有网购商品均可以"七天无理由退换货"。根据《消费者权益保护法》和国家市场监督管理总局《网络购买商品七日无理由退货暂行办法》（以下简称《办法》）的规定，以下商品不适用该退换货规定：一是消费者定作的；二是鲜活易腐的；三是在线下载或者消费者拆封的音像制品、计算机软件等数字化商品；四是交付的报纸、期刊；五是拆封后易影响人身安全或者生命健康的商品，或者拆封后易导致商品品质发生改变的商品；六是一经激活或者试用后价值贬损较大的商品；七是销售时已明示的临近保质期的商品、有瑕疵的商品。其中，后三类商品如不适用"七天无理由退换货"规定，须在购买时经消费者确认。

其次，对电商经营者来说，不能擅自对不适用无理由退货的商品范围进行扩大解释。《消费者权益保护法》第25条规定消费者退货的商品应当完好，但对"商品完好"的标准未加以明确。实践中，一些网店经营者不仅要求商品本身完好，还要求商品包装必须完整，甚至要求商品不得拆封、试用，这在一定程度上限制了消费者的权利。《办法》第8条则规定，商品能够保持原有品质、功能，商品本身、配件、商标标识齐全的，视为商品完好。并进一步明确，消费者基于查验需要而打开商品包装，或者为确认商品的品质、功能而进行合理的调试不影响商品的完好。同时，《办法》进一步根据不同行业经营特点和不同类别商品性质，明确了三大类商品"不完好"的判定标准：一是食品（含保健食品）、化妆品、医疗器械、计生用品必要的一次性密封包装被损坏的；二是电子电器类进行未经授权的维修、改动、破坏、涂改强制性产品认证标志、指示标贴、机器序列号等，有难以恢复原状的外观类使用痕迹，或者产生激活、授权信息、不合理的个人使用数据留存等数据类使用痕迹的；三是服装、鞋帽、箱包、玩具、家纺、家居类商标标识被摘、标识被剪或商品受污、受损的。

最后，网购合同双方需要明确无理由退换货的期限和程序。根据《办法》的规定，"七日"的期间应自消费者签收商品的次日起算。退货的程序具体分为4步：一是选择无理由退货的消费者应当自收到商品之日起七日内向网络商品销售者发出退货通知；二是网络商品销售者收到退货通知后，应当及时向消费者提供真实准确的退货地址、联系人、联系电话等有效联系信息；三是消费者获得上述信息后应当及时退回商品，并保留退货凭证；四是网络商品销售者应当在签收退回商品之日起七日内，向消费者返还已支付的商品价款。整个流程一目了然，进一步保障了行使无理由退货权利的便捷性、可靠性。此外，《办法》还明确了退款方式比照购买商品的支付方式，以及消费者使用积分、代金券、优惠券等优惠和信用卡等情形下的退款方式。当然，消费者还可以利用电商平台的"退货险"来合理减免退货费用。

法治素养

　　"七天无理由退换货"是立法考虑到网络购物、电视电话购物等时空隔离购物方式的特点因而赋予消费者以一定的"后悔权"，其根本目的是促进电子商务买卖双方信任共生和消费意愿的持续发生。但绝不能把"无理由"理解为一种行使权利的无条件性。"退换货"如果符合法律规定，可以适用该法律规定；如果基于商品特性、法律例外规定以及双方约定，则可以不适用"七天无理由退换货"；如果违背诚信原则、滥用该权利，则需要承担法律责任。

　　启示：明确"七天无理由退换货"的立法精神，合理合法利用此规定维护自身权益。

三、电子商务争议的解决

如果发生了电子商务争议，当事人可以通过以下途径解决：

（一）协商和解

电子商务争议双方在发生争议后，就与争议有关的问题进行协商，在自愿、互谅的基础上，通过直接对话摆事实、讲道理，分清责任，达成和解协议，使纠纷得以解决。

（二）寻求调解

电子商务争议双方可以请求消费者组织、行业协会或者其他依法成立的调解组织调解。调解具有廉价、灵活、便利、高效等优点，符合电子商务发展的要求，应当被广泛应用到电子商务纠纷解决领域。同时，电商平台应该积极发挥作用，积极协助消费者维护合法权益。具体方法有平台客服介入调解争议、平台承担先行赔偿责任等。

微课：
生意好好
做，有话好
好说

（三）向有关部门投诉

消费者如果认为自己的合法权益因电商企业不规范或者违法行为受到损害，有权向有关部门（如市场监管部门、食品药品监管部门、产品质量监督部门等）举报、投诉。有关部门接到投诉，应当依法履行监管职责，维护市场秩序。

（四）向仲裁机构提起仲裁

根据电子商务交易双方的书面仲裁协议，双方当事人都有权将争议提交仲裁机构申请仲裁。仲裁机构的仲裁程序依《中华人民共和国仲裁法》进行，依法仲裁、一裁终局。

（五）向人民法院提起诉讼

寻求司法救济是电子商务争议当事人的法定权利。但是在电子商务交易中，管辖法院、电子证据的有效性和证明力的确定较为复杂，诉讼程序效率低、成本高，这一切都决定我们应当寻求更有效的电商争议非诉解决机制。

各种电子商务争议解决方式特点分析如表8-2所示。

表8-2　各种电子商务争议的解决方式特点分析

争议解决方式	特点
协商和解 调解	（1）成本低、解决问题方法灵活、社会效果好。（2）并非诉讼前置程序。（3）和解、调解协议无强制执行效力
投诉	（1）行政解决方式。（2）效率高
仲裁	（1）需有书面仲裁协议。（2）一裁终局，不可上诉。（3）仲裁裁决具有强制执行效力
诉讼	（1）诉讼过程和裁判具有国家司法公信力。（2）两审终审制。（3）裁判具有强制执行效力。（4）时间、精力、金钱成本较高

 **法治素养**

　　应当看到，网络空间的全球性、虚拟性、管理的非中心化和高度的自治性使得网络空间争议的解决也具有不同于传统离线争议的特殊要求。在这种情况下，在线争议解决机制（Online Dispute Resolution，ODR）应运而生。ODR服务是为了快速解决电子商务在线交易纠纷，遵循行业标准，联合业界专业人员，为企业及其消费者提供的包括在线法律咨询、消费投诉、协商和解、调解、仲裁，及先行赔付在内的一站式电子商务纠纷处理服务，无须进行法律诉讼，快捷解决电商交易纠纷。ODR作为全球电子商务环境下解决企业和消费者之间纠纷的新方式，正成为在网络环境下保护消费者利益、建立"电子信任"的重要机制，成为各国电子商务法律框架的重要组成部分。近年来，我国ODR建设较为落后，应大力发展。例如，我国首个电子商务在线争议解决平台——大势平台的成立就是对这种在线争议解决机制的一个创新。

　　启示： 不仅是电子商务争议，几乎所有的民商事纠纷，政府部门和司法机构都鼓励协商和调解的解决方式。和谐是一种理想状态，它是社会治理和我们工作、生活的追求。和谐也是一种个人能力，它是与人交流、沟通、达成和解、实现共赢的能力。我们大学生应该自觉培养这样的能力。

 知识与技能

一、判断题

1. 网络购物中，买方收到货物后破坏产品包装，则不适用七天无理由退换货。

（　　）

2. 微信里"开店"卖自己家种的嫩玉米，则该微店无须登记。（　　）

3. 线上商店需要办理工商登记，指的是商店的设立需要事先获得市场监管部门的许可和登记。（　　）

二、多选题

1. 下列情形，不适用七天无理由退换货的是（　　　　　）。

A. 生鲜商品

B. 杀毒软件

C. 事先声明不适用七天无理由退换的内衣内裤类产品

D. 下载的歌曲

2. 电子合同的特点有（　　　　　）。

　　A. 点击确认订单合同即成立

　　B. 主体的虚拟性

　　C. 不遵循"要约—承诺"这样的传统订约方式

　　D. 以格式合同为主

3. 关于电子商务经营者，说法正确的是（　　　　）。

　　A. 平台经营者负责制定平台运营规则

　　B. 平台经营者对平台内经营者有审核义务

　　C. 平台经营者可以对平台内的经营者进行信用评价

　　D. 微商、代购，都属于电商经营者

三、简答题

1. 电子商务纠纷解决途径有哪些？

2. 电子商务交易中，双方合同正式订立时间怎么确定？

第三节　电子商务中的不正当竞争行为

 **案例导入**

　　2018年3月21日，浙江省金华市市场监督管理局稽查支队执法人员在市区某网络科技有限公司内，当场锁定其网络刷单行为。经查，当事人通过组织虚假交易等方式，为入驻拼多多、苏宁易购等第三方交易平台的商家提升网店信誉，增加商品销量记录。当事人自建服务器，使用PO工作室刷单平台系统，将通过网络采购或购买手机号码自行注册两种方式取得的购物平台上的买家账号导入系统，使用网店商家提供的资金（先行支付或当事人垫付），通过计算机模拟手机客户端操作的方式虚假下单采购商品，并使用网络采购的空包物流单号或商家自行联系的物流发送空包裹，欺骗第三方交易平台取得交易记录，从而实现刷单炒信流程。

　　4月9日，金华市市场监督管理局对当事人下达处罚决定书。该局认为，当事人采取不法手段，帮助其他经营者提升网店的信誉、增加产品销量获取佣金的行为，违反了《中华人民共和国反不正当竞争法》（以下简称《反不正当竞争法》）第8条第2款的规定，构成组织虚假交易行为。由于当事人组织虚假交易的金额及刷单交易笔数特别巨大，该局根据《反不正当竞争法》第20条第1款的规定，责令当事人停止违法行为，并处罚款。

案例思考： 通过刷单等各种手段进行虚假交易，在法律上会怎么认定和处罚？

案例启示： 虚假交易在民法上属于欺诈行为，应承担民事侵权或违约责任，在经济法上属于不正当竞争行为，应承担行政责任；如果代运营平台行为人以网络虚假交易方式营造虚假信用并进行虚假宣传，情节严重的，则有可能触犯《刑法》，构成非法经营罪、虚假广告罪、诈骗罪，承担刑事责任。诚信无小事，犯法责尤深！

一、电子商务中不正当竞争行为的特点

根据《反不正当竞争法》的规定，不正当竞争行为指的是经营者在生产经营活动中，违反法律规定，扰乱市场竞争秩序，损害其他经营者或者消费者的合法权益的行为。在电子商务活动中，各种竞争行为和传统市场竞争行为有较大区别，电子商务活动中的不正当竞争行为也体现了其不同于传统不正当竞争行为的特点。

（一）不正当竞争行为的虚拟性和隐蔽性

电子商务主要在网络环境中进行，这种远距离通信式交易使得交易主体虚拟化，企业或个人在网络中可以异于现实存在的主体出现，与传统商业模式下不正当竞争行为相比，它具有虚拟性的特点。由此，其不正当竞争行为也就具有相当的隐蔽性，对有关主体和行为进行认定具有相当的难度。

（二）不正当竞争行为监管的困难性和违法认定的模糊性

电子商务不正当竞争行为发生以及记录的掩盖与删除都可以通过电子数据处理技术完成，在监管上存在困难。同时，电子商务领域中《反不正当竞争法》类型化条款的适用存在困难，不同类型化条款的构成要件存在交叉重叠情况，最典型的为仿冒与虚假宣传的区别适用。

（三）不正当竞争行为影响的国际性和瞬时性

电子商务的网络化、快速化特点，使得不正当竞争行为极易短时间内跨地区、跨国散播，影响广泛，同时，由于国际法律制度的差异和侵权对象的不确定性，也将会造成风险的突然性和侵权赔偿数额的不确定性。

二、电子商务环境下几种常见的不正当竞争行为

（一）混淆行为

　　根据《反不正当竞争法》第6条的规定，在电子商务中构成不正当竞争行为的"混淆行为"指的是经营者实施的电子商务行为容易引人误认为是他人商品或者与他人存在特定联系。具体包括：擅自使用对他人有一定影响的企业名称、商品名称、包装、装潢等相同或者近似的标识；擅自使用他人有一定影响的域名主体部分、网站名称、网页等。电子商务经营者在自己网站域名或者网页中未经权利人同意，擅自使用域名、网站名称等主要部分，或者使用完全或大体相同的网页设计等，造成访问者误解或误认，从而达到非法获利的目的。

（二）虚假宣传

　　根据《反不正当竞争法》第8条的规定，虚假宣传的不正当竞争行为指的是电子商务经营者对其商品的性能、功能、质量、销售状况、用户评价、曾获荣誉等作虚假或者引人误解的商业宣传，欺骗、误导消费者。也包括经营者通过组织虚假交易（例如线上刷单、线下雇托炒作）等方式，帮助其他经营者进行虚假或者引人误解的商业宣传。该行为违反自愿、平等、公平、诚信的原则，违反公认的商业准则和商业道德，是一种严重的不正当竞争行为。

法治素养

　　虚假宣传，不仅是违背诚信的行为，而且严重违法。我们大学生常见的兼职"刷单"，实则就是虚假宣传的一部分，有些大学生不知"刷单"违法，他们参与刷单、为虎作伥、助纣为虐的同时，却还以为那是正常兼职因而索要报酬，这种法律无知、诚信无谓的态度，我们必须警惕和避免。

　　启示： 诚信、法治都是社会主义核心价值观的重要部分，也是需要当代大学生在每一天的学习和生活中时刻遵守的行为规范。

　　应该看到，在实践中虚假广告是主要的虚假宣传方式。虚假广告，是指广告以虚假或者引人误解的内容欺骗、误导消费者。除虚假广告外，还存在其他的电子商务虚假宣传方式，包括在直播或事先录制的视频中作虚假的现场演示和说明，在线上商品详情页面作虚假的文字标注、说明或者解释，在网站或者线上店铺展示虚假的产品说明书或者其他宣传材料，以新闻报道、专版、专访等方式利用大众网络传播媒介作虚假的宣传报道等。

（三）侵犯商业秘密

商业秘密指的是不为公众所知悉、具有商业价值并经权利人采取相应保密措施的技术信息、经营信息等商业信息。商业秘密是企业的财产权利，它关乎企业的竞争力，对企业的发展至关重要，有的甚至直接影响企业的生存。电子商务经营中的商业秘密主要形式有管理方法、产销策略、客户名单、货源情报等经营信息，以及生产配方、工艺流程、技术诀窍、设计图纸等技术信息。其中，在大数据日益成为企业制胜法宝的今天，产品研发信息、客户资料信息等数据信息已经成为电子商务经营中极其重要的商业秘密，法律对此也专门加以明确和细化。例如《最高人民法院关于审理不正当竞争民事案件应用法律若干问题的解释》明确了商业秘密中的客户名单，一般指客户的名称、地址、联系方式以及交易的习惯、意向、内容等构成的区别于相关公知信息的特殊客户信息，包括汇集众多客户的客户名册，以及保持长期稳定交易关系的特定客户。

微课：
电商领域不正当竞争行为（二）

（四）诋毁商誉

电子商务经营者利用网络广告、电子布告板、网络社区以及各种自媒体编造、传播虚假信息或者误导性信息，损害竞争对手的商业信誉、商品声誉，构成诋毁商誉的不正当竞争行为。近年来，网络推手、网络水军是活跃在中国互联网舆论热点背后的一支重要力量，网络推手利用抹黑对手的"黑稿"进行商业诋毁，也成为近年来出现的互联网乱象之一。对此，2017年修订的《反不正当竞争法》增加了电子商务经营者不得利用技术手段，通过影响用户选择或者其他方式妨碍、破坏其他经营者合法提供的网络产品或者服务正常运行的行为。具体包括：①未经其他经营者同意，在其合法提供的网络产品或者服务中，插入链接、强制进行目标跳转；②误导、欺骗、强迫用户修改、关闭、卸载其他经营者合法提供的网络产品或者服务；③恶意对其他经营者合法提供的网络产品或者服务实施不兼容。

知识与技能

一、判断题

1. 张三网购一辆自行车，用户体验不好，就到处发帖造谣说该自行车品牌是"垃圾""劣质产品"。他已构成诋毁商誉的不正当竞争行为。　　　　　　　（　　）

2. 张三窃取某电商公司客户资料卖给李四，则张三应当承担侵犯商业秘密的法律责任，李四则不需要承担法律责任。　　　　　　　　　　　　　　　（　　）

3. "混淆行为"专指假冒他人注册商标、冒充他人网站。　　　　　　（　　）

4. 大学生兼职"刷单"，很多人没有意识到此行为的危害性，可以免于处罚。
　　　　　　　　　　　　　　　　　　　　　　　　　　　　　　　　（　　）

二、多选题

1. 电子商务领域中常见的不正当竞争行为包括（　　　　）。

    A. 假冒他人注册商标　　　　　　　　B. 虚假宣传

    C. 诋毁商誉　　　　　　　　　　　　D. 以次充好

2. 利用"网络水军""网络推手"捏造、散布竞争对手的不实信息，对竞争对手造成诋毁，这种行为（　　　　）。

    A. 是违法行为　　　　　　　　　　　B. 是不正当竞争行为

    C. 情节严重的，可能构成犯罪　　　　D. 是不当广告行为

3. 商业秘密可以包括（　　　　）。

    A. 客户名单信息

    B. 产品配方

    C. 业务对接行政部门指导人员联系方式

    D. 营销策略

三、案例分析题

1. 2009年10月，在竞争对手的恶意操纵下，天涯、网易、百度等论坛、贴吧上突然出现大量"康姿百德黑心""康姿百德忽悠""康姿百德传销""康姿百德骗人"等攻击性的内容，对康姿百德的正常经营活动产生了极其恶劣的影响。严酷的现实使康姿百德公司负责人认识到，这绝不仅仅是一个偶然事件，而是一起有组织、有预谋的恶意网络攻击。为了维护合法权益，康姿百德公司开始向当地公安机关寻求帮助。经过公安机关的缜密侦查，真相逐渐浮出水面。原来此次事件是由于北京某床上用品公司嫉妒康姿百德的发展和壮大速度，故意雇用网络"水军"诋毁康姿百德，致使其蒙受不白之冤。

真相大白之后，各犯罪嫌疑人于2010年2月9日经检察院批准被正式逮捕。经过数次开庭，此案于2010年8月3日审结，实现了还清白于天下，让恶意竞争的幕后黑手得到了应有的惩罚。令人唏嘘的是，落网犯罪嫌疑人中，有年轻大学生，他们为了获得不正当的利益，被某公司雇用在网络各论坛贴吧散布"康姿百德坑骗消费者"的谣言，图一时之利，毁坏了自己的大好前途。

（1）案例涉及何种不正当竞争行为？

（2）结合案中大学生行为，请谈谈对大学生从事网络兼职行为风险的认识。

2. 2018年1月8日，浙江省台州市黄岩区市场监管局执法人员根据举报，对台州某塑业有限公司的官网、微信公众号、微博认证账号进行检查，发现当事人发布的宣

传内容含有涉嫌损害竞争对手商业信誉、商品声誉的用语。1月9日，黄岩区市场监管局对当事人的经营场所进行检查，现场发现当事人正通过微信公众号开展宣传活动。

经查，当事人系一家专业从事自动浇灌花盆生产经营的企业，分别于2017年5月25日在其公司官网、6月14日在其微信公众号、6月15日在其微博认证账号发表《自动浇灌花盆的历程》一文。文章中宣称浙江黄岩某塑料制品厂、浙江某塑业有限公司产品存在"品质奇差""各种缺陷"等情况，某制模（东莞）有限公司的花盆存在"不适合种植""销售经常碰壁"等问题，并使用"配件更为低端""表面坑坑洼洼"等用语，描述台州市某塑业有限公司旗下的产品。文章中大部分内容描述上述4家企业产品的缺点，同时突出自身产品的优点。执法人员查实，当事人除提供与个别客户、业务员的聊天记录外，不能提供客观证据证明其贬低上述4家企业用语的真实性。

经查，4家企业都是自动浇灌花盆生产企业，其生产商品与当事人所经营的商品具有替代关系，系当事人的竞争对手。当事人仅凭个别客户传言就在公司官网、微信公众号、微博认证账号3个平台发布信息，片面地陈述其竞争对手产品的缺点，突出自身产品的优点，没有客观事实依据，不能证明其内容的真实性。

请问：当事人行为是否构成不正当竞争？如果是，构成何种不正当竞争？为什么？

第四节　电子商务中的网络著作权保护

案例导入

在某案件中，原告通过授权方式依法获得了电影《十全九美》在中国大陆的独家信息网络传播权。2009年3月，原告通过公证保全方式证实被告李×在其开办的巴巴在线电影网站的服务器上存储涉案电影作品供公众免费下载观看，观众在下载前需根据提示安装被告快播公司开发的Qvod播放器软件。原告遂以两被告侵犯信息网络传播权为由提起民事诉讼。法院经审理认为，涉案影片的搜索、观看和下载始终没有离开巴巴在线电影网站，故应当认定巴巴在线电影网站是涉案电影作品的内容提供者，其开办者李×应承担相应的民事责任。Qvod播放器软件在本案中未对涉案影片进行编辑、修改及数据传输管理，仅是根据用户指令为巴巴在线网站上传的涉案影片提供解码播放、下载网络技术服务，由于快播公司是服务提供者，其无法知道亦无合理理由应当知道软件传输的内容是否侵权，原告亦无证据证实其与巴巴在线电影网站存在合作经营的事实，故无须承担侵犯著作权的间接侵权责任。

案例思考： 网络存储空间提供者应不应该对其中存储的内容合法性负责？

案例启示： 如果网络存储空间提供者等网络服务提供商应该对他们储存或者提供下载服务的海量网络信息承担严格责任，则在技术上是不现实的，也十分不利于电子商务的发展。但如果以"技术中立"为由使其得以逃避监管责任，则又有无序放任、污染网络空间之患。有鉴于此，我国在立法中借鉴了先进的"避风港"理论原则。

一、网络著作权

著作权，是指文学、艺术、科学（包括自然科学、社会科学、工程技术等）作品的作者对其作品享有的权利（包括财产权、人身权）。在中华人民共和国境内，凡是中国公民、法人或者非法人单位的作品，不论是否发表，权利人对其都可享有著作权。著作权的财产权利包括：复制权，发行权，出租权，展览权，表演权，放映权，广播权，信息网络传播权，摄制权，改编权，翻译权，汇编权；人身权利包括：发表权，署名权，修改权，保护作品完整权。

网络著作权指的是作者（也可以是网络管理者）对以数字信号为形式、以网络为载体进行传播的作品享有的著作权。目前，我国网络著作权侵权案件日益增多而且侵权方式及对象呈多样化趋势，主要有：①将他人作品上传到互联网上，供互联网用户下载或浏览，一般指未经著作权人许可擅自将以传统介质形式承载的作品通过数字化过程上载到网站上供他人使用。②未经权利人许可，将已在互联网上的作品进行转载或复制。③为互联网上非法复制、发行作品提供辅助性服务的行为。④未经权利人许可，利用超链接技术，将其他网站的网页内容链接到自己的网页中，损害其他网站的相关权益。⑤未经允许，网站间相互转载版权作品。⑥未经许可去除或改变权利管理信息。如冒用作者姓名或篡改作品许可使用的条件等。⑦非法破解技术措施的解密行为，使保护版权的技术屏障失去作用。

 协作创新

有人认为，"百度文库"上传的盗版电子书是百度用户个人行为，和百度无关。"技术中立，百度无罪。"百度只是提供存储空间而已。请分组针对该论点组织反驳理由。

二、"避风港"原则

（一）"避风港"的含义

著作权领域的"避风港"条款最早出现在美国1998年制定的《数字千年版权法案》（DMCA法案）。它是指在发生著作权侵权案件时，ISP（网络服务提供商）只提供空间服务，并不制作网页内容，如果ISP被告知侵权，则有删除的义务，否则就被视为侵权；如果侵权内容既不在ISP的服务器上存储，又没有被告知哪些内容应该删除，则ISP不承担侵权责任。"避风港"条款也被扩展应用于提供搜索引擎、网络存储、在线图书馆等服务的提供商。

微课：
技术中立，
平台无罪。
真的是这样
吗？

我国电子商务经营领域中的信息传播权保护采取"通知+移除"的立法思路。由于网络内容过于庞杂，每个网络服务提供商每天接纳的信息数以百万计，其没有能力进行事先内容审查，一般推定事先对侵权信息的存在不知情；只有权利人将涉嫌侵权的信息通知网络服务提供商，网络服务提供商才能知道存在涉嫌侵权的内容，应将该内容删除。网络服务提供商将涉嫌侵权内容删除后，不承担侵权责任。但网络服务提供商在接到通知后拒不删除涉嫌侵权内容，应承担间接侵权责任。

（二）"避风港"原则的具体适用程序

在电子商务领域，"避风港"原则到底应该如何适用呢？根据《电子商务法》的相关规定，应遵循如下处理程序：

（1）知识产权权利人认为其知识产权受到侵害的，有权通知电子商务平台经营者采取删除、屏蔽、断开链接、终止交易和服务等必要措施。通知应当包括：构成侵权的初步证据，例如权利人的姓名（名称）、联系方式和地址；要求删除或者断开链接的侵权作品、表演、录音录像制品的名称和网络地址；构成侵权的初步证明材料；等等。权利人应当对通知书的真实性负责。知识产权权利人因通知错误造成平台内经营者损害的，依法承担民事责任；恶意发出错误通知，造成平台内经营者损失的，加倍承担赔偿责任。

（2）电子商务平台经营者接到通知后，应当及时采取必要措施。电子商务平台经营者采取措施后，应当将该通知转送平台内经营者；未及时采取必要措施的，电子商务平台经营者对损害的扩大部分与平台内经营者承担连带责任。

（3）平台内经营者可以发出声明。平台内经营者接到转送的通知后，可以向电子商务平台经营者提交不存在侵权行为的声明。声明应当包括不存在侵权行为的初步证据。

（4）电子商务平台经营者转送声明、告知权利。平台内经营者接到转送的通知后，应当将该声明转送发出通知的知识产权权利人，并告知其可以向有关主管部门投诉或者向人民法院起诉。电子商务平台经营者在转送声明到达知识产权权利人后15日内，未收到权利人已经投诉或者起诉通知的，应当及时终止所采取的措施。

图8-4是《电子商务法》规定的电子商务知识产权侵权处理流程图。

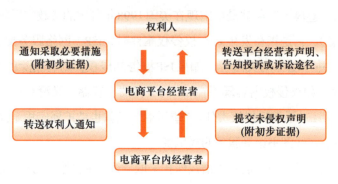

图8-4　电子商务知识产权侵权处理流程图

知识与技能

一、判断题

1. 云盘里出现盗版小说，一律应由云盘所在公司承担责任。（　　）

2. T企业申请了产品外观设计专利，A企业未经T企业许可，模仿生产同类产品，某淘宝店铺不知A企业产品属知识产权侵权产品而从A企业进货销售，则该淘宝店铺无须承担侵权责任。（　　）

3. 甲发现其文学作品被盗版并在当当某店铺大量售卖，他立刻联系当当网并提供证据要求该商品下架，则当当必须立刻下架商品或者删除商品链接。（　　）

二、简答题

1. 著作权的财产权利和人身权利各有哪些？

2. 某作家在百度文库发现自己的小说未经授权被提供打包下载，他应依据何种程序主张权利？百度公司应当如何应对？

第五节　电子证据

案例导入

在沈阳市中级人民法院《石××与海口民间旅行社有限公司沈阳分公司委托合同

纠纷二审民事判决书》中，原审人民法院认为："本案原告主张为被告提供的多人旅游团体提供了旅游服务活动，被告尚欠旅游服务款项 87 142 元，原告向法庭提供了财务结算单一份、微信聊天记录一份、出团明细三份等证据材料。虽然在财务结算单以及出团明细上没有被告的本人签字确认，但在原告单位职工与被告石××的微信聊天记录中可以反映出被告石××对欠款事实和数额的确认。证据之间可以相互认证，形成完整的证据链，足以证明原告主张事实的成立。""被告石××对微信聊天记录的真实性有异议，认为微信聊天记录存在删减，但是，经法庭明示其是否要求鉴定，被告表示不同意鉴定，其主张就没有证据支持，对其抗辩意见原审法院不予采信。"判决后被告不服，提起上诉。二审人民法院认为："关于微信聊天记录是否能够作为本案证据使用的问题，原审庭审中上诉人本人亲自出庭，并承认与被上诉人工作人员有过微信聊天，原审法院向上诉人明示是否要求对微信聊天记录的真实性进行鉴定，上诉人表示不申请，加之上诉人也未能提供相反证据反驳微信聊天记录的真实性，根据《中华人民共和国民事诉讼法》第六十三条第一款第（五）项，电子数据能够作为认定事实的证据，原审法院结合本案其他证据及双方当事人的陈述，采信微信聊天记录认定案件事实，并无不当，上诉人的上诉理由，本院不予采信。"

案例思考： 微信聊天记录、电子邮件等电子证据在法律上有效吗？

案例启示： 从本案来看，有以下几点值得注意：第一，包括微信聊天记录等在内的电子数据能够作为认定事实的证据；第二，包括电子数据在内的所有证据均需经过庭审质证、查证属实，才能作为认定事实的根据；第三，对于主张电子证据作为认定事实的证据的一方当事人来说，电子数据最好能与其他证据一起组成完整的证据链以证明其所主张的案件事实，尽量避免成为孤证；第四，对于反驳电子证据作为认定事实的证据的一方当事人来说，要尽量避免自己的庭审发言成为认定对方所主张事实的依据，同时，要积极对真实性存在疑问的电子证据申请鉴定，不要侥幸地认为对方必须充分证明其所提交的证据材料是真实的；第五，一定要保存好电子证据的原始记录以备查证，必要时可以进行证据保全。

一、电子证据概述

电子证据作为一种不同于传统证据的新型证据形式，是每个人在网络生活中生产、流通、交易等环节的重要凭证。电子证据在电子商务争议的司法解决途径中也起到特殊的作用。

电子证据具有不同于传统证据的特征。首先，电子证据在某些情况下并不是人脑意识活动的能动反映。其次，电子证据存在于虚拟的信息世界中，无法像其他证据一样进行直观展示，有别于传统证据的有形性。最后，电子证据本身就存在着矛盾性，即易修改，同时又相对其他证据更加稳定。容易修改，同时又稳定确实是一对矛盾，因为从技术方面进行探讨，电子证据在形成之后便处于相对稳定的状态，任何修改都可以通过专业技术手段侦测出来，任何修改的痕迹都很容易被发现，这反而是稳定性的体现。这种矛盾性使电子证据在司法实践中的真实性与证明力受到质疑。

二、电子证据的形式

微课：
电子数据可以被篡改，所以不能作为证据使用？

根据《最高人民法院关于民事诉讼证据的若干规定》，电子证据包括下列信息、电子文件：①网页、博客、微博等网络平台发布的信息；②手机短信、电子邮件、即时通信、通信群组等网络应用服务的通信信息；③用户注册信息、身份认证信息、电子交易记录、通信记录、登录日志等信息；④文档、图片、音频、视频、数字证书、计算机程序等电子文件；⑤其他以数字化形式存储、处理、传输的能够证明案件事实的信息。

三、电子证据的认定

司法实践中，对于电子证据仍主要从真实性、关联性、合法性三个方面进行认定。

（一）电子证据真实性认定

电子证据作为法定证据形式之一，在司法实践中应通过以下因素综合考查电子证据的真实性：①电子数据生成、收集、存储、传输所依赖的计算机系统等硬件、软件环境是否安全、可靠；②电子数据的生成主体和时间是否明确，表现内容是否清晰、客观、准确；③电子数据的存储、保管介质是否明确，保管方式和手段是否妥当；④电子数据提取和固定的主体、工具和方式是否可靠，提取过程是否可以重现；⑤电子数据的内容是否存在增加、删除、修改及不完整等情形；⑥电子数据是否可以通过特定形式得到验证。

（二）电子证据关联性认定

我国一般考虑涉案电子证据有无其他证据相互印证，能否通过鉴定确定形成日期及是否修改过，是否经过公证，是在正常业务活动中制作还是为诉讼目的制作，由中立方还是利益相关方保存等因素，做出相应的判断。

（三）电子证据合法性认定

合法性主要包括证据形式的合法性及取证手段的合法性两大方面。最高人民法院颁布的证据规定明确了非法证据的判断标准，即以侵害他人合法权益或者违反法律禁止性规定的方法取得的证据，视为非法证据。

四、电子证据的证明力

（一）电子证据关联性程度

关联性是指证据与其所涉事实具有一定的联系并对证明事实有实际意义。电子证据要证明待证事实，需要查清电子证据与待证事实之间存在着内在的联系。在实践中判断电子证据与待证事实的关联程度，须从以下方面入手：

（1）所提出的电子证据欲证明什么样的待证事实；

（2）该事实是否是案件中的实质性问题；

（3）所提出的电子证据对解决案件中的争议问题有多大的实质性意义。

（二）电子证据完整性

完整性是考查电子证据证明力的一个特殊指标，传统证据是没有这一标准的。完整性包括电子证据本身的完整性和电子证据所依赖的电子系统的完整性。电子证据本身的完整性涉及形式上的完整性和内容上的完整性。

（三）实践中电子证据证明力问题

（1）聊天记录和截图可以作为证据使用，但由于它们属于电子证据，理论上、技术上存在被删改的可能性，因此其证明力不能一概而论，需要结合实际情形判断。

（2）根据《最高人民法院关于民事诉讼证据的若干规定》，存有疑点的电子证据不能单独用来证明案件事实。而且，除了电子证据，最好还有其他证据（书证、视听资料等）相互支撑，形成证据链，有利于更强有力证明案件事实。

（3）以电子数据作为证据的，也需要出示"原件"。电子数据的制作者制作的与原件一致的副本，或者直接来源于电子数据的打印件或其他可以显示、识别的输出介质，视为电子数据的原件。

（4）某些特殊情况下，除有相反证据证明以外，可以直接认定电子证据证明力。这些情况包括：由当事人提交或者保管的于己不利的电子数据；由记录和保存电子数据的中立第三方平台提供或者确认的；在正常业务活动中形成的；以档案管理方式保管的；以当事人约定的方式保存、传输、提取的。

五、电子证据公证保全

电子证据公证保全，是指公证机关或公证人员根据当事人的申请，通过公证的方法对电子证据进行固定和保管。电子证据公证保全的对象不限于电子证据本身，还包括有关人员提取电子证据的行为，这一点使其能够起到保全电子证据的法律效果。

从目前的实践来看，电子证据公证保全主要有两种形式。

一是公证人员接受并审查申请人员的委托，开展面对面的公证工作。它仍属于传统公证的范畴，只不过公证的对象涉及电子证据而已。

二是公证人员不与申请人见面，而是借助网络平台，从网上接受并审查当事人的委托，展开背靠背式的公证工作，即"网络公证"。随着现代社会信息化、数字化技术的发展，涉及网络内容的纠纷将会日益增多。由于电子信息内容的特殊性，直接证据不易保存和提取，因此，办理网上证据保全公证是解决证据难题的有效途径。

六、电子证据的收集方法及程序

在实践中，电子证据的收集必须注意以下几个问题：

第一，用非法软件制造、生成的电子证据是违反法律规定的。

第二，窃录获得的电子证据不得作为证据。在我国以侵害他人的合法权益或者是违反法律禁止性规定的方法所取得的证据，不能作为民事案件中的事实证据。

第三，未经过审核程序所获得的电子证据不得作为证据使用。核证程序是指相关机关对所取得的电子证据进行一定的审核，如果审核结果与法律规定相符，那么就会给予相应的证书。如果一个软件产品获得资格认证，通过审核程序，通过这些软件生成的电子证据则完全具备合法性，能够在民事诉讼中作为证据。

协作创新

甲借给乙10万元，乙通过电子邮箱写了一份"电子借据"。请问：该"借条"效力如何？请分组分情况详细说明。

 知识与技能

一、判断题

1. 数据电文不能作为证据来使用。 （　　）

2. 电子证据没有证明效力。 （　　）

3. 电子证据证明力小于传统书面证据。 （　　）

4. 偷录的电子数据不得作为证据使用。 （　　）

二、多选题

1. 可以作为证据使用的电子数据包括（　　　　）。

　　A. E-mail　　　　　　　　　　B. QQ聊天记录

　　C. 微信聊天记录　　　　　　　D. 短信

2. 电子数据作为证据使用，需要注意的是（　　　　）。

　　A. 尽可能用合同书等书面文件加以确认

　　B. 尽可能和录音、录像、书面文件等其他证据形成证据锁链

　　C. 注意保存方式和打开方式的安全性和唯一性

　　D. 如果有条件，可做一下电子证据的保全

3. 下列有关电子证据的说法，正确的是（　　　　）。

　　A. 没有现实书面的证据佐证，电子证据不能被采信

　　B. 电子证据和其他证据一样，也可以据以定案

　　C. 随着时代和技术的发展，电子证据会越来越多地出现在电子商务各种场合

　　D. 如果对方予以认可，电子证据即可以被认定效力

三、案例分析题

　　小王上网找兼职，主要是通过QQ（包括文字、语音和QQ电话）和对方联系。后双方确定兼职内容，约定每小时20元，可随走随结。做了一个月，小王想要解约，索取兼职报酬，被对方以"没干满两个月不能走"为由拒绝。

　　请问：如果你是小王，应当如何做好准备，及早避免这种情况的发生？

参考文献

［1］财政部会计资格评价中心.经济法［M］.北京：经济科学出版社，2019.

［2］陈晓华，徐景录，孙玲玲.经济法［M］.北京：清华大学出版社，2017.

［3］高庆新，李霞.经济法［M］.北京：中国人民大学出版社，2017.

［4］韩世远.合同法总论［M］.4版.北京：法律出版社，2018.

［5］何家弘，张卫平.简明证据法学［M］.5版.北京：中国人民大学出版社，2020.

［6］江必新.民法典重点修改及新条文解读（上下册）［M］.北京：中国法制出版社，2020.

［7］江伟，肖建国.民事诉讼法［M］.8版.北京：中国人民大学出版社，2018.

［8］李仁玉.经济法概论［M］.北京：中国人民大学出版社，2017.

［9］刘大洪.法经济学视野中的经济法研究［M］.北京：中国法制出版社，2008.

［10］罗佩话，魏彦珩.电子商务法规［M］.3版.北京：清华大学出版社，2019.

［11］马洪.经济法概论［M］.7版.上海：上海财经大学出版社，2019.

［12］邱锋，丁贵娥，赵伯祥.经济法项目化实践教程［M］.北京：企业管理出版社，2017.

［13］吴志攀.金融法概论［M］.5版.北京：北京大学出版社，2011.

［14］杨立新.中华人民共和国民法典条文要义［M］.北京：中国法制出版社，2020.

［15］杨紫烜.经济法［M］.北京：北京大学出版社，2015.

［16］张守文.经济法学［M］.北京：高等教育出版社，2018.

［17］赵威.经济法［M］.5版.北京：中国人民大学出版社，2014.

［18］朱广新.合同法总则研究（上下册）［M］.北京：中国人民大学出版社，2018.

［19］朱庆育.合同法评注选［M］.北京：北京大学出版社，2019.

［20］左卫青.税法［M］.4版.北京：高等教育出版社，2019.

防伪查询说明

用户购书后刮开封底防伪涂层，利用手机微信等软件扫描二维码，会跳转至防伪查询网页，获得所购图书详细信息。用户也可将防伪二维码下的 20 位密码按从左到右、从上到下的顺序发送短信至 106695881280，免费查询所购图书真伪。

反盗版短信举报

编辑短信"JB，图书名称，出版社，购买地点"发送至 10669588128

防伪客服电话

（010）58582300

资源服务提示

方式一：

访问爱课程网（http:icourses.cn），以前未在本网站注册的用户，请先注册。用户登录后，在"中国大学 MOOC"频道搜索本书对应课程"经济法基础（生活中的经济法）"进行在线学习。

方式二：

授课教师如需获得本书配套辅教资源，可电邮至指定邮箱或加入 QQ 群，申请获得相关资源。

资源服务支持邮箱：songchen@hep.com.cn
全国高职经管论坛 QQ 群：101187476